KB061311

심학미학
心學與美學

본 도서는 경기문화재단 2017「전문예술창작지원사업」에 선정되었습니다.
후원 : 경기문화재단

심학미학

心學與美學

자오스린 저
전 상 모 역

學古房

| 옮긴이의 서문 |

본 『심학미학』은 중국 중앙민족대학 자오스린趙士林의 교수의 『심학여미학心學與美學』을 우리말로 번역한 것이다. 『심학여미학』을 『심학미학』이라 바꾸어 이름 붙인 것은 흔히 송명이학미학을 이학미학과 심학미학로 대별하기 때문에 심학미학으로 부르는 것이 친숙해서이다. 그렇지만 이 책은 심학에 대한 체계적인 서술이 더 돋보인다.

이 책은 명대 양명심학과 시민문예의 관계를 핵심적 논지로 삼아 먼저 명대 중기에 근대를 향해 나아가는 사상해방조류의 형성 과정을 체계적으로 고찰했다. 책 전체의 내용은 세 편으로 나뉘어 있다. 상편은 양명심학의 송명리학 내지 전체 중국사상사에서의 위치에 관해서다. 중편은 양명심학과 심학이단의 관계이다. 하편은 심학이단과 시민문예의 관련성이다.

자오스린 교수는 관련 자료를 완전히 파악한 토대위에서 각 편의 문제를 철저하고 주도면밀하게 분석했다. 그 가운데 관련이 있는 사상사적 맥락을 정리하고 사조의 시대적 의의를 탐색하는 등 사람들이 아직 밝혀내지 못한 사실을 들추어내어 선철이나 시현의 고정관념을 보충하거나 뛰어넘고 관련된 분야의 공백을 어느 정도 메움으로써 시대적 대변동이 일어나기 전의 사상적인 변화의 광경을 분명하고도 독창적으로 묘사했다.

옮긴이가 『심학여미학』을 처음 접하게 된 것은 10여 년 전이다. 당시 늦은 나이에 박사과정을 수료하고 2007년 3월 은사이시자 양명학 연구뿐만 아니라 한국 서예학 발전에 많은 업적을 쌓으신 우산 송하경 선생님의 신유학 세미나를 청강할 때였다. 그 후 잊고 지내다 2016년 9월 그간 선생님께서 애정을 갖고 열정적으로 강의해 오시던 대학원 심학미학 시간을 제게 물려주셨다. 다시 그 귀중한 시간들을 떠올리고 강의교재를 찾던 중 『심학여미학』 재판이 나온 것을 알고 다시 한 번 일독하게 되었다.

이 책이 세상에 나오기까지 감사드려야 할 분들이 많다. 먼저 생면부지인 저에게 번역과 출판을 허락해주신 자오스린 교수님, 그저 손재주에만 매달려 허송세월하던 저에게 서예란 모름지기 인문학적 소양이 없이는 발전이 없다는 것을 일깨워 주시고 학문의 길을 열어주시고 자상하게 이끌어 주신 우산 송하경 선생님, 마하 선주선 선생님께 감사의 말씀을 올린다. 그리고 오류투성이인 원고를 바로 잡아준 소하 염정삼 박사, 현소 이기범 박사가 있었기에 세상에 나올 수 있었다.

마지막으로 이 책을 경기문화재단 2017「전문예술창작지원사업」에 선정해 주신 경기문화재단 관계자와 예쁘게 단장해 준 학고방 디자인팀장 명지현 님 그리고 항상 옆에서 여러 가지로 도움을 준 원강 이재우 박사에게도 고마움을 전한다. 여러 분들이 도와주셨지만 이 번역은 많은 문제점을 안고 있다. 이 책을 읽는 분들의 찌푸림이 벌써부터 눈앞에 어른거린다.

2017년 12월
인사동 좌종선실에서
전상모

| 지은이의 서문 |

나는 다른 글에서 한 민족의 장점은 동시에 그 민족의 결점이고 한 문화의 강점은 흔히 그 문화의 약점이라고 주장한 적이 있다. 중국의 전통사상과 문화 중에서 한 예를 들추어낸다면 송명리학宋明理學이 가장 전형적이다. 송명리학은 한편으로는 칸트Immanuel Kant(1724-1804)의 윤리사상과 필적하는 윤리철학을 구축하고 도덕주체가 천지와 견줄 수 있는 위대한 존엄성을 발휘했다. 다른 한편으로는 중국인의 심신을 심하게 해치고 문화사에서 기나긴 수백 년간의 진부하고 잔인한 기록을 남겼다. 가장 도덕적인 동시에 가장 부도덕하고 가장 부도덕한 것이 공교롭게도 가장 도덕적이기 때문에 송명리학의 이런 이중적인 성격을 드러낸 것은 첨예하고도 심각한 모순이다. 이와 같은 모순은 당연히 구체적인 역사관계 속에서 합리적인 이해를 얻을 수 있다. 본서에서 더 관심을 기울인 것은 송명리학의 또 다른 방면의 모순이다. 중고 봉건사상의 전범이 도리어 근대 사상해방의 선구를 배태하고 전환했다는 사실이다. 이주리학에서 육왕심학에 이르고 다시 심학이단에 이르기까지 사상사는 그 자체의 의도와는 무관하게 거대한 모순을 생활 속에 그대로 방치하면서도 그런 대로 논리에 부합되어 온 듯하다. 그렇다면 역사를 궁구하고 생활을 탐구하면 답안을 찾을 수 있을까? 오직 남이 하는 대로 하면 될까? 역사는 영원히 전진하고 생활은 끊임없이 변화하고 정답은 끝내 문제를 일으킨다. 어쩌면 이렇기 때문에 야스퍼스Karl Jaspers(1883-1969)가 철학은 문제가 정답보다 더 중요하다고 말했을지도 모른다.

나는 독자들이 과분하게도 본서를 진리로 여겨 답안을 도출하지 말고 다시 관심을 갖고 이 책에서 제기한 문제를 깊이 생각해 주기를 바랄 뿐이다.

들어가는 말

본서에서 말하는 '심학心學'은 양명심학陽明心學이다. — 많은 논자와 다르다. 내가 이해하는 양명심학은 태주학파 심지어 이지李贄와 같은 이단사상가도 포함한다. 다름을 구하는 것이 아니라 이치가 그렇다. 본서에서 말하는 '미학'은 양명심학을 사상적 기초로 삼는 명대의 시민문예이다. 주요한 대목을 든다면 '정에서 욕에 이르기까지從情到欲'와 '아에서 속에 이르기까지從雅到俗'의 두 가지 큰 심미변천이다.

본서에서는 양명심학이 중고시대에서 근대로 가는 사상을 선도하고 시민문예는 동시대 변혁의 감성을 확산했다고 본다. 양명심학과 시민문예가(이 책에서 논술하지 않은 문인낭만주의를 마땅히 덧붙여야 한다) 재통합되면서 조성된 해방사조는 귀족문화를 종결하고 평민문화의 근원이 되었다. 그렇지만 중고시대는 근대로 나아갈 수 없었고 귀족들은 예전대로 평민을 노예 삼았다. 그 때의 해방사조는 눈부신 유성과도 같았으나 결국 역사의 아득한 밤하늘에 묻혔다. — 이러한 아득함을 대하면 만감이 교차하고, 그간의 경위는 꽤 마음을 쓰이게 했다. 그래도 이것이 본서 가설의 귀결이다.

본서는 사리의 맥락을 정리하고 시대의 의의를 발굴하는 것을 중시한다. 전자는 논리라고 일컬을 수 있고 후자는 역사라고 일컬을 수 있는데, 양자의 통일은 본서 논설 방식의 근거와 사고 방향의 방식에 적합하다. 새로운 방법은 없고 기발한 사고도 없이 과거의 진부한 방식을 그대로 답습하여 견강부회했을지 모른다. 하지만 나는 사람들의 가식적인 의론이나 일반적인 공론을 무시하기 때문에 이러한 폐단을 피해 세밀하게 분석하고 근거 있는 말만 했다. 독창적인 견해를 제기하지는 못했지만 나름대로 나의 견해가 들어 있다.

나의 견해 중 하나는 바로 송명리학의 전후 맥락과 모순 갈등은 이전 학자들과 다른 나만의 해석이다. 옳고 그른 것은 독자들의 판단에 맡긴다. 여기에서 당부하고 싶은 말은, 본서는 유학 내재이치의 조리를 넓히는 데 집중하고, 나는 극도로 정치한 송명유학은 여전히 비교적 질박한 원시유학과 일맥상통하고, 원시유학에서 송명유학에 이르기까지 실로 한결같이 스스로 성취한 자취가 있다고 생각하기 때문에, 불학(화엄에서 선종에 이르기까지)이 송명리학의 형성에 대하여 지극히 강렬하게 자극했지만 여전히 조연적 요소인 관계로 일일이 논술하지 않는다. 이 점은 독자 여러분들이 헤아려주기 바란다.

본서는 주로 다음과 같은 측면에서 논술한다.

1. 내성지학의 모순

(1) 육왕심학과 이주리학은 유학의 내성지학內聖之學이기 때문에, 하나의 도덕원리를 받들든지 하나의 논리주체를 세우든지 하나의 도덕 '심心'을 실현하든지 이 점에 있어서는 본래 두 학파는 모순이 없다. 이런 의미에서 보면 심학心學 역시 리학理學이고 리학 역시 심학이다. 그러나 육왕심학은 주관 내재의 '심'을 도덕형이상본체로 삼았다는 것을 인식해야 하고, 이주이학은 객관 외재의 '천天'을 도덕형이상본체로 삼았다는 것을 인식해야 한다. '심본체心本體'를 인식하는 것과 '천본체天本體'를 인식하는 것은 '리理'에 대한 두 학파의 아주 상반된 본체론 해석을 구성한다. 이는 두 학파의 근본적 모순이고 또한 내성지학의 근본

적 모순이다.

(2) '내성외왕內聖外王'은 유학의 기본 추구이자 최고 이상이다. 그러나 공자는 '인을 예로 해석하여以仁釋禮', 먼저 관심을 기울인 것은 도덕인격의 형상화로 그의 입장은 윤리주체의 내성지학을 세우는 것이었다. 맹자가 '심을 인으로 해석하고以心釋仁' 유학의 인성론을 맨 처음 명확하게 제시하고 아울러 체계 있게 풀이하여, 내성지학의 최고목적 — 지선인성至善人性과 도덕심령道德心靈을 추구하고 실현할 것을 강조했는데, 유학의 도덕실천은 '내면에서 외면에 이르기까지由內而外' 하나의 지향이나 방법을 심화했다. 그러나 내성지학에 입각한 것은 동일했고 공맹은 그 위에 농후한 '경천敬天'·'법천法天'사상을 갖추었다. 끝내 '심'을 가지고 여전히 '천'을 도덕형이상의 최후 근거를 삼는 문제는 해결을 기다려야 했다. '심본체'와 '천본체'의 모순은 공자에게서 배태되고 맹자에게서 형성되고, 주륙朱陸에게서 폭발하고 양명陽明에게서 해결되었다.

(3) 내성지학의 근본 성질과 발전 논리로 보면 심본체는 천본체를 포용해야만 하고 왕수인은 주희를 대신해야만 했다. 수양방법으로 말하면 내성지학은 공자로부터 심리정감의 기초에서 형성되고 "네가 편안하면 그렇게 하라"[1]고 주장했다. 맹자는 진일보하여 '심본체'를 창도하고 '사단四端'의 확충을 주장했다. 송명유학에 이르러 더욱 발전되고 심성이 모든 것을 포괄했다. 그렇다면 '심즉리心卽理'가 아니라 '심구리心具理'이고 '심본체'를 근거로 삼는 것도 이미 충분하고 '천본체'를 받들 필요도 없고 외부에서 도덕실천의 근거·모범이나 규범을 찾을 필요도 없어졌다. 범주분석으로 말하면 '천'은 송명유학에 이르러 본래 자연 주재의 의미는 거의 상실했다. 원고시대의 선현과 원시유학의 '천'과 정반대로 도덕규율이 주도적인 면을 이루고 윤리규범이 상승하여 우주본체가 되

---

1) 『史記列傳』第7, 「仲尼弟子列傳」, "汝安則爲之."

고 윤리성의 주체가 '천'의 본질을 규정했다. '천'의 객관 외재성은 이미 아무런 역할이 없고 그것은 윤리주체의 존엄과 위대함을 논증하는 존재에 불과했다. 이와 같이 존엄하고 위대한 윤리주체는 사실 사람의 도덕심령이기 때문에 '심본체'는 '천본체'를 대신하고 아울러야 했다. 이 길은 양명심학을 통해 완성된다. 이 하나의 여정이 완성되고 또한 '심'과 '천' 두 도덕본체의 모순이 해결됐다.

2. 내성지학의 종결

(1) 정이는 먼저 '성즉리性卽理'를 말했지만 다시 '심즉성心卽性'이라 여겼고 '즉물궁리卽物窮理'를 주장했지만 다시 '지행합일知行合一'을 창도했다. 이는 리학의 선구가 되었던 정이조차도 아직 '천본체'를 철저하게 세우지 못했음을 의미한다. 주희는 정이의 '심즉성'을 부정하고 '심心'·'성性'·'리理' 세 범주를 재해석하여 그것들을 서로 관통하면서도 차례로 상승하는 세 단계로 구분했다. '심'은 가장 낮은 단계에 속하고 선악이 섞여있고, '성'은 두 번째 단계에 속하고 구체적 선이고, '리'는 가장 높은 단계에 속하는데 그것의 '총명'은—'태극太極'이고 "이것은 하늘·땅·사람·사물·만선의 지극히 선량한 표덕"[2]으로 완전한 지선이고 곧 '천본체'이다. 이런 체계의 구성을 통해 주희는 '천본체'를 철저하게 수립하고 '심본체'를 부정했다.

(2) 육구연은 처음 심학을 제창하고 맹자가 제기한 '선단善端'을 뚜렷하게 수립하여 도덕심령의 우주론적 근거를 제공하고 개체 심리정감의 '심'을 보편 우주정신의 '심'으로 해석하여 '심본체'를 '우주본체'로 승화했다. 다만 그의 인식은 여전히 주희의 '격물치지格物致知'와 유사하고

2) 『朱子語類』卷94, '周子之書' "是天地人物萬善至好底表德."

심지어 여전히 '리'의 객관성을 견지했기 때문에 '심본체'를 철저하게 수립하지 못했다. 왕수인은 그의 '거친 것粗'을 비판하고 육구연의 '심즉리' 명제만 수용하는 동시에 '심외무리心外無理'를 명확하게 보충하고 강조하여 '리'는 모두 '심'이 싹틔우고 '심'이 세우고 '심'이 베푼 것임을 반복해서 주장했다. 그는 표면적인 공부를 막기 위해 '즉물구리卽物求理'하는 리주의 사고를 비판하고 나아가 '심외무법心外無法' '심외무사心外無事'를 제기하여 객관 '천본체'를 철저하게 부정하고 '양지良知'와 '치양지致良知' 다섯 글자의 학습을 통하여 '심본체'를 철저하게 수립했다.

(3) 왕수인은 '심본체'를 독자적으로 형성하여 도덕본체를 사람의 심령 중에 온전하게 수립했다. 물론 윤리주체의 무상의 존엄을 체현하고 절대 자유의지 위에 자율도덕을 수립하는 무비無比의 숭고함을 체현함으로써 한층 더 내성지학에 부합하는 도덕적 인격을 형상화하고 도덕적 이성을 배양함으로써 윤리질서를 수립하고 이상사회의 기본정신을 실현했다. 그렇지만 그는 도덕본체를 사람들의 심령 중에 완전하게 수립하려고 했기 때문에 사람의 도덕적 이성과 사람의 자연감성이 한데 얽히게 했고 윤리와 심리가 뒤섞여 일체가 되게 했다. 이렇게 되면 '심본체'(양지)가 도덕표준이자 이성표준이 되고 또한 감성표준이 되어 감성과 이성, 자연과 도덕, 인심과 도심, 인욕과 천리가 하나로 뒤엉켜 구분이 어렵다. 왕수인은 심리를 윤리화하는데 노력하고 동시에 윤리의 심리화가 가능하게 했다. 이것은 마침내 태주학파 이지의 '심학이단'에 이르러 사상을 현실로 변화시킴으로써 '심학'이 내성지학을 벗어날 수 있게 했다. 바로 이런 의의에서 우리는 '양명심학'이 내성지학을 극치에 이르도록 발전시킨 동시에 내성지학을 종결했다고 말한다.

3. 자연인성

심학이단은 왕간王艮이 단서를 열었다. 가령 왕간이 제창한 '수신修身'이 여전히 도덕 개체를 일컫는다고 한다면 왕간이 강조한 '안신安身'·'보신保身'·'애신愛身'은 혈육의 몸 즉 자연개체를 일컫는다. 왕간은 여기서 윤리절대주의를 윤리상대주의로 바꾸고 도덕의식을 공리관념으로 바꾸고 형이상의 도덕규율을 현실의 이해타산으로 바꾸었다. 그러나 진정 정면으로 자연인성론의 기치를 부르짖은 사람은 오히려 '성인을 부정하고 법도를 어긴非聖無法' 이지를 최고로 꼽는다. 이지는 가도학假道學을 맹렬하게 비난하고 공개적으로 심학의 핵심범주인 '심'을 사욕의 '심'으로 해석했다. 이는 왕간보다 '심'에서 '신身'에 이르기까지 더욱 철저하게 '심학'이 윤리에서 심리에 이르고, 도덕 이성에서 자연 감성에 이르는 추세를 부각시켰다. 왕수인은 여기서 도덕 심령은 사람마다 타고난 것이고 사람의 선량한 본성이라 했고, 이지는 여기서 사욕의 마음 또한 사람마다 타고난 것이고 사람의 선량한 본성이라 했다. 이지는 여기에 근거하여 이익을 추구하고 손해를 피하며 향락을 추구하는 것은 사람의 자연 천성이고 성인도 피할 수 없다고 여겼다. 이지의 성인을 비난하고 법도를 무시하고 하늘과 땅을 뒤집는 정신기백은 도학가의 썩은 사상통치를 소탕하고 인성의 근대계몽을 촉진하는 중요한 역사적 영향을 발휘했다.

4. 평민의식

심학이단의 또 하나의 사상적 공헌은 '백성의 일상생활이 참다운 도百姓日用卽道'라는 평민의식을 천명한 것이다. 이런 평민의식은 왕수인에서 단서가 싹트고 왕간(태주학파)을 거치면서 발양되고 이지에 이르러 마침내 대성했다. 태주 평민의식은 원시유학의 민본사상을 전환했다. 이런 전환역정은 중국사상사의 중요한 맥락이고 또한 흥미 넘치는 문제이다. 원시유학 민본사상과 태주 평민의식을 시험 삼아 대비하면, 세 가지의 중요한 관념을 새롭게 볼 수 있다.

첫째, 전자는 평민의 경제 이익을 보장할 것을 요구하면서도 정치 계급의 질서를 옹호하지만, 후자는 진일보하여 정치 평등을 요구한다.

둘째, 전자는 평민이 교육받을 기회를 요구하면서도 봉건 도덕교화를 받아들이려 하지만, 후자는 진일보하여 사상의 자유를 요구한다.

셋째, 전자가 강조한 평민은 사회의 기본 존재면서도 수동적인 집단으로 간주되지만, 후자는 주체성의 개성해방을 힘써 제창한다.

원시유학 민본사상에서 태주 평민의식으로의 전환은 사회생활 자체의 변화로 촉발된 자체의식의 가장 깊은 층면의 변화이다. 태주 평민의식의 고양은 시대 발전의 절박한 요구에 순응하여 시대 발전의 사상적 신호를 이루었다. 이와 같은 사상적 신호는 정신의 가장 높은 곳으로부터 모든 본체의식과 사회문화를 환기시켜 근대로 전환시켰다.

5. 정에서 욕에 이르기까지

(1) 다정多情하지만 정情에서 리理에 이르고 리로 정을 절제하는 것이지, 정에서 욕欲에 이르고 욕으로 정을 자극하는 것은 아니다. 이는 중국인의 정감표현과 심미예술의 기본 특징이다. 이 기본 특징의 형성과 전통문화의 가치취향은 내재적 관계를 가지고 있다. 그러나 유독 기이한 색채를 띠던 시대를 지나왔으니, 바로 매우 부패했으면서도 희망을 낳았던 명대이다. 명대(특히 중기 이후)에서 '정리情理'의 제방은 충격을 만났고 '정욕情欲'의 기치가 점점 상승했다. '정에서 욕에 이르고從情到欲'

욕으로 정을 자극하고 『금병매金瓶梅』·삼언이박三言二拍과 같은 '속'문예의 열기가 동탕했을 뿐만 아니라 『모란정牡丹亭』·『가대소歌代嘯』와 같은 '아雅'문예의 저류가 분출했다. 이는 예술가가 몰두하여 표현한 주제였을 뿐만 아니라 사상가가 논증한 명제였다. 이는 의식형태의 신사조를 도약시켰을 뿐만 아니라 사회 풍습의 새로운 경향을 만연하게 했다. 명인들의 심미취미가 정에서 욕에 이른 것은 심학이단의 자연인성론과 완전히 일치하고 긴밀하게 서로 호응하여 그 시대의 가장 두드러진 문화현상을 다 같이 형성했는데, 그것은 실로 역사가 중고시대에서 근대로 향해가는 문화 소식이었다.

(2) 효도孝道·부도婦道·장유지도長幼之道·존비지도尊卑之道와 같은, 일체 받들어야 할 대단히 신성하고 끝없이 지켜야할 강상명교는 모두 이해타산의 얼음물 속으로 던져버렸고 인욕이 횡행하여 봉건예법의 도덕적 이성을 맹렬하게 쥐어뜯었다. 단지 심미취미의 화려함을 추구하고 사회관습은 사치의 일반화를 이룬 것처럼 보였지만 실제로는 봉건질서를 확실하게 부식시키고 나아가 해체했다.

(3) 설령 『모란정』과 같은 작품이 고조된 개성을 펼치고 두려움 없는 성애를 추구하여 '정'의 '리'에 대한 저항을 표현했고 — 인류의 애정은 봉건 윤리예법에 대한 반항을 필요로 한다면, 『금병매』와 같은 작품은 대담한 성을 드러내고 통쾌한 정욕을 쏟아내어 '육肉'이 '영靈'에 대한 모독을 표현했다. — 인류의 감성은 봉건 도덕영혼에 대한 모독을 욕망한다. 이들은 확실히 모종의 왜곡, 변태적 형식(『모란정』은 '귀신 가운데 사람鬼中人'이고 『금병매』는 '사람 가운데 귀신人中鬼'이다)을 채택했지만, 이런 왜곡과 변태는 공교롭게도 오랜 봉건 억압의 산물이고 객관적으로도 때마침 봉건윤리의식에 대한 폭로와 규탄을 조성했다. 이 때문에 이러한 '성적 폭로'는 '부패하고 타락하고 음탕하다'는 간단한 몇 마디로 해석되거나 부정될 수 있는 것이 절대로 아니고 그것은 실로 봉건

사회의 종말을 울리는 기록이었다.

(4) 그렇지만 역사는 끝내 근대를 향해 갈 수 없었고 '정욕'의 기치는 끝내 높이 들어 올릴 수 없었으며 바람을 따라 흩어졌다. 청이 들어선 것이 당연히 하나의 중요한 요소지만 우연한 요소이다. 보다 심각한 원인은 대체로 근대로 향하는 걸음 그 자체가 그다지 건강하고 견실하지 않은 데 있다. 그 본말을 궁구하면 대체로 세 가지가 있다. 첫째는 정치와 경제체제가 저촉을 받지 않았고, 둘째는 문화전통의 효소가 결핍되었고, 셋째는 시대사조 자체의 약점이다. 『금병매』·'삼언이박' 등 성을 제재로 하여 모순을 표현하는 태도에서 어렵지 않게 간파할 수 있는 명인들의 심미취미의 정에서 욕에 이르기까지는 중국미학사와 예술사에서 유독 이채로운 부분이고 근대로 향한 전주라고 하더라도 그렇게까지 활발하고 고양된 것은 결코 아니었다. 그것은 도리어 전체 중국사회가 근대를 향해 비틀거리며 어렵사리 걸어가는 것과 의외로 상당히 타협했다.

(5) 심미문화 중에서 리·정·욕의 관계를 어떻게 인식하고 사람의 자연욕구를 어떻게 표현하는가는 아직까지도 우리 미학이론에서의 충분히 건설적인 토론을 해본 적이 없다. 문명인의 존재는 여전히 자연존재일 수밖에 없지만, 사람의 자연존재이기도 하고 또한 사회의 자연존재이기도 하다. 남과 여는 사람의 자연존재의 관계 속에서 충분하게 표현되기도 하고 사람의 사회존재(즉 문명의 정도) 속에서 충분하게 표현되기도 한다. 본서의 논지를 확대해서 말한다면, 사람의 정욕존재(자연)는 또한 가장 직접적으로 사람의 이성존재(사회)를 표현한다. 바로 정욕을 만족하는 서로 다른 방식·내용·성질이 사람과 동물을 비교할 수 있는 가장 선명한 차이점을 직접 제공한다. "격정·열정은 사람이 강력하게 자기 상대를 구하려는 본질적 역량이기"[3] 때문에 문제는 '욕'을 긍정할 것인가 부정할 것인가로 되돌리는 데에 달린 것이 아니라, 어떻게 그것

을 부릴 것인가로 되돌리는 데에 있다. 인류는 자기의 자연존재와 자연욕구에 의해 곤혹을 겪는다고 느끼지 말아야 하고 곤혹스러움이 이러한 자연존재와 자연욕구에 마땅히 남겨져 있는 것이라고 느껴야 한다. 결국 말하자면, 인류는 정욕의 격렬한 싸움 중에 둘러싸여서 선악을 구별해내고 미추를 가려내고 인간의 존엄과 온전한 가치를 발견해 낸다. 이 같은 정욕의 격렬한 싸움은 분명히 심미 — 예술의 기본 주제 중의 하나여야 한다. 인류에게 정욕은 일종의 인격화〔人化〕— 시화詩化한 표현을 제공하는데, 이것이 예술 — 심미의 응답이며 담당해야 할 사명이다. 이 사명을 경시하거나 막아버리면 도리어 저열한 성문예가 간계를 부리게 되어 인류의 정감생활을 악독하고 추하게 만들어 버린다.

6. 아에서 속에 이르기까지

(1) '정에서 욕에 이른 것'이 명인들의 심미취미가 시대변환의 거대한 변화를 내재 심미심리상에 표현했다면, '아에서 속에 이른 것從雅到俗'은 외재 심미형태상에서 동일한 변화를 표현했다고 하겠다. 이런 변화는 심학 특히 심학이단의 평민의식과 내적인 사상 연계를 가지고 있다. '아雅'와 '속俗'은 두 개의 상대적 심미범주이고, 언제나 예술품류와 인격경계의 심미가치의 층차와 고하를 표기하는 데 사용되어짐으로써 농후한 포폄의 의미를 지닌다. '아'와 '속'이 일면 높이면서도 일면 폄하하는 심미의미를 형성하게 된 것은 심각한 사회 역사의 원인이 있다. 그것들의 분야는 심미취미의 측면에서, 사회상층과 사회저층의 문화생태의 차이를 표현했고 전자가 후자에 대해 점유하고 있는 문화적 우세와 후자에

3)『馬克思恩格斯文集』卷1, 人民出版社, 2009. p.211.

대한 경시와 박탈을 표현했다. 정치한 '아'문예는 물론 조잡한 '속'문예에 비하여 보다 심미문화의 발전수준을 대표한다. 그렇지만 예술사에서도 드러나듯이, '아'문예는 특정한 단계의 특정한 발전을 표명하기 때문에 심미규율·인생태도·생활체험과 같은 여러 측면의 원인으로 늘 섬약纖弱·조탁雕琢·강화僵化·위미委靡·아유阿諛·허위虛僞 등 몰락의 길로 따라가고, 예술이 응당 가지고 있는 충만한 생명, 진실한 정감, 심각한 깨달음, 창조적 형식의 매력을 상실한다. '속'문예는 사회저층에 뿌리내리고 평민생활과 연계되어 영원히 쇠하지 않는 활력으로 인해 자연自然·진솔眞率·소박素朴·치기稚氣 등 생생한 아름다움을 발산한다. 이와 같은 아름다움은 사실 예술미의 최초 생태이다. 역사가 중고시대에서 근대로 나아갈 때를 기다리며 '속'문예는 필연적으로 '아'를 대신하여 성행했고 한번 도약하면 문단의 '정종'이 되었다.

(2) 당시·송사·원곡에서 명대의 소설·희곡에 이른 것이, 바로 아에서 속에 이르는 문체 변천이다. 당시·송사·원곡이 발생한 원인은 대부분 민간의 속요와 이곡으로부터였으나 당·송·원 삼대의 대표적인 문체가 되자 문인들의 조탁을 거쳐 일찍 대아大雅의 반열에 올라 '탈속'한 지 오래되었다. '탈속'한 지 이미 오래되면 자연히 민간에서 멀어지고, 문인사대부들이 감정을 토로하고 뜻을 그려내며 완상하고 해소하는 품격으로 바뀐다. 명대의 소설과 희곡의 영향이 비교적 큰 것은 문인의 작품도 많거니와 적어도 문인들의 윤색을 거쳤다. 그러나 책상에서 읽기 위한 것이든 무대의 연출을 위한 것이든 소설과 희곡의 창작은 여전히 '속'의 원칙을 따랐고, '속'의 특색을 벗어나지 않았다. 그 원인은 전통적인 지위와 시대적인 수요의 두 가지 측면에 있다. 특히 명 중기 이후 소설과 희곡 등의 '속'문예가 이미 중고 봉건사회의 시정오락의 측면을 초월하기 시작했다는 사실을 주의해야 한다. 『금병매』·『모란정』·'삼언이박'과 같은 작품은 정감의 함의 중에 이미 은미하거나 두드러지

게 근대적인 색채를 번쩍이면서 이미 근대 시민사회가 도래한다는 것을 예시했다. 가령 명초 『삼국연의三國演義』의 "물보라 부서지듯 영웅도 사라지네浪花淘盡英雄"라고 하는 슬프고 처량한 기개, 『수호전水滸傳』의 적막한 세상의 호협들의 운명, 심지어 이후 『서유기西遊記』의 하늘을 박차고 신선을 공격하여 끝내 대도大道로 귀결되는 종교 의미 등이 이미 농후한 중고 전기의 숨결을 발산하면서 이러저러하게 중고 봉건사회의 가치체계에 들어섰다고 설명한다면, 『금병매』의 그 순수한 시정적인 소재의 선별과 묘사, 『모란정』의 그 죽기 살기로 조금도 숨길 수 없는 성애, '삼언이박'의 그 다양한 인생정태와 가치취향 등은 중고 봉건사회의 관념적인 표준과 행위적인 자취를 분명하게 분출한 것이고 중고 봉건사회로부터 근대 평민사회로 향하는 전환기의 모습을 보여준 것이다.

(3) 지식인은 모두 사회에서 가장 민감하고 최고의 통찰력과 탐색열정을 갖춘 계층이다. 오로지 정신문화의 계승 발전을 담당하는 사회계층이 되어 그들은 모종의 문화적인 잠재 능력과 경향을 자발상태로부터 자각상태로 바꾼다. 그들은 모종의 문화조류에 대한 태도는 이와 같은 문화조류가 문화발전의 정식궤도에 수용될 수 있을지 여부와 '소전통小傳統'(little tradition)을 '대전통大傳統'(great tradition)으로 변화시킬 수 있을지 여부를 결정한다. 명 이전 문인들의 자각은 대부분 속에서 아에 이르는 방향(예를 들면 당시·송사·원곡의 형성)을 따랐는데, 명 당대 문인들의 자각도 있었지만 그들이 전통에 반하고 아에서 속에 이르는 심미변화를 분명하게 긍정하고 인도하고 뛰어들었다는 사실을 주의해야 한다. 예를 들어 소설과 희곡의 창작과 연구에는 대량의 문인들이 '속' 문체에 직접 종사하는 것으로 드러났으며, 마찬가지로 어떤 문인들은 '아'문체에 상대하여, 시문의 심미 풍격에서 '속'을 추구하는 것으로 드러났다. 스스로 '속'문예에 뛰어든 문인 중에 풍몽룡馮夢龍·서위徐渭·이지 등이 가장 걸출했다. 그들은 '속'문예에 대한 적극적인 태도는 이미

중고시대 진보적 문인의 일반적인 인도정신이나 심미취미로는 이해되지 않는다. 그들의 행위는 도래하는 시대의 소리와 공명했다.

(4) 원굉도袁宏道는 민가를 가장 유망한 시대의 '진성眞聲'으로 여겼고 탁인월卓人月(1606-1636)은 민가를 명대의 가장 대표적인 운체문학으로 보았다. 민가 창작의 전례 없는 번영, 민가 영향의 전례 없는 확산, 민가 지위의 전례 없는 상승은 확실히 명대 문단의 두드러진 현상이었다. 그것은 가장 전형적으로 심미취미가 '아에서 속에 이르기까지'의 변화를 분명하게 드러내었다. 명대 민가의 수집과 간행은 이미 권력층의 사회조사도 아니고 문인의 소재 축적도 아니었다. 그것은 일차적으로 득의양양하게 자기의 본래 풍모로 문단으로 나아가 문단의 보편적인 추앙을 받으려는 것이었다. 특히 명대 민가는 대부분 시정의 속곡이지 시골의 이곡은 아니라는 사실을 주의해야 한다. 어떤 의의에서 말하면 전원田園에서 시정市井에 이르고 또한 중고시대에서 근대에 이른 것이다. 명대 민가는 시정의 속곡이 주가 되었고 그 표현은 자못 근대적 색채의 성애 추구가 풍부하다. 이미 민가의 전통적 심미요소의 자연스런 발전일 뿐만 아니라 일종의 시대 추구로부터 온 격동이었다. 그것의 지위가 전례 없이 높아진 것은 전폭적으로 사회문화가 중고에서 근대로 끊임없이 나아가는 명려한 상징이었다.

(5) 서구문화의 대·소전통이 비교적 멀리 떨어져 있는 것과 견주어 보면 중국문화의 대·소전통은 비교적 원활한 교류를 해왔다. 심미취미의 '아'와 '속'의 상호흡수와 상호전화는 곧 대·소전통의 원활한 교류의 표현이다. 문제는 양방향의 교류가 한편으로는 대전통이 소전통의 영향을 받아들이도록 하지만, 다른 한편으로는 소전통이 대전통의 지배를 쉽게 받아들이도록 하는 데 있다. 원인은 말할 것도 없이 대전통의 상층문화는 모두 더 큰 우세와 더 다양한 방식으로 소전통을 동화하기 때문이다. 처음부터 대·소전통을 통합 조정하여 이룬 전폭적인 사회문화

형태는 더욱 대전통—상층문화의 '통치사상'을 체현할 수밖에 없었다. 아무리 소전통의 창조자가 자신의 사회적 지위와 현실에서 만나는 일상에서 출발하여 본능적으로 대전통의 주입을 배척하더라도, 기본적인 정신훈련과 계통적 이성교육의 결핍으로 인하여 분명한 자아의식과 충분한 비판능력을 갖추지 못하고 그들은 일상적으로 무감각하게 대전통의 관념을 받아들인다. 이는 소전통의 창조자가 항상 한층 더 거대한 보수성과 낙후성을 표현하도록 한다. 자각적으로 자신의 문화요구를 표현하든 자각적으로 대전통의 문화요구와 대항하든 역시 그러하다. 명 중기 이후 '아에서 속에 이르는' 심미변천은 이로부터 한 폭의 근대 평민의식과 봉건 윤리관념이 교차하고 병존하는 복잡한 모습을 이루었다. 그것은 근대 평민사회, 근대 심미문화의 형성에 없어서는 안 될 조건이 바로 평민 자아의식의 완전한 각성임을 의미한다.

상편

심학일변

心學一辨

제 1 장

내성지학의 모순

제1절 심본체와 천본체의 대립

철학사가는 송명유학의 이주伊朱[1]와 육왕陸王 두 학파를 논급하면서 자주 '리학理學'과 '심학心學'이라 개괄적으로 말하는데, 이런 의논은 곰곰이 생각해야 할 듯하다. 사실 가장 넓은 의미에서 말하면 리학이 심학이고 심학이 이학이다. 무슨 까닭에 이렇게 말하는가?

심학이 리학이라는 말은 비교적 이해하기 쉽다. 육구연의 말이다.

> 우주를 채우고 있는 것은 하나의 이치이다. 배우는 자들이 배우는 까닭은 이 이치를 밝히고자 하는 것일 뿐이다.[2]
>
> 천하에 바뀌지 않는 이치가 있으니 이 이치에는 끝없는 변화가 있

1) '이주'는 '정주程朱'라고도 한다. 그렇지만 정문程門의 두 사람의 입론 의도는 현저하게 서로 다른데, 일부 논자들이 정호程顥(明道)는 이른바 '심학心學'과 가깝고 정이程頤(伊川)는 '리학理學'에 가깝다고 한 말이 적합하다. 따라서 '리학'의 한 계통은 '이주伊朱'로 부르는 것이 더 정확하다.

2) 『陸九淵集』卷12, 「與趙咏道書 四」, 中華書局, 1980, "塞宇宙一理耳, 學者之所以學, 欲明此理耳."

> 다. 진실로 그 이치를 깨달으면 변화의 끝없음은 모두 이치의 바뀌지 않음이다.[3)]
>
> 그대에게 병통은 바로 이 이치를 알지 못해서 안으로는 주재하는 것이 없고 ……잘못하고도 고칠 줄 모르며 의혹이 있어도 풀지 못하는 것이다.[4)]

왕수인은 다음과 같이 말했다.

> 마음의 본체는 곧 천리이다. 천리의 소명영각昭明靈覺함이 양지라는 것이다.[5)]
>
> 천리가 사람의 마음에 있음은, 예로부터 지금까지이며 시작과 끝이 없다.[6)]
>
> 성인은 알지 못하는 것이 없음은 다만 하나의 천리를 아는 것이며, 능하지 못하는 것이 없음은 다만 하나의 천리에 능하다는 것이다. 성인의 본체는 밝고 분명하기 때문에 일마다 천리가 있을 곳을 알아서 곧 그 천리를 모두 실현한다.[7)]

'본체론'으로 보면 육왕은 여전히 하나의 '리'를 중시하고(왕수인은

---

3) 『陸九淵集』卷32, 「學古人官議事以制政乃不迷」, "天下有不易之理, 是理有不窮之變. 誠得其理, 則變之不窮者, 皆理之不易者也."

4) 『陸九淵集』卷1, 「與曾宅之」, "所病於吾友者, 正謂此理不明, 內無所主, …… 迷而不反, 惑而不解."

5) 『王文成公全書』卷5, 「答舒國用 癸未」, 上海古籍出版社, 1989, "夫心之本體, 卽天理也. 天理之昭明靈覺, 所謂良知也."

6) 『王文成公全書』卷3, 『傳習錄』下, 284條目, "天理在人心, 亘古亘今, 無有終始."

7) 『傳習錄』下, 227條目, "聖人無所不知, 只是知個天理; 無所不能, 只是能個天理, 聖人本體明白, 故事事知個天理所在, 便去盡個天理."

"천리天理는 곧 양지良知이다"[8]라고 생각하고 그 때문에 그는 '양지'를 중시하고 또 '천리'를 중시한다), '공부론'으로 보면 육왕은 여전히 하나의 '리'를 추구했다. '리학'이라는 말은 공교롭게도 육구연이 처음으로 사용했는데, 그는 정호가 '도학道學'이라 한 것을 다시 '리학'이라 이름하고 이 말로써 송유의 학문을 개괄했다.[9] 그러므로 심학이 리학이라는 것은 문제가 되지 않는다. 『명유학안』에 "명나라의 문장과 업적은 모두 전대에 미치지 못한다. 단지 리학에 대해서는 전대가 미치지 못한다"[10]는 말이 있듯이, 그야말로 심학을 리학이라 하는 것은 문제가 없다.

리학이 심학이라는 말은 어떻게 이해해야 할까? 당연히 송명유학의 기본 성질에 착안해야 될 듯하다. 송명유학은 유학의 내성지학에 속한다. 내성지학의 '내성'은 주로 도덕'심'을 가리키고 내성지학의 기본 사명은 추구하고, 육성하고, 형상화하고, 회복하는 등 일종의 지선인성至善人性 — 도덕심령道德心靈을 추구하는 것이다. 그래서 이론 목적으로 말하면, 왕수인이 "성인지학은 심학이다"[11]라고 한 것은 이치가 있다. 이러한 '성인지학' — 내성지학의 발전은 송명유학에 이르러 인성론의 핵심을 더욱 자세하고 완벽하고 성숙한 체계를 확립함으로써[12] 오로지 어떻게 도덕'심'을 완성할 것인가에 주력하는 '심성지학心性之學'이 되었다. 가박은 『명유학안』 발문에서 아버지의 말을 인용하여 다음과 같이 말한다.

---

8) 『傳習錄』下, 284條目, 天理卽是良知."
9) 『陸九淵集』, "惟本朝理學, 遠過漢唐, 始復有師道."
10) 黃宗羲, 『明儒學案』, 「發凡」, 中華書局, 1985, "嘗謂有明文章事功, 皆不及前代, 獨於理學, 前代之所不及也."
11) 『王文成公全書』卷7, 「象山文集序 庚辰」, "聖人之學, 心學也."
12) 李澤厚, 『中國古代思想史』, 「宋明理學片論」, 人民出版社, 1935 참조.

> 공·맹의 학문은 진·한 이래 자질구레함에 천착하여 장구와 훈고 사이에 골몰했지만, 대유의 배출에 힘입어 심성의 관계를 탐구하여 그 소위를 스스로 터득하여 밝힌 사람은 송에는 주돈이·정호·정이·장재·주자 등 다섯 군자가 있고 명에는 설선薛宣·오여필吳與弼·진헌장陳獻章 등 요강의 제유들이 있다. 그들은 깊이 탐구하고 고요히 깨달아 종지가 분명했다. 그 사이 비록 서로 다른 견해가 없지 않았지만 성인의 도를 추구하는 건 한결같았다.[13]

"심성의 관계를 추구했다." "성인의 도를 추구하는 건 한결같았다"고 하는 것은 이주와 육왕 두 학파 공동의 학술과제와 학술종지가 일종의 지선인성과 도덕적 심령을 추구하고 실현하는 것임을 가리킨다. 육왕학파가 "곧장 본마음에서 찾는다直探本心"고 하는 것은 말할 필요도 없고, 이주학파가 "모든 사물의 겉과 속과 정밀함과 거친 것이 이르지 아니함이 없다"[14]라는 것도 완전히 "내 마음 전체의 작용이 밝지 않은 것이 없는 것"[15]을 위하여 어떠한 '외향外向'이 되었든 최종은 이처럼 내재의 윤리심성을 실현하는 것으로 귀결되어야 한다. 정이는 "성인의 마음은 밝은 거울과 같고 고요히 있는 물과 같다."[16] "학문의 도는 단지 마음을 올바로 하고 그 본성을 기르는 것뿐이다. …… 군자의 학문은 먼저 마음에서 밝히고 …… 그러므로 학문은 반드시 그 마음을 다한다"[17]고 했

---

13) 賈朴, 『明儒學案』, 「跋」, "孔·孟之學, 自秦·漢以來, 穿鑿支離, 汩沒于章句訓詁之間, 賴有大儒輩出, 求之于心性之際, 而證其所爲獨得者, 在宋則有周·程·張·朱五君子, 在明則敬軒·康齋·白沙·姚江諸儒. 冥搜靜悟. 宗旨炯然. 其間雖不無異同之見. 而其求至于聖道則一也."

14) 『大學章句』, "衆物之表裏精粗無不到."

15) 『大學章句』, "吾心之全體大用無不明."

16) 『河南程氏遺書』卷18, "聖人之心, 如明鏡, 如止水."

17) 『河南程氏文集』卷8, 「顏子所好何學論」, "凡學之道, 正其心, 養其性而已, ……君子之學, 必先明諸心, …… 故學必盡其心."

고, 주희는 "마음은 아우르고 주재하는 것이니, 이것이 마음이 위대한 까닭이다."[18] "수많은 단서가 모두 마음으로부터 일어난다"[19]고 했다. 이런 말들은 모두 이주학파의 '공부'는 최종 '심' 상에서 행하여진다는 것이다. '리'란 이주학파가 보기에도 모두 '심'에 빠짐없이 갖추어져 있고 성인의 도는 바로 '마음에서 이치를 밝히는 것明理于心'이고 사람들이 '심'의 '대본大本'을 단단하게 붙들게 해준다.

> 도리가 모두 마음속에 갖추어져 있다. ……마음을 말하면 ……사람들에게 도리가 머물러 있는 곳을 깨닫게 할 수 있다.[20]
>
> 성인의 도에서 마음이라는 것은 천서天序·천질天秩·천문天命·천토天討·측은測隱·선악善惡·시비是非·사양辭讓 등 갖추어지지 않은 것이 없으니 마음밖에 법이 없다. 맹자가 말씀하기를 "그 마음을 다하는 사람은 그 본성을 아니, 그 본성을 알면 하늘을 알게 된다"고 하셨다. ……그러나 지금 이 도를 행하는 사람은 도리어 이 마음밖에 별도로 대본大本이 있다고 하고 인仁을 행하는 밖에 별도로 진성盡性·치명致命의 방도가 있다고 한다. 오직 성현들이 말씀을 세워 후대에 전하려는 뜻과 평생토록 스승을 받들고 도를 묻는 마음을 저버리는 것이 아닐까 두렵다.[21]

위에서 말한 의미로 보면 리학이 심학이고 심학이 리학이다.

---

18) 『朱子語類』卷5, "心是管攝主宰者, 此心所以爲大也."

19) 『朱子語類』卷5, "千頭萬緒, 皆是從心上來."

20) 『朱子語類』卷5, "道理都都具在心裏; …… 說一個心, …… 教人識得個道理存着處."

21) 『朱子文集』卷30, "聖門所謂心, 則天序·天秩·天命·天討·測隱·善惡·是非·辭讓, 莫不該備, 而無心外之法. 故孟子曰: 盡其心者, 知其性也; 知其性則知天矣. ……而今之爲此道者. 反謂此心之外, 別有大本; 爲仁之外, 別有盡性致命之方; 留恐非惟辜負聖賢立言垂後之意, 平生承師問道之心."

리학이 심학이고 심학이 리학이라는 말은 가장 광범위한 의미상에서 말한 즉 내성지학의 기본성질·학술종지·이론목적상에서 말한 것이다. 도덕원리를 중시하고 윤리주체를 확립하고 도덕 '심'을 실현하는 것에 있어서는 이주학파나 육왕학파 모두 근본적으로 모순이 없다. 이런 측면에서 이른바 '리학'과 '심학'의 대립이나 '리'와 '심'의 대립은 나타나지 않았다.(이 때문에 주희는 육구연의 '의리지변義利之辨'을 흔쾌히 받아들여[22] 매우 칭찬하고 "육구연의 학문은 비록 치우쳤지만 오히려 인간됨을 갖추고 있다"[23]라고 여겼다) 두 학파가 이런 면에서 조화롭게 일치한다는 점에 대해 옛사람의 많은 의견이 있었는데, 예를 들면 원대 정옥은 다음과 같이 지적한 바 있다.

> 육구연의 자질은 고명해서 간이簡易함을 좋아했고 주희의 자질은 독실해서 수밀邃密함을 좋아했는데 각자 그 자질의 가까운 바를 따라 공부했으므로 들어간 길이 서로 달랐을 뿐이다. 그 지극함에 이르러서는 삼강三綱·오상五常·인의仁義·도덕道德이 어찌 다름이 있겠는가! 하물며 요·순을 옳게 여기고 걸·주를 그르다 여기고 주공·공자를 높이고 불·노를 배척하고 천리를 공적인 것으로 여기고 인욕을 사사로운 것으로 여기는 것이 같았지만 대본大本·달도達道는 서로 다른 것이 있지 않겠는가![24]

여기에 관한 황종희 부자의 개괄은 매우 적절하다.

---

22) 『陸九淵集』, 「年譜」.

23) 『朱子語類』卷122, "陸氏之學雖是偏, 尙是要去做個人."

24) 鄭玉, 『師山文集』卷3, "陸子之質高明, 故好簡易, 朱子之質篤實, 故好邃密, 各因其質之所近爲學, 故所入之塗有不同爾. 及其至也, 三綱五常仁義道德, 豈有不同者哉! 況同是堯·舜, 同非桀·紂, 同尊周·孔, 同排釋·老, 同以天理爲公, 同以人欲爲私, 大本達道, 無有不同者乎."

두 선생은 모두 강상을 세우고 명교를 바로잡고 공맹을 받드는 것이 같다. 즉 의견이 끝내 합치하지 않았어도 어진 사람은 어짊을 알아보고 지혜로운 사람은 지혜로움을 알아본 것에 불과하다. 이른바 그것을 배워서 그 본성에 가까운 바를 터득했으니 원래 성인에 배치되는 것은 아니다.

두 선생이 교육의 근본을 세우는 방법은 서로 달라도 경지에 오르도록 가르쳐 일깨워 주는 일은 서쪽과 동쪽으로 판이하게 문호가 다를지라도 지극한 경지에 다다르게 한 점에 있어서는 둘 다 같다.[25)]

왕수인 스스로도 다음과 같이 밝혔다.

나의 학설이 회암과 때로 같지 않은 부분이 있는 것은, 입문하여 착수하는 것에 털끝만한 차이가 나더라도 천리나 되는 엄청난 차이를 가져오기 때문에 따지지 않을 수 없었던 것이다. 그러나 나의 마음은 회암의 마음과 다른 적이 없었다.[26)]

회암은 여러 유자의 설을 절충하여 『육경』·『논어』·『맹자』의 뜻을 천하에 밝혔으니 후학에게 베풀어준 그 아름다운 마음은 참으로 다 이야기할 수가 없다.[27)]

그가 편찬한 「주자만년정론朱子晩年定論」은 한편으로는 주자학을 곡해하여 자신의 허세를 늘어놓았지만 다른 한편으로는 주자와 같은 뜻을

---

25) 黃宗羲, 『宋元學案』卷64, 「象山學案」, "二先生同植綱常, 同扶名教, 同宗孔孟, 即使意見終于不合, 亦不過仁者見仁, 智者見智, 所謂學焉而得其性之所近, 原無有背于聖人. 二先生之立教不同, 然如詔入室者, 雖東西異戶, 及至室中, 則一也."

26) 『傳習錄』上, 98條目, "吾說與晦庵時有不同者, 爲入門下手處有毫釐千里之分, 不得不辯. 然吾之心與晦庵之心, 未嘗異也."

27) 『王文成公全書』卷21, 「答徐成之書二 壬午」, "晦庵折衷群儒之說, 以發明六經語孟之旨于天下, 其嘉惠後學之心, 眞有不可得而議者."

이루려는 것도 볼 수 있다.

그렇지만 왕수인은 마침내 매우 진지하고 명확하게 육구연이 '리학'이라고 한 것을 다시 '심학'이라고 이름을 바꾸었을 뿐만 아니라 실질적으로 "마음과 이치를 둘로 나누는"[28] 이주학파와 구별하기 위하여 '정명正名'의 기치를 들어 올렸다.[29] 이에 근거하여 "주희를 존숭하는 사람들은 육구연을 광선狂禪이라고 비난하고 육구연을 존숭하는 사람들은 주희를 속학俗學이라고 여겼다. 양가의 학문이 각각 문호를 이루어 거의 얼음과 숯 같았다"[30]는 것은 두 학파의 모순이 분명히 '리학'과 '심학'의 모순임을 말한 것이다. ― 황종희의 『명유학안』에서 시작된 철학사가의 분석도 근거가 없는 것은 아니다. 진술한 이런 광범위한 의미를 벗어난다면 두 학파의 모순은 분명히 '리학'과 '심학'의 심각한 대립을 표출하고 최종에는 '리'와 '심'의 심각한 대립을 초래한다.('리학'과 '심학'의 대립은 완전히 '리'와 '심'의 대립으로 표현되는 것은 아니지만 후자가 도리어 전자의 논리적인 귀결이자 가장 중요한 이론적 성과이다. 자세한 내용은 후술한다) 그렇다면 이와 같은 대립이 일어나는 두 학파의 모순은 결국 왜 발생하는가? 왕수인이 선명하게 '심학'을 표방한 의의는 어디에 있는가?

나는 두 학파의 모순은 도덕'심'을 어떻게 실현하는가에 원인이 있고 또한 도덕실천을 어떻게 행하는가에 원인이 있다고 본다. 바로 이런 측

---

28) 『傳習錄』中, 135條目, "析心與理而爲二."

29) 왕수인은 『상산문집象山文集』의 서문을 쓰면서 '육구연의 학문'은 '맹자의 학문'이라고 긍정하고 또한 '심학'이라고 했다. 그리고 "마음과 이치를 둘로 나누는析心與理而爲二" "세유의 지리함世儒之支離"을 비판했다. 서문을 보면 '세유'는 한·당의 유자를 가리킨다. 그러나 왕수인 사상을 통관하면 이른바 '석심여리이위이', '지리'라고 하는 것은 왕수인의 이주학파에 대한 기본적인 평가이다.

30) 黃宗羲, 『宋元學案』卷64, 「象山學案」, "宗朱者詆陸爲狂禪, 宗陸者以朱爲俗學. 兩家之學, 各成門戶, 幾如氷炭."

면에서 도덕실천의 과정과 방법의 선택에 따라 두 학파의 내성지학에 관한 일련의 기본적인 범주, 중요한 문제의 서로 다른 이해와 해결을 야기·형성·표면화했는데, 이와 같은 서로 다른 이해와 해결은 또한 거꾸로 도덕실천의 과정과 방법의 선택을 규정했다. 중국 전통철학용어로 말하면, 두 학파의 모순은 '공부론'에 원인이 있고 '본체론'까지 올라간다. '공부론'의 탐구는 '본체론'의 분기를 이끌어내고 '본체론'의 분기는 거꾸로 '공부론'의 탐구를 지배한다. 관점을 달리해서 말하면, '공부론'의 수요는 '본체론'의 탐구를 이끌어내고 '본체론'의 탐구는 '공부론'의 수요를 실현시킨다.(이러한 공부 — 본체 — 공부의 논리적 맥락은 전형적으로 중국 전통사상이 실천이성에 편중된 특징을 보여주는 것이고 송명유학이 도덕실천의 윤리철학에 힘쓰는 것임을 말해 준다) '공부론'의 관점에서 보든지 '본체론'의 관점에서 보든지 간에 가장 주의해야 할 문제는 '리'와 '심'의 관계를 어떻게 보고 어떻게 해결하는가에 있다. — 전술한 바와 같이 두 학파는 모두 '리'를 고수하고 떠받들든지 도덕'심'(공부를 통해 본체에 이르는)의 실현을 추구하든지 실제적으로 도덕실천의 과정이나 방법(공부론)을 탐구할 때에 먼저 '리'와 '심'의 관계(본체론)를 해결하지 않을 수 없다. 왜냐하면 이 관계의 해결은 실제적으로 도덕실천의 과정과 방법(공부론)을 직접 포함하고 규정하기 때문이다.

우리들은 '심구리心具理'는 이주학파의 이런 관계에 대한 이해이고 '심즉리心卽理'는 육왕학파의 이런 관계에 대한 이해로 알고 있다. '심구리'와 '심즉리' 이 두 가지 유명한 명제는 두 학파가 리 — 심의 관계를 둘러싸고 만든 기본적인 차이라고 할 수 있다. 이와 같은 기본적인 분기는 집중적으로 두 학파가 원래 가지고 있는(도덕실천 이전의) 주관 내재의 '심'에 대한 서로 다른 평가, '리'에 대한 서로 다른 본체론의 해석으로 나타났고, 게다가 '외면에서 내면에 이르는由外而內' 것과 '내면에서 외면에 이르는由內而外' 것의 서로 다른 도덕실천의 과정을 규정함으로써 '리학'과 '심학'이란 분야를 형성했다.

'심'에 대한 다른 평가와 '리'에 대한 다른 본체론의 해석은 상생 발전하면서도 여전히 서로 다른 층면에 속한 문제이다. 후자는 더 근본적인 성질을 띠고 있고 더 심각한 의미를 가지고 있는데 그것은 리학과 심학 분야의 진정한 이론적 기초를 이루었고 심학의 중대한 변화를 초래했다. 이 문제를 분명히 밝히기 위해 먼저 두 학파의 '심'에 대한 서로 다른 평가를 소개한다.

간략하게 말해 이주학파의 '심'에 대한 평가는 다음과 같다.

1. '심'은 '리'의 범주보다 낮다.

주희는 "마음에는 선함과 악함이 있지만 본성은 선하지 않을 수 없다"[31]고 했다. '성'이 "선하지 않을 수 없는" 까닭은 "본성은 단지 이치일 뿐이고"[32] "이것의 이치가 하늘과 땅 사이에 있을 때에는 단지 선이고 불선한 것이 없는 것"[33]이기 때문이다. '리'는 불선함이 없는—"단지 정결하고 광활한 세계이다."[34] '심'은 선악이 섞여 있는—"방탕하고 편벽되고 사악하고 허황된 것일지라도 마음이 한 것이다."[35] "마음은 비유하면 물과 같고 본성은 물의 이치와 같다. 본성은 물이 고요하게 머무르는 까닭이고 감정은 물이 움직여서 흐르는 까닭이고 욕망은 물이 흘러서 범람하는 것과 같다."[36]

---

31) 『朱子語類』卷5, "心有善惡, 性無不善."
32) 『朱子語類』卷5, "性只是理."
33) 『朱子語類』卷4, "這個理在天地間時, 只是善, 無有不善者."
34) 『朱子語類』卷1, "只是個淨潔空闊底世界."
35) 『朱子語類』卷95, "雖放僻邪侈, 亦是心之爲也."
36) 『朱子語類』卷5, 心, 譬水也. 性, 水之理也. 性所以立乎水之靜, 情所以行乎水之

이로 인해서 '심구리'라고 말할 수밖에 없고 '심즉리'라고는 말할 수 없었다. 서로 다른 도덕경지의 윤리학 범주로써 명시하면, '심'은 '리'보다 낮다.(정이와 주희는 이 점에서 중요한 분별이 있다. 자세한 내용은 후술한다)

2. '심'은 도덕실천의 개조대상이다.

위에서 주관 내재의 '심'은 선악이 서로 섞여있고 성정이 섞여있다. 송명유학의 술어로 말하면, 곧 천리와 인욕을 겸비하고 도심과 인심이 한 덩어리로[37] "마음은 하나이니 마음속에 인욕이 뒤섞이면 인심이라 하고 순수한 천리면 도심이라 한다"[38]는 것이고, 도덕실천의 임무는 이 '심'을 개조대상으로 삼아 인욕을 제거하고 천리를 보존하고 인심을 다스리고 도심을 고양하는 것이다. 도덕실천을 통해 '리'보다 낮은 '심'·'인심'을 개조시켜 '순수한 천리'의 '심'·'도심'·'성인지심' — 도덕심을 이루게 하는 것이 내성지학의 사명을 다하는 것이다. 주희는 이러한 사명을 벗어나거나 '심'의 개조를 벗어나는 것은 이른바 '위학爲學'의 의의를 잃어버리게 될 것이라고 여겼다.

> 저(주희)는 삼가 고합니다. 사람이 힘써 배우는 까닭은 나의 마음이 성인의 마음과 같지 않기 때문입니다. 마음이 성인의 마음과 같을 수 없으므로 이치를 밝혀도 밝혀지지 않고 조금도 준칙하는 바가 없어 좋

動, 欲則水之流而至於濫也.

37) '천리'와 '인욕'이라는 말은 『예기禮記』「악기樂記」에서 나왔고, '도심'과 '인심'이라는 말은 『상서尙書』「대우모大禹謨」에서 나왔다. 그렇지만 이 말을 분명하게 깨닫고 기본 개념을 세운 것은 송명유학이다.

38) 『朱子語類』卷4, "心一也, 方寸之間人欲交雜, 則謂之人心; 純然天理, 則謂之道心."

아하는 것만을 따라가면 고원한 사람은 지나치고 비천한 사람은 미치지 못합니다. 그래서 그 행동이 지나쳤거나 미치지 못했다는 것을 스스로 알지 못합니다. 만약 나의 마음이 곧 천지성인의 마음과 다르지 않다면 무엇 때문에 그래도 공부를 하겠습니까?[39]

육왕학파의 '심'에 대한 가치는 다음과 같다.

(1) '심'은 '리'의 범주와 동등하다.
육구연은 다음과 같이 말한다.

사람은 모두 이 마음이 있고 마음은 모두 이 이치를 갖추고 있으니, 마음이 곧 이치이다.[40]

대개 마음은 하나의 마음이고 이치는 하나의 이치이다. 지극한 이치는 하나로 귀결되고 정밀한 의의는 둘이 아니다. 이 마음과 이 이치는 본래 두 가지를 용납하지 않는다.[41]

왕수인은 다음과 같이 말한다.

이른바 네 마음이 그래도 보고 듣고 말하고 행동할 수 있는 것, 이것이 바로 본성이고 천리이다. …… 이 마음의 본체는 본래 다만 하나의 천리이다.[42]

---

39) 『朱子文集』卷30, "熹竊謂人之所以爲學者, 以吾之心未若聖人之心故也. 心未能若聖人之心, 是以燭理未明, 無所準則; 隨其所好, 高者過, 卑者不及; 而不自知其爲過且不及也. 若吾之心卽與天地聖人之心無異矣. 則尙何學之爲哉."

40) 『陸九淵集』卷11, 「與李宰 二」, "人皆有是心. 心皆具是理. 心則理也."

41) 『陸九淵集』卷1, 「與曾宅之書」, "蓋心. 一心也; 理, 一理也. 至當歸一, 精義無二, 此心此理, 實不容有二."

42) 『傳習錄』上, 122條目, "所謂汝心, 卻是那能視·聽·言·動的, 這個便是性, 便是天

> 마음은 하나일 뿐이다. 그 전체의 측은히 여기는 것으로 말하면 인仁이라 하고, 그 마땅함을 얻는 것으로 말하면 의義라 하고, 그 조리로 말하면 리理라고 한다. 마음을 벗어나 인을 구할 수 없고 마음을 벗어나 의를 구할 수 없는데 유독 마음을 벗어나 리를 구할 수 있겠는가?[43)]

사람들에게 익숙한 이러한 자료 중에서 마땅히 구별해야 하는 두 가지 층차의 함의가 있다.

첫째, '심'과 '리'가 동일한 층면에 속하고 호환할 수 있는 범주로 '심'의 권위가 바로 '리'의 권위이다.

둘째, '심' 밖에 따로 '리'가 없고 '심'이 곧 온전하게 '리'를 포함한다.

후자의 함에서 육구연의 태도는 그다지 철저하지 않고 왕수인의 태도는 아주 철저하다. 육구연과 왕수인의 이 하나의 구별은 심학의 중대한 발전을 나타내고 있고, 우리들이 심학의 특수한 성질과 사회적 작용을 인식하는 데에 있어서 중요한 의미를 가지고 있다. 이는 본서의 주요한 논지를 포함하고 있고 자세한 내용은 후술한다.

(2) '심'은 도덕실천의 추구 대상이다.

'심'은 그것에 부여된 '리'와 다름없는 높은 지위가 '리'조차도 삼켜버렸기 때문에 도덕실천의 개조대상이 되지 못하고 단지 도덕실천의 최고 표준과 최후 근거가 될 수 있을 뿐이고 도덕실천의 추구 대상이 될 수 있을 뿐이다.

> 배움이란 내 마음을 다하는 것을 구하는 것이다.[44)]

理, …… 這心之本體, 原只是個天理."

43) 『傳習錄』中1, 133條目, "心, 一而已. 以其全體惻怛而言謂之仁, 以其得宜而言謂之義, 以其條理而言謂之理. 不可外心以求仁, 不可外心以求義, 獨可外心以求理乎."

"옛 것을 좋아하여 민첩하게 구한다"는 말은 옛 사람의 학문을 좋아하여 이 마음의 이치를 민첩하게 구할 따름이라는 뜻이다. 마음은 곧 이치이다. 배운다는 것은 이 마음을 배우는 것이고 구한다는 것은 이 마음을 구하는 것이다.[45]

반드시 이 효성스러운 마음이 있어야만 그러한 조목들이 발현되어 나올 수 있다. 나무에 비유하면 이 효성스러운 마음은 뿌리이고 수많은 조목들은 가지나 잎이다. 반드시 먼저 뿌리가 있은 뒤에 가지나 잎이 있는 것이지 먼저 가지나 잎을 찾은 뒤에 뿌리를 심는 것이 아니다.[46]

세상의 배우는 사람들은 육경의 실제를 내 마음에서 구해야 한다는 것을 알지 못하고서 한낏 진문傳聞과 주소注疏 사이에서 찾고, 문구와 글자의 뜻을 따지는 사소한 일에 구애받고서 고집스럽게 그것을 육경이라고 여긴다.[47]

설령 본래 주관 내재의 '심'은 이주학파가 보기에는 아직 개조를 필요로 하는 도덕심이라고 한다면, 육왕학파가 보기에는 이미 도덕심 그 자체이기 때문에 문제는 그것을 개조하는데 있는 것이 아니라 그것을 찾는 데 있다.

두 학파의 '심'에 대한 서로 다른 평가로부터 논리에 맞게 다음과 같은 결론을 도출할 수 있다. 육왕학파에 따라 심과 리가 동등하다면 도덕실천의 최후 근거와 리의 본원은 곧 주관 내재의 심령세계에 뿌리내

---

44) 『王文成公全書』卷21, 「答徐成之 壬午」, "學也者, 求以盡吾心也."

45) 『傳習錄』中, 140條目, "'好古敏求'者, 好古人之學, 而敏求此心之理耳. 心卽理也. 學者, 學此心也; 求者, 求此心也."

46) 『傳習錄』上, 3條目, "須有這誠孝的心, 然後有這條件發出來; 譬之樹木, 這誠孝的心便便是根, 許多條件便枝葉, 須先有根, 然後有枝葉, 不是先尋了枝葉, 然後去種根."

47) 『王文成公全書』卷7, 「稽山書院尊經閣記 乙酉」, "世之學者, 不知求六經之實於吾心, 而徒考索于影響之間, 牽制於文義之末, 硜硜然以爲是六經矣."

리고 심령세계는 곧 리세계이다. 이주학파에 따라 심이 리보다 낮다면 도덕실천의 최후 근거인 리의 본원은 곧 마음 밖의 세계에 뿌리내리고 심령세계의 위에 객관 외재의 리세계가 있다. 이는 곧 두 학파의 '리'에 대한 서로 다른 본체론의 해석에도 관여한다. 이와 같은 서로 다른 본체론의 해석은 송명유학의 선구 정이와 정이를 따랐던 유종주는 다음과 같이 간단하게 지적했다.

> 정이가 말하기를, 성인은 하늘을 근본으로 삼지만 석가는 마음을 근본으로 삼는다.[48]
>
> 유종주가 말하기를, 석가의 학문은 마음을 근본으로 삼고 우리 유가의 학문 역시 마음을 근본으로 삼는다.[49]

'본심本心'(리의 근본을 마음으로 귀결시키는 것)이든가 아니면 '본천本天'(리의 근본을 하늘로 귀결시키는 것)이든가, 다시 말해 주관 내재의 '심'을 최고 형이상본체로 인정하든가 아니면 객관 외재의 '천'을 최고 형이상본체로 인정하든가 육왕심학과 이주리학은 '리'에 대해 뚜렷이 상반된 본체론의 해석을 구성한다. '심본체'와 '천본체'의 대치는 두 학파의 근본적인 모순이다. 이 근본적 모순의 형성은 연원이 오래되었는데 그것은 원시유학에서 비롯되어 내성지학과 늘 함께하다가 양명심학이 출현하고서야 비로소 해결을 보게 되었다. 그러나 이 해결은 또 송명유학 내지 내성지학의 종결을 의미한다. 왜냐하면 양명심학에서는 한편으로는 '심본체'가 '천본체'를 병탄하여 '심본체'의 지배를 확립했고, 다른 한편으로는 이 '심본체'가 이론 논리의 발전과 시대 생활의 요구 등 여

---

48) 『河南程氏遺書』卷21下, "程頤說: 聖人本天, 釋氏本心."
49) 劉蕺山, 『劉子全書』, 「學言上」, "劉宗周說: 釋氏之學本心, 吾儒之學亦本心."

러 원인으로 말미암아 점차적으로 그렇지만 필연적으로 '질質'을 변화시켰기 때문이다. 그것은 '리'에서 흘러 넘쳐 나오고 '리'를 벗어내 버림으로써 마침내 "창광한 사람은 정情과 식識을 뒤섞어서 일체를 모두 양지라 여기고 초결한 사람은 현玄과 허虛을 방종하여 도적에서 무사한다"[50]고 하는 '왕학의 폐단'을 초래했다.

이런 '왕학의 폐단'이 낳은 이지李贄사상을 대표하는 '이경반도離經叛道'의 '자연인성론自然人性論'과 '비성무법非聖無法'의 비판정신은 곧장 내성지학을 겨냥했다. 이와 같은 심각한 결말은 '마음의 도적을 물리친다破心中賊'는 왕수인도 확실히 당초 예상하지 못한 것이다. 그러나 '왕학이단'이라 해도 좋고 '왕학좌파'라 해도 좋고 '가왕학假王學'이라 해도 좋지만, 명 후기에 근대를 향해 나아가는 사상해방의 조류의 이론을 창시한 사람은 확실히 왕수인이다.(이 때문에 본서에서는 머우쭝산이 '왕학의 폐단'은 사람의 결점이고 방법의 결점이 아니라는 논점에 동의하지 않는다[51]) 그는 본래 주관 내재의 심령을 지고무상의 유일한 도덕본체로 끌어올리고 철저하게 '마음 밖에 리가 없다心外無理'는 것을 주장하여 곧 리학과 심학이 모순된 성질로 전화되는 '화근'을 낳았다.

그가 확립한 '심본체'가 논리와 역사의 필연성에 따라 내성지학의 '도덕심'(리와 동등하고 리세계를 포함하는 심)을 넘어서자마자 천본체와 심본체의 모순은 이미 '리'에 대해 단순히 서로 다른 본체론의 해석일 뿐만 아니라, 더욱 '리'와 '심'의 모순으로 전화하였다. 리학과 심학의 모순은 이미 단지 내성지학의 '내부의 모순'일 뿐만 아니라 더욱 '위도衛道'와 '반도叛道'의 모순으로 표현되었다. '리'와 '심'의 모순으로부터 '위도'

---

50) 劉蕺山, 『劉子全書』卷6, 「證學雜解」25, "狂者參之以情識, 而一是皆良, 超潔者蕩之以玄虛, 而夷良于賊."

51) 牟宗三, 『從陸象山到劉蕺山』, 臺灣 學生書局, 1984 참조.

와 '반도'의 모순으로 파생되면서 리학과 심학은 철저하게 길을 나누어 가게 되었고 심학은 내성지학을 벗어났다. 왕수인은 이러한 사상운동을 위하여 최초의 논리적 준비를 마련하고 심학의 기치를 매우 명확하게 표방하였는데, 가장 사상사적 가치를 갖춘 부분은 바로 여기에 있다. 본서에서 말하는 '심학일변心學一辨'도 바로 심학의 이런 독특한 성질을 밝히고자 하는 것이다. 그렇지만 심학의 이런 독특한 성질을 분명히 하고자 한다면, 우선 내성지학의 기본적인 모순 — 천본체와 심본체의 모순에 대한 전후맥락을 간단히 고찰해야만 한다.

제2절 심학의 발생 — 원시유학

'내성외왕內聖外王'은 유학의 기본 지향이자 최고 이상이다. 공자는 '인仁'과 '예禮'를 내세워 소박한 형태로 이런 지향을 드러내고 이상을 고양했다.[52] 그렇지만 공자가 '인을 예로 해석하는以仁釋禮' 것과 '예로 교화하여 인을 행하게 하는化禮爲仁'[53] 그 사상구조의 핵심을 가지고 말한다면 이미 '내성內聖'에 치우쳐 있고, 실천의 방향을 가지고 말한다면 이미 내면에서 외면에 이르는 "사람이 되어서 인하지 못하면 예는 무엇에 쓰겠는가?"[54]라고 할 만큼 — 인은 내면에 있고 예는 외면에 있고, 인이

---

52) '인仁'은 당연히 '내성內聖'과 같지 않고 '예禮'도 당연히 '외왕外王'과 같지 않다. 그러나 '인'은 도덕 인격의 최고 경지가 되고, '예'는 사회질서의 표준 규범이 된다. 도리어 '내성외왕內聖外王'의 도는 '핵심'과 기본요구로 볼 수도 있다. 양보쥔楊伯峻은 『논어』에서 '예'가 75번 나오는데 '예악'을 포괄하여 아울러 말한 것이고, '인'은 109번 나온다고 하였다. 楊伯峻, 『論語譯注』, 中華書局, 1980, p.80 참조.

53) 李澤厚, 『中國古代思想史論』, 「孔子再評價」, 참조.

앞서고 예가 뒤따르고, '인'은 '예'와 비교하면 더욱 중시 받고 더 많이 논의되는 범주가 되었다. 여러 가지 방식을 통해 반복적으로 기본 사상을 표현하는 『논어』의 뚜렷한 특징은, 공자가 우선 먼저 관심을 가진 것이 도덕적 인격의 형성이고 그것의 입각점이 윤리적 주체를 세우는 내왕지학임을 모두 증명할 수 있다. 맹자는 공자와 기타 성인을 다음과 같이 비교 평가했다.

> 제대로 된 임금이 아니면 섬기지 아니하며 제대로 된 백성이 아니면 부리지 아니하고 (세상이) 다스려지면 나아가고 어지러워지면 물러가는 것은 백이이고, "누구를 섬긴들 군주가 아니며 누구를 부리든 백성이 아닌가"라고 하여 다스려진 세상에도 나아가고 혼란한 세상에서도 나아가는 것은 이윤이며, 벼슬해야 할 때는 벼슬하고 그만두어야 될 때에는 그만두며 오래 머물러야 될 때는 오래 머물고 빨리 떠나야 될 때에는 빨리 떠나는 것은 공자이시다.[55]
>
> 백이는 성인 중의 청아清雅한 자이고 이윤은 성인 중의 사명감이 넘치는 자이고 유하혜는 성인 중의 온화한 자이고 공자는 성인 중에서 상황에 맞게 행동하는 자이시니, 공자를 집대성이라 하는 것이다. 집대성이라는 것은 쇠로 만든 악기로 소리를 늘어뜨리고 옥으로 만든 악기로 거두어들이는 것이다.[56]

이른바 "공자를 집대성集大成이라 하는 것이다"의 '대성'은 당연히 '내

---

54) 『論語』, 「八佾」, "人而不仁, 如禮何."

55) 『孟子』, 「公孫丑上」, "非其君不事, 非其民不使; 治則進, 亂則退, 伯夷也. 何事非君, 何使非民; 治亦進, 亂亦進, 伊尹也. 以仕則仕, 可以止則止, 可以久則久, 可以速則速, 孔子也."

56) 『孟子』, 「萬章下」, "伯夷, 聖之淸者也; 伊尹, 聖之任者也; 柳下惠, 聖之和者也; 孔子, 聖之時者也; 孔子之謂集大成. 集大成也者, 金聲而玉振之也."

성외왕'을 온전하게 포함해야 하지만 맹자의 평가를 통관하면 이 '대성'은 그래도 일종의 성인기상 — 내성의 수양경지이다. 공자가 일생동안 이룬 업적과 그가 후인들에게 세워 준 형상과 남긴 유산은 주로 내성이라는 면에 있다.

공자가 발판을 마련한 내성지학은 맹자가 뚜렷이 강조하고 충분히 발전시켰다. 내성지학에서 맹자의 최대 공헌은 최초로 유학의 인성론을 명확하게 제시하고 계통적으로 해석한 것이다. 이 인성론을 맹자의 말로 서술하면 기본적 내용은 다음과 같다.

> 군자가 본성으로 여기는 것은 인의예지가 마음속에 뿌리내리는 것이다.[57]
>
> 입이 맛에서 좋아하는 것, 눈이 빛에서 좋아하는 것, 귀가 소리에서 좋아하는 것, 코가 냄새에서 좋아하는 것, 몸이 안일함에서 좋아하는 것은 본성이지만 명命이 있기 때문에 군자는 본성이라고 하지 아니한다. 인仁이 부자관계에서 추구되는 것, 의義가 군신관계에서 추구되는 것, 예禮가 빈주賓主관계에서 추구되는 것, 지智가 현자에게서 추구되는 것, 성인이 천도에서 추구되는 것은 명이지만 본성이 있으므로 군자는 명이라고 하지 아니한다.[58]
>
> 측은지심을 사람마다 다 가지고 있으며, 수오지심을 사람마다 다 가지고 있으며, 공경지심을 사람마다 다 가지고 있으며, 시비지심을 사람마다 다 가지고 있으니, 측은지심은 인이요, 수오지심은 의요, 공경지심은 예요, 시비지심은 지이다. 인의예지는 밖으로부터 나에게 녹아 들

---

57) 『孟子』, 「盡心上」, "君子所性, 仁義禮智根於心."

58) 『孟子』, 「盡心下」, "口之於味也, 目之於色也, 耳之於聲也, 鼻之於臭也, 四肢於安佚也, 性也, 有命焉, 君子不謂性也. 仁之於父子也. 義之於君臣也, 禮之於賓主也, 智之於賢者也, 聖人之於天道也, 命也, 有性焉, 君子不謂命也."

어오는 것이 아니라 내가 본시 가지고 있는 것이지만, 그것을 생각하지 않을 뿐이다. 그러므로 말하기를 "구하면 얻고 놓아두면 잃어버린다"라고 하는 것이다.[59)]

측은하게 여기는 마음은 인의 단서이고, 부끄러워하고 미워하는 마음은 의의 단서이고, 사양하는 마음은 예의 단서이고, 시비를 가리는 마음은 지의 단서이다. 사람이 이 사단을 가지고 있는 것은 사지를 가지고 있는 것과 같다. 이 사단을 가지고 있으면서 자기는 할 수 없다고 하는 자는 자신을 해치는 자이고, …… 무릇 사단이 나에게 있는 것을 모두 넓혀서 채울 줄 알면 마치 불이 처음 타오르며 샘물이 처음 솟아나는 것과 같을 것이니, 진실로 이것을 채울 수 있다면 사해를 보호할 수 있거니와 진실로 이것을 채우지 못하면 부모를 섬길 수도 없을 것이다.[60)]

인은 사람의 마음이고 의는 사람의 길이다. 학문의 길이란 다른 것이 없다. 그 놓아버린 마음을 찾는 것일 뿐이다.[61)]

만물이 모두 나에게 갖추어져 있으니 몸을 돌이켜보아 성실하면 즐거움이 이보다 더 클 수 없고, 서恕를 억지로 힘써서 행하면 인을 구하는 것이 이보다 더 가까울 수 없다.[62)]

---

59) 『孟子』, 「告子上」, "惻隱之心, 人皆有之; 羞惡之心, 人皆有之; 恭敬之心, 人皆有之; 是非之心, 人皆有之. 惻隱之心, 仁也; 羞惡之心, 義也; 恭敬之心, 禮也; 是非之心, 智也. 仁義禮智, 非由外鑠我也, 我固有之也, 弗思耳矣. 故曰: 求則得之, 舍則失之."

60) 『孟子』, 「公孫丑上」, "惻隱之心, 仁之端也; 羞惡之心, 義之端也; 辭讓之心, 禮之端也; 是非之心, 智之端也. 人之有是四端也, 猶其有四體也. 有是四端而自謂不能者, 自賊者也 …… 凡有四端於我者, 知皆擴而充之矣, 若火之始然, 泉之始達. 苟能充之, 足以保四海; 苟不充之, 不足以事父母."

61) 『孟子』, 「告子上」, "仁, 人心也, 義, 人路也. ……學問之道無他, 求其放心而已矣."

62) 『孟子』, 「盡心上」, "萬物皆備於我矣. 反身而誠, 樂莫大焉. 强恕而行, 求仁莫近焉."

맹자의 이런 말들은 세 단계 의미를 포함한다. 인성의 이해 — 인간의 본성은 본래 선하고 선은 사람의 마음에 있다. 인성 실현의 방법 — 자신에게 돌이켜 사단을 확충한다. 학문의 목적 — 선한 마음을 되찾아 인성을 회복한다. 이러한 세 단계의 의미를 개괄하면 선험의 '심'본체를 확립하고 '심'으로 '인'을 풀이함으로써 '인정왕도仁政王道'를 위한 원초적이고 진일보한 심리 근거를 제공한다는 점이다.

심을 인으로 해석하는 것은 맹자 인성론의 핵심 명제이고 공자에 대한 중대한 발전이다. 공자가 '인을 예로 해석하는 것'에서 맹자가 '심을 인으로 해석하는 것'에 이르러 내성지학의 최고 목적 — 일종의 지선인성과 도덕심령을 추구하고 실현하는 것 — 이 명확해졌고, 유학의 도덕 실천이 내성에서 외왕에 이르기는 방향과 방법이 심화되었다. 펑유란은 공맹을 구분해서 "공자는 인仁과 충서忠恕를 강론하여 개인의 수양 측면이 많고 맹자는 정치 및 사회철학을 응용했다. 공자가 인과 충서를 강론한 것이 '내성'에 닿아 있다면 맹자는 보다 더 '외왕'에 닿아 있다"고 했다.[63]

맹자는 확실히 공자에 비해 보다 많이 '인정왕도'를 설명했지만 이것은 우연히 그렇게 된 것이다. 맹자는 '내성에서 외왕에 이르는 것'을 더욱 강조하고("사람은 모두 남에게 차마하지 못하는 마음이 있다. 선왕에게 남에게 차마하지 못하는 마음이 있어서 곧 남에게 차마하지 못하는 정치가 있었다. 남에게 차마하지 못하는 마음을 가지고 남에게 차마하지 못하는 정치를 하면 천하를 다스리는 것은 손바닥 위에서 움직일 수 있는 것이다"[64]) 나아가 '내성'만 갖추면 '외왕'은 문제가 되지 않는다

63) 馮友蘭, 『中國哲學史』上冊, 中華書局, 1961, p.154.
64) 『孟子』, 「公孫丑上」, "人皆有不忍人之心. 先王有不忍人之心, 斯有不忍人之政矣. 以不忍人之心, 行不忍人之政, 治天下可運於掌上."

고 여겼다.("인인仁人은 천하에 대적할 사람이 없다. 지극한 인仁으로 지극히 불인不仁한 사람을 정벌했는데, 어찌 그 피가 방패를 떠내려 보냈겠는가?"[65] "나라의 임금이 인仁을 좋아하면 천하에 대적할 자가 없다"[66]) 따라서 맹자가 '외왕'의 중요한 의의를 자세히 설명한 것은 공교롭게도 '내성'의 불가항력적 도덕 역량을 논증하기 위한 것이고 윤리주체와 지선인성 — 도덕심령의 존엄과 권위를 확립하기 위한 것이었다.

주의할 것은 공맹이 모두 내성지학에 입각하면서도 농후한 '경천敬天'·'법천法天'사상을 갖추었는데, 이것이 곧 정이가 "성인은 그 근본을 하늘에 둔다聖人本天"는 것이다. 하나의 객관적·초월적·형이상적인 '천'이 공맹 내성지학의 최후 근거가 된다. 공맹이 논한 '천'의 구체적인 함의에 관해서는 이미 많은 분석이 있고 그에 대한 언급은 생략한다. 내성지학의 논리구조로 보면 공맹은 그 도덕실천의 필요 때문에 객관적이고 형이상적인 최후 근거 — '천'본체를 받아들였는데, 그것은 일종의 도덕명령·도덕법칙이고 우리는 그것을 '도덕규율'이라고 칭할 수 있다.

> 천하에 도가 없어진 지 오래 되었다. 하늘이 앞으로 그 사람을 목탁으로 삼으실 것이다.[67]
>
> 높다랗게 오직 하늘이 크거늘 오직 요임금만이 그것을 본받았도다.[68]
>
> 군자에게는 세 가지 두려워함이 있으니 천명을 두려워하며, 대인을 두려워하며, 성인의 말씀을 두려워한다.[69]

---

65) 『孟子』, 「盡心上」, "仁人無敵於天下, 以至仁伐至不仁, 而何其血之流杵也?"
66) 『孟子』, 「盡心上」, "國君好仁, 天下無敵焉."
67) 『論語』, 「八佾」, "天下之無道也久矣, 天將以夫子爲木鐸."
68) 『論語』, 「泰伯」, "巍巍乎唯天爲大, 唯堯則之."

하늘은 말을 하지 아니한다. 운행과 일로써 보여줄 뿐이다.[70]

천하에 도가 있을 때에는 덕이 작은 사람이 덕이 큰 사람에게 부림을 받고 조금 현명한 사람이 크게 현명한 사람에게 부림을 받는다. 천하에 도가 없을 때에는 작은 사람이 큰 사람에게 부림을 받고 힘이 약한 사람이 힘이 센 사람에게 부림을 받는다. 이 두 가지는 하늘이니, 하늘을 따르는 자는 살고 하늘을 거스르는 사람은 죽는다.[71]

그 마음을 다하는 자는 그 성을 아니, 그 성을 알면 하늘을 알게 된다. 그 마음을 보존하여 그 성을 기르면 하늘을 섬길 수 있다. 요절하는 것과 장수하는 것을 다르게 여기지 않고 몸을 닦아서 천명을 기다리면 천명을 확립할 수 있다.[72]

도덕규율이 되는 천본체는 우리에게 명령을 내리고 본보기를 세우고 나아가 우리의 도덕적 생명('심성')을 변화시켜 완성한다. 따라서 우리의 책임(내성지학의 요구)은 그것을 경외하고 본받고 따르며 자신을 수양함으로써 그것을 기다리는 것이다.

요약하면 공맹의 내성지학은 두 개의 기본 관점을 드러냈고 두 개의 기본 요구를 제기했다. 하나는 '내면에서 외면에 이르는' 내재적 도덕수양과 도덕심성을 기점으로 삼는 것으로 이는 도덕실천의 절차를 요구하는 것이다.(『중용』의 "사람의 성을 다할 수 있으면 물의 성을 다할 수 있으며, 물의 성을 다할 수 있으면 천지의 화육을 도울 수 있다. 천지의

69) 『論語』, 「季氏」, "君子有三畏: 畏天命, 畏大人, 畏聖人之言."
70) 『孟子』, 「萬章上」, "天不言, 以行與事示之而已矣."
71) 『孟子』, 「離婁上」, "天下有道, 小德役大德, 小賢役大賢; 天下無道, 小役大, 弱役强. 斯二者, 天也, 順天者存, 逆天者亡."
72) 『孟子』, 「盡心上」, "盡其心者, 知其性也. 知其性, 則知天矣. 存其心, 養其性, 所以事天也. 殀壽不貳, 修身以俟之, 所以立命也."

화육을 도울 수 있으면 천지와 하나가 될 수 있다"[73]는 말을 참조할 수 있다) 다른 하나는 외면에 있는 것을 근거로 외재적 '천'을 도덕규율이나 도덕표준으로 삼는 것으로 이는 도덕실천의 권위를 요구하는 것이다.(『역경』의 "하늘의 운행이 꿋꿋하니 군자가 이 괘의 이치를 살펴서 스스로 꿋꿋하게 실천하여 쉬지 아니한다"[74]라는 말과 『중용』의 "위대하다. 성인의 도여. 넘실넘실 만물을 발육시켜 높고 큼이 하늘에까지 다했다"[75]라는 말을 참조할 수 있다[76]) 이 두 가지 기본적인 관점과 기본적인 요구는 공자에게는 아직 모순이 형성되지 않았거나 모순이 아직 두드러지지 않았다고 할 수 있다. 왜냐하면 공자는 결코 명확하게 심을 인으로 해석하지 않았고 '인'을 전적으로 '심'에 귀결하지도 않았기 때문이다. 공자의 이러한 생각에는 '인'과 '예'가 내외적으로 서로 의존함이 여전히 남아 있고, '인'의 실현이나 표준은 어떤 의미에서 여전히 외면에서 기대할 것이 있고 외면으로부터 결정된다.(공자는 이 때문에 관중을 인하다고 허여하였다. 『論語』「憲問」 참조) "자기를 극복하여 예로 돌아가는 것이 인이 된다"[77]는 것이고 "예"는 곧 "선왕이 하늘의 도리를 이어받은 것이므로 ……이런 까닭에 예는 반드시 하늘에 근본하기"[78] 때문에 공자는 "인을 하는 것은 자기로 말미암는 것이다"[79]고 하면서도

---

73) 『中庸』, "能盡人之性, 則能盡物之性. 能盡物之性, 則可以贊天地之化育. 可以贊天地之化育, 則可以與天地參矣."

74) 『易經』, "天行健, 君子以自强不息."

75) 『中庸』, "大哉聖人之道, 洋洋乎, 發育萬物, 峻極于天."

76) 위에서 라오쓰광勞思光이 이른바 "공맹은 본래 '심心'을 근본으로 삼았고, '천天'을 근본을 삼은 것은 후대에 제기된 설이다"라고 한 말은 명백한 잘못이다. 勞思光, 『中國哲學史』第3卷 上, 臺北 三民書局, 1981, p.406 참조.

77) 『論語』, 「顔淵」, "克己復禮爲仁."

78) 『禮記』, 「禮運」, "先王以承天之道. ……是故夫禮, 必本於天."

79) 『論語』, 「顔淵」, "爲仁由己."

'하늘의 도리를 이어받을 것承天之道'을 요구하는데, 그것은 하나의 객관 외재의 '천'을 근거로 삼을 것을 요구하는 것이다.

맹자는 그렇지 않다. 그는 분명하게 "인은 사람의 마음이다."[80] "군자가 본성으로 여기는 것은 인의예지가 마음속에 뿌리내리고 있는 것이다."[81] "만물이 모두 나에게 갖추어져 있다"[82]고 하여 "자기에게 있는 것을 구할 것",[83] "자신의 몸을 돌이켜보아 성실할 것",[84] "마음을 보존할 것"[85]을 강조했다. 여기에서 맹자는 주체자아의 '심'에 대해서 최고의 권위를 부여하고 '심'을 절대존재 즉 도덕본체로 받들었다. 어진 마음은 "하늘의 높은 벼슬이며 사람의 편안한 집"[86]이고 "진실로 이것을 채울 수 있다면 사해를 보호할 수 있는 것"[87]이며 내성외왕을 실현하는 것이다. 이 때문에 이론에 있어서나 실천에 있어서나 맹자는 객관 외재의 도덕형이상본체—'천天'을 더 이상 받들 필요가 없었는데, 피히테 Johann Gottlieb Fichte(1762-1814)의 말을 빌리면 "절대적 자아는 어떠한 더 높은 것들에 의해서 결정되는 것이 아니고 반대로 그것들이 절대적으로 자아의 기초가 되고 자아에 의해 결정되는 것이다."[88]

이로 인해 맹자는 한편으로는 학문의 길이란 "그 놓아버린 마음을 찾는 것"[89]이라고 하면서도 다른 한편으로는 사람이 지켜야할 도리는 "하

80) 『孟子』, 「告子上」, "仁, 人心也."
81) 『孟子』, 「盡心上」, "君子所性, 仁義禮智根於心."
82) 『孟子』, 「盡心上」, "萬物皆備於我."
83) 『孟子』, 「盡心上」, "求在我者."
84) 『孟子』, 「離婁下」, "反身而誠."
85) 『孟子』, 「離婁下」, "存心."
86) 『孟子』, 「公孫丑上」, "天之尊爵, 人之安宅."
87) 『孟子』, 「公孫丑上」, "苟能充之, 足以保四海."
88) 北京大學校哲學系外國哲學史教研室 編譯, 『18世紀末-19世紀初德國哲學』, 商務印書館, 1975, p.183.
89) 『孟子』, 「告子上」, "求其放心."

늘의 정성스러움 그 자체를 생각하는 것"[90]이라 하였다.[91] 한편으로는 자아의 '심'을 수립하여 무상의 권위를 깨뜨렸으면서도 다른 한편으로는 여전히 외재의 '천天'을 받들어 최후 근거를 삼았다. '본체론'으로 말하면 '심'과 '천'이 윤리 본체의 모순을 구성하지 않을 수 없다. '공부론'으로 말하면 내적으로는 스스로에게 돌이켜 모색하는 것과 외향적으로 추구하는 것이 모순을 형성하지 않을 수 없다. 여기에서 라오쓰광의 관점을 잠깐 언급하겠다. 라오쓰광은 공맹의 설이 '심성론心性論'의 형태를 가져서 '주체성'을 최고 관념으로 삼았고 '천도관天道觀'의 형태가 아니어서 객관형이상의 '도'를 중시하지 않는다고 여겼는데, 그런 관점이 "『논어』『맹자』의 문장에서 모두 고찰할 수 있다"고 했다.[92] 사실 이런 견해는 결코 공평한 논술이 아니다. 공맹이 물론 진·한 이후로 계통적 '천도관'을 가지지 못했지만 그것이 그들에게 '천도관'이 없다는 말과는 다르고, 더욱이 그들이 객관형이상의 '도'와 공맹에 의해 갖추어진 경천敬天·법천法天사상을 중시하지 않았다는 말과는 다른데 그들이 공경하고 본받는 이 '천'은 공교롭게도 객관형이상의 '도덕규율'(이른바 '의리의 천')이고 도덕실천의 최후 근거가 되기 때문이다. 이 점은 위에서 자세하게 분석했고 오히려 "『논어』『맹자』의 문장에서 모두 고찰할 수 있다." 라오쓰광은 머우쭝산의 영향을 받아 육왕의 '본심'이 선학이 아니라 공맹의 정종임을 논증하는데 온 힘을 기울임으로써 그런 설을 힘써 주장했지만, 사실 그럴 필요가 없다. 이제는 본분의 주제로 돌아가 보자.

'심'본체와 '천'본체, 안으로 스스로 돌이켜 모색함과 밖으로 향하여

---

90) 『孟子』, 「離婁上」, "思天之誠.."

91) 『孟子』, 「離婁上」, "이 때문에 정성스러움 그 자체는 하늘의 작용이고, 정성스럽게 되기를 생각하는 것은 사람의 도리이다.是故誠者, 天之道也; 思誠者, 人之道也" 참조.

92) 勞思光, 『中國哲學史』, 臺北 三民書局, 1981, 394, p.406 참조.

탐색함 사이의 중대한 모순에 대해 무의적으로 홀시했는지 고의로 회피했는지를 맹자는 '심心'·'성性'·'천天'의 관계를 이야기하면서도 상세하게 말하지 않았다.

> 그 마음을 다하는 자는 그 성을 아니, 그 성을 알면 하늘을 알게 된다. 그 마음을 보존하여 그 성을 기르면 하늘을 섬길 수 있다.[93]

이 말에 대해서는 두 가지 이해가 가능하다. 하나는 '모든 것이 구별없이 섞여 있음一體圓融'으로 이해하여 '진심盡心'이 바로 '지성知性'이고 '지천知天'인('존심存心'이 바로 '양성養性'이고 '사천事天'인) 심=성=천의 관계가 성립된다고 보는 것이다. 다른 하나는 '계급이 단계적으로 올라감層級上昇'으로 이해하여 '진심'이 진일보하여 '지성'이 되고 '지성'이 진일보하여 '지천'('존심'이 진일보하여 '양성'이 되고 '양성'이 진일보하여 '사천')이 되는 심→성→천의 관계가 성립된다고 보는 것이다. 바로 이 두 가지 이해가 송명리학에 이르러 육왕·이주 양대 학파를 낳았다.

육왕은 다음과 같이 말한다.

> 마음의 본체는 매우 크다. 만약 나의 마음을 다할 수 있으면, 곧 하늘과 더불어 하나가 된다.[94]
>
> 사람의 마음은 하늘의 연못이다. 마음의 본체는 포용하지 않는 것이 없으니 원래 하나의 하늘이다. 다만 사욕에 가려져서 하늘의 본체를 잃어버렸을 뿐이다.[95]

---

93) 『孟子』, 「盡心上」, "盡其心者, 知其性也. 知其性, 則知天矣. 存其心, 養其性, 所以事天也."

94) 『陸九淵集』, 「語錄」, "心之體甚大, 若能盡我之心, 便與天同."

95) 『傳習錄』下, 222條目, "人心是天淵, 心之本體無所不該. 原是一個天, 只爲私欲障

이주는 다음과 같이 말한다.

> 본성은 하늘에서 나온다.[96)]
>
> 마음은 사람의 신명이니 모든 이치가 갖추어져 있고 만사를 응하는 것이다. 본성은 마음에 갖추어져 있는 이치이고 하늘은 또 이치가 따라서 나오는 것이다.[97)]

두 가지 이해를 분석해 보면 분명하게 구별할 수 있다. 이 두 가지 이해가 내포하고 있는 심본체와 천본체의 모순은 공자에서 배태되고 맹자에서 형성되었다면 그것은 주륙에서 폭발하고 양명에게서 해소되었다.(상세한 내용은 후술하겠다) 요컨대 '심'에 근거하거나 또는 '천'을 형이상본체나 최후 근거로 삼는 문제는 '원시유학'(공맹유학)에서 '신유학'(송명유학)에 이르기까지 줄곧 있어 왔다. 시대적인 삶이 직면했던 문제와 이론적 사유의 발전 수준이라는 두 가지 측면의 원인 때문에 '원시유학'에서는 그것이 아직 직접 맞서거나 시급히 해결될 문제가 아니었지만, '신유학'에서는 오히려 먼저 해결할 필요가 있는 문제였다. 이런 견지에서 보면 머우쭝산을 대표로 하는 '현대신유가'가 육왕을 높이고 이주를 폄하하고 주희를 '별자위종別子爲宗'으로 간주한 것은 근거가 부족하다.[98)] 왜냐하면 이주일파는 위에서 서술한 모순의 한쪽 면에 있어서의 발전이기 때문이다. 사람(심)에 외재하고(논리적으로 앞에 있고 독립해 있는) 객관적으로 초월하는 '천'(머우쭝산 역시 공맹이 모두 이

礙. 則天之本體失了."

96) 『河南程氏遺書』卷19, "性出於天."

97) 『孟子集註』, 「盡心章句上」, 1節의 註, "心者, 人之神明, 所以衆理而應萬事者也. 性, 則心所具之理, 而天又理之所以出者也."

98) 牟宗三, 『心體與性體』, 『從陸象山到劉蕺山』; 勞思光, 『中國哲學史』 참조.

사상이 있음을 긍정한다)을 긍정한다면, 필연적으로 같은 성질의 '리'를 이끌어 낼 수 있고 필연적으로 외면에서 논지를 탐구하고 사물에 나아가 이치를 궁리하는 수신과정(머우쫑산은 '체계를 종횡으로 아우르는 인식론적 의미의 격물치지'라고 하였다)을 이끌어 낼 수 있다. 사상 논리로 말하면 주희가 긍정한 '성즉리'와 『중용』의 '천명지위성天命之謂性'은 결코 관계가 없는 것이 아니고, 그가 단지 "『대학』만 중시하였던"(머우쫑산의 말) 것도 아니다. 즉 '천'은 공맹에 있어서는 "아! 심원하여 그치지 않는"[99] '천명'이고 이주에 있어서는 "조작할 수는 없는"[100] '천리'이지만(머우쫑산은 유종주의 말을 인용하여 "단지 존재만 있고 활동이 없는 것"이라고 하였다), 그것들은 모두 객관 초월의 도덕형이상본체인데 이는 가장 중요한 공통점으로 주희가 결코 '별자위종'이 아니라는 것을 분명하게 말해 준다.

그렇다면 왜 공맹에서 송명유학에 이르기까지 내성지학은 시종 심본체와 천본체의 모순이 존재하였는가? 이것은 중국사상문화의 핵심의식—'천인합일天人合一'의 이해와 관련된다. '외왕'의 갈래(『순자』·『역전』, 동중서의 경세치용의 학문)에서는 이런 모순이 드러나지 않았다.[101] 왜냐하면 이 갈래에서는 '천'은 한층 더 인간에 외재하는 자연본체이고(동중서가 "사람이 사람다운 것은 하늘로부터 받은 것에 뿌리를 두고 있다. 하늘은 또한 사람의 증조부이다"[102]라고 말한 것이 바로 하늘과 사람의 외재 관계를 증명한다), '천인합일'은 실제 행동 중에서 사람과 자연의 대치로 인해 통일에 도달하고(예를 들면 순자가 '제천制天'과 '순천順天'

99) 『中庸』26章, "於穆不已."

100) 『朱子語類』卷1, "不會造作."

101) 본서에서는 리쩌허우가 그의 『중국고대사상사론』에서 유학을 '내성'과 '외왕'의 두 갈래로 나눈 것을 수용하였다.

102) 『春秋繁露』, 「爲人者天」, "人之人本于天, 天亦人之曾祖父."

라고 말한 것이다), '천인지분天人之分'으로부터 '천인합일'에 이른다. 하늘의 도덕적 의리는 하늘의 자연적 의리에서 파생되어("천지의 기운이 얽히고 설킴에 만물이 화하여 엉기고, 남녀가 정精을 맺음에 만물이 화생하는 것"[103]으로부터 "천지의 큰 덕을 일러 生이라 하는 것"[104]에 이르기까지를 말한다), 이른바 "사람의 덕행은 하늘의 이치에 화하여 의로워진다"[105]는 하늘과 사람의 도덕적 의리에서의 합일로써 일종의 하늘에서 사람에 이르기까지 여전히 외재성을 잃지 않는 '유천類天'·'배천配天'·'천인상부天人相副'를 뜻한다.

> 하늘과 땅의 상도는 하나의 음과 하나의 양이다. 양이란 하늘의 덕이요, 음이란 하늘의 형벌이다. ……하늘의 도는 삼시三時(봄·여름·가을)로써 생명이 이루어지고 일시一時(겨울)로써 상실되어 죽게 되는 것이다. 죽는다는 것은 모든 만물이 말라서 떨어지는 것을 이르는 것이다. 상喪이라는 것은 음기가 비애悲哀해지는 것을 이른 것이다. 하늘에는 또한 기뻐하고 성내는 기와 슬퍼하고 즐거워하는 기가 있어서 사람과 함께 서로 돕는 것이다. 그것은 류類로서 서로 합하여 하늘과 사람이 하나가 된다.[106]
>
> "왕자王者는 하늘을 짝하는 것"이라고 한 것은 그 도를 이른 것이다. 하늘에는 네 계절이 있고 왕자에게는 네 가지의 정사가 있는데, 네 가지 정사는 네 계절과 같아서 종류가 통하는 것이며 하늘과 사람이 함께 둔 것들이다. 경사스런 일은 봄에 하고 포상하는 일은 여름에 하고 벌

---

103) 『易經』, 「繫辭下」, "天地絪縕, 萬物化醇, 男女構精, 萬物化生."
104) 『易經』, 「繫辭下」, "天地之大德曰生."
105) 『春秋繁露』, 「爲人者天」, "人之德行, 化天理而義."
106) 『春秋繁露』, 「陰陽義第四十九」, "天地之常, 一陰一陽. 陽者, 天之德也. 陰者, 天之刑也. ……天之道以三時成生, 以一時喪死. 死之者, 謂百物枯落也. 喪之者, 謂陰氣悲哀也. 天亦有喜怒之氣, 哀樂之心, 與人相副. 以類合之, 天人一也."

을 내리는 일은 가을에 하고 형을 내리는 일은 겨울에 하는 것이다. 경사와 포상과 벌과 형은 갖추지 않을 수 없는 것이니, 이는 봄과 여름과 가을과 겨울이 갖추지 않을 수 없는 것과 같은 것이다.[107]

이로 인해 사람의 지위는 천지와 비교되어 아무리 사명이 숭고하지만("하늘과 땅과 사람은 만물의 근본이다. 하늘은 태어나게 하고 땅은 길러주고 사람은 성취한다"[108]), 하늘과 사람의 관계는 결국 하늘로부터 사람에게 이르는 되는 파생관계로 동중서가 말한 것과 같다. "사람의 형체는 하늘의 수에 따라 변화하여 이루어지고, 사람의 혈기는 하늘의 뜻에 따라 변화하여 인하여지고 사람의 덕행은 하늘의 이치에 따라 변화하여 의로워지는 것이다. 사람이 좋아하고 미워하는 것은 하늘의 따뜻하고 맑은 것에 따라 변화한 것이며, 사람이 기뻐하고 화내는 것은 하늘의 춥고 더운 것에 따라 변화한 것이다."[109] 이와 같은 하늘에서 사람에 이르기까지의 파생관계 중에서 '천인합일'은 외재적으로 하늘天과 사람人 두 층면의 '감응'일 따름이다. 만약 사람이 자연적 의리의 '천'에 대해 여전히 모종의 대치관계('천인지분'·'제천'처럼)에 있다고 한다면, 사람은 도덕적 의리의 '천'에 대해 순응하거나 본받는 관계만 있고 사람의 '심'은 도덕적 의리의 '천'본체와 완전히 동등한 윤리본체를 이루지 못한다. 즉 그것은 도덕규율의 본원적 소재를 이루지 못하고, 도덕실천의 최후의 근거를 이루지 못한다. 예를 들면 순자가 비록 '심'에게 극단적 자주성을 부여했지만("마음이라 하는 것은 육체의 군주다. 그리고

---

107) 『春秋繁露』, 「四時之副第五十五」, "王者配天, 謂其道. 天有四時, 王有四政, 四政若四時, 通類也. 天人所同有也. 慶爲春, 賞爲夏, 罰爲秋, 刑爲冬. 慶賞罰刑之不可不具也, 如春夏秋冬不可不備也."

108) 『春秋繁露』, 「立元神第十九」, "天地人, 萬物之本也. 天生之, 地養之, 人成之."

109) 『春秋繁露』, 「爲人者天第四十一」, "人之形體, 化天數而成. 人之血氣, 化天志而仁. 人之德行, 化天理而義. 人之好惡, 化天之暖淸. 人之喜怒, 化天之寒暑."

신명의 주체다. 명령을 내리지만 명령을 받는 일은 없다. 스스로 금하고 스스로 지키며 스스로 빼앗고 스스로 취하며 스스로 행하고 스스로 그친다. 그러므로 입을 억지로 다물거나 말하게 할 수 있고 육체를 억지로 굽히거나 펴게 할 수도 있지만 마음은 억지로 뜻을 바꾸게 할 수는 없다. 옳으면 받아들이고 그르면 물리친다. 그러므로 말하기를 마음의 용태는 그 사물의 선택에 있어 남이 금하는 일 없이 반드시 스스로 확인하고 그 사물의 접촉에 있어 남이 금하는 일 없이 반드시 스스로 확인하고 그 사물의 접촉에 있어 뒤섞여 많더라도 그 정수는 통일되어 갈리지 않는다고 한다"[110]), 그것은 여전히 "비어있고虛 전일하며壹 고요해서靜" "도를 이해하는"[111] 것일 뿐, '도'가 따라 나오는 윤리본체는 되지 못한다. 그래서 '외왕'의 갈래에서는 '심'과 '천' 두 윤리본체의 모순은 출현할 수 없다.

'내성'의 한 갈래(『맹자』·『중용』, 송명유학)는 그렇지 않다. 이 갈래에서 '천인합일'의 기본적인 내함은 내성=외왕, 인성=천리이고, 심령은 우주를 포함하고 윤리강상은 곧 자연이다.('응당'='필연'라는 것이다) 한편으로는 '천'의 권위는 여전하고 '천명'과 '천리'는 시종 내성지학의 기본 관념이다.(곧 왕수인조차 '리'를 '천리'라고 하였다) 다른 한편으로는 '심'의 도덕세계가 상승하여 동등해지거나 심지어 '천'의 자연세계를 대체하여 '천'은 도덕적 의리의 '천'이 되었을 때에만 겨우 의미가 있고 권위가 있다. 이로 인해 내성지학의 '천인합일'은 내재적인 도덕심성 중에 사람과 자연이 일치함을 뜻하고, 자연의 도덕본질('생생지덕生生之

---

110) 『荀子』, 「解蔽」, "心者, 形之君也, 而神明之主也; 出令而無所受令. 自禁也, 自使也, 自奪也, 自取也, 自行也, 自止也. 故口可劫而使墨云, 形可劫而詘申, 心不可劫而使易意. 是之則受, 非之則辭, 故曰心容. 其擇也, 無禁, 必自見; 其物物也, 雜博; 其情之至也, 不貳."

111) 『荀子』, 「解蔽」, "虛壹而靜 ……知道."

德')이 사람의 마음에 집중되고 응축됨("한 사람의 마음은 천지의 마음이다"[112])을 뜻하고, '천'과 '심'은 '인'('생生')을 통하여 일체로 혼융되어 '심'은 이미 내재하면서도 초월하는 윤리본체이자 우주본체가 된다. 내성지학은 본래 심성지학이고 그것은 윤리자각에 집중하고 "도덕규율이 내 마음속에 있다"는 것을 강조하기 때문에, '심'본체를 고양하고 그것으로 도덕세계의 원초적 근거를 수립하는 것이 논리에 부합한다.

그러나 이와 같은 것을 윤리본체론의 측면에서 보면, 내성지학에서는 두 개의 본체 즉 '심'과 '천'이 출현한다. '심'본체에 착안할 때에는 '심'이 '천'을 포용하는 것을 강조하지 않을 수 없고 '천'본체에 착안할 때에는 '심'이 '천'으로부터 나왔다는 것을 강조하지 않을 수 없다. 이러한 모순은 『맹자』·『중용』에 이미 그 단서가 나타났고, 송명유학의 발전에 이르러 육왕과 이주 두 학파가 각각 그 하나의 단서만을 고집하게 되면서 드디어 모순이 폭발하게 되었다. 두 가지 본체의 모순이 송명유학에서 드러난 것은 송명유학의 핵심범주의 하나인 '리'에 대한 서로 다른 본체론의 해석에서이다. 육왕은 '심'을 '리'의 최후 근거로 삼았고 이주는 '천'을 '리'의 최후 근거로 삼았기 때문에, 전자는 주관·내재의 '리'세계('양지良知'—'심心')를 더욱 강조하고 부각시키고 후자는 객관·외재의 '리'세계('태극太極'—'천天')를 더욱 강조하고 부각시킨다. '공부론'으로 말하면, 전자는 내성에서 외왕에 이르는 체득과 경험의 확충을 더 중시하고 후자는 외왕에서 내왕에 이르는 인식과 규범을 더 강조한다. 전자는 '오悟'를 더 주창하고 후자는 '경敬'을 더 주창한다. 두 학파가 다 같이 심성의 '천인합일'을 주장했을지라도, 다 같이 '내성'의 도덕적 이상을 실현하여 그것으로 '외왕'의 윤리세계를 구축하고자 하였기 때문에 이로 인해 모두 유학의 '내성지학'이 된다.

---

112) 『河南程氏遺書』卷2上 "一人之心 則天地之心."

제3절 모순의 해소 — 양명심학

그렇지만 내성지학의 근본성질과 발전 논리로 보면, 심본체는 확실히 천본체를 포함해야 하고 왕수인은 확실히 주희를 대신해야 한다. 수양방법('공부론')으로 보든 범주분석('본체론')으로 보든 관계없이 모두 이러하다.

1. 수양 방법

이주는 모두 "하늘과 사람은 똑같아서 더 이상 나뉘지 않는다."[113] "본성은 마음의 이치이다"[114]라는 것을 긍정하고, '심' 중에 천지만물의 이치를 포함한다는 것을 인정했다.(앞의 제1절의설명을 보라) 펑유란은 주희의 수양방법을 논평할 때, "주자는 천하사물이 모두 그 이치를 가지고 있다. 내 마음 중의 본성이 곧 천하사물의 이치 그것의 전체이다. 천하사물의 이치를 궁구하는 것이 내 본성 중의 이치를 궁구하는 것이다"[115]라고 했다.

그렇다면 역으로 그것이 아니라 "내 본성 중의 이치를 궁구하는 것이 곧 천하사물의 이치를 궁구하는 것이다"라고 말할 수 있지 않을까? '내면에서 외면에 이르는 것'이 바로 '내면에서 외면에 이르는 것'이라고 말할 수 있지 않을까?

정이는 다음과 같이 생각했다.

113) 『二程集』第1冊, "天人一也, 更不分別."
114) 『朱子語類』卷5, "性者心之理."
115) 馮友蘭, 『中國哲學史』下冊, p.919.

> 마음에 천덕天德이 갖추어져 있으니 마음이 다하지 못하는 곳이 있으면, 곧 이것이 천덕이 다할 수 없는 곳에 처하게 된다. 어떤 연유로 본성을 알고 하늘을 알겠는가? 자기의 마음을 다하면 사람을 다할 수 있고 만물을 다할 수 있으며, 천지와 더불어 화육에 참여하여 도울 수 있다.[116)]

이것으로 미루어 보면, 비록 마음이 곧 하늘이라는 것을 부정하더라도('마음이 천덕을 갖추고 있다心具天德'는 것이 '마음이 곧 천덕이다心卽天德'는 것이 아니고, '마음에 이치가 갖추어져 있다心具理'는 것이 '마음이 곧 이치이다心卽理'는 것이 아니다), 마음을 다하는 것이 곧 본성을 아는 것이고 본성을 아는 것이 하늘을 아는 것이라고 긍정한다면, 지금 여기에서 취해야 함을 인식하고 밖에서 구하려고 하지 않을 바에는 결코 이치가 없는 것이 아니다.

사실 마음에 본성이 있고 뭇 이치를 갖추고 있다는 것을 긍정하기만 하면, 논리적으로 "심통心通이란 천지인물이 내 성량性量 중에서 다하고 천지인물의 변화가 모두 내 본성의 변화라는 것을 간파하는 것이다"[117)]는 심학의 말을 받아들일 수 있고, 오늘 하나의 물을 격하고 내일 하나의 물을 격하여 "힘쓰기를 오래하는 것"[118)]은 필요하지 않다. 육구연이 다음과 같이 말했기 때문이다.

> 천하의 이치는 끝이 없다. 만약 내가 평생에 경험한 것으로 말한다면, 그것은 이른바 아무리 남산의 대나무를 모조리 베어 놓는다 해도

116) 『河南程氏遺書』卷1, "心具天德, 心有未盡處, 便是天德處未能盡. 何緣知性知天? 盡己心則能盡人能物, 與天地參贊化育."

117) 楊簡, 『慈湖先生遺書』卷1, "其心通者, 洞見天地人物盡在我性量之中; 而天地人物之變化, 皆吾性之變化."

118) 『大學章句』, "至于用力之久."

> 내가 경험한 것들을 설명해내는 일을 받아들이기에 충분하지 않을 것이다. 그러니 그것의 귀착점은 결국 여기에 있다.[119]

도덕수양의 방법 혹은 과정을 겪고 외물을 격하여 "모든 사물의 표리와 정조가 이르지 않음이 없는"[120] 경지에 도달하고자 하는 것은, 확실히 '지리'하고 지나치게 번잡하고 실현하기 어렵다.(이른바 '양명격죽陽明格竹'과 같은 우언적 기술은 이러한 방법에 대한 풍자로 전혀 일리가 없는 것은 아니다) 내심에 돌이킴으로써 "내 마음의 전체와 대용이 밝지 않음이 없는 것"[121]에 도달하는 방법은 확실히 방법이 '간이簡易'하고 명쾌하다. 그런데 "새로이 함양의 원리를 알았으나 오히려 깊이 침잠하고"[122] "앎을 다하고자 하는 사람은 이 일을 몸소 실천해야 한다"[123]고 한다면, 육구연의 '천리踐履', 왕수인의 '지행합일知行合一'의 '공부가 곧 본체이다工夫卽本體'라는 주장도 '배양培養'·'궁행躬行'의 문제를 해결할 수 있을 것 같다.

요컨대 내성지학은 공자로부터 시작하여 심리정감의 기초 위에 건립

---

119) 『陸九淵集·年譜』, "天下之理無窮, 若以吾平生所經歷者言之, 其所謂伐南山之竹, 不足以受我辭. 然其會歸, 總在于此." 생각건대 이주는 결코 천하 만물의 이치를 끝까지 궁구해야 한다고 주장하지 않았다. 예를 들면 정이는 "궁리를 힘쓴다는 것은 천하 만물의 이치를 모두 연구해야 한다고 말한 것이 아니요, 또 한 가지 이치를 연구함에 곧바로 경지에 이른다고 말한 것도 아니다. 다만 쌓기를 많이 한 뒤에야 저절로 알게 될 것이다.所務于窮理者, 非道須窮盡了天下之理, 又不道是窮得一理便到. 只是要積累多後自然見去."라고 하였다.(『河南程氏遺書』卷2上) 그러나 육구연의 이 단락의 말은 일종의 방법으로서 "밖에서 인지를 탐구한다外尋認知"는 면과 비교해보아 여전히 일리가 있다.

120) 『大學章句』, "衆物之表裏精粗, 無不到."

121) 『大學章句』, "吾心之全體大用, 無不明."

122) 『陸九淵集·年譜』, "新知培養轉深沈."

123) 『朱子語類』卷6, "絶知此事要躬行."

되어 "네가 편안하다면 그렇게 하라"[124]고 주장했고, 맹자는 나아가 '심' 본체를 창시하여 '사단'을 주장하고 확충했고, 『중용』에서는 비록 "하늘이 명하여 내려주신 것을 본성이라 한다"[125]고 하더라도 "사람의 본성을 다할 수 있으면 만물의 본성을 다할 수 있고 …… 천지와 함께 셋이 될 것이다"[126]고 하여, '내성에서 외왕에 이를 것'을 또한 주장했고, 송명유학에 이르러 더욱 발전하여 심성의 함양이 대개 일체가 됐다. 그렇다면 곧 '심즉리'가 아니라 '심구리'이다. 수양방법으로 말하면 '심'본체의 근거도 이미 충족되어 더 이상 '천'본체를 높여서 외부에서 도덕실천의 근거나 모범이나 규범을 찾을 필요가 없어졌다.

2. 범주 분석

원시유학은 고대 선현이 '하늘을 경외하고 선조를 본받는敬天法祖'("만물은 하늘을 근본으로 하고, 사람은 조상을 근본으로 한다. 이것이 후직을 상제에 배사하는 까닭이다"[127]) 관념을 답습하여 '천'본체를 우러러 받들고 기본적으로 '자신의 덕으로써 하늘의 뜻에 따르는以德配天'("하늘의 운행이 꿋꿋하니 군자가 이 괘의 이치를 살펴서 스스로 꿋꿋하게 실천하여 쉬지 아니한다"[128]는 것이다) 것을 추구하였다고 할 수 있다. 『시경』의 "하늘이 백성들을 낳으시고, 사물에 법칙 있게 하셨네. 백성들 마땅한 도를 지니어 아름다운 덕을 좋아하네"[129]라는 구절은 '이덕배천'

124) 『論語』, 「陽貨」, "汝安則爲之."
125) 『中庸』, "天命之謂性."
126) 『中庸』, "能盡人之性, 則能盡物之性, …… 可以與天地參矣."
127) 『禮記』, 「郊特性」, "萬物本乎天, 人本乎祖, 此所以配上帝也."
128) 『易經』, 乾卦第一, "天行健, 君子以自强不息."
129) 『詩經』, 「大雅·烝民」, "天生烝民, 有物有則. 民之秉彛, 好是懿德."

의 본체 근거와 실현 가능성을 개괄하여 공맹에서 송유에 이르기까지의 내성지학은 모두 그것을 경전의 고시誥示로 받들었다. 이 '고시' 중의 '천'은 천명이고 천리이며 또한 자연의 주재자이고 도덕의 규율이고(『역전』에 따르면, "천지의 큰 공덕을 살리는 것이라고 한다."[130] "살리고 살리는 것을 역이라고 한다"[131]라고 하였으니, 살리는 것은 공덕이고 자연은 도덕이다), '천'의 성질은 곧 유학의 원시관념 중에서 자연적 주재와 도덕규율이 융합하여 하나로 관통한다는 점이다.[132] 그러나 응당 밝혀둘 것은, 고대 선현들에게 유학의 원시관념 중에 이 두 가지 함의가 하나로 융합된 '천'은, 오히려 자연 주재를 주도적 함의로 삼고 도덕규율을 이차적 함의로 삼는다는 점이다. 즉 전자가 후자를 규정하는 것이지 후자가 전자를 규정하는 것은 아니다. 이 때문에 그것은 만물위에 군림하여 명령을 내리는 권위주의 색채(천명)가 더 많아지고 세속의 질서에 규범을 보여주는 윤리강상의 의미(천리)는 비교적 적어졌다.[133] 이런 특징을 가진 '천'에 대해 더 두려워하고 복종하고 '따라야 했으며配', 그러한 '따름配'에 비교될 것은 거의 없었으니, 공자에게조차도 그러하였다.("아득하구나. 오직 하늘이 크다"[134] "천명을 두려워한다"[135] "하

130) 『易傳』, "天地大德曰生."

131) 『易傳』, "生生之謂易."

132) 어떤 사람이 공맹이 논한 '천'을 양보쥔楊伯峻의 『논어역주論語譯注』·『맹자역주孟子譯注』와 같이 자연의 천, 의리의 천, 주재의 천, 운명의 천으로 나누었는데, 그 말은 이치가 없는 것은 아니다. 그러나 통틀어 말하면, 자연적 주재와 도덕규율의 두 가지 함의를 벗어나지 못한다.

133) 『상서尙書』와 『시경詩經』 에 나타나는 '천'은 이 같은 함의가 많다. 예를 들면, "천상에 계시는 세 임금님 뜻 서울의 임금님이 잘 받드시네.三后在天, 王配于京. 『詩經』「大雅」'下武'." "저 위에 계시는 문왕이시여 하늘에서 찬란히 빛나는 도다. 文王在上, 於昭于天. 『詩經』「大雅」'文王'." "선왕께서 일이 있으시면 삼가 천명을 받드셨다.先王有服, 恪謹天命. 『尙書』「盤庚上」." 등과 같은 것이 그러하다.

134) 『論語』, 「泰伯」, "巍巍乎唯天爲大."

늘에 죄를 얻으면 빌 곳이 없다"[136]) 맹자에 이르러 이런 정황은 매우 큰 변화가 있었다. '천'은 맹자에게는 주재하고 명령하는 위엄을 이미 많이 잃어버렸다. 자연의 의미로 말하든 도덕의 의미로 말하든 모두 그러했다. — 자연의미의 '천'은 "뭉게뭉게 구름을 만들어 좍좍 비를 내리는"[137] 것에 불과하고, 도덕적 의리의 '천'도 두려워 할 대상이 아니라 단지 "우러러 하늘에 부끄럽지 않으면"[138] 되었다. 이 때문에 공자는 제사를 중시하였으나 맹자는 그렇지 않았다.[139] 이와 같은 변화가 발생하는 원인은, 맹자가 도덕적 의리의 '심'본체를 창시한 데에 있다. 그러면 객관 외재의 자연에서 윤리에 이르기까지의 '천'본체는 자연히 '유아독존唯我獨尊'의 권위주의의 색채를 잃게 된다. 윤리도덕을 중시하는 것은 물론 사람의 삶의 특징이다.

> 아버지를 무시하고 임금을 무시하는 것은 금수이다.[140]
>
> 측은하게 여기는 마음이 없으면 사람이 아니며, 부끄러워하고 미워하는 마음이 없으면 사람이 아니며, 사양하는 마음이 없으면 사람이 아니며, 시비를 가리는 마음이 없으면 사람이 아니다.[141]

---

135) 『論語』, 「季氏」, "畏天命."

136) 『論語』, 「八佾」, "獲罪於天, 無所禱也."

137) 『孟子』, 「梁惠王上」, "油然作雲, 沛然下雨."

138) 『孟子』, 「盡心上」, "仰不愧於天."

139) 양보쥔楊伯峻의 『맹자역주孟子譯注』에서 "공자는 제사를 중시하였고 맹자는 거의 제사를 말하지 않았다"라고 하였다. 『논어』 단지 12700자 중에 '祭'자는 14차례 나타난다. 『맹자』는 35370의 많은 글자가 있어 『논어』의 2.7배나 된다. 그러나 '祭'자는 겨우 9차례 나타나고 '祭祀'는 2차례 나타난다. 총 합쳐서 11차례에 불과하고 모두 주요 논제로 다루지도 않았다.

140) 『孟子』, 「滕文公下」, "無父無君, 是禽獸也."

141) 『孟子』, 「公孫丑上」, "無惻隱之心, 非人也; 無羞惡之心, 非人也; 無辭讓之心, 非

이로 인해 그것은 사람에게 내재하는 근거를 찾는 것보다는 자연에 외재하는 근거를 찾는 것이 훨씬 더 유력하고 가깝고 '내성'의 요구에 부합한다. 마찬가지로 이 때문에 맹자는 자연기관인 '심'을 말할 때에는 '하늘이 부여해준 것天之所與'—"마음의 기능은 생각하는 것이니, …… 이는 하늘이 우리에게 부여해준 것이다"[142]라고 했다. 그러나 그것을 사색의 대상으로 말하거나 도덕적 내연을 표시하는 '심'을 말할 때에는 "내가 본래부터 가지고 있는 것"—"인의예지는 밖으로부터 나에게 녹아들어오는 것이 아니라 본시 내가 가지고 있는 것이다"[143]라는 것을 강조했다. '천명'을 말할 때에는 그가 비록 "하늘을 따르는 자는 살고 하늘을 거스르는 자는 죽는다"[144]라고 말했을지라도 "자기의 도리를 다해서 죽는 것이 올바른 명이다"[145]라는 것을 강조했다. 이러한 경향은 맹자가 '심'이라는 이 윤리 본체를 중시하고 주체의 내면에서 외면에 이르는 자주적인 행동을 보다 중시했다는 것을 분명하게 나타내기에 충분하다.

'천'은 송명유학에 이르러 그러한 원초적인 자연주재의 의미는 이미 거의 상실했다. 원고시대 선현과 원시유학에서의 '천'과는 정반대로 도덕규율의 한 측면이 주도적인 면을 이루었고, 윤리규범이 상승하여 우주본체가 되었으며 윤리학의 주체성이 '천'의 본질을 규정하였다.(이로 인하여 송명유학에서 '천리'는 철저하게 말하면서도 '천명'을 언급한 것은 매우 적다) 따라서 '천'의 객관성과 외재성은 이미 유명무실해졌고, 그것은 윤리주체의 존엄함과 위대함을 논증하기 위해 존재하는 것에 불

人也; 無是非之心, 非仁也."

142) 『孟子』, 「告子上」, "心之官則思, ……此天之所與我者."

143) 『孟子』, 「告子上」, "仁義禮智, 非由外鑠我也, 我固有之也."

144) 『孟子』, 「離婁上」, "順天者存, 逆天者亡."

145) 『孟子』, 「盡心上」, "盡其道而死者, 正命也."

과했다. 예를 들면 주희는 다음과 같이 '리'의 보편적이고 절대적인 객관존재를 반복해서 강조했다.

> 물었다. 하나의 사물도 있지 않았을 때에는 어떠했습니까? 말씀하셨다. "천하의 공공한 이치가 있었을 뿐, 아직 하나의 사물도 이치를 갖추고 있지 않았다."[146)]
>
> 이 이치가 있은 다음에 비로소 이 기가 있다. …… 요컨대 리 이 한 글자는 있다 없다를 논할 수 없다. 리는 천지가 아직 생겨나지 않았을 때에도 이미 이와 같았다.[147)]

이와 같은 보편적이고 절대적인 객관외재의 '리'는 '천본체'의 존재로 귀결될 수밖에 없기 때문에 주희는 명확하게 "이치는 사람과 사물이 함께 하늘에서 받은 것이다."[148)] "하늘은 또 이치가 따라서 나오는 것이다"[149)]라는 것을 긍정했다. 그렇다면 '천'으로부터 얻고 '천'으로부터 나오는 '리'는 결국 어떤 성질을 갖추고 있는가? 아래는 주희가 최고 층위의 '리'—'태극'에 관해서 자세히 설명한 것이다.

> 천지만물의 리를 총괄한 것이 바로 태극이다. 태극은 본래 이렇게 이름붙임은 없고 다만 선행을 나타낼 뿐이다.[150)]

---

146) 『朱子語類』卷94, "問P: 未有一物之時, 如何? 曰: 是有天下公共之理, 未有一物所具之理."

147) 『朱子文集』卷58, "有此理後, 方有此氣. ……要之, 理之一字, 不可以有無論, 未有天地之時, 便已如此了也."

148) 『朱子語類』卷4, "理是人物同得于天者."

149) 『孟子集註』, 「盡心章句上」, 1節의 註, "天又理之所以出者也."

150) 『朱子語類』卷94, "總天地萬物之理, 便是太極. 太極本無此名, 只是個表德."

> 태극은 지극히 아름답고 지극히 선한 도리일 뿐이다. …… 주자周敦頤가 말한 태극은 하늘과 땅 사람과 사물의 모든 선과 가장 훌륭한 선행을 나타내는 것이다.[151]

'태극'은 주희가 주돈이의 『태극도설』을 이어 받아 늘 사용하던 범주이다. 그것을 객관형이상의 도체("태극은 형이상의 도이다"[152])로 말하면, 사실 '천'본체와 동위의 것으로 추론된다. 물론 '태극'이라 하든 '천'이라 하든 그것은 보편적이고 절대적인 객관형이상의 본체가 되지만, 그것은 단지 일종의 도덕적 존재이고 최고의 도덕원리일 뿐이다.("다만 선행을 나타낼 뿐이고", "지극히 아름답고 지극히 선한 도리일 뿐이고", "모든 선과 가장 훌륭한 선행을 나타내는 것이다") 그리하여 인간세상의 윤리강상이 '응당' 상승하여 우주질서의 '필연'이 되었고 윤리주체의 규범은 자연객체의 본질로 몰래 바뀌었다. 이는 주희의 '광대함을 이루고致廣大', '정미함을 다하는盡精微' 사변체계의 핵심 논지이자 가장 주된 의도이다. 그러나 바로 '천'본체가 송명유학에서 결국 객관외재의 본래 자연성질을 완전히 상실해 버렸기 때문에 '리'가 이런 자연본체의 객관존재에 귀속되고 병합되어 기초에서부터 동요하고 무너지질 수밖에 없었다. 왜냐하면 우주만물이 어떻게 도덕적 존재로 표현되든 주체의 사람이 이 도덕적 존재의 최고 표현일 수밖에 없으며, 이 도덕적 존재의 최고 표현은 실제로 사람의 도덕심령이라는 결론에 이르기 때문이다. '천'본체를 객관형이상의 도덕본체로 여기고 '리'세계를 도덕세계로 여기는 것은 모두 이 도덕심령에 모두 빠짐없이 갖추어 있지 않으면 안 된다. 주희도 다음과 같이 인정하였다. "성인의 도에서 말하는 마음이란

---

151) 『朱子語類』卷94, "太極只是個極好至善的道理. ……朱子所謂太極, 是天地人物萬善至好的表德."

152) 朱熹, 『太極圖說注』, "太極, 形而上之道也."

천서·천질·천명·천토·측은·선악·사양 등 갖추지 않은 것이 없으니 마음 밖에는 법이 없다."[153] "도리는 모두 마음속에 갖추어져 있다. 그 하나의 마음을 말해주는 것은, 사람을 가르쳐서 도리의 의착처를 알게 하는 것이다."[154]

범도덕화는 항상 범주체화로 나아가고 윤리절대주의는 필연적으로 도덕심령을 무조건적인 절대존재(중국전통철학의 용어로 말하면, 이른바 '무대無待'·'무대無對'라는 말이다)로 나아가게 한다. 내성지학의 발전 논리에 따르면, '심본체'와 '천본체' 모순의 해결은 필연적으로 '심본체'가 '천본체'를 대체하고 병탄하는 것이다. 이런 이론의 진행 과정은 '양명심학'에 의해 진정으로 완성된다.

153) 『朱書百選』, 「答將欽夫」, "若聖門所謂心, 則天序·天秩·天命·天討·惻隱·善惡·辭讓莫不該備, 而無心外之法."

154) 『朱子語類』卷5, "道理都具在心裏; ……說一個心, ……便教人識得個道理存着處."

제 2 장
내성지학의 종결

마땅히 지적할 것은 송명유학의 '리학'과 '심학' 두 학파는 비록 이주와 육왕으로 병칭하지만, 실제에 있어서는 정이와 주희는 마땅히 중시해야 할 차이가 있고 육구연과 왕수인은 더욱 주의하지 않으면 안 되는 차이가 있다. 일찍이 순전히 이론적 관점에서 정이와 주희 또는 육구연과 왕수인의 차이를 고찰한 사람들이 있다. 그들의 관점은 모호함과 명료함, 조잡함과 엄밀함, 점오漸悟와 분해分解 등과 같은 것이었다. 이러한 고찰은 일리는 있지만 주된 취지와는 관계없다. 그것들을 통해 이론적인 철저함의 문제를 보아야만 비로소 이주와 육왕이 다른 의미의 소재를 틀어쥘 수 있다. — 간단하게 말해, 정이는 비록 '성인은 하늘에 근본한다聖人本天'고 생각했지만, 그 '본천' 태도는 몹시 철저하지 못했고 주희는 매우 철저했다. 육구연은 비록 '본심을 충분히 나타낸다發明本心'라는 것을 제창했지만, 그 '본심'의 태도도 는 그다지 철저하지 못했고 왕수인은 곧 충분히 철저했다. 정이에서 주희에 이르기까지 육구연에서 왕수인에 이르기까지, 우리들은 '천본체'와 '심본체'가 어떻게 독자적으로 확립되게 되었는지, 두 본체의 모순이 어떻게 결과적으로 해결되어 갔는지를 볼 수 있다.

제1절 정이에서 주희에 이르기까지

정이와 주희의 차이는 비교적 명료하다. — 정이가 처음 '성즉리性卽理'를 말했는데, 주희는 이 말이 매우 마음에 들어("이천 선생은 '본성은 곧 이치이다'라고 하였으니, 이 말이 가장 좋다"[1]) 이 하나의 명제를 확실히 받아들였다. 그러나 두 사람의 성性과 리理에 대한 해석은 상당히 다르고, 이와 같은 다른 견해는 다시 '심心'에 대한 평가와 관련된다. 먼저 정이의 자세한 해석을 보자.

정이가 생각하는 '성즉리'는 본래 심학의 '심즉리'와 다르지만, 정이는 동시에 또 '심즉성心則性'을 인정했다.

> 맹자께서 말씀하셨다. 자기의 마음을 다하면 자신의 본성을 안다. 마음은 곧 본성이다.[2]

'심즉성' ← '성즉리'는 분명히 '심즉리'를 이끌어 낼 수 있고, 이리하여 심학과 부합한다. 이로 인해 정이는 다시 이렇게 '심'을 평가한다.

> 마음은 본래 다 선한 것인데, 그것이 사려思慮에서 발생하면 선도 생기게 되고 불선도 생기게 되는 것이다. 그렇게 이미 밖으로 나타난 경우에는 정情이라 할 수 있지만 마음이라고는 말할 수 없다.[3]

이와 같은 의론은 충분히 '섞여 들어간混迹' 심학이라고 할 수 있는데,

---

1) 『朱子語類』卷4, "程子 性卽理也 此說最好."
2) 『河南程氏遺書』卷18, "孟子曰, 盡其心, 知其性. 心卽性也."
3) 『河南程氏遺書』卷18, "心本善, 發於思慮, 則有善有不善. 若旣發則可謂之情, 不可謂之心."

예를 들면 왕수인은 곧 다음과 같이 여겼다.

> 그런데 마음의 본체는 곧 본성이다. 본성은 선하지 않음이 없으니, 마음의 본체는 본래 바르지 않음이 없다. 무엇으로 마음을 바르게 하는 공부를 해야 하는가? 대개 마음의 본체는 본래 바르지 않음이 없으나, 그 의념이 발동한 뒤로부터 바르지 않음이 있다.[4]

정이와 왕수인은 뜻밖에 이와 같이 서로 닮았다. 다시 한 번 비교해도 좋다. 정이는 다음과 같이 말한다.

> 이치와 마음은 하나이다. 그러나 사람이 그것을 하나로 할 수가 없다.[5]

왕수인은 다음과 같이 말한다.

> 마음의 본체는 본성이며, 본성은 곧 이치이다. 그러므로 부모에게 효도하는 마음이 있으면 곧 효도의 이치가 있고, 효도하는 마음이 없으면 곧 효도의 이치가 없다. 임금에게 충성하는 마음이 있으면 곧 충성의 이치가 있고, 임금에게 충성하는 마음이 없으면 곧 충성의 이치가 없다. 이치가 어찌 내 마음에서 벗어나겠는가? 회암은 "사람이 학문하는 까닭은 마음과 이치일 뿐이다. 마음은 비록 한 몸을 주재하지만 실은 천하의 이치를 주관한다. 이치는 비록 온갖 일들에 흩어져 있지만 실은 한 사람의 마음에서 벗어나지 않는다"라고 했다. 이 말은 한 번 나누고 한 번 합하는 사이에 이미 배우는 사람들에게 마음과 이치가 이분되는 폐단을 열어 놓고 말았다. 이것이 후세에 "오로지 본심만을

---

4) 『王陽明全書』卷26, 「大學問」, "然心之本體則性也. 性無不善, 則心之本體本無不正也. 何從而用其正之之功乎? 蓋心之本體本無不正, 自其意念發動而後有不正."
5) 『河南程氏遺書』卷5, "理與心一, 而人不能會之爲一."

> 구하다가 마침내 사물의 이치를 빠뜨린다"라는 근심이 생긴 까닭이다. 바로 마음이 곧 리라는 것을 알지 못한 데서 연유한 것이다. 무릇 마음을 벗어나 사물의 이치를 구하기 때문에 어두워 통하지 않는 곳이 있게 된다.[6]

이 말은 '리학'의 종주 주희를 비평한 것이지만, 오히려 '리학'의 선봉 정이의 이치와 마음이 하나라는 그 한 마디 말에 대한 설명으로 간주할 수 있을 것이다. 주의할 것은 왕수인도 결코 '성즉리'를 회피하지 않았다는 것이다. 심즉리 → 성즉리는 결국 정이의 서술처럼 똑같은데, 차이점은 단지 정이가 명확하게 '심즉리'의 도출에 이르지 못한 데에 있다.

상술한 것은 곧 본체론의 설명이다. 공부론의 설명에 의하면, 가장 주의할 할 것은 왕수인이 창도한 '지행합일知行合一'설도 역시 정이가 최초로 제기를 했다는 것이다.

> 앎이 깊으면 행함이 반드시 이른다. 알고도 행하지 않는 사람은 없다. 알고도 행하지 않는 것은 단지 아는 것이 얕은 것이다. 굶주려도 새처럼 쪼아서 먹지 아니하고 사람이 물이나 불 위에서 춤추지 않는 것은 다만 알기 때문이다. 사람이 불선하는 것은 단지 알지 못할 뿐이다.[7]

황종희는 일찍이 이 한 점, 즉 "이천 선생에게 이미 지행합일의 말이

---

6) 『傳習錄』133條目, "心之體, 性也; 性旣理也. 故有孝親之心, 卽有孝之理; 無孝親之心, 卽無孝之理矣. 有忠君之心, 卽有忠之理, 無忠君之心, 卽無忠之理矣. 理豈外於吾心邪? 晦菴謂人之所以爲學者, 心與理而已, 心雖主乎一身, 而實管乎天下之理; 理雖散在萬事, 而實不外乎一人之心. 爲其一分一合之間, 而未免已啓學者心, 理爲二之弊. 此後世所以有專求本心, 遂遺物理之患, 正由不知心卽理耳."

7) 『河南程氏遺書』卷15, "知之深則行之必至. 無有知而不能行者. 知而不能行, 只是知得淺. 飢而不食鳥啄, 人而不蹈水火, 只是知. 人爲不善, 只爲不知."

있었다"[8]라고 지적해 냈고, 장빙린도 이것에 근거하여 왕수인을 비웃은 적이 있다.

> 이것은 정이에 근본했지만 문란한 것이니, 단지 송견의 이른바 "마음이 모든 것을 받아들이는 것에 이름을 붙여 마음의 행함이라 한다"[9] 라는 것과 같다.[10]

위에서 비교를 한 것은 결코 '리학'의 선봉 정이를 '심학'에 포함시키겠다는 것은 아니다. 정이는 확실히 '리학'의 선봉인데, 이런 점은 집중적으로 그의 격물치지, 즉 즉물궁리의 공부론에 두드러진다.

> 또 물었다. "어떻게 하는 것이 격물입니까?"
> 선생님께서 말씀하셨다. "격格은 이르는 것이다. 물리物理의 지극한 곳까지 궁지窮至한다는 말이다."[11]
>
> 어떤 사람이 물었다. "수양방법 중 무엇이 우선입니까?"
> 말씀하셨다. "정심·성의보다 앞서는 것은 없다. 성의는 치지에 달려있고 '치지는 격물에 달려있다.' 격은 이르다는 뜻이다. 예컨대 '조고래격祖考來格(조상신이 와서 이른다)'의 격과 같다. 무릇 하나의 사물에 하나의 리가 있으니 반드시 그 이치를 궁지窮至하지 않으면 안 된다. 이

---

8) 『宋元學案』, 「伊川學案」, "伊川先生已有知行合一之言矣."

9) *『장자』「잡편」 제33 천하3-1을 참조할 것. 송견宋鈃은 『맹자』「고자하」에서는 송경宋牼으로 나오는데 같은 사람 인 것 같다. 『맹자집주』에 "장자의 책을 보면 송견이라는 자가 있는데, 공격을 금하고 군사를 쉬게 하여 세상의 전쟁을 구한다 했다. 위를 유세하고 아래를 가르쳐 억지로 떠들고 버리지 않아다 한다.按莊子書 : '宋鈃者, 禁攻寢兵, 救世之戰. 上說下敎, 强聒不捨."라고 했다.

10) 章炳麟, 『訄書』, 「王學」, "此本諸程伊而紊者也, 徒宋鈃所謂 '語心之容, 命之曰心之行'者也."

11) 『河南程氏遺書』卷22上, "又曰: '爲何是格物?' 先生曰: '格, 至也. 言窮至物理也.'"

치를 궁구하는 방법은 여러 가지이다. 혹은 책을 읽어서 의리를 명백히 말한다거나 고금의 인물을 분석하여 잘잘못을 변별한다거나 사사물물을 맞이하여 그것에 합당하게 대처하는 것이 모두 궁리이다."

어떤 사람이 물었다. "격물은 반드시 낱낱이 격해야 합니까? 아니면 단지 한 사물만 격하면 온갖 이치를 아는 것입니까?"

말씀하셨다. "어찌 곧바로 모든 것에 통달할 수 있겠느냐? 단지 하나의 사물을 격하면 온갖 이치에 통달한다는 것은 비록 안자라도 감히 이런 방법을 하지 못한다. 모름지기 오늘 한 가지를 격하고 내일 또 한 가지를 격하여 그런 습관이 많이 누적된 뒤에라야 시원스럽게 저절로 관통하는 부분이 생겨난다."[12]

이것은 '리학' 공부론의 전형적인 논설로 주희에 의해 전면적으로 계승되었다. 공부론은 이와 같고 본체론은 바로 보편 절대의 객관형이상 본체를 인정하는 것이다. 정이에 있어서 '심心'·'성性'·'리理'·'명命' 등은 모두 결코 최고 범주가 아니고, 이 몇 개의 나란한 범주 위에 다시 객관적 '도'를 최고 범주로 삼아 하나로 꿰뚫었다.

또 물었다. "마음의 신묘한 작용은 한량限量이 있습니까?"

말씀하셨다. "……하늘에 있으면 명命이라 하고 사람에게 있으면 성性이라 하며, 그 주체된 것을 논하여 마음이라 하며, 이 모든 것은 실은 단지 하나의 도이다. 진실로 도를 통할 수 있으면, 또 어찌 한량이 있겠는가?"[13]

---

12) 『河南程氏遺書』卷18, "或曰: '進修之術何先?' 曰: '莫先于正心誠意. 誠意在致知, 致知在格物. 格, 至也, 如祖考來格之格. 凡一物上有一理, 須是窮至其理. 窮理亦多端: 或讀書, 講明義理; 或論古今人物, 別其是非; 或應接事物而處其當, 皆窮理也.' 或問: '格物須物物格之, 還只格一物而萬理皆知?' 曰: '怎生便會該通? 若只格一物便通衆理, 雖顔子亦不敢爲此道. 須是今日格一件, 明日又格一件, 積習既多, 然後脫然自有貫通處."

13) 『河南程氏遺書』卷18, "又問: '心之妙用有限量?' 曰: '……在天爲命, 在人爲性, 論

하늘에 있으면 명이라 하고 의에 있으면 리라하고 사람에 있으면 성이라 하며, 한 몸의 주인으로서는 마음이라 한다. 이 모든 것은 실은 하나이다.[14]

그렇다면 이 '도'는 어디에서 오는가? 그것은 도대체 어떤 성질을 가지고 있는가? 정이의 말이다.

『서경』에 천서天叙·천질天秩이라 했는데 하늘에 이러한 리가 있어 성인이 그것을 따라 행하니 도라는 것이다. 성인은 하늘에 근본을 두고 석씨는 마음에 근본을 둔다.[15]

리理, 성性, 명命, 이 세 가지는 다름이 있은 적이 없다. 이치를 궁구하면 본성을 다 실천할 수 있고 본성을 다 실천할 수 있으면 하늘의 명을 알 수 있다. 하늘의 명은 하늘의 도와 같다.[16]

무릇 하늘은 한 마디로 말하자면 도이다.[17]

흩어져 사물의 이치에 놓이면 만 가지 다른 것이 있게 되고 통합해서 도에 놓이면 둘이 아니게 된다.[18]

"합하여 말하면 도이다." 인仁은 본디 도이고, 도는 실인 즉 총명總名이다.[19]

其所主爲心, 其實只是一個道. 苟能通之以道, 又豈有限量."

14) 『河南程氏遺書』卷18, "在天爲命, 在義爲理, 在人爲性, 主於身爲心, 其實一也."

15) 『河南程氏遺書』卷22上, "'書'言天敍·天秩. 天有是理, 聖人循而行之, 所謂道也. 聖人本天, 釋氏本心."

16) 『河南程氏遺書』卷22上, "理也, 性也, 命也, 三者未嘗有異. 窮理則盡性, 盡性則知天命矣. 天命猶天道也."

17) 『周易傳義』卷1, "夫天, 專言之則道也."

18) 『周易傳義』, 「易序」, "散之在理, 則有萬殊; 統之在道, 則無二致."

'도'는 '천도'이고 '천명'이고 '천리'이다. 그것은 바로 '천'이고 또한 성인이 근본 한 바의 '천'이다. 그것을 '둘이 아닌' '총명'으로 삼으니, 그것은 또한 가장 일반적인 우주의 규율이다. 구태여 말할 필요도 없이 이 '도'는 본서에서 말하는 보편절대·객관형이상의 '천본체'이다.

위에서 정이는 '본체론'에서 객관형이상의 '천본체'를 받들도록 하고, 이와 같은 본체론이 공부론으로 구체화되어 "마음을 기르는 데는 반드시 경敬으로 해야 하며 학문으로 나아가는 데는 치지致知가 필요하다"[20]고 하였는데, 이것은 곧 사물에 나아가 이치를 궁구하면 시원스럽게 관통한다는 말이다. 정이의 이러한 사상은 주희가 모두 계승하고 충분히 발휘하였기 때문에 그는 확실히 '리학'의 선구이다. 그렇지만 전술한 바와 같이 그는 본체론에서 또한 '심즉성'을 긍정하도록 하고, 이와 같은 기초 위에서 "천하에는 성性 밖의 사물은 없다"[21]는 것을 강조하고 "심心, 성性, 천天은 다름이 있지 아니하다"[22]고 여겼으니, 이것은 실제적으로 여전히 '심본체'를 유지한 것이다. 그리고 이와 같은 본체론의 불철저한 표현은 그가 공부론에서도 '리학'의 '즉물궁리'를 철저하게 견지할 수 없게 만들었고, 전술한 '지행합일'의 주장과 이와 같은 방법이 어울리지 않는 것을 제외하더라도, 맹자의 '진심지성지천盡心知性知天'에 대한 그의 해석도 뒤에 생겨난 '심학'의 색채 — "오직 마음을 다하는 것이 곧 본성을 아는 것이고 본성을 아는 것이 곧 하늘을 아는 것이다"[23]를 다분히 갖추게 하였다. 이로 인해 정이에서는 여전히 천본체와 심본체의 모순이 존재하고 있다. 그가 비록 "석씨는 마음에 근본을 둔다"는 것을 비판하

---

19) 『河南程氏遺書』卷15, "'合而言之道也', 仁固是道, 道却是總名."
20) 『河南程氏遺書』卷18, "涵養須用敬, 進學則在致知.
21) 『河南程氏遺書』卷18, "天下更無性外之物."
22) 『河南程氏遺書』卷25, "心也, 性也 ,天也, 非有異也."
23) 『河南程氏遺書』卷18, "纔盡心卽是知性, 知性卽是知天矣."

였지만, 그가 스스로 마음을 본성이라고 여긴 것은, 사실 여전히 일종의 '마음에 그 근본을 둔' 것으로서 그는 '리학' 공부론의 요구에 따라 객관 형이상의 '천본체'를 철저하게 수립할 수 없었다. 이 일은 주희에서 완성되었다.

주희사상의 철저한 점과 그가 정이와 구별되는 점, 그리고 정이로부터 발전한 점은 '심'·'성'·'리' 세 가지 범주에 대한 새로운 해석에 집중적으로 표출된다.

먼저 유의할 것은 주희는 명확하게 정이의 '심즉성'의 명제를 부정했다는 것이다. 그는 다음과 같이 생각했다.

> 영명한 곳은 오직 마음이지 본성이 아니다. 본성은 오직 이치이다.[24]
>
> 마음은 선과 악이 있지만 본성은 불선이 없다.[25]

그래서 그는 전술한 정이의 "마음은 본래 선하나 분별하는 마음〔思慮〕에 나타나면 선이 있고 불선이 있다"[26]라는 것에 대해 비평을 제기했다.

> 이 말이 의심스러운 것은 약간 미온한 곳이 있어서다. 대개 모든 일은 마음의 소행이 아닌 것이 없으니, 방탕하고 편벽되며 부정하고 허황된 것이라도 마음이 하는 것이다.[27]

---

24) 『朱子語類』卷5, "靈處只是心, 不是性. 性只是理."

25) 『朱子語類』卷5, "心有善惡, 性無不善."

26) 『河南程氏遺書』卷18, "心本善, 發於思慮, 則有善有不善."

27) 『朱子語類』卷95, "疑此段微有未穩處. 蓋凡事莫非心之所爲, 雖放僻邪侈, 亦是心之爲也."

주희사상체계의 범주 서열 중에서 '심'·'성'·'리'는 실제적으로 서로 융통하고 또 순서에 따라 상승하여 세 단계로 분속되는데, 그것은 도덕적 가치의 완선한 정도, 그리고 서로 다른 경지에 근거하여 분속됐다. '심'은 첫 번째 단계에 속하고 선악이 서로 섞여있는데, 그 원인은 "마음은 성과 정을 통섭한다心統性情"는 데 있다.(주희는 장재가 제기한 이 명제를 흔쾌히 받아들였지만, 정이는 아직 이해하지 못했으니, 그의 '심즉성'은 분명히 이 명제와 어긋난다) 주희의 말이다.

> 횡거 선생이 말씀하신 것이 가장 좋다. "마음은 성과 정을 통섭한다"라고 했다. …… 본성은 선하지 않을 수 없지만, 마음이 드러나서 감정이 되면 선하지 않을 수도 있다. (따라서) 선하지 않은 것도 마음이 아니라고 말할 수는 없다.[28)]

'성'은 두 번째 단계에 속한다. "본성은 선하지 않을 수 없다"고 하는 원인의 근거는 '성즉리'에 있다. "이치는 선하지 않을 수 없다." 그러므로 "본성은 선하지 않을 수 없다." 그렇지만 '성즉리'라고는 말할 수 있지만 '리즉성'이라고는 말할 수 없다. 둘은 서로 맞바꿀 수 있는 관계를 가지지 않는다. '성'을 '리'로 간주하면 구체적 사물에 국한되어, 구체적

---

28) 『朱子語類』卷5, "橫渠說得最好. 心, 統性情者也. ……性無不善. 心所發爲情, 或有不善. 說不善非是心, 亦不得." 이로 인해 멍페이위안蒙培元은 여기에서 주희의 '심즉리'와 '성즉리'는 구분하기 매우 어렵고, 곧 분명히 잘못된 것이라고 여겼다. 특히 그는 여기에 근거하여 주희는 또한 '심'을 도덕본체로 하는 엄청난 착오를 저질렀다고 여겼다.(蒙培元, 『理學的演變』, 福建人民出版社, 1984 참조) 도덕본체라는 것은 응당 도덕의 근원을 가리키고, 도덕실천의 최후의 근거이자 최고의 기준 즉, 순수하고 지극히 선한 도덕적 실체이다. 주희는 공교롭게도 이러한 의의의 도덕적 심본체를 부정했다. 말할 필요도 없이 선과 악이 섞여있는 '심心'은 도덕실천의 근거나 기준이 될 수 없고, 이 때문에 그 자체는 반드시 도덕실천 '악을 물리치고 선을 보존하는去惡存善' 개조를 숭상한다.

사물의 '성'이고 구체적 사물의 '리'가 되기 때문이다.

> 성은 허다한 이치가 흩어져있는 곳에서 성이 된다.[29]
>
> 천하에 본성이 없는 사물은 없다. 생각건대 이 사물이 있으면 곧 이 본성도 있고, 이 사물이 없으면 이 본성도 없다.[30]
>
> 물었다. 말라죽은 사물에도 본성이 있는 것은 어째서입니까? 말씀하셨다. 그것이 원래 이치를 가지고 있기 때문이다.[31]

주희는 구체적 '리'('성') 위에 또 하나의 보편절대·객관형이상의 '리'—'태극'이 있다고 여겼다.

> 물었다. "하나의 사물도 아직 있지 않았을 때는 어떻습니까?"
> 대답하셨다. "이때는 세상의 공통의 리가 있을 뿐, 하나의 사물이 구비하는 리는 없다."[32]
>
> 천지만물의 리를 총괄하는 것이 곧 태극이다.[33]

이와 같이 '태극'으로 일컬어지는 '리', 그것은 '성'이라 부를 수 없다. 주희는 공공의 이치—'태극'과 구체화된 이치—'성'의 구별에 매우 주의했다.

---

29) 『宋元學案』, 「晦翁學案」, "性是許多理散在處爲性."
30) 『朱子語類』卷4, "天下無無性之物. 蓋有此物, 則有此性, 無此物, 則無此性."
31) 『朱子語類』卷4, "問: 枯槁之物亦有性, 是如何? 曰: 是他合下有此理."
32) 『朱子語類』卷94, "問: 未有一物之時如何? 曰: 是有天下公共之理, 未有一物所具之理."
33) 『朱子語類』卷94, "總天地萬物之理, 便是太極."

> 물었다. "선생님께서 태극을 말씀하시면서 '이 본성이 있으면 음양과 오행이 있다'고 운운 하셨습니다. 여기서 말씀하시는 본성은 어떤 것입니까?"
>
> 말씀하셨다. "생각건대 그것은 나의 옛날 설명이다. 요즘 깊이 생각해보니 그렇지 않다. 이 '성'자는 하늘에서 품부한 것을 말하는 것이니, 태극이야말로 틀림없이 이치라고 말해야 한다."[34]

그러므로 "천하에는 성 밖의 사물이 없다"[35]고 할 수는 있지만 "천하의 성 밖의 이치가 없다"[36]고 할 수는 없다. 논리적으로 말하면, '태극'은 일체를 초월한 객관형이상의 '성 밖의 이치性外之理' 혹은 '성 위의 이치性上之理'[37]이다. 그래서 이로 인하여 '리'를 총체적으로 말하면, 세 번째 단계 즉 최고의 단계에 속한다. 만약 '심'은 선악이 섞여있고 '성'은 구체적 선이라고 한다면, '태극'의 '리'는 지극한 선이 된다. ― "태극은 더할 나위 없이 지극히 선한 도리이다."[38] 주희에 의해 "방소도 없고 형체도 없고 지위도 없어 머무를 수도 있고 떠날 수도 있고"[39] "무극이태

---

34) 『朱子語類』卷94, "問: 先生說太極'有是性, 則有陰陽五行'云云, 此說性是如何? 曰: 想是某舊說, 近思量又不然. 此性字爲稟於天者言, 若太極只當說理."

35) 『朱子語類』卷4, "天下無性外之物.

36) 『傳習錄』中, 174條目, "天下無性外之理."

37) '태극'은 주희에 있어서 당연히 구체화된 '리'('성')와 단절된 것은 아니고, 이 때문에 구체화된 '물'과 단절된 것도 아니다. 이와 반대로 그 소행은 공공의 리가 만유를 포괄하는데, 즉 "태극은 오행 · 음양의 리가 모두 있는 것이지 공허한 것이 아니다. 사람마다 하나의 태극을 지니고 있고 사물마다 하나의 태극을 지니고 있다.太極是陰陽五行之理皆有, 不是空的事物. 人人有一太極, 物物有一太極. 『朱子語類』卷94"라는 것이다. 그렇지만 그것은 곧 만유 또는 만유를 초월하는 것이고 논리적으로 선재하는 것이다.(저명한 '월인만천月印萬川'의 비유는 확실히 '태극'과 구체화된 '리' · '성' · '물'의 이와 같은 관계를 구체적이고 적절하게 증명한다) 그 만유를 초월하고 논리적으로 선재하는 이 의미로 보면, 그것은 '성외지리性外之理' 혹은 '성상지리性上之理'라고 할 수 있다.

38) 『朱子語類』卷94, "太極只是個極好至善的道理."

극"으로 묘사된 '태극'이 "더할 나위 없이 지극히 선한 도리"가 된다면, 그것은 분명히 보편절대의 도덕원리이고 객관형이상의 도덕본체이다. 이로 인하여 '무극이태극'이 주돈이에서 주희에 이르기까지 모두 우주론이기는 하나, 그것은 동시에 윤리학이어서, 우주론은 윤리학에 병합되고, 윤리학은 상승하여 우주론이 된다. 이것은 윤리학적 우주론 또는 우주론적 윤리학으로 '도덕우주론'이라 할 수 있는 송명유학 고유의 우주론이다. 이 우주론에 대한 주희의 최대 공헌은 바로 논리적으로 물질세계 이전, 물질세계 위에 위치하는 '정결공활淨潔空闊'한 '리세계'를 세우고("요컨대 먼저 이치가 있다. '오늘은 이치가 있고 내일은 기운이 있다'는 식으로 말할 수는 없지만 반드시 앞뒤는 있다. 가령 산과 강 그리고 대지가 모두 무너지더라도 틀림없이 이치는 그 속에 있을 것이다"[40]), 원고시대 선현 이래 줄곧 더할 수 없이 높은 권위의 '천'을 명확하게 도덕적 의리의 '리'로 해석함으로써("이치란 하늘의 본체이다"[41]라는 것이다) 철저하게 하나의 도덕적 의리의 객관형이상의 '천본체'—'태극'을 확립하고자 한 것이다.

만약 주희가 도덕우주론의 '태극이무극'을 통해 도덕형이상의 '천본체'를 철저하게 확립했다고 한다면, 이것과 동시에 진행한 것은 도덕우주론의 '리기관계설'을 통해 명확하게 도덕적 선험의 심본체를 부정한 것이다. 앞에서 주희의 정이에 대한 비평을 논급하면서 '심'·'성'·'리'의 계층 관계를 자세히 설명할 때 실제적으로 이미 이와 같은 부정을 언급했다. 주희는 정이의 '심즉성'을 부정하고 장차 '심'의 도덕가치등급을 첫 번째의 단계, 즉 가장 낮은 단계에('성'·'리'에 대해 상대적으로) 나열하

---

39) 『朱子語類』卷94, "無方所, 無形體, 無地位可頓放."

40) 『朱子語類』卷1 "要之也先有理, 只不可說是今日有是理, 明日却有是氣, 也須有先後, 萬一山河大地都陷了, 畢竟理却只在這理."

41) 『宋元學案』, 「晦翁學案」, "理者天之體."

였는데 그것은 이미 '심'이 도덕본체가 되는 자격을 박탈했다는 것을 의미한다. 그렇지만 이러한 박탈의 가장 근본적인 이론 근거는 오히려 그의 '리기관계설'이다.

주희는 맹자의 설을 다음과 같이 비평한다.

> 맹자는 본성이 선하다고 말했는데, 그는 단지 커다란 근본을 보았을 뿐이며 아직 기질 속의 본성 등의 세부적인 것은 말하지 못했다. 명도 선생은 "본성을 말하면서 기운을 말하지 않으면 두루 갖추어지지 못하고 기운을 말하면서 본성을 말하지 않으면 명확하지 못하며, 그것을 두 가지로 여겨도 옳지 않다"라고 했다. 맹자는 본성만 말하고 기운을 말하지 않았으니, 곧 완전히 갖추지 못한 것이다.[42]

이런 비평은 바로 맹자가 '심을 인(성)으로 해석하여以心釋仁(性)' 확립한 '심본체'—순수지선의 도덕 근거·도덕 본원을 부정하는 것이다. 주희는 자신이 언급한 '심'의 상대로써 '성'(구체화된 리)을 논하고 거듭 '기'를 논하고,[43] 그 '리기관계설'을 사용하여 '심'에 대한 이중 설정을 했다. 이러한 이중 설정을 논하기 전에 먼저 주희가 '심'을 형이상과 형이하로 나눈 것에 관한 대답을 보자.

> 물었다. "사람의 마음은 형이상의 것입니까? 형이하의 것입니까?"

---

42) 『朱子語類』卷4, "孟子說性善, 他只見得大本處, 未說得氣質之性細碎處. 程子謂: '論性不論氣不備, 論氣不論性不明, 二之則不是', 孟子只論性, 不論氣, 但不全備."

43) 주희가 이미 성을 논하고 또 기를 논한 것은 앞에서 인용하고 서술한 정이의 "성을 말하면서 기를 말하지 않으면 두루 갖추어지지 못하고, 기를 말하면서 성을 말하지 않으면 명확하지 못하며, 그것을 두 가지로 여겨도 옳지 않다.論性, 不論氣, 不備; 論氣, 不論性, 不明. 二之, 則不是. 『河南程氏遺書』卷6"에서 온 것이다. 그렇지만 정이의 '심즉성心卽性'의 설은 사실 이것과 일치하지 않는다.

대답하셨다. "예컨대 폐나 간과 같은 다섯 내장으로써의 심장은 실제로 존재하는 것이다. (그러나) 요즘 배우는 사람들이 논의하는, 잡으면 간직하고 놓으면 잃어버리는 마음 같은 것은 본디 신명하여 헤아릴 수 없다. 그러므로 다섯 내장으로써의 심장은 병을 얻으면 약을 써서 보양할 수 있지만, 이 마음은 창포나 복령으로 치료할 수 없다."[44]

이른바 '형이하'의 "폐나 간과 같은 다섯 내장으로써의 심장"은 토론한 예가 없고, 그것은 도덕 논지와 관계없기 때문에 주희는 이 '심'은 '심'이 아니라고 여겼다. — "이것은 마음이 아니다. 곧 마음이 신명나게 오르내리다가 머무는 집이다."[45] 문제는 그 '형이상'적인 것이고, "신명하여 헤아릴 수 없는" 것이고, "창포나 복령으로 치료할 수 없는" 것의 '심'이 결국 어떤 성질을 가졌는가에 있다. 주희는 그것이 "몸을 주재하는" "텅 비어있고 영명하여 모든 사물을 꿰뚫어 보고 이치를 깨달을 수 있는 것"이라 여겼다.

마음은 몸을 주재하는 것이다.[46]

사람의 한 몸에 지각과 운용이 마음이 하는 바가 아님이 없으니, 곧 마음이란 것은 진실로 몸의 주인으로……[47]

마음이 텅 비어있고 영명한 지각은 하나일 뿐이다.[48]

---

44) 『朱子語類』卷5, "問: 人心形而上下如何? 曰: 如肺肝五臟之心, 卻是實有一物; 若今學者所論操舍存亡之心, 則自是神明不測. 故五臟之心受病, 則可用藥補之; 這個心則非菖蒲·茯苓所可補也."
45) 『朱子語類』卷5, "此非心也, 乃心之神明升降之舍."
46) 『朱文公文集』卷52, "心是身之主宰."
47) 『朱文公文集』卷33, "人之一身, 知覺運用, 莫非心之所爲, 則心者固所以主于身."
48) 『中庸章句』,「序」, "心之虛靈知覺, 一而已矣,"

텅 비어있고 영명한 것은 원래 마음의 본래 모습이다.[49]

이와 같은 '형이상'의 '심'은 분명히 일반적으로 말하는 사람의 정신·의식·심리(동기·소원·욕망·인지·정감 등)을 가리킨다.[50] 주의해야 할 것은 주희가 이런 형이상의 '심'을 논할 때 오히려 '기'로 해석하여, "마음이라는 것은 기의 정령이다"[51]라고 한 것이다. 이것은 곧 그가 리기관계를 설명할 때 형이상과 형이하로 나누는 논리와 약간 모순이 있다.

> 하늘과 땅 사이에 리가 있고 기가 있다. 리라는 것은 형이상의 도이고 살아있는 것들의 근본이다. 기라는 것은 형이하의 그릇이고 살아있는 것들의 도구이다.[52]

'형이상'으로 '심'을 말하고 또 '형이하'로 '기'를 해석하여, 명확하게 "폐나 간과 같은 다섯 내장으로써의 심장"('형이하의 그릇', '마음이 아닌 것')과 "잡으면 간직하고 놓으면 잃어버리는 마음"('형이상'의 "신명하여 헤아릴 수 없는 것")을 구별하고 나서 또 기로 심을 해석하는 바람에 두 가지의 구별을 모호하게 만들었다. 이와 같은 모순을 주희는 이해하

---

49) 『朱子語類』卷5, "虛靈自是心之本體."

50) 멍페이위안은 '주체정신'의 '심'은 주희에 있어서 형이하의 '형기지물形氣之物'이라 여겼다.(蒙培元, 『理學的演變』 참조.) 이런 견해는 분명히 평범한 사실을 놓쳐버렸다. 윗글에서 인용하여 서술한 것과 같이 형이하의 심을 묶어 '폐간오장지심肺肝五臟之心'라고 한 것이지 결코 주희가 '심성지학'을 토론한 바의 도덕적 심성은 아니다. 그러나 주희의 형이상의 심에 관한 설명은 확실히 모순이 있다. 아래 글을 참조하라.

51) 『朱子語類』卷5, "心者, 氣之精爽."

52) 『朱文公文集』卷58, "天地之間, 有理有氣. 理也者, 形而上之道也. 生物之本也; 氣也者, 形而下之器也, 生物之具也."

려고 하지 않았고, 그는 곧 이런 모순의 기초 위에서 이른바 형이상의 '심'에 대한 이중 설정을 했다.

> 마음이 텅 비어있고 영명한 지각은 하나일 뿐이지만, 인심과 도심의 차이가 생기게 된 것은, 혹 사사로운 형기에서 생겨나고 혹 바른 성명의 근원에서 근원함으로써 지각이 다르게 나타나기 때문이다. 그래서 어떤 것은 위태로워서 불안하고, 어떤 것은 미묘하여 보기가 어렵다. 그러나 어느 사람이든지 형기를 소유하지 않은 자가 없기에 비록 으뜸가는 지혜를 지닌 자일지라도 인심이 없을 수 없고, 또한 이 본성을 받지 않은 자가 없기에 지극히 어리석은 사람일지라도 도심이 없을 수 없다. 이 두 가지가 하나의 마음속에 뒤섞여 있으므로, 이를 다스릴 줄 모르면 위태로운 인심은 더욱 위태롭고, 미묘한 도심은 더욱 미세해져서 마침내는 공정한 천리가 사사로운 인욕을 이기지 못하게 된다.[53]

천명지성과 기질지성('성명지정性命之正'과 '형기지사形氣之私'), 도심과 인심, 천리와 인욕, 선과 악, 성과 정 — 개괄해서 말하면 형이상의 리와 형이하의 기[54] 두 가지의 통일은 마음에 갖추어져 있는데, 이것이 곧

---

53) 『中庸章句』, 「序」, "心之虛靈知覺, 一而已矣, 而以爲有人心, 道心之異者, 則以其或生於形氣之私, 或原於性命之正, 而所以爲知覺者不同, 是以或危殆而不安, 或微妙而難見耳. 然人莫不有是形, 故雖上智不能無人心; 亦莫不有是性, 故雖下愚不能無道心. 二者雜於方寸之間, 而不知所以治之, 則危者愈危 微者愈微, 而天理之公卒無以勝夫人欲之私矣."

54) 여기에서의 대비는 엄격한 의미를 갖춘 것은 아니다. '기질지성氣質之性'·'인심人心'·'정情'·'형하지기形下之氣' 등은 주희에 있어서는 결코 '인욕人欲'·'악惡' 등과 동등하지 않은데, 예를 들면 그는 "인심이란 완전히 나쁘다고만 할 수 없으니, 만일 인심이 완전하게 악한 것이라면 그 아래에 '위危'자를 써서는 안 될 것이다. 대개 인심은 쉽게 악한 곳을 따라가는 것임에 틀림없기 때문에 아래의 '위危'자가 중요하다. 만일 완전하게 악하다면 이것은 모두 엎어져 버린 것인데 어찌 위태로움에 그치겠는가.人心不全是不好, 若人心是全不好底, 不應只下個'危'字. 蓋爲人心易得走從惡處去, 所以下個'危'字. 若全不好, 則是都倒了, 何止於危. 『朱子語類』

주희의 '심'에 대한 이중 설정이다. 이와 같은 이중 설정은 한편으로는 '심'이 도덕본체의 존재가 되는 것을 취소하고, 한편으로는 '심'이 도덕 완성을 실현하는 가능성을 제공했다. 요즘 말로 하면 '심'은 한편으로는 자연감성의 욕구가 충만하여 악으로 향할 위험성을 가지고 있기 때문에 그것은 도덕본체 즉 도덕실천의 최후 근거나 최고 기준이 될 수 없다. 다른 한편으로는 '심'은 또 사회윤리의 요구를 함유하여 선으로 향할 경향을 가지고 있기 때문에 그것은 도덕실천의 내재적 가능성과 실제적 기초를 제공했다.

위로부터 보면 주희가 정이로부터 발전하여 그가 구축한 방대한 사변체계의 기본 맥락과 핵심 목적은 다음과 같다.

한편으로는 도덕우주론을 통해 계통적으로 알기 쉽게 보편절대의 '천본체' — 도덕형이상의 '태극'을 철저하게 확립하고, 동시에 이에 근거하여 본래 윤리 주체에 속한 도덕규범('응당')을 우주 객체의 자연규율('필연')로 상승시키고, '하늘에서 사람에 이르는' '자연발생론'의 방향을 강화함으로써 도덕실천을 위한 객관적인 최고권위 · 절대명령 · 보편기준을 제공하는 것이다.

> 주자(주돈이)가 말한 태극은 천지와 사람 · 사물이 갖는 모든 선과 가장 훌륭한 것을 나타내는 호칭이다.[55)]
>
> 물었다. "어떤 것을 본성이라고 합니까?" 말씀 하셨다. "하늘이 명한 것을 본성이라 한다." 물었다. "하늘이 명한 것은 과연 무슨 물건입니까?" 말씀하셨다. "인仁 · 의義 · 예禮 · 지智 · 신信의 오덕五德이다."[56)]

卷78"라고 명확하게 지적했다. 그러나 '기질지성' 등은 확실히 '심'이 악으로 향할 수 있는 근거이다. 위에서 대비해서 들어놓은 의도는 설명하려는 것이며, 그것으로 또 확실히 '심'은 주희에 있어서 도덕본체가 될 수 없다는 것을 설명할 수 있다.

55) 『朱子語類』卷94, "周子所謂太極, 是天地人物萬善至好底表德."

『역』은 자연의 조화이다. 성인의 본심은 오직 자연의 조화와 유행을 말씀하신 것이다. 정자(정이)가 그것을 가지고 인신상人身上에 나아가 말한 것이다.[57]

하늘에 있어서는 단지 음양의 기운과 오행일 뿐이며, 인간에 있어서는 그것을 품부 받으면 단지 강유오상剛柔五常의 덕이 된다.[58]

다른 한편으로는(이것은 사실 바로 앞 한 방면의 '문제 가운데 응당 있어야 할 의미이다') 또한 도덕우주론의 '이기관계'설을 통하여 '심'에 대해 선할 수도 있고 악할 수도 있는 이중 설정을 하는 것이다. 그렇게 되어 이미 '심'이 신험의 도넉본체가 되는 자격을 제거하고, 도덕실천이 주체로부터 오는 최후근거와 최고표준을 부정하며, 또한 '심'의 도덕완성의 가능성을 긍정함으로써 '심'을 실제적으로 도덕실천의 개조대상으로 만들었다.

다만 한 사람의 마음이 도리에 합하면 천리이고 정욕을 따르면 인욕이니, 바로 그 분계점分界點에서 이해하여야 한다.[59]

사람의 한 마음에 천리가 보존되면 인욕이 없어지고, 인욕이 (천리를) 이기면 천리가 없어진다.[60]

---

56) 『周子全書』卷4, "問: 如何謂之性? 曰: '天命之謂性' 問: 天之所命者果何物也? 曰: 仁義禮智信."

57) 『朱子語類』卷96, "易是自然造化. 聖人本意只說自然造化流行. 程子是將來就人身上說."

58) 『朱子語類』卷6, "在天只是陰陽五行, 在人得之只是剛柔五常之德."

59) 『朱子語類』卷78, "只是一人之心, 合道理底是天理, 徇情欲底是人欲, 正當於其分界處理會."

60) 『朱子語類』卷13, "人之一心, 天理存, 則人欲亡; 人欲勝, 則天理滅."

> 가령 해의 빛과 달의 빛은 확 트인 곳에서는 완전하게 보이지만 어두운 집안에서는 가려지고 막혀서 보이기도 하고 보이지 않기도 한다. 어둡고 흐린 것은 기운이 어둡고 흐린 것이므로 저절로 가려지고 막혀서 어두운 집안에 있는 것과 같게 된다. 그러나 사람에게는 가려지고 막힌 것을 소통시킬 수 있는 이치가 있다. 짐승도 역시 이 본성을 가지고 있지만, 그 형체에 얽매여서 가려지고 막힌 정도가 심한 상태로 태어나 소통시키지 못한다.[61]
>
> 『서경』에 "사람의 마음은 위태롭고, 도를 간직한 마음은 은미하다. 오직 정밀하게 하고 오직 한결같이 하여 진실로 그 표준을 잡아라"라고 했다. 성현이 하신 천 마디 만 마디 말씀은 다만 사람들로 하여금 천리를 밝히고 인욕을 없애도록 하는 것일 따름이다.[62]

주희 이론이 철저한 곳은 그가 독자적으로 '천본체'를 수립하고 '심본체'를 제거하여 '하늘에서 사람에 이르기까지'의 도덕발생론과 '사물에 나아가 이치를 궁구하는' 도덕수양론을 가지고, 내성지학이 맹자 이래로부터 '천'과 '심'의 두 가지 본체, '내성'과 '외구'의 두 가지 공부라는 모순을 가진 것을 해결한 데에 있다.

그렇지만 그의 해결은 내성지학의 발전 논리와 정반대 방향으로 갔고, 그의 해결은 더 큰 모순을 가져왔다. 심성을 초월한 '천본체'를 내성지학의 기본성질과 근본에서부터 말하는 것은 모순이다. 이는 송명유학 가운데 '리학'학파가 피할 수 없는 모순이고, 바로 양명심학이 이 모순을 폭로하고 극복했다. 이 점은 앞에서 이미 언급했고 여기서 더 이상 덧붙여 말하지 않겠다.

---

61) 『朱子語類』卷4, "如日月之光, 若在露地, 則盡見之; 若在蔀屋之下, 有所蔽塞, 有見有不見. 昏濁者, 是氣昏濁了, 故自蔽塞, 如在蔀屋之下. 然在人則蔽塞有可通之理, 至於禽獸, 亦是此性, 只被他形體所拘, 生得蔽隔之甚, 無可通處."

62) 『朱子語類』卷12, "『書』曰: '人心惟危, 道心惟微, 惟精惟一, 允執厥中.' 聖賢千言萬語, 只是教人存天理, 滅人欲."

제2절 육구연에서 왕수인에 이르기까지

만약 정이에서 주희에 이르기까지 철저하게 도덕형이상의 천본체를 확립했다고 한다면, 육구연에서 왕수인에 이르기까지는 철저하게 도덕 선험의 심본체를 확립했다. 만약 정이에서 주희에 이르기까지 윤리학이 우주론으로 완전히 상승한 것이라고 한다면, 육구연에서 왕수인까지는 윤리학이 심리학으로 나아가기 시작한 것이다. 왕수인과 육구연의 구별은 왕수인의 육구연에 대한 발전이고, 가장 주의할 필요가 있는 부분은 바로 여기에 있다. 바로 윤리학에서 심리학에 이르기까지 이 방향은 왕수인으로 하여금 내성시학의 기본 모순을 해결하게 하는 동시에 내성지학을 종결하게 했고, 이른바 '왕학이단'과 내성지학의 기치가 선명하고 격렬하게 대항한 것 또한 바로 윤리학에서 심리학에 이르는 이 방향의 직접적인 결과이다. 이 때문에 나는 앞에서 육왕을 이주와 비교하면서 더욱 소홀히 할 수 없는 차이점이 있다고 했다.

육왕의 차이를 탐구할 때에는 오히려 육왕의 같은 것부터 이야기해야 한다. 육왕의 같은 것 중에 가장 뚜렷한 점은 바로 왕수인이 육구연이 제기한 '심즉리' 이 하나의 명제를 명확하게 긍정하고 받아들인 것인데, 이 점에 대해서는 대체로 논자들이 다른 의견을 가지고 있지 않다. 그런데 육왕의 '심즉리'에 대한 이해가 완전하게 일치하는가? 나아가 육왕의 '심'과 '리' 이 두 개의 범주에 대한 이해는 서로 다른 것이 있는가? 이런 문제를 명백히 이해하려면, 반드시 먼저 왕수인의 결말은 어떠했는지 어떤 의의 혹은 어느 정도에서 육구연을 긍정했는지 분명히 알아야 한다. 왕수인의 육구연에 대한 긍정이 가장 집중되어 있고 가장 중요한 두 단락의 말이 있다. 한 단락은 그가 쓴 「상산문집서」에 실려 있다.

> 송에 이르러 주돈이·정호·정이 등이 다시 공맹의 근본을 찾기 시작했다. 태극이 무극이다. 중中·정正·인仁·의義로써 정定하되 정靜을 주장하셨다. 동動도 또한 정定이요, 정靜도 또한 정定이니 보내고 맞이함도 없고 안과 밖도 없다. 이런 것들은 정일한 요지에 가깝다. 이로부터 상산 육구연이 나왔는데, 비록 순수하고 차분함은 정호와 정이에 미치지 못하는 것 같아 보이지만, 간이하고 명쾌한 것은 참으로 맹자의 학문을 이었다. 그 의론의 열리고 닫힘에 때로 다른 것이 있고, 그 기질과 의견이 다를 뿐이지, 그 학문의 요체는 반드시 마음에서 찾아야 한다는 것은 다를 바가 없다. 그러므로 나는 육구연의 학문을 맹자의 학문이라고 일찍이 단정했다. 그러나 세상의 논자들은 그것을 일찍이 회옹과 서로 다른 것이 있다 해서 선학이라고 헐뜯는다. 대저 선학의 말은 인륜을 저버리고 사물의 이리를 도외시하는데, 가장 큰 단점은 천하국가를 위할 수 없다는 것이다. 진실로 육상산이 만일 그렇다면 선학과 마찬가지이다. 지금 선학의 설, 육구연의 설, 맹자의 설에 관한 책이 남아 있으니, 학자들은 마땅히 그 책을 구해서 본다면 그것의 시비와 동이는 당연히 변설하는 사람을 기다리지 않아도 된다.63)

또 한 단락은 「답서성지」에 실려 있다.

> 나는 일찍이 회암과 상산이 비록 그 학문을 하는 바가 만약 다른 것이 있을지라도 요점은 모두 성인의 덕을 위하는 것을 잃지 않았다고 생각했다. 지금 회암의 학문은 천하의 사람이 어려서부터 익혀 이미 사

---

63) 『王文成公全書』卷, 「象山文集序」, "至宋周·程二子, 始復追尋孔孟(顏)之宗, 而有無極而太極·定之以仁義正而主靜之說, 動亦靜·靜亦定·無內外·無將迎之論, 庶幾精一之旨矣. 自是而後有象山陸氏, 雖其純粹和平, 若不逮於二子, 而簡易直截, 眞有以接孟氏之傳. 其議論開闔, 時有異者, 乃其氣質意見之殊, 而要其學之必求諸心, 則一而已. 故吾嘗斷以陸氏之學, 孟氏之學也. 而世之議者, 以其嘗與晦翁之有同異, 而遂詆以爲禪. 夫禪之說, 棄人倫, 遺物理, 而要其歸極, 不可以爲天下國家. 苟陸氏之學而果若是也, 乃所以爲禪也. 今禪之說與陸氏之說·孟氏之說, 其書具存, 學者苟取而觀之, 其是非同異, 當有不待於辨說者."

> 람들이 깊이 파고들어가 논변하는 것을 용납하지 않는 사람이 있다. 그러나 나 홀로 육구연의 학문, 곧 그것을 회암이 한 말과 시험해 보고 즉시 울타리로 삼았다. 만일 중유仲由와 자공子貢의 재능이 다른 것처럼 (그들이 다르다면) 그래도 수긍하여 결국 내쳐지고 버려짐을 감수할 테지만, (그들이 만약) 숫돌〔碔砆〕이 미옥美玉에 비교되는 것과 같다면 어찌 지나치게 심한 것이 아니겠는가? 회암은 여러 유자들의 설을 절충하고, 『육경』·『논어』·『맹자』의 뜻을 천하에 발명함으로써, 그 후학의 마음에 베푸신 은혜는 참으로 미칠 수 없는 의론이 있다. 그러나 육구연은 의리와 이익의 구분義利之分을 변론하고, 큰 본을 세우고立大本, 잃어버린 마음을 되찾는求放心' 것으로써 후학에게 자신을 위한 공부爲己之道의 독실함을 보여 주었으니, 그 공이 또한 어찌 모함을 받을 수 있으랴! 그러나 세상의 유자들이 부화뇌동하여 사실을 궁구하지 않고 대부분 선학禪學으로 본다면, 그야말로 원통하다. 그래서 나는 천하의 조소를 무릅쓰고 육구연의 맹렬한 그 말이 설사 비록 이 말로 인하여 죄를 짓더라도 그것을 한탄하지 않겠다.64)

이 두 단락의 말에서 왕수인이 육구연을 주돈이·이정·주희와 비교했는데, 비교한 요점은 아래와 같다.

첫째, 주돈이와 이정이 "공맹의 근본을 찾기 시작했다." "정일함에 가깝다"고 한 의미는 '정일'에 가깝지만, 아직 '정일'에 이르지 못한 것이다.(왕수인은 같은 서문에서 "공자와 맹자의 학문은 오직 인을 구하는

---

64) 『王陽明全書』卷21, 「答徐成之」, "僕嘗以爲晦庵之與象山, 雖其所爲學者若有不同, 而要皆不失爲聖人之德. 今晦庵之學, 天下之人, 童而習之, 旣已入人之深, 有不容於論辯者. 而獨惟象山之學, 則以其嘗與晦庵之有言, 而遂藩籬之. 使若由賜之殊科焉則可矣, 而遂擯放廢斥, 若碔砆之與美玉, 則豈不過甚矣乎! 夫晦庵折衷群儒之說, 以發明六經論孟之旨於天下, 其嘉惠後學之心, 眞有不可得而議者. 而象山辯義利之分, 立大本, 求放心, 以示後學篤實爲己之道, 其功亦寧可得而盡誣之? 而世之儒者, 附和雷同, 不究其實, 而概目之以禪學, 則誠可冤也已. 故僕嘗欲冒天下之譏, 以爲象山一暴其說, 雖以此得罪無恨."

데 힘쓴 것이니, 대개 정일한 전수이다"65)라고 했다. 이정이 "공맹의 근본을 찾기 시작했다"고 한 것은 여전히 공맹의 학문을 완전히 회복하는 것과는 차이가 있다. 이 때문에 "정일함에 가깝다"고는 할 수 있지만 '정일함'에 이미 도달했다고는 할 수 없었다.) 육구연이 바로 "간이하고 명쾌한 것은 참으로 맹자의 학문을 이었다"고 한 것은 말하자면, 육구연이 이미 주돈이와 이정의 "공맹의 근본을 찾기 시작한" 것을 초월했고, 그의 학설은 이미 "맹자의 학문"임을 뜻한다. 그렇다면 육구연이 이미 '정일함'에 도달했다는 말인가? 왕수인은 여기에서 도달 여부를 표명하지 않고 어려운 문제로 남겨 두었다. 그의 비교 평가는 연결고리가 빠진 듯하다. 왜냐하면 이 서문에서 왕수인이 사실 '정일함'의 여부로 여러 유자의 수준을 비교 평가했기 때문이다. 그는 먼저 "공맹의 학문"은 "정일한 전수"라고 하고, 이어서 "이로부터"(진·한 이후 송 이전까지) "마음과 이치를 둘로 나누어 정일한 학문이 없어졌고,"66) 주돈이와 이정이 "다시 공맹의 근본을 찾기 시작했기" 때문에 "정일함에 가까워"질 수 있었고, 육구연의 학문은 이미 맹자의 학문이니, 논리상 응당 '정일'하다고 말해야 하는데, 의외로 결론을 내지 않고 왜 이 부분을 빠뜨렸는가? 무의식적으로 홀시하는 것인가 아니면 의식적으로 회피하는 것인가? 나는 의식적으로 회피하는 것이라 생각한다. 아래에서 언급하게 되겠지만, 왕수인은 다른 곳에서 명확하게 육구연이 정일함을 잃은 곳이 있다고 지적했다. 여기에서 지적하지 않은 까닭은 서문을 지을 때 항상 있는 '겸손함客氣'이나 '존경하는 사람에 대한 예의爲尊者諱' 외에도 사실 또 한 차례 매우 인내하고 다듬으려는 뜻이 있다.

둘째, 주희는 "제유들의 설을 절충했고," 육구연이 바로 "큰 본을 세

---

65) 『王文成公全書』卷, 「象山文集序」, "孔孟之學, 惟務求仁, 蓋精一之傳也."
66) 『傳習錄』中, 135條目, "析心與理而爲二, 而精一之學亡."

우고, 잃어버린 마음을 되찾았다"고 하였으니, 그 뜻은 당연히 육구연이 '위학爲學'의 요체를 잡았다는 말이다.

이상의 비교 중에서 물론 알 수 있는 것은 왕수인의 육구연에 대한 평가는 주돈이와 이정 내지 주희보다 높지만, 분명하게 알 수 있는 것은 이와 같은 높은 평가는 매우 추상적이고 말이 상세하지 않다. 더 주의할 필요가 있는 것은 오히려 왕수인이 육구연을 높이 평가한 동기의 소재이다. 위에서 인용한 두 단락의 말 중에는 격분된 정서가 명확하게 드러나 있다. 단지 육구연의 말과 주희의 말이 서로 저촉되기 때문에 세유들이 일찍이 분분하게 폄척하여 그를 선학이라고 비방했는데("그것을 회암이 한 말과 시험해 보고 즉시 울타리로 삼았다." "그것을 일찍이 회옹과 서로 다른 것이 있다 해서 선학이라고 헐뜯는다"고 한 말 등), 이는 큰 누명이고 지극히 불공평해서 변론하지 않을 수 없다. 그렇지만 많은 사람이 주지하는 바와 같이 육구연이 주희와 저촉되는 까닭과 그것이 선학이라 비방 받는 까닭의 근본 원인은 바로 그가 "나의 마음이 곧 우주이다"[67]라고 제기하여 마음이 본성이라고 여기고 심본체를 고양하고 심즉리를 주장한 데 있다. 왕수인은 더욱이 "성인의 학문은 심학이다"[68]라고 했는데, 육구연도 이러한 말은 하지 않았다. 이 때문에 왕수인이 육구연을 위해 변론을 한 것은 자기를 위한 변론이고, 그는 육구연의 학문을 빌려 자기의 견해를 펼친 것이다. 우리들이 알다시피 왕수인이 학설을 세울 때에는 주자학이 '관학'이 되어 이미 경전의 이론이 완성되었으며, 압도적인 우세를 점하여 이른바 "천하 사람이 어려서부터 익혔으며" 그 사이에 비록 "처음으로 정미함에 들어갔다"는 진헌장이 나와서 심학의 단서를 열었지만,[69] 영향이 미미했고 근본적으로 이러한

---

67) 『陸九淵集』卷36, "吾心便是宇宙."

68) 『王文成公全書』卷7, 「象山文集序 庚辰」, "聖人之學, 心學也."

국면을 바로잡을 수 없었다. 왕수인은 자각적으로 주희와 대항한 대표적인 이론가가 되었으니, 이러한 국면 하에서 먼저 중요한 임무는 바로 주자학 일색의 세상을 타파하는 것이었고, 그가 육학을 위해 정통을 다투고자 결심한 것은 바로 여기에 있으며, 그가 육학을 위해 정통을 다투는 것은 또한 자기 자신을 위해 정통을 다툰 것이었다.

기왕 육구연을 높이 평가하는 것이 동시에 자신을 위해 견해를 펼친 것이 되었고, 강력한 논적이 설정한 전통적인 이론의 장애를 제거하기 위한 것이 되었으니, 책략의 필요에서 출발하여 왕수인도 동시에 육구연을 어느 정도 비판하게 됐다. 그렇지만 이것이 공교롭게도 왕수인이 육구연을 높이 평가하는 것이 그가 육구연을 전적으로 찬동하는 것과 차이가 있음을 의미하고 있다. 실제적으로는 위에서 말한 동기를 떠나 왕수인은 곧 완곡하지만 분명하게 육구연을 비평했다. 아래 글은 우리들이 익숙한 왕수인과 진구천이 육구연의 학문에 관해 대화한 것이다.

> (구천이) 또 물었다. "육상산의 학문은 어떻습니까?"
>
> 선생께서 대답하셨다. "염계와 명도 이후로는 그래도 상산이다. 다만 아직 조금 거칠 뿐이다."
>
> 구천이 말했다. "그가 학문을 논한 것을 보면 각 편마다 골수를 말하고, 구절마다 고황에 침을 놓는 듯하여 그의 거친 곳을 보지 못했습니다."
>
> 선생께서 말씀하셨다. "그렇다. 그는 마음에서 공부를 했으니, 추측하고 모방하여 문자의 의미만을 구하는 것과 자연히 다르다. 단지 자세히 살펴보면 거친 곳이 있다. 공부를 오래하게 되면 당연히 깨달을 것이다."[70]

---

69) 왕기王畿는 "우리 시대 리학의 단서를 열친 사람은 백사이다. 스승에 이르러 크게 밝아졌다.我朝理學 開端是白沙, 至先師而大明."라고 했다. 황종희는 "명나라의 학문은 백사에 이르러 처음으로 정미함에 들어갔고, 양명에 이르러 비로소 위대해 졌다.有明之學, 至白沙始入精微, 至陽明而始大."라고 했다.

여기에서 왕수인은 매우 완곡한 방식으로 육학의 "거친 곳이 있다"는 것을 비평했지만 방식이 설령 완곡하다고 하더라도 비평은 매우 중요하다. 육학이 '거칠다'는 것은 도대체 어떤 의미인가? 논자들이 이리저리 언급한 것이 많은데 요령을 터득하지 못했다. 비교해 보면 그래도 머우쫑산의 분석이 진지하고 치밀하다. 그는 다음과 같이 여겼다.

> 이 거친 것은 당연히 지식의 많고 적음과 사고의 정확여부를 가리키는 말은 아니다. 그렇다고 도를 닦는 공부의 조예를 성인을 기준으로 하여 일반적으로 하는 말도 아니다. 만약 전자를 가리켜 말한 것이면, 그것은 형태를 가진 문제로서 유관한 범위 안에 있고 사람마다 모두 정일한 것과 거친 것의 구분이 있고 사람마다 또한 모두 노력을 통해서 거친 것을 벗어나 정일한 것에 이를 수 있으니, 이것이 바로 "문文의 뜻을 구한다"는 것에 속한다. 이 측면에서는 곧 정일한 것일지라도 헤아릴 수 없다. 만약 지나치게 거친 것이라면 사람들은 근본이 격格에 미치지 못했다고 말할 수 있다. 그러므로 왕수인이 말한 '거친 것'은 당연히 이 측면을 가리키는 말이 아니다. 만약 도를 닦는 공부의 조예를 성인을 기준으로 삼아 일반적으로 하는 말이라면 우리는 다음과 같이 말할 수 있다. 무릇 성인의 경지에 이르지 못한 것은 모두 상대적으로 정일한 것과 거친 것으로 말할 수 있고 모두 거친 것을 면할 수 없다. 이것은 관계가 없는 것은 아니지만 지나치게 범범하다. 그러므로 왕수인이 육구연을 논평한 바의 '거친 것'은 당연히 또한 이것을 가리켜서 하는 말이 아니다.[71]

이상의 분석은 분명 이치가 있다. 그렇다면 도대체 왕수인이 말한 육

---

70) 『傳習錄』下 205條目, "又問: '陸子之學何如?' 先生曰: '濂溪 · 明道之後, 還是象山, 只還粗些.' 九川曰: '看他論學, 篇篇說出骨髓, 句句似鍼膏肓, 卻不見他粗.' 先生曰: '然他心上用過功夫, 與揣摹依倣求之文義自不同. 但細看, 有粗處, 用功久, 當見之.'"

71) 牟宗三, 『從陸象山到劉蕺山』, 臺灣, 學生書局, 1984, p.22.

구연 학문의 '거친 것'을 어떻게 이해해야 하는가? 머우쫑산은 개인의 풍격 혹은 기상의 각도를 설명하는 것으로 이해해야 한다고 여겼다.

> 내 생각은 마치 육상산 본인이 당사자의 풍격에 관해서 말하는 것이라고 생각된다. ……상산은 고명하고 호쾌한〔高明爽快〕 사람으로 바르고 빼어나고 헌걸차고 위대하여〔直拔俊偉〕 …… 맹자를 닮았다. 그는 안연의 유형이 아니고 증자의 유형이 아니며 염계와 명도를 닮지 않았다. 안연은 묵묵하고 정미하여 당연히 그가 거칠다고 말할 수 없다. …… 증자는 독실하여 단지 그가 노둔하다고는 말할 수 있지만 그가 거칠다고 말할 수 없다. ……염계는 '비가 갠 뒤의 맑게 부는 바람과 밝은 달'[72]과 같아 스스로 미묘하여 그가 거칠다고 말할 수 없다. 명도는 막힘이 없고 온화하고 순수해서 또한 그가 거칠다고 말할 수 없다. ……이러한 거칢은 단지 그 생명에서 말미암은 것이다. 안연의 정미한 유형이 아니며 염계의 미묘함과 명도의 온화하고 순수함이 보이는 것이 아니다. 또 단지 그 고명하고 호쾌함으로부터 바르고 빼어나고 헌걸차고 위대한 것이 보인다.[73]

그렇지만 왕수인은 "육구연의 학문은 맹자의 학문이다"라고 정확하게 지적했고, 머우쫑산도 육구연의 풍격이나 기상은 "맹자를 닮았다"고 했다. 맹자의 학문은 절대 '거칠다'고 말할 수 없는데, 육구연의 학문은 왜 '거칠다'는 잘못을 범했는가? 머우쫑산은 문제가 학술 풍격의 분석적인 것과 비분석적인 것에 있다고 여겼다. 맹자의 학문이 분석적인 것은 "곧 문맥을 면밀히 살펴보면 기세와 목표가 치밀하고 또 치양지 하나로

---

72) *광풍제월光風霽月은 북송의 시인이자 서예가인 황정견黃庭堅이 주돈이를 존경하여 쓴 글이다. 훌륭한 인품을 나타낼 때 쓰이기도 하지만, 세월이 잘 다스려진 상태를 말하기도 한다. "황정견이 일컫기를 주돈이의 인품이 심히 고명하고 마음이 시원하고 깨끗함이 마치 맑은 날의 바람과 비갠 날의 달과 같다.庭堅稱, 其人品甚高, 胸懷灑落, 如光風霽月. 『宋書』「周敦頤傳篇」"

73) 牟宗三, 위의 책, p.23.

귀결되고 간이하고 명백해서 거칠다고 말할 수 없고,"[74] "상산이 거친 것은 단지 그 비분석의 방식으로 '의론'을 배척하고 '실리'를 지적하여 드러내어 보여주기 때문이다."[75]

요컨대 머우쭝산은 왕수인이 말한 바 육구연이 '거칠다'는 것은 전적으로 개인풍격(기상)과 학술풍격(방식)으로 인하여 생겨난 것이라 여겼다. 그는 이에 의거하여 단언하기를, 이른바 육구연의 '거친 것'은 사실 "천둥이 울려 퍼지듯 시끄럽다가 바람처럼 사라지고 바위를 무너뜨릴 기세였다가 홀연히 사라져 가는 것 같고,"[76] "목적은 단지 본질로 돌아가게 하는 데 있다"는 것 같으니, '거친 것'은 단지 '정곡을 찌르는 것簽蹄'이고, 본래 대아大雅에 저축되지 않으며 학술요지에 해롭지 않다. 이런 각도에서 보면 그가 '거칠다'고 말할 수 없다. 왕수인이 '거칠다'고 여긴 것은 자신의 분석적인 습관에서 생겨난, 일종의 대의와 무관한 주관적 감각에 불과하다.

> 바로 학문의 풍격으로 말하자면, 거친 것은 '비분석'으로 인해 나타나므로, 거친 것은 또한 단지 비분석 방식 아래 가려진 '한가한 의론閑議論'과 실사實事나 실리實理가 드러내는 배탕排蕩한 모양을 점시點示한 것에 불과하다. 이는 곧, 거친 것이면서 거친 것이 아니니, 거친 것은 단지 다른 사람의 느낌이므로 또한 거칠다고 말할 수 없을 것 같다. 왕수인이 "다만 아직 조금 거칠 뿐이다只還粗些"고 한 것은, 아마도 단지 무의식적으로 스스로 자기가 "분석적으로 세운 것" 중에 문맥의 은밀함, 기세의 치밀함을 육구연의 '비분석적 방식非分解方式' 아래 천둥이 울려 퍼지듯 시끄럽다가 바람처럼 사라지고 바위를 무너뜨릴 기세였다가 홀연히 사라지는 것과 서로 대비시켜 일으켰던 주관적인 감정일 뿐이다.[77]

---

74) 牟宗三, 같은 책, p.23.
75) 牟宗三, 같은 책, p.23.
76) 牟宗三, 같은 책, p.24.

그러나 나는 머우쫑산이 위에서 말한 이해는 성립되지 않는다고 본다. 그는 왕수인의 육구연이 '거칠다'고 비평한 원의를 곡해하여 이 비평의 중요한 함의를 홀시하고 폄하했다. 머우쫑산이 이해하고 언급한 것은 왕수인이 한 말의 반만 발양한 것에 불과하다. 즉 앞에서 인용한 「상산문집서」에서 "비록 순수하고 차분함은 정호와 정이에 미치지 못하는 것 같아 보이지만"라는 한 말 중에 "순수하고 차분함"은 기상을 가리키는데, 왕수인은 기상에서 육구연이 마치 주돈이와 이정만 못하다고 여겼는데, 머우쫑산은 마침내(적어도 객관적으로 보면) 바로 이 점을 발양하고 아울러 학술풍격까지 확대하여 왕수인의 육구연이 "거친 곳이 있다"고 비평한 것을 개인 기상의 표현과 학술 풍격의 특징을 뭉뚱그려 지적했다. 이와 같은 이해는 최소한 사람들에게 아래와 같은 의문을 갖게 한다.

개인의 풍격이나 기상은 "마음에 내적인 성실함이 있으면 그것이 밖으로 반드시 드러나게 마련이다"[78]는 것이다. 그것을 터득하는 것은 쉽지 않고 그것을 살피는 것은 어렵지 않다. 다시 말해 그것의 형성은 비록 안에서 밖에 이르기까지 깊고 미묘할지라도 그것에 대한 인식은 오히려 구체적인 형상으로 선명하게 느낄 수 있다. 만약 왕수인이 이른바 육구연의 '거친 것'을 지적한 것이 이와 같은 풍격이나 기상을 표현한 것이라면, 그는 무엇 때문에 "단지 자세히 살펴보면 거친 곳이 있다. 공부를 오래하게 되면 당연히 깨달을 것이다"라고 말했겠는가? 만약 지적한 것이 학술 풍격이나 방법의 특징을 지적하는 것이라면, 이러한 의문을 제기할 수 있다. 분석적인지 비분석적인지는 한눈에 볼 수 있으니, 비분석적인 것과 분석적인 것의 차이는 곧 '거친 것'이어서, '단지 자세

77) 牟宗三, 같은 책, p.24.
78) 『大學』, 傳六章, "誠於中, 形於外."

히 살피고 오래 공부해야 비로소 당연히 깨달을 것이다'라고 할 필요조차 없다.

이상은 머우쭝산이 왕수인 비평을 이해한 것에 대해 필자가 제기하는 의문점이다. 머우쭝산 자신이 이른바 '거친 것'에 관해서 하나하나 논술했음에도 또한 매우 자기의 학설을 그럴듯하게 꾸며대는 허점이 있다. 예를 들면 그가 "증자는 독실하여 단지 그가 노둔하다고는 말할 수 있지만 그가 거칠다고 말할 수 없다"고 말했다면, 왜 육구연은 "후학에게 위기지도의 독실함을 보여주었는데" 아직도 그가 '거칠다'고 말해야만 하는가? 정호는 비록 "막힘이 없고 온화하고 순수하다"지만 비분석적인데 무엇 때문에 "거친 사람이라고 말할 수 없다"고 하는가? "고명하고 호쾌한 사람으로 바르고 빼어나고 헌걸차고 위대한" 사람을 무엇 때문에 '거칠다'고 하는가? 이런 것들은 모두 머우쭝산이 마땅히 대답해야 하는 것이지만 대답하지 않은 문제이다. 머우쭝산의 『육상산에서 유즙산에 이르기까지從陸象山到劉蕺山』와 『심체와 성체心體與性體』 등을 통관해 보면, 확실히 철저하고 세밀하게 분석했지만 핵심적인 부분을 만나면 항상 말이 심오하여 분석하지 않았으며, 마치 그 깊이를 측량하기 없을 듯 보이지만, 실제는 도리어 말이 상세하지 않고 모호하게 지나쳐 버렸다. 육구연이 '거칠다'는 것에 대한 논설이 전형적인 하나의 예이다. 이로 인해 비록 치밀하고 진지한 것이 적지 않지만 그 중에서는 요지를 파악할 수 없다.

나는 왕수인이 육구연의 학문이 '거칠다'고 한 것은 이미 개인 기상의 문제도 아니고 학술 풍격의 문제도 아니며 학술 의리義理의 문제라고 생각한다. 간단하게 말해 왕수인이 육구연의 학문이 "거친 곳이 있다"고 여긴 까닭은 바로 육구연의 학문이 '정일'하지 않았고 철저하게 '심학'의 노선을 관철하지 못했기 때문이다.

앞에서 이미 비평한 바 있듯이 왕수인은 「상산문집서」를 쓰면서 하나의 의혹을 남겼다. 그는 '정일'을 평가 기준으로 삼아 제유들은 하나하나 분석하였지만 굳이 육구연이 '정일'한지 여부에 대해서는 겨우 끝에 한 마디 붙였다. 이는 사실 온힘을 다해 논적을 배척하고 육구연을 드러내어 자기의 주장을 펼치기 위한 필요에서 비롯된 것이다.(물론 서문의 '겸손客氣'도 포함하고 있다) 일단 이런 필요성에서 벗어나면, 왕수인은 결코 '겸손'하지 않았다. 『왕양명전서』에서 비교적 구체적으로 육구연의 학문을 언급한 것은 한 곳 밖에 없지만, 바로 그곳에서 왕수인은 명확하게 육구연의 학문이 '정일'하지 않다고 비평했다. 아래에 전문을 인용한다.

> 물었다. "상산이 학술을 논하는 것은 주희와 크게 같은 것과 다른 것이 있습니다. 선생님께서는 일찍이 상산의 학문 요령에 대해 명쾌하고 분명하다고 단정했습니다. 지금 상산의 의론을 보니, 오히려 배움〔講學〕과 강구하여 밝힘〔講明〕과 몸소 이행함〔踐履〕 및 치지격물로써 강명하는 일이 이에 회암의 설과 다르지 않지만 선생의 지행합일설은 도리어 다름이 있는 것은 무엇 때문입니까?"
>
> 말씀하셨다. "군자의 학문이 어찌 마음에서 같은 것과 다른 것이 있겠느냐! 오직 그것이 옳다는 것뿐이다. 내가 상산의 학문에서 같음이 있다고 한 것은 터무니없이 같은 것이 아니고, 그 다르다고 한 것은 스스로 그 다르게 여기는 것을 가리지 못해서다. 내가 회암의 의론에서 다름이 있다고 한 것은 다름을 구하는 것이 아니고, 그 같다고 한 것은 내가 그 같게 되는 것이 해롭지 않아서다. 만일 백이·유하혜를 공자·맹자와 같은 회당에 함께 거주하게 한다면, 곧 그 소견이 편벽되어 의론을 온전하게 해 놓아도 결단코 공맹과 합치될 수 없으나, 결론적으로 그 같은 것이 성현에게 해롭지 않기 때문이다. 만약 후세에 학문을 논하는 선비가 전부 같은 편끼리 한 패를 하고서 다른 것을 배척하여, 사심으로 경박하게 그렇게 했다면, 성인의 사업을 한 바탕 어린애 장난으로 여긴 것이 될 것이다."
>
> 또 물었다. "지행합일의 설은 선생님의 학문을 논하는 가장 중요한

부분입니다. 그것이 지금 이미 상산의 학설과 다릅니다. 감히 그렇게 된 까닭을 묻겠습니다."

말씀하셨다. "본시 지행 두 글자는 하나의 공부를 말하는 것이고, 이 하나의 공부는 반드시 두 글자를 붙여야만, 비로소 완전히 병폐가 없다고 말할 수 있다. 만약 요령이 분명하다는 것을 알고, 본래는 하나의 요령이라는 것을 안다면 비록 지와 행을 두 개의 설로 나누더라도 마침내 장래에는 그것을 하나의 공부로 삼을 것이다. 곧 처음에는 혹 이해하지 못하더라도 끝내는 모든 생각으로 일치시킬 것이다. 만약 요령이 불분명하여, 본래의 두 글자라고 여긴다면, 비록 지와 행을 하나의 설로 합하더라도, 아마 끝내 한데 모여드는 곳을 얻을 수 없을 것이다. 하물며 두 개로 나누어 버리면, 처음부터 끝까지 귀결처를 탐구해갈 수 없을 것이다."

또 물었다. "치양지설은 참으로 백세 이후의 성인을 기다리려도 미혹됨이 없을 것입니다. 상산은 이미 요령적으로 분명한데, 어째서 여기에 대해 아직도 다른 것이 있습니까?"

말씀하셨다. "치지격물은 예로부터 유자가 모두 이와 같은 설을 답습했으므로 상산도 또한 그래서 답습했고 다시 의심하지 않았을 뿐이다. 그러나 결국 아무래도 상산에게 정일하지 않은 곳이 보이는 것을 숨길 수 없다."[79]

---

79) 『王陽明全書』卷6, 「答友人問 丙戌」, "'象山論學與晦庵大有同異, 先生嘗稱象山於學問頭腦處見得直截分明. 今觀象山之論, 卻有謂學有講明, 有踐履, 及以致知格物爲講明之事, 乃與晦庵之說無異, 而與先生知行合一之說, 反有不同. 何也?' 曰: '君子之學, 豈有心於同異? 惟其是而已. 吾於象山之學有同者, 非是苟同; 其異者, 自不掩其爲異也. 吾於晦庵之論有異者, 非是求異; 其同者, 自不害其爲同也. 假使伯夷柳下惠與孔孟同處一堂之上, 就其所見之偏全, 其議論斷亦不能皆合, 然要之不害其同爲聖賢也. 若後世論學之士, 則全是黨同伐異, 私心浮氣所使, 將聖賢事業作一場兒戲看了也.' 又問: '知行合一之說, 是先生論學最要緊處. 今旣與象山之說異矣, 敢問其所以同.' 曰: '知行原是兩個字說一個工夫, 這一個工夫須著此兩個字, 方說得完全無弊病. 若頭腦處見得分明, 見得原是一個頭腦, 則雖把知行分作兩個說, 畢竟將來做那一個工夫, 則始或未便融會, 終所謂百慮而一致矣. 若頭腦見得不分明, 原看做兩個了, 則雖把知行合作一個說, 亦恐終未有湊泊處, 況又分

왕수인은 이 대화에서 주륙의 태도에 관해 말했는데, 자신은 '군자지학君子之學'과 '성현사업聖賢事業'이 유일한 목적이자 최고의 준칙이라고 분명하게 밝혔다. 이 신념에서 출발하여 그는 주륙에 대해 각각 같은 것과 다른 것이 있고 취사선택할 것이 있어도 차별 없이 대했다. 이 의론은 매우 고상하고 공평 타당한 듯하다. 멍페이위안蒙培元은 몇 가지 자료를 나열해 놓고 성급하게 단언하기를 왕수인의 기본 사상은 육상산을 계승했을 뿐만 아니라 또 다시 주희를 계승했다고 보고 "왕수인은 주희의 심학사상을 계승하고 발전시켜 주자학 자체의 모순을 극복함으로써 심학체계를 완성했다. 이런 의미로 말하면 그의 철학은 주희철학의 완성이고"[80] "그의 심학이 '정일한 곳'은 바로 주자로부터 터득했다"[81]고 했는데, 이 말의 큰 오류는 잠시 뒤에 서술하겠다. 여기에서 가장 중요한 것은 왕수인과 육구연의 차이이다. 머우쫑산은 왕수인의 육구연에 대한 "단지 조금 거칠다"는 비평이 오히려 이런 '거친 것'이 가리키는 의미가 무엇인지 상세한 설명이 없다고 주장했다.("왕수인 역시 설명하지 않았다"[82]) 사실 '설명'은 바로 여기에 있는데, 왕수인의 육구연에 대한 '거칠다'는 비평은 바로 육구연의 '정일'하지 않은 것을 비평한 것이다. 이와 같은 '정일'은 왕수인의 입장에서 보면 결코 학술 풍격의 분석 방식을 가리키는 것이 아니라(위에서 인용한 왕수인이 '정일한

作兩截去做, 則是從頭至尾更沒討下落處也.' 又問: '致良知之說, 眞是百世以俟聖人而不惑者. 象山已於頭腦上見得分明, 如何於此尙有不同?' 曰: '致知格物, 自來儒者皆相沿如此說, 故象山亦遂相沿得來, 不復致疑耳. 然此畢竟亦是象山見得未精一處, 不可掩也.'" 이 외에 『王陽明全書』卷5에 또한 유사한 비평이 있다. "그 학문적 사변의 치지격물의 설은 비록 또한 답습의 번잡함을 면치 못한다…… 其學問思辨, 致知格物之說, 雖亦未免沿襲之累……"

80) 蒙培元, 『理學的演變』, 복건인민출판사, 1984, pp.307-308.

81) 蒙培元, 같은 책, p.308.

82) 牟宗三, 앞의 책, p.22.

곳'이라고 여긴 것은 당연히 주희의 견해임에 틀림없고 바로 여기에 의거하여 입론한 것이다) 학술 의리의 요지를 가리키는 것이다. 이와 같은 이해는 앞에서 인용한 왕수인의 「상산문집서」와 『전습록』 중에서 이미 다음과 같이 찾아낼 수 있다. "공자와 맹자의 학문은 오직 인을 구하는 데 힘썼으니, 대체로 정일함을 전한 것이다."[83] "마음과 이치를 둘로 나누면서 정일한 학문이 없어졌다."[84] "송에 이르러 주돈이·정호·정이 등이 다시 공맹의 근본을 찾기 시작했는데, …… 이런 것들은 정일한 요지에 가깝다."[85](분석 특유의 세밀함으로 '정일'을 해석한다면 맹자는 분석적이고 공자는 전연 분석적이지 않고 정호도 역시 가장 분석이 부족하다) 이것들은 말할 필요도 없이 왕수인의 '정일'이란 본체론으로 보면 마음과 이치가 하나인 '심즉리'를 가리키고("마음과 이치를 둘로 나누면서 정일한 학문이 없어졌다"), 공부론으로 보면 '지행합일'의 '치양지'를 가리킨다.("오직 인을 구하는데 힘썼으니, 대체로 정일함을 전한 것이다") 왕수인이 보기에 육구연이 '거친 곳이 있는' 까닭은 바로 그가 위에서 서술한 '정일'한 요지를 철저하게 관철하지 못했기 때문이다. 위에서 인용한 왕수인의 비평으로 보면 그가 말한 "상산에게 정일하지 않은 곳이 보인다"는 것은, 마치 육구연의 공부론만이 여전히 "예로부터 유자"(분명히 이주학파를 가리킨다)의 '치지격물'을 답습했기 때문에 지행합일에 위배됨이 있는 것을 가리키는 것 같다. 그러나 왕수인의 비평을 총체적으로 보면, 그가 말하는 육구연의 '거친 것'과 '정일하지 않은 것'은 공부론만 가리키는 것은 절대 아니다. 왜냐하면 육구연은 공부론에서 아직도 주희와 같은 '치지격물'을 주장하고 있고 '지행합일'을 위배

83) 『王文成公全書』卷4, 「象山文集序」, "孔孟之學, 惟務求仁, 蓋精一之傳也."
84) 『傳習錄』中, 135條目, "析心與理而爲二, 而精一之學亡."
85) 『王文成公全書』卷4, 「象山文集序」, "至宋周·程二子, 始復追尋孔孟(顔)之宗, ……庶幾精一之旨矣."

하는 의론도 분명하고 쉽게 눈에 띄기 때문이다.

> 밝은 덕을 천하에 밝히고자 하는 것이 대학에 들어가는 목적이고 격물치지는 공부를 시작하는 곳이다. 『중용』의 박학·심문·신사·명변은 격물의 방법이다. 책을 읽고 스승과 벗을 자애하는 것은 박학이고 신사는 자신에 달려 있으며 심문과 명변은 모두 다른 사람에 달려 있다. 옛날 성인도 역시 선현의 말과 스승과 벗의 말로 인하여 비로소 진보가 있었다. 하물며 성인이 아니고 어찌 자신의 사적인 지혜를 방종하여 배움에 진보가 있을 수 있겠는가?[86]
>
> 박학·심문·신사·명변·독행 중에 박학이 앞에 있고 역행이 뒤에 있다. 그대의 배움이 넓지 않으면 어찌 행하는 것이 마땅히 해야 할 것인지 하지 말아야 할 것인지를 안다고 하겠는가?[87]
>
> "건은 쉬움으로 주관하고 곤은 간략함으로 이른다." 선생님은 늘 말씀하시기를, "나는 이 이치를 아는 것이 하늘이고 이 이치를 행하는 것이 땅이라고 여긴다. 아는 것이 먼저인 까닭에 하늘은 만물의 시작이고 행하는 것은 나중인 까닭에 땅은 만물을 이룬다."[88]
>
> 선생님께서 배우는 사람과 이야기하다가 '지성시종조리일장智聖始終條理一章'에 이르자, 갑자기 송宋에게 물었다. "지智와 성聖은 어떤 것인가?" 송이 대답했다. "이것을 이해하는 것을 지라 하고 이것을 다하는

86) 『陸九淵集』, 「學說」, "欲明明德于天下是入大學標的, 格物致知是下手處. 『中庸』言博學·審問·愼思·明辯, 是格物之方. 讀書親師友是學, 思則在己, 問與辯皆須在人. 自古聖人亦因往哲之言, 師友之言, 乃能有進. 況非聖人, 豈有自任私知而能進學者."

87) 『陸九淵集』, 「語錄」, "博學·審問·愼思·明辯·篤行, 博學在先, 力行在後. 吾友學未博, 焉知所行者是當爲, 是不當爲."

88) 『陸九淵集』, 「語錄」, "'乾以易知, 坤以簡能.' 先生常言之云: 吾知此理卽乾, 行此理卽坤. 知之在先, 故曰乾之太始; 行之在後, 故曰坤作成物."

것을 성이라 합니다." 선생께서 말씀하셨다. "지와 성은 우열이 있는가?" 송이 대답했다. "우열이 없습니다." …… 송이 다시 물었다. "지와 성은 비록 우열은 없지만 선후가 있어 결국 치지가 앞에 있고 역행이 뒤에 있으므로 시종始終이라고 부릅니다." 선생께서 말씀하셨다. "옳다."[89]

예를 들면 책을 읽고 일을 보는 사이에 이해할 수 없는 곳을 만나면 따지고 따져서 이해를 더하는 것이 본분의 일이거늘, 어떻게 다른 사람에게 이해를 구해서는 안 된다고 가르치겠는가?[90]

백민이 말했다. "공부를 시작하는 곳을 모르겠습니다." 선생님께서 말씀하셨다. "옛날에 밝은 덕을 천하에 밝히고자 하는 사람은 먼저 그 나라를 다스리고, 그 나라를 다스리고자 하는 사람은 먼저 그 집인을 가다듬고, 그 집안을 가다듬고자 하는 사람은 먼저 그 몸을 닦고, 그 몸을 닦고자 하는 사람은 먼저 그 마음을 바르게 하고, 그 마음을 바르게 하고자 하는 사람은 먼저 그 생각을 진실하게 하고, 그 생각을 진실하게 하고자 하는 사람은 먼저 그 앎을 지극히 다했으니, 앎을 지극히 다하는 것은 사물의 이치를 궁구하는데 있다. 사물의 이치를 궁구하는 것은 공부를 시작하는 곳이다." 백민이 물었다. "어떻게 하는 것이 사물의 이치를 궁구하는 것입니까?" 선생이 말씀하셨다. "만물의 이치를 연구하는 것이다."[91]

---

89) 『陸九淵集』, 「語錄」, "先生與學者說及智聖始終條理一章, 忽問松云: '智·聖是如何?' 松曰: '知此之謂智, 盡此之謂聖.' 先生曰: '智·聖有優劣否?' 松曰: '無優劣.' ……松又問: '智·聖雖無優劣, 却有先後, 畢竟致知在先, 力行在後, 故曰始終.' 先生曰: '是.'"

90) 『陸九淵集』, 「與包詳道書」, "如讀書接事間, 見有理會不得處, 却加窮究理會, 亦是本分事, 亦豈可教他莫要窮究理會."

91) 『陸九淵集』, 「語錄」, "伯敏云: '無個下手處.' 先生云: '古之欲明明德于天下者, 先治其國; 欲治其國者, 先齊其家; 欲齊其家者, 先修其身; 欲修其身者, 先正其心; 欲正其心者, 先誠其意; 欲誠其意者, 先治其知; 致知在格物, 格物下手處.' 伯敏云: '如何樣格物?' 先生云: '研究物理.'"

위에서 서술한 육구연의 말 중에 이주이학의 '격물치지'와 유사한 주장이 있다. ― '즉물궁리卽物窮理'·'선지후행先知後行'의 관점은 매우 명확하다. 그런데 그것은 뚜렷하게 육구연이 말한 아래의 '절기자반切己自反'적 '심학'의 공부론과 서로 모순이다.

> 인仁은 곧 이 마음이고 이 이치이다. 구하면 이것을 얻는다는 것은 이 이치를 얻는 것이다. 선지자는 이 이치를 알고, 선각자는 이 이치를 깨닫는다. 그 부모를 사랑하는 것이 이 이치고, 그 형을 공경하는 것이 이 이치고, 어린 아이가 우물에 빠지려는 것을 보고 깜짝 놀라 측은한 마음이 생기는 것이 이 이치고, 부끄러워해야 할 일이면 부끄러워하고 미워해야 할 일이면 미워하는 것이 이 이치고, 옳은 것을 옳다고 알게 되고 아닌 것을 아니라고 알게 되는 것이 이 이치고, 마땅히 사양해야 할 때 사양하고 마땅히 양보해야 할 때 양보하는 것이 이 이치이다. 경敬도 이 이치고 의義도 이 이치고 내內도 이 이치고 외外도 역시 이 이치다. 그러므로 『역경』「곤괘」에서는 "곧고 방정하고 크도다. 익히지 않아도 이롭지 않음이 없느리라"라고 했고, 맹자는 "사려하지 않고도 아는 것은 양지이며, 배우지 않고도 할 수 있는 것은 양능이다"라고 하고, "이것은 하늘이 나에게 부여한 것으로 내가 본래부터 가지고 있는 것이지, 밖에서 나에게 들어오는 것이 아니다"라고 했다. 그러므로 "만물이 나에게 구비되어 있다. 내 자신에 대해 반성해보아서 성실하다면, 즐거움이 이보다 클 수는 없다"라고 했다. 이것이 나의 본심이다.[92]

---

92) 『陸九淵集』, 「與曾宅之書」, "仁, 卽此心也, 此理也. 求則得之, 得此理也; 先知者, 知此理也; 先覺者, 覺此理也; 愛其親者, 此理也; 敬其兄者, 此理也; 見孺子將入井而有怵惕惻隱之心者, 此理也; 可羞之事則羞之, 可惡之事則惡之者, 此理也; 是知其爲是, 非知其爲非, 此理也; 宜辭而辭, 宜遜而遜者, 此理也; 敬此理也; 義亦此理也; 內此理也; 外亦此理也; 故曰: '直方大, 不習無不利.' 孟子曰: '所不慮而知者, 其良知也; 所不學而能者, 其良知也. 此天地所與我者, 我固有之, 非由外鑠我也.' 故曰: '萬物皆備于我矣, 反身而誠, 樂莫大焉.' 此吾之本心也."

격물치지라는 것은 이 사물에 나아가 이 앎을 다하는 것이기 때문에 밝은 덕을 천하에 밝힐 수 있다. 『역』의 궁리는 이 이치를 궁구하는 것이기 때문에 본성을 다하고 천명을 다할 수 있다. 『맹자』의 진심盡心은 이 이치를 다하는 것이기 때문에 본성을 알고 하늘을 알 수 있다.[93)]

성인의 말씀은 그 자체로 명백하다. 가령 "너희들은 집에 들어가서는 효도하고, 나와서는 공경하라"라는 말은, 분명히 네가 들어가서는 효도하고 나와서는 공경하라고 말한 것이다. 무슨 주석이 필요하겠는가? 배우는 사람은 여기에 정신을 피곤하게 함으로써 부담만 가중시킨다. 나에게 오면 그것의 부담을 덜어줄 뿐이니, 바로 이것이 격물이다.[94)]

육구연 공부론의 모순은 바로 그의 '격물치지'에 대한 두 가지 정반대의 이해, 즉 '반신이성反身而誠' ⟷ '즉물궁리卽物窮理'를 하는 데 있다. 전자는 틀림없이 '지행합일'을 이끌어 내어 '심학'의 공부론이 되고, 후자는 틀림없이 '지선행후'를 이끌어 내어 '리학'의 공부론이 된다. 서로 배치되는 두 가지의 주장이 육구연에게 모두 있으니, 모순이 매우 두드러진다. 만약 육구연이 '거친 곳이 있으며' '정일'하지 않다는 왕수인의 비평이 단지 공부론만 가리킨다면 분명히 '단지 자세히 살펴보고 열심히 공부를 오래 하고서야 비로소 당연히 깨달을' 필요는 없다. 이 때문에 왕수인의 비평은 가리키는 것이 달리 있다고 생각되는데, 그것은 육구연의 본체론을 가리킨다. 육구연이 비록 이주이학을 향해 반기를 든 '심학'의 첫 번째 걸출한 대표라 하더라도 결코 하나의 '심본체'를 철저하

---

93) 『陸九淵集』, 「武陵縣學記」, "所謂格物致知者, 格此物致此知也, 故能明明得于天下. 『易』之窮理, 窮此理也, 故能盡性知命. 『孟子』之盡心, 盡此理也, 故能知性知天."

94) 『陸九淵集』, 「語錄」, "聖人之言自明白, 且如'弟子入則孝, 出則弟', 是分明說與你入便孝, 出便弟, 何須得『傳注』. 學者疲精神于此, 是以擔子越重. 到某這裏, 只是與他減擔, 只此便是格物."

게 확립하지 못했고, 그의 본체론은 '심학'의 철저한 요구에 비추어 보면, 아직도 '거친 곳이 있고' '정일'함에 못 미친다.(만약 내성지학의 본체론이 그것의 공부론에 기인하고 실행되며, 도덕본체의 수립이 도덕실천의 요구를 체현하고 있다는 것을 고려한다면, 문제는 곧 조금도 이상하지 않다. 공부론의 불철저와 모순은 필연적으로 본체론의 불철저와 모순을 나타낸다. 이 점은 전술한 정이에게서 이미 구체적으로 드러나 있다.)

그렇다면 육구연은 무엇 때문에 '심본체'를 철저하게 확립할 수 없었는가? "우주는 곧 나의 마음이고 내 마음이 곧 우주이다."[95] "사람은 모두 이 마음이 있고, 마음은 모두 이 이치를 갖추었으니, 마음이 곧 이치이다."[96] "도는 그 마음 밖에 있은 적이 없다."[97] 이런 것들은 모두 육구연의 '심'에 대한 유명한 설정으로 이미 사람들이 잘 알고 있는 것인데, 그것들이 아직도 육구연이 이미 하나의 '심본체'를 철저하게 확립했다는 것을 입증하기에 부족한가?

확실히 인정할 것은 육구연은 맹자가 세운 '심본체'를 고양한 제일인자이고, 그의 뛰어난 공적은 바로 맹자가 제기한 '선단善端' — 도덕심령을 위하여 우주론의 근거를 제공하고, 개체 심리정감의 '심'을 보편 우주정신의 '심'으로 해석하여 '심본체'가 '우주본체'로 상승하게 한 것이다.

> 사방과 상하의 공간을 우宇라 하고 예로부터 지금까지의 시간을 주宙라고 한다. 우주는 곧 나의 마음이고 나의 마음은 곧 우주이다. 천만 세 이전에 성인이 나오더라도 이 마음과 이 이치는 같다. 천만 세 후에 성인이 나오더라도 이 마음과 이 이치는 같다. 동서남북의 바다에서 성인이 나오더라도 이 마음과 이 이치는 같다.[98]

---

95) 『陸九淵集』, 「雜說」, "宇宙便是吾心, 吾心卽是宇宙.
96) 『陸九淵集』, 「與李宰書」, "人皆有是心, 心皆有是理, 心卽理也."
97) 『陸九淵集』, 「敬齋記」, "道未有外乎其心者."

만물의 이치는 마음속에 가득 채워져 있다. 마음을 꽉 메우고 발현되는 것과 우주만물에 가득한 것은 이 이치가 아님이 없다. 맹자는 사단에서 사람들을 일깨워 준 것이니, 사람의 마음이 어찌 이 사단만 있을 뿐이겠는가?[99]

특히 지적할 만한 가치가 있는 것은 육구연이 사람의 마음 이 도덕본체를 고양하기 위하여 명확하게 하늘을 숭상하고 사람을 억압하는 것을 반대했다는 점이다.

사람은 선도 있고 악도 있다. 하늘도 선도 있고 악도 있다. (일식과 월식, 악성이 그러한 예이다.) 어찌 선은 모두 하늘에 귀속시키고, 악은 모두 사람에게 귀속시키겠는가? 이 설은 『예기』「악기」에서 생겨났고 이 설은 성인의 말이 아니다.[100]

그가 천리와 인욕의 구분, 도심과 인심의 구별을 지적하고 비판하는 것도 또한 완전히 동일한 목적을 위한 것이다.

천리와 인욕을 구분 짓는 학설은 또한 그 자체가 지당한 의론이 아니다. 만일 하늘이 리理이고 사람은 욕欲이라 한다면, 하늘과 사람이 같지 않게 된다. 이 학설의 근원은 대체로 노자에서 비롯되었다. ……『서경』「대우모」에서 "인심은 위태롭고 도심은 은미하다"라고 했다. 이를

---

98) 『陸九淵集』, 「雜說」, "四方上下曰宇, 古往來今曰宙. 宇宙便是吾心, 吾心卽是宇宙. 千萬世之前, 有聖人出焉, 同此心同此理也. 千萬世之後, 有聖人出焉, 同此心同此理也. 東南西北海有聖人出焉, 同此心同此理也."

99) 『陸九淵集』, 「語錄」, "萬物森然于方寸之間, 滿心而發, 充塞宇宙, 無非此理. 孟子四端上指示人, 豈是人心只有這四端而已."

100) 『陸九淵集』, 「語錄」, "人亦有善有惡, 天亦有善有惡(日月蝕·惡星之類), 豈可以善皆歸之天, 惡皆歸之人. 此說出于『樂記』, 此說不是聖人之言."

> 해석한 사람들은 대부분 인심은 인욕으로, 도심을 천리라고 보았는데, 이러한 관점은 틀렸다. 마음은 하나이니, 사람이 어찌 천리와 인욕의 두 가지 마음을 가졌겠는가?[101]

육구연이 독자적으로 한 학파를 형성할 수 있었고 그와 주희 '리학'이 근본적으로 일치하지 않는 까닭은, 곧 주희의 '심'에 대한 이중 설정을 부정하여 주희의 '하늘에서 사람에 이르기까지'의 도덕발생론과 도덕수양론을 부정하고, 인심을 도심으로 삼아 '심' 이 하나의 도덕본체를 두드러지게 확립함과 동시에 '사람에서 하늘에 이르기까지' 유추하고 확충하여 '심'을 도덕세계의 중심·본원으로 끌어올렸다는 데 있었다. 그래서 주희는 그의 말을 다음과 같이 비판했다.

> 흔히 선학禪學 중에서 소소령령昭昭靈靈만이 작용의 근저가 되는 줄 알고 곧 이것이 태극이라고 부른다. 그러나 태극이란 바로 천지만물의 근원의 이치이고, 예나 지금이나 절대로 뒤엎을 수 없다는 것을 모르는 것이다.[102]

육구연이 "선학 중에서 소소령령을 알았는지"의 여부는 여기에서 보류하고 논하지 않는다. 육구연이 "이것을 태극이라고 부른다"고 말했다는 것은 물론 근거가 부족하며 어느 정도는 옆으로 빗나가 있다. 왜냐하면 육구연은 주희와의 '태극무극'논변에서 결코 '태극'과 이른바 '소소령령'한 '심'의 관계를 언급하지 않았는데도 주희는 여기에서 육구연의

---

101) 『陸九淵集』, 「語錄」, "天理人欲之言, 亦自不是至論. 若天是理, 人是欲, 則是天人不同矣. 此其原蓋出于老氏. ……『書』云: '人心惟危, 道心惟微.' 解者多指人心爲人欲, 道心爲天理, 此說非是. 心一也, 人安有二心."

102) 『朱文公文集』卷36, "往往只是于禪學中認得個昭昭靈靈, 能作用底, 便謂此是太極. 而不知所謂太極, 乃天地萬物本原之理, 亘古亘今, 顚撲不破者也."

일반 사상과 연계하여 그렇게 추론했기 때문이다. 그러나 이 추론은 전혀 일리가 없는 것은 아니다. 육구연의 사상 요지로 보면 '심'과 '태극'은 확실히 호환할 수 있는 범주이다. 전자는 "도는 마음 밖에 있은 적이 없다. 가욕可欲의 선善으로부터 위대하고 교화를 이루는 성聖에 이르기까지, 또한 성스러우면서 알 수 없는 신神에 이르기까지 모두 나의 마음이다."[103] "대개 마음은 하나의 마음이고, 이치는 하나의 이치이고, 하나로 귀결됨이 마땅하며, 그 정묘한 의는 둘이 아니어서, 이 마음과 이 이치는 실제로 둘이 됨을 용납하지 않는다."[104] 후자는 "태극이란 진실로 이러한 이치가 있으니 성인은 그것을 따라 밝혀냈을 뿐 ……온갖 변화의 근본이 된다는 것은 본래 정해져 있는 것이다."[105] "태극 황극은 모두 실자인데 가리키는 실제에 어찌 두 가지가 있을 수 있겠습니까? 우주에 가득 찬 것이 이 이치가 아닌 것이 없습니다."[106] 이런 말들은 매우 분명하게 '심'과 '태극'이 육구연에 있어서 모두 온갖 변화의 근본이 되는 형이상도덕본체 혹은 도덕원리를 표시하고 있는 것이다. 이런 점으로 말하면 그것들은 분명히 호환할 수 있는 범주이다.(육구연이 '수양론'에서 "온전히 이 마음을 보전할 수 있으면 사악함에 빠지지 않는다. 곧 지극함을 보전하게 된다"[107]라는 것을 증좌로 삼을 수 있다) 그러나 '심'과 '태극'은 여전히 호환할 수 없는 한 측면이 있는데 이 측면을

---

103) 『陸九淵集』, 「敬齋記」, "道未有外乎其心者. 自可欲之善至于大而化之之聖, 聖而不可知之神, 皆吾心也."

104) 『陸九淵集』, 「與曾宅之書」, "蓋心, 一心也, 理, 一理也, 至當歸一, 靜義無二, 此心此理, 實不容有二."

105) 『陸九淵集』, 「與朱元晦書」, "夫太極者, 實有是理, 聖人從而發明之耳, ……其爲萬化根本, 固自素定."

106) 『陸九淵集』, 「與朱元晦書」, "太極 · 皇極, 乃是實字, 所指之實, 豈容有二. 充塞宇宙, 無非此理."

107) 『陸九淵集』, 「荊門軍上元設斤皇極講義」, "能保全此心, 不陷邪惡, 卽爲保極."

알고자하면, 먼저 다시 한 번 주륙의 '무극태극'의 논변을 고찰할 필요가 있다. 그것은 우리들에게 철저하고 정확하게 주륙의 동이를 파악하고 육구연사상을 이해하게 하는 데에 중요한 작용을 한다.

예전부터 학인들은 모두 '무극태극'의 논변을 매우 중시했는데, 그것이 주륙논쟁 가운데 세계관 혹은 우주론과 관련된 중요한 문제라고 여겼기 때문이다. 사실 더 깊이 분석해 들어가면, 이른바 '무극태극'의 논변은 순전히 언어 운용상의 의미 없는 논쟁으로 결코 주륙의 원래 분기와 관련된 것은 아니다. 표면적으로 보면, 주희의 생각은 '태극'을 여전히 '무극'으로 해석할 것을 요구했고("주렴계 선생은 학자들이 태극을 별도로 하나의 사물로 착각할까봐 두려워서 무극 두 글자를 써서 이 점을 밝혔다."[108] "무극을 이야기하지 않는다면 태극은 하나의 사물과 같아져서 모든 변화의 근본이 되기에 충분하지 않다"[109]), 도리어 육구연의 생각은 '태극'을 다시 '무극'으로 해석할 수 없었는데("만약 태극 위에 무극 두자를 붙이면 바로 노자의 학문에 덮어씌운 것이다."[110] "성인이 (태극의) 유有를 말한 것인데 이제 (무극의) 무無를 말하고 있으니 무슨 까닭입니까? 「대전」을 지었을 때 무극을 말하지 않았다고 해서 태극이 어찌 하나의 사물과 같아져 온갖 변화의 근본이 되기에 충분하지 않은 적이 있었겠습니까?"[111]), 확실히 논쟁이 격렬하여 마치 물과 불처럼 병존할 수 없을 듯하다. 그러나 한 번 두 사람 사이에 오고갔던 논쟁을 자세히 비교해 보면, 도리어 두 사람에게 하나의 가장 기본적인 공통점이 있다는 것을 발견할 수 있는데, 그것은 바로 모두 '태극'이 '모든 변화

108) 『朱文公文集』卷36 "周先生之意, 恐學者錯認太極別爲一物, 故著無極二字明之."
109) 『朱文公文集』卷36, "不言無極, 則太極同于一物, 而不足爲萬化根本."
110) 『陸九淵集』, 「與陶贊仲書」, "若于太極上加無極二字, 乃是蔽于老氏之學."
111) 『陸九淵集』, 「與朱元晦書」, "聖人言有, 今乃言無, 何也? 作『大傳』時不言無極, 太極何嘗同于一物, 而不足爲萬化根本耶?"

의 근본'이 되는 형이상본체·우주원리라고 생각한다는 것이다. 주희는 '무극'이 확실히 '태극'의 형이상본체의 지위가 되는 것을 긍정하여, '태극'이 "하나의 사물과 같은 것"이 아니라 "모든 변화의 근본이 되기에 충분하다"는 것을 강조했다. 육구연이 '무극'을 부정한 것은 '태극'의 형이상본체 지위가 '무극'을 필요로 하지 않고도 해명될 수 있으니, "무극을 말하지 않아도" '태극'이 이미 "온갖 변화의 근본 되기에 충분하고," "하나의 사물과 같아질"리 없다고 여겼기 때문이다. 둘 다 다름없이 '태극'이 형이상본체·우주원리로 인정했기 때문에 주륙의 '무극'을 둘러싼 논쟁은 주된 취지와는 무관한 어구 논쟁이 되었고, 본질적으로 서로 왜곡하고 서로 비방하는 것이지 실질적으로 이론적인 의의는 부족하다. 예를 들어 육구연은 '무극'을 긍정한 것이 노자의 학문이라고 악의적으로 비난했다.

> 만약 그것이 장소도 없고 형상도 없다는 것을 말하려는 것이라면, ……"예컨대 『시』에서 '하늘의 일'이라고 말하고 아래에서 찬미하여 '소리도 없고 냄새도 없다'라고 말한 것처럼 해야 하는데, 어찌 무극이라는 글자를 태극 위에 덧붙여야만 합니까? ……노자는 무를 천지의 시작으로 삼았고 유를 만물의 어머니로 보았으며, 상무常無로 그 오묘함을 살피고 상유常有로 만물이 귀결되는 곳[徼]을 보았습니다. 곧바로 무라는 글자를 위에 둔 것은 바로 노자의 학문인데 어찌 숨길 수 있겠습니까? ……이 이치야말로 우주에 본래 있는 것인데 어찌 없다고 말할 수 있습니까? 만약 없다고 한다면 군주는 군주답지 않고 신하는 신하답지 않고 아비는 아비답지 않고 자식은 자식답지 않을 것입니다.112)

---

112) 『陸九淵集』, 「與朱元晦書」, "若謂欲言其無方所, 無形狀, ……宣如『詩』言 '上天之載', 而于其下贊之曰 '無聲無臭'可也, 豈宣以'無極'字加之太極之上? ……老氏以無爲天地之始, 以有爲萬物之用, 以常無觀妙, 以常有觀徼, 直將無字搭在上面, 正是老氏之學, 豈可諱也? ……此理乃宇宙之所固有, 豈可言無? 若以爲無, 則君不君·臣不臣·父不父·子不子矣."

육구연은 '태극' 위에 '무극'을 더하는 것은 '노자의 학문'이 된다고 여겼지만, 결코 '태극'이 "형상은 없지만 이치가 있다는 것"[113]을 부정하지 않았고, 그는 주희와 마찬가지로 '태극'이 어떤 공간을 차지하거나 형상을 지닌 것이 아닌 우주고유의 이치가 되는 것을 긍정했다.[114] 그러나 우리가 알아야 할 것은 주희가 "무극이면서 태극이다"라는 설명을 긍정한 것은 공교롭게도 전적으로 '태극'이 확실한 "형상은 없지만 이치가 있다는 것"을 명확하게 하려는 것이었다.("무극은 무형이라는 것이고, 태극은 이치가 있다는 것이다."[115] "태극은 곧 양의·사상·팔괘의 이치

---

113) 『太極解義』第2章, "無形而有理."

114) 이로 인해 펑유란이 "상산의 철학에서 단지 하나의 시공의 세계가 있으면 이른바 '형상이 없지만 이치가 있다無形而有理'는 것에 대해, 스스로 근본이 되는 것을 인정할 수 없었다.(馮友蘭 , 『中國哲學史』下冊, p.942)"고 한 것은 근거가 결핍되었다. 상산의 철학이 "단지 하나의 시공의 세계가 있는지"의 여부는 사실 상당히 문제가 되는데, 펑유란은 같은 책에서 또 "상산의 철학에서 단지 하나의 세계가 있을지라도 여전히 소위 형이상과 형이하를 말한 것은(같은 책, p.843)" 곧 그의 견해 ― "형이상과 형이하"의 구별을 긍정하는 것을 흔들리게 했다. 곧 "단지 하나의 시공의 세계가 있다는 것"을 보증하기가 매우 어렵고, '형이상'은 즉 시공을 초월하는 의미를 포함하고 있는데, 이 점에 대해서는 후술하겠다. 여기에서 거듭 지적할 것은 육구연은 "근본을 인정할 수 없고根本不能承認" "형상이 없지만 이치가 있다無形而有理"는 이 말은 근거가 없는 것이라고 말했는데, 육구연은 이 논변에서 단지 '무형'을 '무극'으로 해석하는 것을 반대했지만, 결코 '태극'의 '무형', 이른바 "방소도 없고 형상도 없는 것無方所, 無形狀" 내지 "소리도 없고 냄새도 없는 것無聲無臭"을 반대하지 않은 것은, 사실 모두 '무형'의 의미가 되고, '태극'이 '형이상'이 된다는 것을 인정하고, 분명히 바로 그 '무형'을 인정하는 것이다. 다른 측면에서 한 번 비교해 보면, 육구연은 '심즉리'를 주장하고 또 "다른 사물은 모든 유형을 체득했고 오직 마음은 무형其他體盡有形, 惟心無形. 『陸九淵集』p.448"이라 여긴 것은 분명히 '리'의 '무형'을 인정하는 것이다. 이로 인해 육구연은 실제적으로 주희와 마찬가지로 '태극'이 "형상이 없지만 이치가 있다"는 것을 긍정했다.

115) 『朱文公文集』卷36, "無極卽是無形, 太極卽是有理."

이니, 기운(元)이라고 할 수가 없지만, 형상은 있은 적이 없다고 말할 만하다"[116]) 두 사람 모두 '태극'이 형이상도덕본체·우주보편원리로 여겨 "어떤 공간을 차지하거나 형상을 지닌 것이 아닌"('무형') 성질을 가지고 있다는 것을 긍정하였다. 단지 서로 다른 점은 육구연이 이와 같은 성질이 『시경』의 "하늘의 일은 소리도 안 들리고 냄새도 없다"는 말로 묘사되어 있다고 여겼던 것에 비해, 주희는 주돈이 『태극도설』의 "태극이면서 무극이다"라는 말을 채용하여 묘사하려는 것에 있을 뿐이다. 사용되는 언어는 다르지만 가리키는 바의 함의는 다르지 않다.[117]) 이 때문에 육구연이 주희가 '무극'을 채용하여 '태극'을 해석하려는 것이 '노자의 학문'이 된다고 비평한 것은 곧 심각한 분석이 결여된 견해이다.

주희는 결코 노자의 '무로써 근본을 삼는以無爲本' 사상을 이용하여 '무극'을 이해하지 않았다. "무극이면서 태극이다"라고 한 것은 이미 시간적으로 선후관계를 가지고 있는 것도 아니고, 논리적으로 선후관계를 가지고 있는 것도 아니다. "태극 위에 무극을 덧붙였다"는 말은 결코 정확하지 않기 때문에 나는 앞에서 주희가 '무극으로 태극을 해석했다'고 말했는데, 그는 반대로 주희가 '태극'으로 '무극'을 해석하여 — "무극을 이야기하지 않는다면, 태극은 하나의 사물과 같아져서 모든 변화의 근

116) 『朱文公文集』卷71, "太極乃兩儀·四象·八卦之理, 不可謂元, 但未有形象之可言爾."

117) 증명이 될 수 있는 것은 주희도 결코 '무성무취無聲無臭'로써 '태극'을 묘사하는 것을 반대하지 않았다. 그가 이해하는 바의 '무극'도 공교롭게도 '무성무취'의 함의를 가지고 있다. 예를 들면 "주자周子께서 무극이라 하신 것은 태극이 어떤 공간을 차지하거나 형상을 지닌 것이 아니라는 것을 말씀하기 위한 것입니다. ……이는 사물의 전체를 관통하면서 개체 속에 존재하지 않은 곳이 없으며 처음부터 소리·냄새·그림자 등 물질적 속성으로는 말할 수 없는 것입니다.周子所以謂之無極, 正以其無方所, 無形狀. ……以爲通貫全體無乎不在, 則又初無聲臭影響之可言也. 『朱文公文集』卷36"고 했다.

본이 되기에 충분하지 않다. 태극을 말하지 않는다면, 무극은 공허함에 빠져 모든 변화의 근본이 될 수 없다"[118]라고 말했다고 여겼다. 말할 필요도 없이 주희가 이해한 바의 '무극'·'태극' 그것은 형이상본체·우주원리의 일체원융한 두 가지 성질이고, '무극'을 말하지 않으면 그것의 본체적 형이상의 지위를 명확하게 할 수가 없고, '태극'을 말하지 않으면 그것의 본체적 실제존재를 보증할 수 없다. 주희가 '무극'을 '무형'으로 해석하고자 하는 것이 주돈이의 『태극도설』의 원의에 부합하는지 이치에 부합하는지 여부를 막론하고, 그가 이해한 바의 "무극이면서 태극이다"는, 분명히 '무극'을 시간적으로나 논리적으로 '태극' 위에 놓고자 한 것은 아니기 때문에, 분명히 "천지만물은 유에서 생기고 유는 무에서 생긴다"[119]고 주장하여 '무'로써 근본으로 삼는 '노자의 학문'과는 다르다.

이상은 주희 자신이 다음과 같이 변론한 것과 들어맞는다. "내(주희)가 설명하자면, 노자가 말한 유와 무는 유·무를 둘로 보았지만, 주자(주돈이)가 말한 유와 무는 유·무를 하나로 보았다."[120] 육구연은 겨우 '무극'이 『노자』에서 나왔다는 것만 움켜쥐고("무극이라는 두 글자는 『노자』「지기웅」장에서 나왔으니 우리 유가 성인의 경전에는 없는 것입니다"[121]), '무극'으로 '무형'을 해석하면 통하지 않는다고 했는데("극極을 형상이라고 해야 마침내 이치를 밝히는 것이니까?"[122] "극極자는 또한 형상이라는 글자로 풀이해서는 안 될 것입니다[123]), 그까짓 순전히

---

118) 『朱文公文集』卷36, "不言無極, 則太極同于一物, 而不足爲萬化根本; 不言太極, 則無極論于空寂, 而不能爲萬化根本."

119) 『老子』40章, "天地萬物生于有, 有生于無."

120) 『朱文公文集』卷36, "熹詳老氏之言有無, 以有無爲二; 周子之言有無, 以有無爲一."

121) 『陸九淵集』, 「與朱元晦書」, "無極二字, 出于『老子·知其雄』章, 吾聖人之書所無有也."

122) 『陸九淵集』, 「與朱元晦書」, "以極爲形乃爲明理乎?"

123) 『陸九淵集』, 「與朱元晦書」, "極字亦不可以刑字釋之."

언어 운용의 문제만 가지고 주희의 견해를 '노자의 학문'이라고 여겼으니, 분명히 분기의 본질을 따라가지 못하고 의미 없는 언어 논쟁에 빠졌다. 주희의 육구연에 대한 비평도 항상 극단으로 흘렀다. 예를 들면 그가 육구연이 "태극이란 바로 천지만물의 근원의 이치이고, 예나 지금이나 절대로 뒤엎을 수 없다는 것을 모르는 것이다"[124]라고 풍자한 것은 매우 부당한 처사이다. 육구연은 주희에게 보낸 편지에서 분명히 밝혔다. "태극이란 진시로 이러한 이치가 있으니 성인이 그것을 따라 밝혀냈을 뿐, 쓸데없는 말로 주장을 세운 것이 아닙니다.…… 온갖 변화의 근본이 된다는 것은 본래 그렇게 정해진 것입니다."[125] "이 이치야말로 우주에 본래 있는 것입니다."[126] "이 이치는 지극합니다. 이것을 벗어나서 어찌 다시 태극이 있겠습니까?"[127] 말이 이와 같이 명확한데, 어떻게 그가 "태극이 바로 천지만물의 근원의 이치라는 것을 모른다"고 말할 수 있을까?

위에서 주륙의 '무극'·'태극'을 둘러싼 논쟁은, 의미 없는 언어 분석으로 흐르거나 단편적인 왜곡이나 공격으로 흘러 결코 두 사람의 이른바 세계관이나 우주관의 근본적 분기를 다루지 못했다. 나는 이리하여 이 '유명한 논쟁'에서 중시할 부분은, 주륙의 '무극'에 관한 다른 태도를 드러내는 데에 달려 있지 주륙의 '태극'에 관한 일치된 이해를 폭로하는 데에 달려 있지 않다고 생각한다. 즉 육구연도 주희와 마찬가지로 '태극'이 도덕형이상본체·우주보편원리가 된다는 것을 인정했다. 그러나 바로 이와 같은 긍정 중에는 왕수인이 비평한 바의 '거친 것', '정일하지

124) 『朱文公文集』卷36, "不知所謂太極, 乃天地萬物本然之理, 亘古亘今, 顚仆不破者."
125) 『陸九淵集』, 「與朱元晦書」, "夫太極者, 實有是理, 聖人從而發明之耳, 非以空言立論 ……其爲萬化根本固自素定."
126) 『陸九淵集』, 「與朱元晦書」, "此理乃宇宙之所固有."
127) 『陸九淵集』, 「與朱元晦書」, "此理至矣, 外此豈更復有太極哉."

않은 것'을 포함하고 있다. 이와 같은 긍정은 육구연이 여전히 도덕본체로 여기는 '리'의 객관성을 지지하고, 여전히 객관적 형이상의 '리세계'를 인정한다는 것을 의미하기 때문에, 그의 '심즉리'는 '심학'의 요구로 보면 곧 감점 요인이다. 그는 결코 '심학'의 논리에 의거하여 '심본체'를 철저하게 확립할 여력이 없었다. 다시 말하자면 그가 창시한 바의 '심본체'—도덕우주본원 혹은 원리는 결코 완전히 주체의 한 방면에 입각할 수 없었다. 본서 앞에서 이미 말했듯이 육구연에 있어서 '심'과 '태극'은 이른바 모든 변화의 근본(형이상도덕본체 혹은 도덕원리)을 표시하는 두 개 범주가 되어 호환할 수 있지만, 그것들은 또한 호환할 수 없는 일면을 가지고 있다. 그것을 호환할 수 없는 까닭은 바로 육구연이 긍정한 바의 '태극'이 여전히 객관적 도덕원리의 성질을 유지하고 있기 때문이다. 이런 점은 육구연이 단독으로 '리'를 말할 때에 더욱 확연히 드러난다. 설령 육구연이 명확하게 '심즉리'를 주장했다 하더라도 그는 마찬가지로 명확하게 '리'의 객관적 권위적 성질을 강조했다.

> 이 이치는 우주 사이에 있고 일찍이 은둔한 적이 없다. 천지가 천지가 되는 까닭은 이 이치를 따라서 오직 사사로움이 없기 때문이다. 사람은 천지와 병립하여 삼극三極이 되었는데, 어찌 자신의 사사로움으로 이 이치에 복종하지 않을 수 있겠는가? 맹자는 "먼저 그 큰 것을 세운다면 그 작은 것이 빼앗지 못할 것이다"라고 했다. 사람이 단지 그 큰 것을 세우지 못하기 때문에 작은 것을 잃어버리게 되고, 이 이치와 떨어짐에 따라 천지와 닮지 않게 된다.[128]

---

128) 『陸九淵集』, 「與朱濟道」, "此理在宇宙間, 未嘗有所隱遁, 天地之所爲天地者, 順此理而無私焉耳. 人與天地幷立而爲三極, 安得自私而不順此理哉? 孟子曰: '先立乎大者, 則其小者不能奪也.' 人惟不立乎大者故爲小者所奪, 以判乎此理, 而與天地不相似."

이 이치가 우주에 충만하여 천지와 귀신조차도 위배할 수 없는데, 하물며 사람은 어떠하겠는가?[129]

우주는 하나의 이치로 충만할 뿐이고 공부하는 사람이 배우는 까닭은 이 이치를 밝히려는 것뿐이다. 이 이치의 지극함이 어찌 한도가 있겠는가? 정명도 선생이 "천지에 유감이 있으면 천지보다 큰 것이다"라고 한 것은 이 이치를 이른다.[130]

'리'의 객관적 권위적 성질은 그것이 이른바 천·지·인 '삼극' 보다 초월하는 것으로 뚜렷하게 나타나는데, 이는 천·지·인이 그것에 의지해 생겨나서 위배할 수 없는 보편적 원리가 되기 때문이다. 여기시 가장 주의할 것은 '리'가 '인人'을 초월한다는 점으로서, 그것은 사실 육구연이 '심즉리'를 파열시켰다는 것을 의미한다. 왜냐하면 육구연에 있어서 "우주는 곧 내 마음이고 내 마음은 곧 우주이다.[131]" "사람은 목석이 아닌데 어떻게 무심할 수 있으랴!"[132] 등과 같은 '심'과 관련 있는 유명한 논단은 모두 명확하게 '심'의 개체적, 인간의 도덕심령적 함의를 부여했기 때문이다. "이 마음과 이 이치는 내가 타고날 때부터 가지고 있는 것이다."[133] "만물의 이치는 마음속에 가득 채워져 있다. 마음을 꽉 메우고 발현되는 것과 우주만물에 가득한 것은 이 리 아님이 없다"[134]라는 것은 매우 분명하게 개체의 도덕심령을 묘명했는데 그것을 널리 확충하면 바로 '리'이다. 바꿔 말하면 '심'은 구체적인 사람(개체)의 도덕심령이 되

---

129) 『陸九淵集』, 「與朱濟道」, "此理充塞宇宙, 天地鬼神, 且不能違異, 況于人乎."

130) 『陸九淵集』, 「與朱濟道」, "塞宇宙一理耳, 學者之所以學, 欲明此理耳. 此理之大, 豈有限量? 程明道所謂有憾于天地, 則大于天地者矣, 謂此理也."

131) 『陸九淵集』, 「雜說」, "宇宙便是吾心 吾心卽是宇宙.

132) 『陸九淵集』, 「與李宰書」, "人非木石, 安得無心."

133) 『陸九淵集』, 「與胡季隨二」, "此心此理, 我固有之."

134) 『陸九淵集』, 「語錄」, "萬物森然于方寸之間 滿心而發 充塞宇宙 無非此理."

고 주체성의 도덕본체가 되어 결코 '사람'을 초월하여 모종의 객관적 도덕정신 또는 도덕원리로 되지 못한다. 육구연의 이 점에 대한 파악은 매우 확고하고, 설령 '심'의 절대보편존재를 강조할 때가 있더라도 소홀히 한 적이 없다.

> 마음은 그저 하나의 마음이다. 나의 마음과 자네의 마음, 거슬러 올라가 천 년 전 성현의 마음과 아래로 천년 뒤에 다시 성현이 나오더라도 그 마음은 이와 같을 뿐이다.[135]
>
> 동해에 성인이 나셨다 하더라도 이 마음은 같고 이 리도 같다. 서해에 성인이 나셨다 하더라도 이 마음도 같고 이 리도 같다. 남해와 북해에 성인이 나셨다 하더라도 역시 이 마음도 같고 이 리도 같다. 천년 이전이나 천년 이후 성인이 나셨다 하더러도 이 마음과 리는 또한 같지 않음이 없다.[136]

여기에서 '심'은 물론 구체적 시공간의 제약을 받지 않는 절대보편의 동일한 성질을 가지고 있지만 그것은 사람을 초월해서 존재할 수 없고, 그것은 '인심'이고 사람의 도덕심령, 곧 '성인의 마음'이다.

이로부터 '심'은 사람을 초월하여 존재할 수 없는데, '리'는 도리어 사람을 초월해서 존재할 수 있다. '심'은 단지 주관적인 면에서만 존재할 수 있는데, '리'는 도리어 객관적인 성질을 가지고 있을 수 있으니, 이는 곧 '심즉리'를 파열시킨 것이다. 이와 같은 파열은 '심' 밖에 '리'가 있다는 것을 의미한다. 육구연은 당연히 이렇게 주장하지 않았지만, 그 역시

---

135) 『陸九淵集』, 「語錄」, "心只是一個心, 某之心, 吾友之心, 上而千百載聖賢之心, 下而千百載復有一聖賢, 其心亦只如此."

136) 『陸九淵集』, 「謚議」, "東海有聖人出焉, 此心同也, 此理同也. 西海有聖人出焉, 此心同也, 此理同也. 南海北海有聖人出焉, 此心同也, 此理同也. 千百世之上有聖人出焉, 此心同也, 此理同也. 天百世之下有聖人出焉. 此心同也, 此理同也."

지금까지 "마음을 떠나 리가 없다心外無理"는 말을 한 적이 없는 것은 지금 바로 음미해 볼 가치가 있다. 한 가지 긍정할 수 있는 것은 육구연이 '심즉리'를 파열시킨 것은 철저하게 하나의 '심본체'를 확립하지 못했기 때문이다. 그는 '심본체'를 고양하는 동시에, 여전히 자각했든 자각하지 못했든 간에 하나의 '천본체' 즉 객관형이상의 도덕본체 또는 도덕원리를 유지하고 있었다.

> 삼극은 모두 이 이치와 같고 하늘은 존귀하다. 그래서 "오직 하늘만이 위대하거늘 오직 요임금만이 이를 본받으셨다"라고 했다. 오전五典은 천서天序이고, 오례五禮는 천질天秩이고, 오복五服을 드러낸 것은 천명이고, 오형五刑을 사용하는 것은 천토天討이다. 지금 배우는 사람이 마음을 다하고 본성을 알 수 있다면 하늘을 알 수 있고, 본래의 선한 마음을 간직하고 본성을 기르면 하늘을 섬길 수 있다. 사람은 하늘의 소생이고 본성은 하늘의 소명이다.137)

말할 필요도 없이 두 본체의 공존은 '심즉리'의 파열이고 "마음과 이치를 나누어 두 개로 하는 것"을 의미한다. 이것은 본래 육구연이 단호하게 반대한 사상이지만 확실히 그가 완전히 제기하지 못한 사상이기도 하다. 이와 같다면 그의 사상은 곧 자주 혼란과 모순이 발생한다.

그는 본래 하늘을 받들고 사람을 억압하는 것을 반대했다.

> 사람은 선도 있고 악도 있다. 하늘도 선도 있고 악도 있다. (일식과 월식, 악성이 그러한 예이다.) 어찌 선은 모두 하늘에 귀속시키고, 악은 모두 사람에게 귀속시키겠는가?138)

---

137) 『陸九淵集』, 「與趙咏道書」, "三極皆同此理, 而天爲尊. 故曰"惟天爲大, 惟堯則之." 五典乃天序, 五禮乃天秩, 五服所彰乃天命, 五刑所用乃天討, 今學者能盡心知性, 則是知天. 存心養性, 則是事天. 人乃天之所生, 性乃天之所命."

그러나 그는 어떤 때는 하늘을 받들고 사람을 억압하는 것을 면할 수 없었다.

> 이치로 말하면 천지보다 크다고 말하는 것은 그래도 괜찮다. 사람으로 말하면 어찌 천지보다 크다고 할 수 있겠는가?[139]

"이 이치가 우주에 충만하여 천지와 귀신조차도 위배할 수 없는데, 하물며 사람은 어떠하겠는가?"[140]라고 할 때의 어조도 '천지'가 '사람'보다 높다는 것을 분명하게 나타내고 있다.

그는 본래 주체적 '인간'의 웅대한 기백, 최상의 존엄을 있는 힘을 다해 고양했다.

> 우러러 남두육성에 매달려 몸을 돌려 북극성에 의지하여, 고개 들어져 하늘 밖을 바라보아도 나와 같은 사람은 없구나![141]
>
> 정신을 수습하여 자신의 생각대로 주재한다. 만물의 이치가 내 마음에 모두 갖추어져 있으니, 어떤 결함이 있을 수 있겠는가?[142]

그러나 그는 동시에 '사람'이 머리를 수그리고 '상제上帝'('천天' — 객관적 도덕규율)의 명령을 따르게 하여 '사람'을 주눅 들고 가련하게 표현했다.

---

138) 『陸九淵集』, 「語錄下」, "人亦有善有惡, 天亦有善有惡(日月蝕, 惡星之類), 豈可以善皆歸之天, 惡皆歸之人."

139) 『陸九淵集』, 「語錄下」, "自理而言, 而曰大于天地, 猶之可也. 自人而言, 則豈可言大于天地."

140) 『陸九淵集』, 「與朱濟道」, "此理充塞宇宙, 天地鬼神, 且不能違異, 況于人乎."

141) 『陸九淵集』, 「語錄下」, "仰首攀南斗, 翻身倚北辰, 擧頭天外望, 無我這般人."

142) 『陸九淵集』, 「語錄下」, "收拾精神, 自作主宰. 萬物皆備于我, 有何欠闕."

『시경』에서 "공경하고 삼가시어 덕으로 하늘을 섬겼도다." "하늘이 너희를 굽어보시니, 그대들 마음 변치 말라"라고 하셨으니, 전전긍긍하라. 어느 절기든 한가한 적이 있던가?[143)]

그는 "육경이 나를 주석하고 있고 나도 육경을 주석하고 있다."[144)] — "배우는 자가 정말로 근본을 알면 육경이 모두 나의 주석이 된다"[145)] 등 유명한 말을 제기하여, "성인의 말 자체가 분명한데, ……어찌 전주를 알 필요가 있겠는가"[146)]라고 여겼다. 그러나 동시에 사람들이 "고주를 세밀하게 살펴볼 것"을 요구했다.

어떤 이가 『육경』을 읽을 때 마땅히 먼저 어떤 사람의 주석을 봐야 하는지 물었다. 선생께서 말했다. "반드시 먼저 고주를 세밀하게 살펴보아야 한다. 예를 들어 『춘추좌씨전』을 읽으려면 두예의 주를 자세히 보지 않을 수 없다. 대체로 우선 문장의 의미를 분명하게 이해해야만 읽을 때 이치가 저절로 밝아지게 된다."[147)]

후학들은 경서를 보려면 반드시 주소와 선유들의 해석을 참고해야 한다. 그렇지 않으면 자기 견해와 논점만 고집하게 되어, 아마도 자기만 옳다는 지경에 빠져 옛 선현들을 경시하게 될 것이다.[148)]

---

143) 『陸九淵集』, 「年譜」, "小心翼翼, 昭事上帝, 上帝臨汝, 無貳爾心, 戰戰兢兢, 哪有閑管時候."
144) 『陸九淵集』, 「語錄上」, "六經注我, 我注六經."
145) 『陸九淵集』, 「語錄上」, "學苟知本, 六經皆我注脚."
146) 『陸九淵集』, 「語錄下」, "聖人之言自明白, ……何須得傳注."
147) 『陸九淵集』, 「語錄上」, "或問讀'六經'當先看何人注解? 先生云: "須先精看古注, 如讀『左傳』則杜預注不可不精看. 大概先須理會文義分明, 則讀之其理自明白."
148) 『陸九淵集』, 「語錄下」, "後生看經書, 須着看注疏及先儒解釋, 不然, 執己見議論, 恐入自暴之域, 便輕視古人."

이러한 혼란과 모순, 그리고 본서의 앞에서 언급한 육구연의 '공부론'에서 '절기자반切己自反'과 '격물치지格物致知'의 대립은, 모두 육구연의 사상 가운데 여전히 하나의 '천본체'를 유지함으로써 철저하게 '심즉리'를 관철할 수 없었던 것에 근원한다. 즉 그는 철저하게 '심본체'를 확립할 수 없었다. 육구연의 이와 같은 근본적인 사상의 모순을 깊이 인식하기 위해서는 한 번 펑유란의 육구연 사상에 대한 하나의 기본적인 견해를 살펴볼 필요가 있다. 펑유란은 주륙의 차이를 비교할 때에 다음과 같이 말한다.

> 아마도 주자가 본 것은 사실상 두 개의 세계가 있는데 하나는 시공간에 있지 않고 하나는 시공간에 있다. 그러나 육구연이 본 것은 사실상 단지 하나의 세계가 있는데 곧 시공간에 있다. 단지 하나의 세계가 있고 이 세계는 곧 마음과 일체가 되는데, "우주는 곧 나의 마음이고 나의 마음은 곧 우주이다"라는 것이다.[149]

만약 육구연의 사상 모순을 고려하지 않고 오직 육구연의 사상 요지만을 생각한다면 펑유란의 개괄은 확실히 날카롭다. 주희 '리학'의 사상 논리에 따르면 반드시 두 개의 세계, '리'세계와 '심'세계를 인정해야만 한다. 전자는 시공간의 위에 있는 '순수지선純粹至善'의 본체세계이고, 후자는 시공간의 중에 있는 선악이 섞인 현상세계이다. 전자는 후자를 초월해서 존재할 수 있으나 후자는 전자를 초월해서 존재할 수 없다. (본장 제1절 '정이에서 주희에 이르기까지'를 참조하라) 주희는 특히 천리와 인욕의 구분, 도심과 인심의 분별을 강조했는데, 그 근원은 대개 여기에서 나왔다. 두 세계의 관계는 형이상과 형이하의 관계로 귀결된다. 주희는 '하늘에서 사람에 이르기까지'의 도덕발생론과 '즉물궁리卽物

---

149) 馮友蘭,『中國哲學史』下, 中華書局, 1971, p.940.

窮理'의 도덕수양론을 주장하여, 반드시 하나의 객관형이상, 사람을 초월하는 '천본체'—'리세계'(태극)가 도덕적 근거가 되는 것을 긍정하지만, 하나의 형이하의 현실세계—인간의 세계를 이와 같은 '본체'가 자기를 실현하고 자기를 수행하는 대상이 되도록 만들었다. 이로 인해 주희는 특히 형이상과 형이하의 엄격한 구별을 중시하지 않을 수 없었다.

육구연 '심학'의 사상 논리에 의하면, 오직 하나의 세계, '심'세계만 긍정하는데 그것은 동시에 바로 '리'세계이다.('심즉리'이기 때문이다) '심'세계는 먼저 인간의 세계가 아닐 수 없고("사람은 목석이 아닌데 어떻게 무심할 수 있으랴!"150)), 이로 인해 하나의 시공 중의 세계가 아닐 수가 없다. 육구연이 고양한 '심본체'의 '심'세계는 그가 보기에도 '순수지선'한 세계이고, 이로 인해 그는 주희의 '하늘에서 사람에 이르기까지'의 도덕발생론을 주장하지 않았고, 그의 도덕수양론도 오직 사람들이 자기의 마음을 보존하고[存心], 자기의 마음을 키우고[養心], 자신의 잃어버린 선한 마음을 되찾도록[求放心] 하는 것이었다.151) 이와 같이 사람들이 소존所存·소양所養·소구所求하도록 하는 '심'이 도덕본체가 되는데, 그것은 분명히 주체의 도덕적 인격, 정신적 세계를 가리킨다. 이로 인해 '심본체'의 수립은 단지 사람의 세계에만 있을 수 있고, 그것은 사람을 떠나거나 사람을 초월할 수 없고, 그것의 '무형無形'("다른 몸의 기관은 모두 형체를 가지고 있지만, 오직 마음만 형체가 없다"152))이 의미하는 것은 일종의 주체의 도덕정신을 가리킨다.(예를 들면 왕수인이 말한 "네 마음이라는 것은 오로지 한 덩어리의 피와 살만이 아니다."153) "단지 하나의 영묘하고 밝은 것이다"154)라는 것이다) 이와 같은 주체의

150) 『陸九淵集』, 「與李宰書」, "人非木石, 安得無心."
151) 『陸九淵集』, 「與舒西美書」, "存心·養心·求放心."
152) 『陸九淵集』, 「語錄上」, "其他體盡有形, 惟心無形."
153) 『傳習錄』下, 122條目, "所謂汝心, 亦不尊是那一團血肉."

도덕정신은 당연히 초월성(또는 형이상의 본성)을 가지고 있다. 그렇지 않으면 그것은 바로 도덕본체를 잃게 된다. 다만 그것의 초월은 그래도 내재적 초월—사람에게서 내재하는 초월, 즉 사람의 정신적 초월을 뜻한다. 그것은 사람의 자연감성의 존재를 초월하지만(즉 왕수인이 말한 "(사람은 단지) 형체 때문에 스스로 사이가 떨어져 있다"[155]라는 것이다), 사람의 도덕적 이성의 존재를 초월할 수 없는데, 왜냐하면 그것이야말로 바로 사람의 도덕적 이성의 존재이기 때문이다. '심학'은 도덕본체를 시공간의 세계—사람의 세계—사람의 마음 속에 두기 때문에 하나의 객관형이상이나 시공을 초월하거나 사람을 초월하는 '리'세계는 도덕실천의 필요성을 가지고 말하자면 바로 존재의 근거·가망·가치를 잃어버린다. 이로 인해 '심학'은 이치상 당연히 '리학'에서 매우 중시하는 형이상과 형이하 두 세계의 분할을 거부해야 했다. 왜냐하면 이와 같은 분할을 인정하는 것은 곧 도덕주체—'심' 밖에 여전히 하나의 '리' 세계를 인정한다는 것을 의미하기 때문이다. 즉 '심외유리心外有理'를 인정하는 것은 분명히 심학의 종지를 위배하는 것이다. 육구연 이후 심학의 대표적 인물인 양간[156] 진헌장[157] 왕수인 등은 근본적으로 '형이상

---

154) 『傳習錄』下, 336條目, "只是一個靈明."

155) 『傳習錄』下, 336條目, "形體(自)間隔."

156) *양간楊簡(1141-1226), 남송 유학자, 자는 경중敬仲, 호는 자호慈湖, 시호는 문원文元, 절강성浙江省 자계생慈谿生에서 출생했다. 부양현富陽縣 주부를 거쳐 국자박사國子博士 비서랑秘書郎 보모각학사寶謨閣學士 등을 역임 후에 자계현남慈谿縣男으로 봉해졌다. 육구연의 제자로 스승의 설을 계승하고 선학적 요소를 가미하여 유심론적 학문을 제창했다. 우주변화의 모든 과정을 주관적인 심의 변화과정으로 파악했으며 '인심자명, 인심자영人心自明, 人心自靈' 등을 주장하였다. 원섭袁燮·서린舒璘·심환沈煥 등과 육문 4선생이라 일컬어진다. 저서로는 『기역己易』과 『절사기絶四記』 외에 『자호선생유서慈湖先生遺書』·『양씨역전楊氏易傳』·『자호시전선성대훈慈湖詩傳先聖大訓』 등이 있다.

157) *진헌장陳獻章(1428-1500), 明유학자, 자는 공보公甫 호는 석재石齋, 백사白沙, 신

형이하'의 문제를 토론하지 않았고, 육구연 자신이 주희가 일찍이 '십육자결十六字訣'을 더욱더 발전시킨 천리와 인욕의 구분, 도심과 인심의 분별을 반대하고, 심지어 체용 문제조차도 토론하지 않았던 것은 당연히 이와 같은 의미를 포함하고 있다. 그러나 그 사상의 혼란과 모순으로 인해 오히려 형이상과 형이하의 분할에 몰두했다.

> 형이상자의 측면에서 말하면 도라 하고 형이하의 측면에서 말하면 기라 한다. 천지도 또한 기이다. 그 생명을 덮어주는 하늘과 형체를 실어주는 땅 사이에 존재하는 만물은 반드시 리가 있다.[158]

이 논단은 펑유란이 "주자와 근본적인 차이는 없다"[159]고 한 말 그대로이다. 이것은 사실 객관형이상의 '리'세계를 인정하고 있는 것이다. 그러나 육구연이 '음양'이 형이상자로 여긴 것("『역』「대전」에서 '형이상자를 도라 한다'라고 했고, 또 '한 번 음이 되고 한 번 양이 되는 것을 도라고 한다'라고 했습니다. 한 번 음이 되고 한 번 양이 되는 것도 이미 형이상자인데 하물며 태극이겠습니까?"[160])으로 인하여 펑유란은 또한 육구연이 형이상자라고 한 것과 주희가 형이상자라고 한 것은 "의미

회新會. 백사白沙 지금의 광동성 출신이다. 정통 12년(1447)에 중거인中擧人이 되었으나 3차례의 과거에 낙제하여 벼슬을 포기하고 심학공부에 전념, 육구연의 학풍 계승하여 정좌하여 마음을 깨끗이 하고 천리를 몸으로 인식할 것을 주장했다. 명대에 주자학에 반발하여 실천성을 강조했기 때문에 왕수인의 선구적 사상가로 본다. 그의 학문은 마음 본연의 모습에서 주체의 확립을 구하는 심학이었다. 저서로는 『백사집白沙集』 등이 있다.

158) 『陸九淵集』, 「語錄下」, "自形而上者言之謂之道, 自形而下者言之謂之器. 天地亦是器, 其生覆形載必有理."

159) 馮友蘭, 『中國哲學史』下, 中華書局, 1961, p.942.

160) 『陸九淵集』, 「與朱元晦書」, "『易』之「大傳」曰 '形而上者謂之道', 又曰 '一陰一陽之謂道', 一陰一陽, 已是形而上者, 況太極乎?"

가 서로 다르다"고 보고, 진일보하여 다음과 같이 분석했다.

> 정호는 "음양도 역시 형이하자이다. 도라고 부르는 것은 ……원래 이 도 밖에 없다. 관건은 사람이 묵묵히 마음에 새기는 것에 달려 있다.陰陽亦形而下者也, 而曰道者, ……原來只此是道, 要在人默而識之也"라고 했다. 정이는 "한 번 음하고 한 번 양하는 것을 도라 한다. 음양 그 자체는 도가 아니다. 한 번 음하고 한 번 양하게 하는 까닭이 도이다.一陰一陽之謂道. 道非陰陽也, 所以一陰一陽者, 道也"라고 했다. 이 두 가지 설의 차이가 바로 주륙의 같지 않음이다. 만약 음양을 형이상자로 여기면 소위 형이상자라는 것이 또한 시공에서 구체적 활동을 가지게 되고, 소위 형이하자라는 것과 진실로 같은 세계 중에 존재하게 된다.[161]

펑유란의 이 말에는 진일보한 의미를 함축하고 있는데, 육구연이 곧 전통적으로 모두 형이하자로 이해했던 '음양'(왜냐하면 '음양'은 줄곧 '기氣', '형기形器'로 해석되어 왔기 때문이다)을 형이상자로 이해했다는 것이다. 이와 같은 이해가 정확한지 여부에 대해서는 펑유란은 한마디도 하지 않고 겨우 사실적인 진술만 했다. 이 같은 태도는 물론 매우 객관적이지만 오히려 다음의 문제를 모호하게 만들었다. 육구연이 전통적인 의미를 견지하는('음양'을 '형기'로 해석하는) 기초 위에서 '음양'을 형이상자로 이해한 것인가? 당시나 지금이나 확실히 이와 같이 보는 사람이 있다. 주희가 육구연에게 질문하여 "만약 음양을 형이상자라고 여긴다면, 형이하자는 또 어떤 사물입니까?"[162]라고 한 말이 암시하는 뜻은, 당연히 당신은 본래 '형기'에 속한 것을 가지고 곧 본래 형이하에 속한 '음양'을 형이상자로 여긴다면 세상에 본래 형이하자는 없는 것이 된다는 뜻이다. 현대의 장리원은 보다 명확하게 말한다.

---

161) 馮友蘭, 『中國哲學史』下, 中華書局, 1961, p.943.
162) 『朱文公文集』卷36, "若以陰陽爲形而上者, 則形而下者復是何物?"

> 육구연은 '리기'·'도기道器' 등의 관계를 형이상과 형이하로 나누는 것을 반대했다. ……'음양'과 '태극'을 모두 형이상라고 여겼다. 이것으로 주희의 형이상과 형이하의 구별을 흔들었다. ……주희는 '도'('태극')는 형이상이 되고, '음양'('기氣'·'기器')은 형이하가 된다는 관점을 견지했다. ……육구연은 주희의 병폐는 곧 '도'와 '기氣', '리'와 '기器'를 대립시킨 것에 있다고 보고 그는 '도'와 '기', '리'와 '기'가 함께 형이상이 되어 통일된 것이라고 여겼다. 그것들은 하나의 '심'세계에서 통일된다.163)

육구연이 "'리기'·'도기' 등의 관계를 형이상과 형이하로 나누는 것을 반대했는지" 여부, "'도'와 '기', '리'와 '기'가 함께 형이상이 된다고 여겼는지" 여부를 알아보는 관건은, 그가 결국 어떻게 음양을 이해하는지, 그가 그 때까지 이해한 것에 의거하여 '음양'을 '형기形器'('기氣')로 간주했는지 여부를 살펴보는 일이다. 다음은 육구연 자신의 분석이다.

> "곧바로 음양을 형기라고 하여 도가 될 수 없다"라는 경우는 더욱 받아들일 수 없습니다. 『역』의 도란 한 번은 음이 되고 한 번은 양이 되는 것일 따름입니다. 선후先後·시종始終·동정動靜·회명晦明·상하上下·진퇴進退·왕래往來·합벽闔闢·영허盈虛·소장消長·존비尊卑·귀천貴賤·표리表裏·은현隱顯·향배向背·순역順逆·존망存亡·득상得喪·출입出入·행장行藏 어느 경우이건 한 번 음이 되고 한 번 양이 되는 것이 아니겠습니까? ……이제 다만 음양은 도가 아니라고 하고 곧바로 형기라고 하니, 그 누가 도와 기의 구분에 어두운 것입니까?164)

---

163) 張立文, 『宋明理學研究』, 中國人民大學出版社, 1985, pp.494-495.

164) 『陸九淵集』, 「與朱元晦書」, "至如直以陰陽爲形器而不得爲道, 此尤不敢聞命. 『易』之爲道, 一陰一陽而已, 先後·始終·動靜·晦明·上下·進退·往來·闔辟·消長·尊卑·貴賤·表裏·隱顯·向背·順逆·存亡·得喪·出入·行藏, 何適而非一陰一陽哉? ……今顧以陰陽爲非道而直謂之形器, 其孰爲昧于道器之分哉?"

> "한번 음하고 한번 양하는 것을 도라 한다"는 것은 천지만물이 모두 이 음양을 갖추고 있다는 것을 범범하게 말한 것이다.[165)]
>
> "도라는 것은 형이상자이다. 기器라는 것은 형이하자이다. 기는 도를 따르는 것이다. 한 번 음이 되고 한 번 양이 되는 것을 도라고 부르고 이것을 이어가는 것이 선이다 그러나 그 형기에 속하는 것은 도가 될 수 없다"라고 말하는 것은 도기지분에 어두운 것이 심하다.[166)]

이상의 분석은 매우 분명하게 다음과 같은 두 가지 관점을 분명하게 밝혔다.

첫째, 육구연은 변함없이 '도'와 '기'의 형이상형이하의 근본적인 구별을 주장했다.('도'라는 것은 형이상자이다. '기'라는 것은 형이하자이다)

둘째, 육구연은 주희의 "음양은 기"[167)]이므로 "형기에 속한다"는 관점에 찬성하지 않았고 '음양'을 '형기'로 보는 것을 강하게 반대했는데, 이는 '도기지분道器之分'에 대한 모호한 인식이며, 분명하고 정확하게 '도기지분'을 파악할 수 없다고 생각했다.('도기지분'에 밝지 못하다)

그래서 앞서 인용한 장리원이 육구연은 '음양'이 형이상자가 된다고 보고, "'리기'·'도기道器' 등의 관계를 형이상과 형이하로 나누는 것을 반대했다," "'도'와 '기', '리'와 '기'가 함께 형이상이 된다고 여겼다"고 생각한 것은 즉 근거가 부족하다. 육구연은 결코 주희처럼 "태극은 리이고 음양은 기이다"[168)]는 주장을 하지 않았다. '태극'과 '음양'은 육구연에 있어서 사실 그것은 같은 층차의 범주에 속하고, 그것들은 모두 엄격하게

---

165) 『陸九淵集』, 「語錄下」, "'一陰一陽之謂道,' 乃泛言天地萬物皆具此陰陽也."

166) 『陸九淵集』, 「年譜」, "道者, 形而上者也. 器者, 形而下者也. 器由道者也. 一陰一陽之謂道, 繼之者善也. 而謂其屬于形器, 不得爲道, 其爲昧于道器之分也, 甚矣!"

167) 『朱子語類』卷94, "陰陽是氣."

168) 朱熹, 『太極圖說章句』, "太極, 理也; 陰陽, 氣也."

형이하의 '기'에 서로 대응하는 형이상의 '도'이다.169) 이 때문에 근본적으로 말하면 육구연은 결코 "주희의 형이상과 형이하의 구별을 흔들 수 없었고"(앞에서 인용한 장리원의 말), 세계를 형이상의 '도'와 형이하의 '기'로 나누는 이런 기본적인 관점에서는 두 사람의 인식이 일치하는 것이다.

위에서 육구연이 '음양'을 형이상자로 본 것은 결코 '도기道器'의 분별을 부정하고, '기器'를 '도'로 여기고, 형이하자를 형이상자로 여긴다는 함의를 띤 것은 아니지만, 그의 이와 같은 견해는 확실히 새로운 뜻을

---

169) 이 점은 매우 분명하게 주자와 육구연이 주고받은 논변에 나타나 있다. 예를 들면 육구연이 주희에 보낸 편지에서 "『역대전』에는 '형이상을 도라고 한다'고, 또 '일음일양을 도라고 한다'고 하였습니다. 일음일양이 이미 형이상인데, 하물며 태극이야 말해서 무엇 하겠습니까?『易』之「大傳」曰 '形而上者謂之道', 又曰 '一陰一陽之謂道', 一陰一陽, 已是形而上者, 況太極乎? 『陸九淵集』, 「與朱元晦書」"라고 했다. 주희가 답신을 보내 "더구나 '형이상자' 위에 다시 '하물며 태극이겠습니까?'라는 말을 하면, 이것은 또 도 위에 따로 어떤 것을 두어 태극이라고 여기는 것입니다.又于'形而上者'之上. 復有'況太極乎'之語, 則是又以道上別有一物爲太極矣. 『朱文公文集』卷36"라고 했다. 육구연이 다시 편지를 보내면서 "논변에는 요점이 있고 말에는 가리키는 의미가 있으니, ……이 때문에 지난 번 편지에서 『대전』의 '형이상자를 도라고 한다', '한 번 음이 되고 한 번 양이 되는 것을 도라고 한다' 두 구절을 예로 들었고, 이로써 문장을 대충 보는 사람도 '한 번 음이 되고 한 번 양이 되는 것'이 곧 형이상자임을 알아 기필코 태극이 따로 하나의 사물이 되는 줄로 잘못 아는 데 이르지 않을 것으로 보았기 때문에 '하물며 태극이랴!'라고 한 것입니다. 이것은 그 가리키는 의미가 본래 명백한데, 형은 일찍이 살피지 못하고, 마침내 미혹되어 도 위에 따로 있는 어떤 것이 태극이 된다고 여긴 것이 틀림없습니다.辯難有要領, 言辭有指歸, ……故前書擧 '大傳' '一陰一陽之謂道'·'形而上者謂之道'兩句, 以見粗識文義者, 亦知一陰一陽卽是形而上者, 必不知錯認太極別爲一物, 故曰 '況太極乎'? 此其指歸, 本自明白, 而兄曾不之察, 乃必見誣以道上別有一物爲太極. 『陸九淵集』p.29"라고 했다.
육구연은 자신이 '태극'을 '도'(음양) 위에 '따로 있는 어떤 것'으로 여긴 것을 부인했는데, 이는 분명히 '태극'과 '음양'을 모두 '도체'로서, 즉 같은 층차의 형이상의 '도'에 속하는 것으로 본 것이다.

가지고 있다. 가령 주희가 '무극'을 '태극'으로 해석했다고 한다면, 육구연은 '음양'을 '태극'으로 해석한 것이다. 주희가 '무극'을 '태극'으로 해석하여 도덕본체가 현실세계를 초월할 것 — 인간세계의 객관형이상적 성질을 피안세계에 안치하는 것을 한결 돋보이게 강조했다고 한다면, 육구연은 '음양'을 '태극'으로 해석하여 도덕본체가 현실세계에 내재되어 있는 것 — 인간 세계에 구체적으로 드러난 성질을 피안세계에 안치시키는 것을 한결 돋보이게 강조하여, '음양'으로 형이상의 '도'·'리'를 명시하고자 했는데, 확실히 주희의 '무극'과 비교하면 더욱 구체화되고 더욱 '실리實理'적 의미를 지니고 있다. 그것은 현실세계 — 인간세계 중에서 구체적으로 드러날 수밖에 없고 벗어날 수도 없으며, 후자보다 앞서 "정결하고 공활한 리의 세계"를 구성한다. 요컨대 '음양'으로 형이상을 명시한다면 형이상과 형이하는 확실히 일체원융하게 시공 세계 중에 드러날 수밖에 없다. 펑유란은 이 점을 다음과 같이 분석한 바 있다.

> 대개 형이상과 형이하라는 것은 반드시 주자가 해석한 것에 따라야 비로소 분명한 의미가 있다. 주자의 체계에 따르면 기器의 실제〔實〕와 도道는 하나의 세계 중에 있지 않게 된다. 이것은 육구연 계통이 지지할 수 없는 것이다.[170]

그런데 이 견해는 이미 용어 선택으로 말해 정확성을 잃었다. 사실 "주자의 체계에 따르면" '도'와 '기'도 "하나의 세계 중에 있다"고 할 수 있는데, "혼연한 태극의 전체가 한 물건의 안에 각기 갖추어지지 않음이 없다."[171] "리는 일찍이 기에서 떨어진 적이 없다"[172]라고 한 것도 주희가 강조하는 것이다. 펑유란 자신도 이미 말하기를 "논리적으로 말해

170) 馮友蘭, 『中國哲學史』, 中華書局, 1961, p943.
171) 『太極圖說章句』, "渾然太極之全體, 無不具于一物之中."
172) 『朱子語類』卷1, "理未嘗離于氣."

리가 비록 다른 하나의 세계 중에 있지만, 사실적으로 말해 리는 곧 구체적 사물 중에 있다"[173]라고 했다. "사실적으로 말하면" 주희는 '도'와 '기器'가 떨어지지 아니하고 '기'와 '도'가 떨어지지 아니하여, 형이하의 사물은 반드시 형이상의 리를 가지고 있고, 형이상의 리는 반드시 형이하의 사물을 반드시 품고 있다고 강조하였으니, 이 두 가지는 "본래 선후를 말할 수가 없기"[174] 때문에 하나의 세계 — 현실의 시공세계, 인간의 세계에 같이 있다.(이는 공교롭게도 육구연이 '음양'으로 '태극'을 해석하고 강조한 바의 의미이다) 그러나 "논리적으로 말하면" 펑유란이 전술한 견해는 확실한 근거가 있다. 만약 "사실적으로 말해" 주희가 형이상과 형이하는 "본래 선후를 말할 수가 없다"는 것을 더욱 강조하고, "단지 이 기만 있으면 리는 그 곧 가운데에 있다"[175]는 것을 더욱 강조하여, 더욱 하나의 세계를 주장했다면, "논리적으로 말해" 주희는 더욱 형이상과 형이하의 선후관계를 강조하고("형이상과 형이하로 말하면 어찌 선후가 없겠는가"[176]), "아직 이 사물이 없어도 먼저 이 이치는 있었다."[177] "아직 천지가 있기 이전에 틀림없이 이 이치가 먼저 있었다"[178]는 것을 더욱 강조하여, 되풀이해서 두 개의 세계를 주장했다. 다시 말해 형이하세계 — 인간세계를 초월한 하나의 형이상세계를 긍정하고, 인간(도덕주체)의 도덕본체 — 객관형이상을 완전히 초월한 하나의 '천본체'를 긍정했다. 이렇듯 이른바 형이상형이하의 구분은 확실히 '뚜렷한 의의'가 있다. 이와 같은 형이상하의 두 가지 세계의 분할에 대해 펑

173) 馮友蘭, 『中國哲學史』下, 中華書局, 1961, p.904.
174) 『朱子語類』卷1, "本無先後之可言."
175) 『朱子語類』卷1, "但有此氣, 則理便在其中."
176) 『朱子語類』卷1, "自形而上下言, 豈無先後?"
177) 『朱子語類』卷95, "未有這事, 先有這理."
178) 『朱子語類』卷1, "未有天地之先, 畢竟也只是理."

유란이 이미 '리'와 '심' 관계의 측면에서 잘 정리한 바 있다.

> 주자의 체계에 따르면(주자의 논리에 의하면) 만약 리가 기와 합치지 않는다면 곧 무심無心이고, 심은 없더라도 리는 스스로 영원히 남아 있다. 사실상 기 없는 리는 없더라도, 논리상 실제 심 없는 리는 있을 수 있다.179)

이것은 '심학'이 '리학'의 형이상하의 분할을 격렬하게 반대하는 근본적인 원인이다. 전술한 바와 같이 '심학'은 도덕본체를 시공간의 세계 — 인간의 세계 — 사람의 마음 중에 안치시키고, '리'의 세계를 '심'의 세계에 완전히 병합했다. 이런 요지에 의거하면 '심학'은 '심'의 세계 위에 '리'의 세계가 있는 것을 인정할 리 없고, '심본체' 밖에 도덕본체가 있는 것을 인정할 리 없다. '심학'에 대해 하나의 객관형이상이나 시공을 초월하고 사람의 마음을 초월한 '리'의 세계는, 곧 도덕본체의 수립(본체론)으로 말하든지 도덕실천의 필요(공부론)로 말하든지, 모두 존재의 근거·가능성·의의를 상실한다. '심학'은 단지 하나의 형이하세계 — 시공 가운데 사람의 세계를 필요로 하고, 그것은 곧 이와 같은 세계 가운데 하나의 도덕본체 — 사람의 도덕심령을 수립한다. 이와 같은 도덕본체 혹은 도덕심령의 초월은 일종의 내재적 초월로서, 이와 같은 세계에 내재하고 사람에게 내재하는 초월이다. 이와 같은 초월은 다만 도덕주체의 최고의 존엄이나 무한한 순결을 체현할 뿐이고, 그것은 '리학'이 주장하는 바의 그러한 일종의 외재적 초월이나 도덕주체 — 사람에게 외재하는 초월을 필요로 하지 않는다.

그렇다면 육구연이 상술한 '심학'의 기본원칙을 철저하게 견지한 적이 있는가? 분명히 없다. 앞에서 서술한 바와 같이 그는 '음양'으로 '태

---

179) 馮友蘭, 『中國哲學史』下, 中華書局, 1961, p.955.

극'을 해석하여 물론 형이상하가 하나의 시공세계에 융합하는 경향을 가지고 있지만(주희의 사상도 이런 면이 있다. 그래서 이것은 사실 '심학'과 '리학'의 근본적인 차이가 될 수 없다), 그는 이 때문에 형이상하의 엄격한 경계를 아주 없애지 않았고(예를 들면 장리원이 이해한 것과 같이 '도道'·'기器'의 분별을 없애서, '기'를 '도'로 여기고 형이하를 형이상으로 여겼다[180]), 또한 "도와 기의 분별에 밝지 못한 것"[181]을 단호하게 반대했다. 말하자면 그의 사상 논리 중에는 여전히 형이상하의 두 세계가 존재한다. 다시 한 번 그가 '리'의 절대 객관적 성질을 긍정한 것을 참고하면, 특히 이 '리'가 도덕주체가 되는 사람을 초월하여 존재함을 긍정한 섯을 참고하면, 그의 사상 논리 가운데 형이상세계는 곧 실재로도 하나의 '심'세계 위의 '리'세계, 하나의 시공 밖의 세계이다. 그래서 펑유란이 "육구연이 본 것은 사실상 단지 하나의 세계이니, 곧 시공간에 있다. 단지 하나의 세계가 있지만 이 세계는 곧 마음과 일체가 된다"[182]라고 한 것은 전면적인 해석이 아니다. 그는 육구연 사상의 요지는 알았지만 육구연 사상의 모순은 알지 못했다. 사실 육구연이 형이상하의 측면에서 '태극'이 '온갖 조화의 근원'임을 긍정하는 것은 이미 자기도 모르는 사이에 주희의 노선을 따른 것이다. 그가 '음양'이 형이상자가 되는 것을 강조하여, 주희와 첨예하게 대립했다고 하더라도 주희가 엄격하게 분할한 형이상과 형이하, 즉 두 가지 세계의 기초위에서 자기의 주장을 제기한 것이다. 이런 주장 때문에도 근본적으로 주희와 명백한 한계를 그을 수 없다.

180) 張立文, 『宋明理學硏究』, 中國人民大學出版社, 1985, pp.494-495 참조.
181) 『陸九淵集』卷36, 「年譜」, "昧于道器之分."
182) 馮友蘭, 『中國哲學史』下, 中華書局, 1971, p.940.

"한 번 음하고 한 번 양하는 것을 도라 한다"는 것은 천지만물이 이 음양을 모두 갖추고 있음을 범범하게 말한 것이고, "이것을 이어가는 것이 선이다"는 것은 유독 사람에게 귀착된 것이며, "이것을 완성한 것은 성이다"는 것은 다시 하늘로 귀착된 것이니, 『중용』에서 말한 "하늘이 명한 것을 일러 성이라 한다"는 의미이다.[183]

이것이 육구연의 사상적 모순이고 이것이 곧 육구연 '심학'의 불철저한 점인데, '도'가 "유독 사람에게 귀착된다"고 한 곳에서 그는 '심본체'를 고양하고, '도'가 "다시 하늘에 귀착된다"고 한 곳에서 그는 여전히 하나의 '천본체'를 유지한다. 이것은 그가 '심즉리'를 주장하는 동시에 '마음 밖에 이치가 있다心外有理'는 것을 긍정하고, '마음과 이치는 하나이다心與理一'라는 것을 주장하는 동시에 "마음과 이치를 둘로 나누었다"[184]는 것을 뜻함으로써 심각하게 '심학'의 요지를 위배한 것이다. 이는 응당 왕수인이 이른바 육구연은 '거칠고'·'정일'함을 잃은 것이 있다는 가장 심각한 표현이라 할 것이다. 그것이 "내 마음이 곧 우주이다."[185] "마음이 곧 이치이다"[186]와 같은 결단력 있는 '심학'의 명제 아래에 모호하게 몸을 숨기고 있고, 대체로 육구연이 자각하지 못하고 표현했던 사상적 모순이기 때문에(이것은 한 학파의 학설을 처음 세우는 사람이 피하기 어려운 것이다), 확실히 '오로지 자세하게 살피고 힘써 배우는 것이 지속되어야 겨우 알아챌 수 있다.'

육구연의 사상적 모순 혹은 불철저성은 이 한마디로 귀결되는데, 바로 도덕본체를 완전히 사람의 심령세계에 건립할 수 없었고, 철저하게

---

183) 『陸九淵集』, 「語錄下」, "'一陰一陽之謂道', 乃泛言天地萬物皆具此陰陽也, '繼之者善也', 乃獨歸之于人. '成之者性也', 又復歸之于天, 天命之謂性也."

184) 『傳習錄』中, 135條目, "析心與理而爲二."

185) 『陸九淵集』, 「雜說」, "吾心卽是宇宙."

186) 『傳習錄』上, 3條目, "心卽理也."

하나의 '심본체'를 확립할 수 없었다는 점이다. 그리고 왕수인의 육구연에 대한 발전과 왕수인 사상의 철저함은 곧 그가 육구연의 사상 모순을 극복하고, '심학'의 논리에 따라 철저하게 하나의 '심본체'를 확립한 데에 있다.

먼저 주의할 것은 왕수인은 육구연의 '심즉리' 이 명제를 받아들이는 동시에 명확하게 "마음 밖에 이치가 없다"[187]는 것을 보충하고 강조했다는 것이다.

> 서애가 물었다. "지극한 선을 단지 마음에서만 구한다면 세상 만물의 이치를 다 구하지 못할까 염려됩니다."
>
> 선생께서 대답하셨다. "마음이 곧 리이다. 천하에 다시 마음 밖의 일이 있고 마음 밖의 이치가 있겠느냐?"
>
> 서애가 물었다. "예컨대 부모를 섬기는 효도, 임금을 섬기는 충성, 벗과 사귀는 믿음, 백성을 다스리는 어짊 등 그 사이에는 수많은 이치가 있으니, 또한 살피지 않을 수 없는 듯합니다.
>
> 선생께서 탄식하며 말씀하셨다. "그러한 학설의 폐단이 오래 되었으니, 어찌 한 마디로 깨우칠 수 있겠는가? 우선 (그대가) 질문한 것에 나아가 말해 보자. 가령 부모를 섬기는 경우 부모에게서 효도의 이치를 구할 수는 없고, 임금을 섬기는 경우 임금에게서 충성의 이치를 구할 수는 없으며, 벗과 사귀고 백성을 다스리는 경우도 벗과 백성에게서 믿음과 어짊의 이치를 구할 수는 없다. 모두가 다만 이 마음에 있을 뿐이니, 마음이 곧 리이다.[188]

---

187) 『王陽明全書』 卷4, "心外無理."

188) 『傳習錄』上, 3條目, "愛問: "至善只求諸心, 恐於天下事理, 有不能盡." 先生曰: "心卽理也. 天下又有心外之事, 心外之理乎?" 愛曰: "如事父之孝·事君之忠·交友之信·治民之仁, 其間有許多理在, 恐亦不可不察." 先生嘆曰: "此說之蔽久矣. 豈一語所能悟? 今姑就所問者言之. 且如事父, 不成去父上求個孝的理; 事君, 不成去君上求個忠的理; 交友治民, 不成去友上民上求個信與仁的理. 都只在此心, 心卽理也."

명확하게 '마음 밖의 이치心外之理'를 부정한 것은 곧 철저하게 객관적 '리'세계를 부정한 것이고, 철저하게 사람을 초월하는 도덕본체의 존재를 부정한 것이다. 이로 인하여 육구연이 '심즉리'를 주장하면서도 사람의 존재를 초월하는 '리'를 긍정하는 것과는 달리, 왕수인은 하나의 '리'세계를 완전히 인간의 심령 중에 두었으니, 이와 같은 '리'의 세계는 곧 사람의 도덕'심' — '양지良知', 즉 '심본체'이다. 왕수인 사상은 결과적으로 그 이론적 핵심은 '양지良知'(본체론)와 '치양지致良知'(공부론) 다섯 자에 불과하다.

> 나는 양지 두 글자는 용장 이후로 이미 이 뜻을 벗어나지 않았고, 더 이상 이 두 글자를 벗어나지 않았지만 공부하는 사람들과 말하면서 도리어 많은 말을 허비했다. 지금 다행히 이 뜻을 떠올려 보니, 한마디 말로 전체를 환히 꿰뚫어 볼 수 있어 참으로 통쾌하다.189)
>
> 근래에 의외로 양지 두 글자는 날로 분명하고 간이하다는 것을 알았다. 아침저녁으로 벗들과 강습하면서 단지 이 두 글자를 발휘하는 것에서 벗어나지 않았다. 이 두 글자는 사람마다 태어나면서부터 가지고 있는 것이기 때문에 비록 지극히 어리석고 하찮은 사람이라도 한번 말하면 곧 깨닫는다. 만약 그 지극함에 이른다면 비록 성인이나 천지라 할지라도 의혹이 있을 수 없다. 그러므로 이 두 글자를 말하면 궁겁窮劫에도 끝내지 못할 것이다. 세유들이 아직 여기에 의심을 두고, 도를 다하기에 아직 충분하지 않아서 단지 지금까지 실로 견득見得하지 못했을 뿐이라고 말한다. 근래 어느 향대부가 나를 강학할 것을 청하면서 "양지를 제외하고 또한 어떤 말할 수 있나요?"하기에 내가 "양지를 제외하고 또한 어떤 말할 수 있나요?"라고 했다.190)

189) 『王陽明全書』卷前, "吾良知二字, 自龍場以後, 便已不出此意, 只是復此二字不出, 與學者言, 費却多少辭說. 今幸見出此意, 一語之下, 洞見全體, 眞是痛快."
190) 『王陽明全書』卷6, "近來却見得良知兩字日益眞切簡易. 朝夕與朋輩講習, 只是發

온갖 사려는 다만 양지를 실현하고자 하는 것이다.[191]

"양지를 실현하는" 것이 학문의 커다란 핵심이며, 성인이 사람들에게 가르쳐 주신 가장 근본적인 뜻이다.[192]

왕수인은 다만 '양지'를 표방하고 아울러 그것을 '심'의 '본체'로 삼아("양지라는 것은 마음의 본체이다"[193]) 도덕본체는 사람을 초월하여 존재할 수 없고, 그것은 오직 사람의 마음에만 존재할 수 있고, 그것은 바로 사람 마음의 '허령명각'이라는 것을 두드러지고 명확하게 했다.

마음은 몸의 주재이며, 마음의 '허령명각'이 이른바 본연의 양지이다.[194]

왕수인에 있어서 사람 마음의 '양지'는 실제적으로 이미 주희에서 육구연에 이르기까지 모두 힘을 다해 표방한 '태극'을 대체하여, 주체적인 '아我'의 '양지'가 '온갖 조화의 근원'이 됐다.

선생께서 말씀하셨다. 양지는 조화의 정령이다 이 정령이 하늘을 낳고 땅을 낳으며 귀신을 이루고 상제를 이루니, 모든 것이 여기로부터 나온다. 참으로 이것은 물物과 더불어 상대되지 않는다.[195]

揮此兩字不出. 緣此兩字人人所自有, 故雖至愚下品, 一提便省覺. 若至其極, 雖聖人天地不能不憾. 故說此兩字, 窮劫不能盡. 世儒尙有致疑于此, 謂未足以盡道者, 只是未嘗實見得耳. 近有鄕大夫請某講學者云: '除却良知, 還有什麽說得?' 某答云: '除却良知, 還有什麽說得?'"

191) 『傳習錄』下, 284條目, "千思萬慮, 只是要致良知."

192) 『傳習錄』中, 168條目, "'致良知'是學問大頭腦, 是聖人敎人第一義."

193) 『傳習錄』中, 152條目, "良知者, 心之本體."

194) 『傳習錄』中, 137條目, "心者, 身之主也. 而心之虛靈明覺, 卽所謂本然之良知也."

> 양지의 허虛는 곧 하늘의 태허太虛이며, 양지의 무無는 곧 태허의 무형無形이다. 해와 달, 바람과 우뢰, 산과 강, 인간과 사물 등 무릇 모양과 형색을 가지고 있는 현상들은 모두 태허의 무형 속에서 발용하여 유행하며, 하늘의 장애가 된 적이 없다. 성인은 단지 그 양지의 발용에 순응할 뿐이다. 천지만물이 모두 내 양지가 발용하여 유행하는 가운데 있으니, 어찌 또 하나의 물체가 양지의 밖에 있어서 장애가 되겠는가?[196]

사람 마음의 '양지' — '심본체'는 '모든 조화의 근본'이 되고, 물론 유일한 도덕본체이므로 이와 같은 '심본체'의 절대적 권위를 수립하기 위하여, 왕수인은 거듭 '심'과 '천'·'리'의 관계를 자세하게 해석했다.

육구연의 "삼극은 모두 이 이치와 같고 하늘은 존귀하다. ……사람으로 말하면 어찌 천지보다 크다고 할 수 있겠는가?"[197]라는 것과 왕수인이 '양지' 본체는 "만약 그 지극함에 이른다면 비록 성인이나 천지라 할지라도 의혹이 있을 수 없다"[198]고 여긴 것을 대조해 보면, 그는 명확하게 사람의 마음으로 '천'을 병탄하고 대체했다.

> 사람이란 천지만물의 마음이고 마음이란 천지만물의 주인이다. 마음은 곧 하늘이니, 마음을 말하면, 천지만물을 낱낱이 들추어내면서도 친근하고 간이하기 때문에 사람에게 배움을 말할 때에 마음을 구진求盡하라는 것만 같은 것은 없다.[199]

---

195) 『傳習錄』下, 261條目, "先生曰: 良知是造化的精靈, 這些精靈, 生天生地, 成鬼成帝, 皆從此出, 眞是與物無對."

196) 『傳習錄』下, 269條目, "良知之虛, 便是天之太虛. 良知之無, 便是太虛之無形, 日月風雷, 山川民物, 凡有貌象形色, 皆在太虛無形中. 發用流行. 未嘗作得天的障礙. 聖人只是順其良知之發用. 天地萬物, 俱在我良知的發用流行中. 何嘗又有一物超於良知之外, 能作得障礙."

197) 『陸九淵集』, 「與越咏道書」, "三極皆同此理, 而天爲尊. ……自人而言, 則豈可言大于天地?"

198) 『王陽明全書』卷6 "若至其極, 雖聖人天地不能無憾."

> 사람의 마음은 위로는 높은 하늘까지 이르고 아래로는 깊은 못까지 이른다〔天淵〕다. 마음의 본체는 포용하지 않는 것이 없으니, 원래 하나의 하늘이다. 다만 사욕에 가려져서 하늘의 본체를 잃어버렸을 뿐이다. 마음의 이치는 무궁무진하니 원래 하나의 연못이다. 다만 사욕에 막혀서 연못의 본체를 잃어버렸을 뿐이다. 이제 생각마다 양지를 실현하여 이 가려지고 막힌 것을 전부 제거한다면 본체가 이미 회복된 것이니 그것이 천연이다.200)

육구연은 항상 '심'과 '리'를 같이 말하고 '심'을 떠나서 철저히 '리'의 절대 보편적 존재를 대조했으나, 왕수인은 결코 '심'을 떠나서 '리'를 말하지 않았다.

> 또 물었다. ……정자는 "사물에 있는 것이 리이다"라고 했습니다. 어째서 마음이 곧 리라고 말씀하십니까?
>
> 선생께서 말씀하셨다. "사물에 있는 것이 리이다物在爲理에서 재在 앞에 하나의 심心자를 첨가해야 한다. 이 마음이 사물에 있으면 리가 된다. 예를 들면 이 마음이 아비를 섬기는 데 있으면 효도가 되고, 임금을 섬기는 데 있으면 충성이 되는 것과 같은 종류이다."201)

육왕이 모두 '심즉리'를 함께 주장하고 이로 인해 '심'과 '리'는 왕수인에 있어서도 여전히 호환할 수 있는 범주이지만, '심'은 '리'에 비교하면

---

199) 『王陽明全書』卷6, "人者, 天地萬物之心也; 心者, 天地萬物之主也. 心卽天, 言心則天地萬物皆擧矣, 而又親切簡易, 故不若言人之爲學, 求盡乎心而已."

200) 『傳習錄』下, 222條目, "人心是天淵, 心之本體, 無所不該. 原是一個天, 只爲私欲障礙, 則天之本體失了. 心之理無窮盡, 原是一個淵, 只爲私欲窒塞, 則淵之本體失了. 如今念念致良知, 將此障礙窒塞一齊去盡, 則本體已復, 便是天淵了."

201) 『傳習錄』下, 321條目, "又問: '……程子云: 在物爲理, 如何謂心卽理?' 先生曰: '在物爲理, 在字上當添一心字. 此心在物則爲理, 如此心在事父則爲孝, 在事君則爲忠之類.'"

확실히 왕수인이 더욱 자세한 해석을 가하여 핵심 범주로 삼았다. 그는 한편으로 마음이 없으면 이치도 없다는 것을 강조하면서, 되풀이하여 모든 '리'는 모두 '심'이 싹틔운 것이고 '심'이 세운 것이고 '심'이 부여한 것이라고 했다.

> 이 마음이 사욕에 가려지지 않은 것이 바로 천리이니, 밖에서 조금이라도 보탤 필요가 없다. 이 순수한 천리의 마음을 부모를 섬기는 데 드러낸 것이 효도이고, 임금을 섬기는 데 드러난 것이 바로 충성이며, 벗을 사귀고 백성을 다스리는 데 드러낸 것이 바로 믿음과 어짊이다.[202)]
>
> 이 마음이 만약 인욕이 없는 순수한 천리라서 부모에게 효도하는 데 성실한 마음이라면, 겨울에는 자연히 부모의 추위를 생각하여 저절로 따뜻하게 해 드릴 도리를 구하고자 할 것이고, 여름이면 부모님의 더위를 염려하여 저절로 시원하게 해 드릴 도리를 구하고자 할 것이며, 여름에는 자연히 부모의 더위를 생각하여 시원하게 해 드릴 도리를 구하고자 할 것이다. 이것은 모두 이 효성스러운 마음이 발현되어 나온 조목이다. 그러나 반드시 이 효성스러운 마음이 있어야만 그러한 조목들이 발현되어 나올 수 있다. 나무에 비유하면 이 효성스러운 마음은 뿌리이고 수많은 조목들은 가지나 잎이다. 반드시 먼저 뿌리가 있은 뒤에 가지나 잎이 있는 것이지, 먼저 가지와 잎을 찾은 뒤에 뿌리를 심는 것은 아니다.[203)]

---

202) 『傳習錄』上, 3條目, "此心無私欲之蔽, 即是天理, 不須外面添一分. 以此純乎天理之心, 發之事父便是孝, 發之事君便是忠, 發之交友治民, 便是信與仁."

203) 『傳習錄』上, 3條目, "此心若無人欲, 純是天理, 是個誠於孝親的心, 冬時自然思量父母的寒, 便自要求個溫的道理. 夏時自然思量父母的熱, 便自要求個凊的道理. 這都是那誠孝的心發出來的條件. 卻是須有這誠孝的心, 然後有這條件發出來. 譬之樹木, 這誠孝的心便便是根, 許多條件便枝葉. 須先有根, 然後有枝葉. 不是先尋了枝葉, 然後去種根."

> 부모에게 효도하는 마음이 있으면 곧 효도의 이치가 있고, 효도하는 마음이 없으면 곧 효도의 이치가 없다. 임금에게 충성하는 마음이 있으면 곧 충성의 이치가 있고, 임금에게 충성하는 마음이 없으면 곧 충성의 이치가 없다.[204)]

다른 한편으로 그는 더욱 독특하게 단도직입적으로 '리'를 '심'의 조리로 자세하게 해석했다. 이것으로 어떤 것도 '심'을 떠나 '리'를 말할 가능성이 막혔는데, '리'가 '심'의 속성이 됐기 때문이다.

> 리라는 것은 마음의 조리이다. 이 리가 부모를 섬기는 것에서 생겨나면 효도가 되고, 임금을 섬기는 것에서 생겨나면 충성이 되고, 벗을 사귀는 것에서 생겨나면 신의가 된다. 끊임없이 변화하는 것은 이루 다 할 수 없고, 나의 한마음에서 생겨나지 않는 것이 없다.[205)]
>
> 마음은 하나일 뿐이다. 그 전체의 측은히 여기는 것으로 말하면 어짊이라 하고, 그 마땅함을 얻는 것으로 말하면 의로움이라 하고, 그 조리로 말하면 리라고 한다. ……내 마음에서 이치를 구하는 것, 이것이 성문의 지행합일의 가르침이다.[206)]
>
> 천명의 성은 내 마음에 갖추어져 있고, 그 혼연한 전체 가운데 조리와 절목이 삼엄하게 모두 갖추어져 있으므로 천리라고 한다. 천리의 조리를 예라고 한다. 이 예가 밖에서 발현되면 오상五常·백행百行·수작酬酢·변화變化·어묵語默·동정動靜·승강昇降·주선周旋·융살隆殺·후박厚薄의 것들이 생겨난다.[207)]

---

204) 『傳習錄』中, 133條目, "有孝親之心, 卽有孝之理, 無孝親之心, 卽無孝之理矣; 有忠君之心, 卽有忠之理, 無忠君之心, 卽無忠之理矣."

205) 『王陽明全書』卷8, "理也者, 心之條理也. 是理也, 發之于親則爲孝, 發之于君則爲忠, 發之于朋友則爲信. 千變萬化, 至不可窮竭, 而莫非發于吾之一心."

206) 『傳習錄』中, 133條目, "心, 一而已. 以其全體惻怛而言, 謂之仁, 以其得宜而言謂之義, 以其條理而言謂之理. ……求理於吾心, 此聖門知行合一之敎."

> 『대학』에서 말한 후함과 박함은 양지의 자연적인 조리로서 뛰어넘을 수 없으니, 이것을 의로움이라고 한다. 이 조리를 따르는 것을 예라고 하고, 이 조리를 아는 것을 지라고 하며, 처음부터 끝까지 이 조리를 지키는 것을 신이라고 한다.[208]

'리'를 '심'의 조리로 해석하면 철저하게 '마음 밖에 이치는 없다心外之理'는 것을 보증하고, '심'이 오직 유일한 도덕본체의 존재가 되는 것을 철저하게 보증하게 된다.

만약 왕수인이 본체론에서 '양지'를 제시하여 하나의 '심본체'를 철저하게 확립했다고 한다면, 그는 공부론에서 '치양지'를 제창하여 '스스로 돌이켜 자신에게서 찾고內省反求', '마음속으로 깊이 인식하여 확장하는 体認擴充' 수양노선을 철저하게 견지했다. 이주가 강력하게 제창하고 육구연도 여전히 유지했던 '즉물궁리'·'격물치지'적 외면에서 내면에 이르는 공부론을 철저하게 부정하기 위하여, 왕수인은 먼저 근본적인 문제 해결로서 '심외지리'를 부정했을 뿐만 아니라 '심외지사心外之事'·'심외지물心外之物'을 부정했다.

> 마음 밖에 물이 없고, 마음 밖에 사가 없고, 마음 밖에 이치가 없고, 마음 밖에 의가 없다.[209]

그는 나아가 심체가 유행하고 발용發用하는 범주—'의意'를 명시하여

---

207) 『王陽明全書』卷7, "天命之性, 具于吾心, 其渾然全體之中, 而條理節目, 森然畢具, 是故謂之天理. 天理之條理謂之禮. 是禮也, 其發見于外, 則有五常·百行·酬酌·變化·語默·動靜·昇降·周旋·隆殺·厚薄之屬."

208) 『傳習錄』下, 276條目, "『大學』所謂厚薄, 是良知上自然的條理, 不可踰越, 此便謂之義, 順言個牒理, 便謂之禮; 知此條理, 便謂之智; 終始是這個條理, 便謂之信."

209) 『王陽明全書』卷4, "心外無物, 心外無事, 心外無理, 心外無義."

'물物'을 '심心'의 본원으로 돌리고, 외면에서 내면에 이르고 '심'에서 '물'에 이르기까지의 도덕발생론을 강조했다.

> 몸을 주재하는 것이 바로 마음이고 마음이 발한 것이 바로 의념이며, 의념의 본체가 바로 지이고 의념이 있는 곳이 바로 물이다.[210]
>
> 만약 의념이 부모를 섬기는 데 있다면 부모를 섬기는 것이 바로 하나의 물이고, 의념이 임금을 섬기는 데 있다면 임금을 섬기는 것이 바로 하나의 물이며, 의념이 백성을 어질게 대하고 사물을 사랑하는 데 있다면 백성을 어질게 대하고 사물을 사랑하는 것이 바로 하나의 물이며, 의념이 보고 듣고 말하고 움직이는 데 있다면 보고 듣고 말하고 움직이는 것이 바로 하나의 물이다. 그래서 나는 "마음 밖에 이치가 없으며 마음 밖에 물이 없다"고 말했다.[211]

말할 필요도 없이 왕수인은 '내면'에서 '외면'에 이르고, '심'에서 '물'에 이르는 도덕발생론을 제기하여, 더욱 철저하게 '외면'에서 '내면'에 이르고, '하늘'에서 '사람'에 이르는 도덕발생론을 철저하게 부정했다. 그것과 상응하여 도덕실천의 방법이나 절차를 선택하는 데 있어서도 왕수인은 이주와 아주 상반된 주장을 제기했다. 이 점은 그의 '격물치지'에 대한 완전히 새로운 해석에서 가장 선명하게 나타나 있다.

> 내가 말하는 치지격물은 내 마음의 양지를 각각의 사물에 실현하는 것이다. 내 마음의 양지가 바로 이른바 천리이다. 내 마음 양지의 천리

---

210) 『傳習錄』上, 6條目, "身之主宰便是心, 心之所發便是意, 意之本體便是知, 意之所在便是物."

211) 『傳習錄』上, 6條目, "如意在於事親, 卽事親便是一物; 意在於事君, 卽事君便是一物; 意在於仁民愛物, 卽仁民愛物便是一物; 意在於視聽言動, 卽視聽言動便是一物. 所以某說無心外之理, 無心外之物."

> 를 각각의 사물에 실현하면 각각의 사물이 모두 그 이치를 얻게 된다. 내 마음의 양지를 실현하는 것이 치지이고, 각각의 사물이 모두 그 이치를 얻는 것이 격물이다.[212]

'양지'를 제시하는 것에서 '치양지'를 제창하기에 이르기까지, 본체론에서 공부론에 이르기까지 왕수인은 매우 자각적으로 '심학'의 한 노선을 관철했다. 이 '심학'의 노선과 주희를 대표로 하는 '이학' 노선은 첨예하게 대립했다. 앞에서 언급했듯이 주희는 정이를 발전시켜 철저하게 '리학' 노선을 관철했다. 주희의 이론이 철저한 점은 곧 그가 독자적으로 '천본체'를 수립하여 '심본체'를 제거하고, '하늘에서 사람에 이르는由天而人' 도덕발생론과 '즉물궁리'의 도덕수양론에 근거하여 맹자이후 내성지학의 '천'과 '심'의 두 개의 본체, '내성內省'과 '외구外求'의 두 가지 공부의 모순을 해결한 데에 있다. 왕수인의 육구연에 대한 발전과 왕수인 이론의 철저한 점은 홀로 '심본체'를 수립하여 '천본체'를 제거하고, '사람에서 하늘에 이르는' 도덕발생론과 '체인확충'의 도덕수양론에 근거하여 맹자이후 내성지학의 '천'과 '심'의 두 개의 본체, '내성'과 '외구'의 두 가지 공부의 모순을 해결한 것이다. 비록 주희와 왕수인의 이론이 모두 철저하더라도 왕수인의 사상이 더욱 내성지학의 내재적 요구와 발전적 논리에 부합되는데, 이 점은 본서 제1장에서 이미 수양방법(공부론)과 범주분석(본체론)의 두 측면으로 분석했다. 여기서는 부언하지 않는다.

---

212) 『傳習錄』中, 135條目, "若鄙人所謂致知格物者, 致吾心之良知於事事物物也. 吾心之良知, 卽所謂天理也. 致吾心良知之天理於事事物物, 則事事物物皆得其理矣. 致吾心之良知者, 致知也, 事事物物皆得其理者, 格物也."

제3절 윤리에서 심리에 이르기까지

왕수인은 홀로 '심본체'를 수립하여 도덕본체를 사람의 심령 중에 온전하게 수립했다. 이것은 물론 더욱 윤리주체의 최고 존엄성을 체현했거니와 절대의지의 자유 위에 더없이 숭고한 자율적 도덕을 수립함으로써[213] 내성지학에 더욱 부합하는 도덕적 인격을 형상화하고, 도덕 이성을 배양하여 윤리질서를 구축하고 이상사회의 기본정신을 실현했다. 그렇지만 그는 도덕본체를 사람의 심령 중에 온전하게 위치시켰기 때문에 사람의 도덕적 이성과 사람의 자연감성이 한 곳에서 뒤엉키게 하고 윤리와 심리가 뒤섞여 하나가 되게 했는데, '심'은 선천적으로 어쨌든 성스러움에 이르면 범상함을 초월하기 때문에 결국 '신'과 분리되지 않고 존재하게 된다.

> 마음은 몸의 주재자이며 마음의 허령명각이 이른바 본연의 양지이다.[214]

---

213) 칸트는 "자유로운 사람이라야 비로소 도덕을 지니고 있을 수 있다"(『道德形而上學基礎』제3장)라고 했다. 왕수인이 '천본체'를 부정하고, 객관형이상의 '리세계'를 부정했는데, 바로 주체에 외재하는 모든 것과 주체를 제약하는 준칙·규범·명령·권위 등을 제약하는 것을 부정함으로써(이것은 그와 주희의 '리학' 노선과의 근본적인 구별이다), 주체의지의 절대자유적 선택을 두드러지게 했다. 그리고 왕수인은 홀로 '심본체'를 수립하여 사람마다 모두 가지고 있는 양지를 들추어내고, 또한 주체의 '선량의지善良意志'—주체가 절대적으로 자유롭게 선택을 할 수 있는—를 두드러지게 했는데, 이것 또한 스스로 '선량의지'를 존중한 것이다. 이것으로 자율적 도덕의 비교할 수 없는 숭고함을 드러냈다. 왜냐하면 그것은 외外를 필요로 하지 않고 외재하는 이해의 여부와 상관없는, 그것이 주체—사람의 순수자아의 요구—이기 때문이다. 바로 이 점으로 말하면, 왕수인의 '양지'는 칸트의 '선량의지'와 유사하다. 王守仁, 『傳習錄』卷上, 8條目 ; 『傳習錄』卷中, 157條目 및 칸트, 『도덕형이상학의 기초』제1장, 「도덕에 대한 평범한 이성 인식에서 철학적 이성 인식으로의 전이」 참조.

> 귀와 눈과 입과 코와 사지는 몸이지만 마음이 아니라면, 어떻게 보고 듣고 말하고 움직일 수 있겠는가? 마음이 보고 듣고 말하고 움직이고자 하더라도 귀와 눈과 입과 코와 사지가 없다면 역시 불가능하다. 그러므로 마음이 없다면 몸도 없고, 몸이 없다면 마음도 없다. 그 가득 찬 곳을 가리켜 말한다면 몸이라 하고, 그 몸을 주재하는 곳을 가리켜 말한다면 마음이라 한다.[215]

만약 도덕본체가 주희에 있어서 여전히 일종의 순수이성의 객관적 윤리규범('정결공활한 리세계')을 나타내는 것이라면, 그것은 왕수인에 있어서는 단지 일종의 감성요소가 스며들어 있는 주관적 심리지각을 나타낼 수밖에 없다.

> 무릇 지각하는 곳이 마음이다. 예를 들어 눈과 귀는 보고 들을 줄 알고, 손과 발은 아프고 가려운 것을 아는데, 이 지각이 바로 마음이다.[216]
>
> 이른바 네 마음이 그것을 보고 듣고 말하고 행동할 수 있게 하는 것, 이것이 바로 본성이고 천리이다.[217]

펑유란은 이전에 "상산이 심이라 한 것이 바로 주희가 심이라 하는 것"으로 생각했다. '심'은 주륙에 있어서 모두 심리지각의 함의를 가지

---

214) 『傳習錄』卷中, 137條目, "心者, 身之主也, 而心之虛靈明覺, 卽所謂本然之良知也."

215) 『傳習錄』卷下, 201條目, "耳目口鼻四肢, 身也. 非心安能視聽言動? 心欲視聽言動, 無耳目口鼻四肢亦不能. 故無心則無身, 無身則無心. 但指其充塞處言之謂之身, 指其主宰處言之謂之心."

216) 『傳習錄』卷下, 322條目, "凡知覺處便是心. 如耳目之知視聽, 手足之知痛癢, 此知覺便是心也."

217) 『傳習錄』卷上, 122條目, "所謂汝心, 却是那能視聽言動的, 這個便是性, 便是天理."

고 있는데, 육구연은 이와 같은 '심리지각' 의미의 '심'을 '성'·'리'·도덕본체로 간주했기 때문에 주희는 그가 단지 '생지위성生之謂性'을 주장한 고자와 닮았다고 했다.[218] 머우쭝산은 이러한 평유란의 견해를 단호하게 반대하고 육구연과 왕수인이 말한 '심'은 바로 맹자가 말한 '본심'이고, 그것은 "분명히 심리학의 '심'이 아니고 바로 초월적 본연의 도덕심이다"[219]라고 여겼다.

머우쭝산의 비평은 사실 서로 다른 차원에 속하는 두 개의 문제, 즉 대상묘사와 대상평가의 문제를 헛갈렸다. 대상평가로 말하면, 육왕은 '심'을 '도덕심'·도덕본체로 해석하여 당연히 문제가 되지 않는다.(평유란도 분명히 이점을 부인하지 않았다) 그러나 대상묘사로 말하면, 육구연 특히 왕수인이 '심'이라 한 것은 분명히 본래 주희의 견해와 유사하고 심리지각의 함의를 가지고 있다. 이 점은 위에서 인용한 자료에서 이미 증명할 수 있는데, 다시 두 단락의 자료를 인용하여 입증해 보는 것도 무방하다.

주희는 다음과 같이 말한다.

> 예컨대 폐나 간과 같은 다섯 내장으로써의 심장은 실제로 존재하는 것이다. (그러나) 요즘 배우는 사람들이 논의하는, 잡으면 간직하고 놓으면 잃어버리는 마음 같은 것은 본디 신명하여 헤아릴 수 없다. 그러므로 내장으로써의 심장은 병을 얻으면 약을 써서 보양할 수 있지만, 이 마음은 창포나 복령으로 치료할 수 없다.[220]

---

218) 馮友蘭, 『中國哲學史』下冊, 中華書局, 1961, pp.940～944.

219) 牟宗三, 『從陸象山到陸蕺山』, 台灣 學生書局, 1980, p.216. 이 밖에 『心体與性体』를 참고할 수 있다.

220) 『朱子語類』卷5, "如肺肝五臟之心, 却是實有一物; 若今學者所論操舍存亡之心, 則自是神明不測. 故五臟之心受病, 則可用葯補之; 這個心則非菖蒲茯笭所可補也."

왕수인은 다음과 같이 말한다.

> 네가 만약 이목구비와 사지를 위한다면 반드시 "예가 아니면 보지도 말고 듣지도 말고 말하지도 말고 움직이지도 말아야 한다." 그러나 어찌 너의 이목구비와 사지가 스스로 보고 듣고 말하고 움직이지 않을 수 있겠는가? 반드시 네 마음으로 말미암아야 한다. 보고 듣고 말하고 움직이는 것이 모두 너의 마음이다. 네 마음이 보는 것이 눈을 통해 실현되고, 네 마음이 듣는 것이 귀를 통해 실현되며, 네 마음이 말하는 것이 입을 통해 실현되며, 네 마음이 움직이는 것이 사지를 통해 실현된다. 만약 네 마음이 없다면 이목구비도 없다. 이른바 네 마음이란 오로지 한 덩어리의 피와 살만이 아니다. 만약 그것이 한 덩어리의 피와 살이라면, 이미 죽은 사람도 그 한 덩어리의 피와 살은 여전히 가지고 있는데, 어찌하여 보고 듣고 말하고 행동할 수 없는가?[221]

주희와 왕수인 모두 그들이 탐구한 '심'은 생리기관의 '심', '심장'("폐나 간과 같은 다섯 내장으로서의 심장", "한 덩어리의 피와 살")으로 여기는 것을 인정하지 않았다. 주희가 "잡으면 간직하고 놓으면 잃어버리는 마음 같은 것은 본디 신명하여 헤아릴 수 없다"는 것과 왕수인이 "반드시 예가 아니면 보지도 말고 듣지도 말고 말하지도 말고 움직이지도 말아야 한다. …… 반드시 네 마음으로 말미암아야 한다"는 것은 분명히 모두 정신활동을 가리킨다.(주로 도덕적 취사행위를 결정하는 이성적 판단과 의지적 성향을 가리킨다) 그러나 주의해야 할 것은 주희는 물론이고 의외로 왕수인 모두 후자는 전자에서 떠나지 않는다는 것을

221) 『傳習錄』卷上, 122條目, "汝若爲着耳目口鼻四肢, 要非禮勿視聽言動時, 豈是汝之耳目口鼻四肢自能勿視聽言動, 須由汝心. 這視聽言動皆是汝心. 汝心之視, 發竅於目; 汝心之聽, 發竅於耳; 汝心之言, 發竅於口; 汝心之動, 發竅於四肢. 若無汝心, 便無耳目口鼻. 所謂汝心, 亦不專是那一團血肉. 若是那一團血肉, 如今已死的人. 那一團血肉還在, 緣何不能視聽言動?"

인정한다는 것이다. 주희는 전자를 '비심非心'이라 여겼지만 여전히 그것은 "마음의 신명이 오르내리다가 머무는 집"[222]이라는 것을 인정했다. 왕수인은 '심'은 "오로지 한 덩어리의 피와 살만이 아니다不專是那一團血肉"라고 여겼는데 '오로지~이 아님不專是'은 곧 '단지 그것만이 아님不僅是'을 뜻하므로 언외의 뜻은 분명 '심'은 "그 한 덩어리의 피와 살"을 포함해야 하고, 그가 "마음이 없다면 몸도 없고 몸이 없다면 마음도 없다"[223]는 것과 연관되는 것으로, 이런 면은 전혀 의심스러운 점이 없다. 이로 인하여 주자와 왕수인이 논한 바의 '심'은 모두 심리지각의 함의를 가지고 있다. 그들의 구별은 주희는 이와 같은 '심'을 도덕실천의 개조 대상으로 간주하고, 왕수인은 이와 같은 '심'을 도덕실천의 본체 근거로 간주하는 데 있다.

그렇다면 전술한 바와 같이, 왕수인이 심리지각을 뜻하는 '심'을 도덕본체로 간주했기 때문에 사람의 도덕적 이성과 사람의 자연적 감성이 한 곳에서 뒤엉키게 했고, 윤리와 심리가 뒤섞여 일체가 되게 했다. 이렇게 되면 마침내 '심학'이 내성지학을 드러내게 되고 윤리학이 심리학을 향해 나아가기 시작했다. '심학'의 이런 중요한 발전추세를 알기 위해서는 왕수인의 '도심'과 '인심'의 구별, '천리'와 '인욕'을 분별에 관한 견해를 토론해 볼 필요가 있다. 『전습록』에 다음과 같이 실려 있다.

> 도심과 인심에 대해 물었다.
> 선생께서 말씀하셨다. "본성을 따르는 것을 도라고 한다"는 것이 바로 도심이다. 그러나 사람의 (사적인) 생각이 조금이라도 발생하면 바로 인심이 된다. 도심은 본래 소리도 없고 냄새도 없다. 그러므로 "은미하다"고 했다. 인심에 따라 행하면 편안하고 온당하지 못한 것이 많게 된다. 그러므로 "오직 위태롭다"고 했다.[224]

---

222) 『朱子語類』卷5, "心之神明昇降之舍."
223) 『傳習錄』卷下, 201條目, "無心則無身, 無身則無心."

서애가 물었다. "(주자는) '도심이 항상 한 몸의 주인이 되고, 인심은 매번 그 명령을 따른다.'라고 말했는데, 선생의 '순수하게 하고 한결같게 한다'에 대한 해석으로 미루어 본다면 이 말은 폐단이 있는 듯합니다."

선생께서 대답하셨다. "그렇다. 마음은 하나이다. 인위적인 것이 섞이지 않은 마음을 도심이라 하고, 인위적인 것이 섞인 마음을 인심이라 한다. 인심이 그 바름을 얻은 것이 바로 도심이고, 도심이 그 바름을 잃은 것이 바로 인심이지, 애초에 두 마음이 있는 것이 아니다. 정자가 '인심은 곧 인욕이고, 도심은 곧 천리이다'라고 했는데, 이 말은 마치 (마음을 둘로) 나눈 듯하지만 그 뜻은 참으로 정확하다. 이제 '도심이 주인이 되고 인심은 명령을 따른다'고 말한다면, 이것은 마음을 둘로 나눈 것이다. 천리와 인욕이 병립하지 않는데, 어떻게 천리가 주인이 되고 인욕이 그것을 좇아서 명령을 따를 수 있겠는가!"[225]

우리들은 육구연이 일찍이 주희가 긍정하는 '도심'과 '인심'의 구별, '천리'와 '인욕'의 분별에 관해 반대한 것으로 알고 있다.

이른바 "인심은 인위이고 도심은 천리이다"라고 하는 것은 옳지 않다. 인심은 단지 대체로 사람의 마음을 가리킨다. 은미하다는 것은 정미하다는 것이고, 거칠다는 것은 은미하지 않은 것이니, 인욕이 천리라고 하면 옳지 않다. 사람은 선도 있고 악도 있다. 하늘도 선도 있고 악도 있다. (일식과 월식, 악성이 그러한 예이다.) 어찌 선은 모두 하늘에 귀속시키고, 악은 모두 사람에게 귀속시키겠는가? 이 설은 『예기』「악

---

224) 『傳習錄』卷下, 250條目, "問道心人心. 先生曰: 率性之謂道便是道心, 但着些人的意思在, 便是人心. 道心本是無聲無臭, 故曰微, 依着人心行去, 便有許多不安穩處, 故曰惟危."

225) 『傳習錄』卷上, 10條目, "愛問: '道心常爲一身之主, 而人心每聽命. 以先生精一之訓推之, 此語似有弊.' 先生曰: '然心一也. 未雜於人, 謂之道心, 雜以人僞, 謂之人心. 人心之得其正者卽道心, 道心之失其正者卽人心, 初非有二心也. 程子謂人心卽人欲, 道心卽天理, 語若分析, 而意實得之. 分道心爲主, 而人心聽命, 是二心也. 天理人欲不竝立, 安有天理爲主, 人欲又從而聽命者!'"

기」에서 생겨났고 이 설은 성인의 말이 아니다.[226)]

천리와 인욕을 구분 짓는 학설은 또한 자체가 지론이 아니다. 만일 하늘이 리이고 사람은 욕이라 한다면, 하늘과 사람이 같지 않게 된다. 이 학설의 근원은 대체로 노자에서 비롯되었다. ……『서경』「대우모」에서 "인심은 위태롭고 도심은 은미하다"고 했다. 이를 해석한 사람들은 대부분 인심은 인욕으로, 도심을 천리라고 보았는데, 이러한 관점은 틀렸다. 마음은 하나이니, 사람이 어찌 천리와 인욕의 두 가지 마음을 가지겠는가?[227)]

그러나 왕수인은 분명 육구연과 서로 도와주는 곳이 있었으나, 그도 역시 '천리'로써 '도심'을 해석하고 '인욕'·'인위人僞'로써 '인심'을 해석했으니, 그가 '심학'의 요지를 어기고 육구연으로부터 주희에게로 전향한 것인가? 실제는 그렇지 않다. 왜냐하면 왕수인과 주희의 도심과 인심, 천리와 인욕에 대한 해명은 하나의 입각점에서 근본적인 구별이 있다. 왕수인은 주관 내재의 '심본체'에 입각했고 주희는 객관 외재의 '천본체'에 입각했다. '천본체'에 입각하여 주희가 비록 육왕과 마찬가지로 도심과 인심이 같이 한 마음에 있는 것이라고 주장하지만("인심은 위태롭고 도심은 은미하니, 논하자면 그저 하나의 마음이고, 어떻게 두 가지 물건이 있겠는가"[228)]), 그의 이른바 '도심'의 근본 근원, 최후 근거는 그래도

---

226) 『陸九淵集』, 「語錄上」, "謂 '人心, 人僞也; 道心, 天理也', 非是. 人心, 只是說大凡人之心. 惟微, 是精微, 纔粗便不精微, 謂人欲天理, 非是. 人亦有善有惡, 天亦有善有惡(日月蝕, 惡星之類), 豈可以善皆歸之天, 惡皆歸之人. 此說出于『樂記』, 此說不是聖人之言."

227) 『陸九淵集』, 「語錄」, "天理人欲之言, 亦自不是至論. 若天是理, 人是欲, 則是天人不同矣. 此其原蓋出于老氏. ……『書』云: '人心惟危, 道心惟微.' 解者多指人心爲人欲, 道心爲天理, 此說非是. 心一也, 人安有二心."

228) 『朱子語類』卷61, "人心惟危, 道心惟微, 論來只是一個心, 那得有兩樣."

그것은 사람을 초월한 객관형이상의 도덕본체—태극이고, 도심은 이러한 태극의 구체화되어 드러나고, 인격화되어 드러난 것에 불과하다. 주희의 범주체계를 따르면, 도심은 '성'의 첫 번째 단계에 속하고(본장 제1절 정이에서 주희에 이르기까지를 참고하라), "이 성을 가지고 있지 않은 사람이 없으므로 비록 하우라도 도심이 없을 수 없다"[229]라는 것이다. 그런데 논리적으로 말하면, 태극이 없으면 도심이 있을 수 없고 도심은 없더라도 태극은 있을 수 있기 때문에 도심은 결코 도덕본체가 아니고, 그것은 도덕본체—태극이 사람에게 구체화된, 사람의 심령에 구체화된 산물 혹은 표현이다. 이것은 곧 본서의 이른바 '하늘에서 사람에 이르기까지'의 도덕발생론이다. 이와 같은 도덕발생론에 기초하여 도심·인심이 비록 똑같이 심리 지각이더라도 형이상의 '성'과 형이하의 '형' 두 개의 세계에 나뉘어 귀속된다.

> 마음의 허령지각은 하나일 뿐인데 인심과 도심의 다름이 있다고 한 것은, 혹은 형기의 사사로움에서 생겨나고 혹은 성명의 바름에서 근원하여 지각하는 것이 똑같지 않기 때문이다. 그러므로 혹은 위태로워 편안하지 못하고 혹은 미묘하여 보기가 어려운 것이다. 그러나 사람은 이 형체를 가지고 있지 않은 이가 없으므로 비록 상지上智라도 인심이 없을 수 없고, 또한 이 성을 가지고 있지 않은 이가 없으므로 비록 하우下愚라도 도심이 없을 수 없다.[230]
>
> 어떤 사람이 인심과 도심의 구별에 대해 물었다. 대답하셨다. "단지 이 하나의 마음일 뿐인데 지각이 귀와 눈의 욕구를 따라가면 곧 인심이고, 지각이 의리를 따라가면 곧 도심이다."[231]

---

229) 『朱文公文集』卷76. "莫不有是性, 故雖下愚, 不能無道心."

230) 『朱文公文集』卷76, "心之虛靈知覺, 一而已矣, 而以爲有人心·道心之異者, 以其或生于形氣之私, 或原於性命之正, 而所以爲知覺者不同, 是以或危殆而不安, 或微妙而難見爾. 然人莫不有是形, 故雖上智不能無人心, 亦莫不有是性, 故雖下愚不能無道心."

형이상의 도심과 형이하의 인심 이 "두 가지가 마음 속에 섞여 있어서 그것을 다스릴 방법을 알지 못하면 곧 위태로운 것은 더욱 위태로워지고 미묘한 것은 더욱 미묘해져서 천리의 공변됨이 끝내 인욕의 사사로움을 이겨내지 못한다."[232] 그래서 주희는 다음과 같이 말한다.

> 반드시 도심으로 하여금 항상 한 몸의 주인을 삼으며 인심으로 언제나 그 명령을 따르게 하면, 위태로운 것이 편안해지고 미묘한 것이 드러나서, 행동하고 말하는 것이 저절로 지나치거나 미치지 못하는 차이가 없게 될 것이다.[233]

"도심으로 하여금 항상 한 몸의 주인을 삼는다"는 것은 위에서 살펴본 주희의 도덕본체론이나 도덕발생론에 의해서 반드시 밖에서 '즉물궁리'하여 태극에 도달해야만 비로소 실현할 수 있다.

> 반드시 배우는 자들로 하여금 모든 천하의 사물에 나아가서 그 이미 알고 있는 이치를 인하여 더욱 궁구해서 그 극에 이름을 구하지 않음이 없게 하는 것이다. 그리하여 힘쓰기를 오래해서 하루아침에 활연히 관통함에 이르면, 모든 물건의 표리와 정조가 이르지 않음이 없을 것이고, 내 마음의 전체와 대용이 밝지 않음이 없을 것이다.[234]

---

231) 『朱子語類』卷78, "或問人心·道心之別, 曰: 只是這一個心, 知覺從耳目之欲上去, 便是人心; 知覺從義理上去, 便是道心."

232) 『朱文公文集』卷76, "二者雜于方寸之間, 而不知所以治之, 則危者愈危, 微者愈微, 而天理之公卒無以勝夫人欲之私."

233) 『朱文公文集』卷76, "必使道心常爲一身之主, 而人心每聽命焉, 則危者安, 微者著, 而動靜云爲自無過不及之差矣."

234) 『大學章句』, 「格物致知補傳」, "必使學者, 即凡天下之物, 莫不因其已知之理而益窮之, 以求至乎其極. 至於用力之久, 而一旦豁然貫通焉, 則衆物之表裏精組無不到, 而吾心之全體大用無不明矣."

'활연관통'은 곧 '도심'과 천하의 이치가 같은 근원에서 일체가 됨을 체인하는 것이니("내 마음의 전체와 대용이 밝지 않음이 없다"), 모두 그 객관형이상의 도덕본체 — 태극을 드러내는 것이다. 이와 같은 체인의 기초 위에서 비로소 자각적으로 도심으로 주인을 삼을 수 있고, 인심이 천명을 따르게 함으로써 '존천리 멸인욕'을 실현할 수 있다. 주희에 있어서 도심은 순천히 천리가 되고 인심은 인욕이 섞였다. 전자는 형이상의 세계에 속하고 후자는 형이하의 세계에 속한다. 전자는 후자를 주재하고 후자는 전자를 복종한다. 이로 인하여 확실히 왕수인이 비평한 것과 같이 "두 개의 마음이다是二心也." 그렇지만 이 '두 개의 마음'은 분명히 주희 자신의 사상 논리에는 부합하고, 그것은 또한 바로 본서 앞에서 언급한 '심'의 이중 설정이다.(본장 제1절 정이에서 주희에 이르기까지를 참고하라)

그렇다면 왕수인사상의 논리에 의해서 어떻게 도심·인심을 나눌 수 있고, 어떻게 천리로 도심을 해석하고, 인욕으로 인심을 해석할 수 있을까?

먼저 주의할 것은 왕수인이 비록 도심과 인심을 논할지라도 분명하게 "도심이 주인이 되고 인심은 명령을 따른다"는 것을 반대하고, "인심이 그 바름을 얻은 것이 바로 도심이고 도심이 그 바름을 잃은 것이 바로 인심이다"[235]고 여겼다. 두 가지 말을 비교해 보면 전자는 분명히 두 개의 마음이 병존하고(하나는 주인이 되고 하나는 따른다), 후자는 하나의 마음이 서로 다른 상태이다. 서로 다른 상태라는 것은 곧 "그 바름을 얻은 것"과 "그 바름을 잃은 것"이고 모두 이로 인해 그것으로 유일한 도덕심의 좌표를 삼는다. 만약 관점을 바꾸면 "그 바름을 얻은 것"과 "그 바름을 잃은 것"은 바로 마음의 '밝음明'과 '어두움昏'이다.

---

235) 『傳習錄』卷上, 10條目, "人心之得其正者卽道心, 道心之失其正者卽人心, …… 分道心爲主, 而人心聽命."

서애가 말했다. 마음은 거울과 같다. 성인의 마음은 밝은 거울과 같고, 보통사람의 마음은 어두운 거울과 같다. 격물에 관한 근세의 학설은 마치 거울로 사물을 비추는 것과 같다. (사물을) 비추는 데서 공부하지만, 거울에 여전히 혼탁함이 있음을 알지 못하니, 어떻게 비출 수 있겠는가? 선생의 격물은 마치 거울을 닦아 그것을 밝게 하는 것과 같다. (거울을) 닦는 데서 공부하지만 (거울이) 밝아진 뒤에도 또한 비추는 것을 폐한 적이 없다.[236]

이른바 '혼'과 "그 바름을 잃은 것"은 모두 그 도덕심 — 심본체를 가리키는 것이 아니다.("내 마음의 본체는 자연히 영명하고 밝아서 환하게 깨닫는 것이다."[237] "지극히 선한 것은 마음의 본체이다. 마음의 본체가 어찌 선하지 않음이 있겠는가? 예컨대 지금 마음을 바르게 하고자 한다면 본체의 어느 곳에서 공부할 수 있겠는가?"[238] "양지는 곧 정감이나 사려가 아직 발현되지 않은 평형상태이고, 확 트여 크게 공정한 것이며, 적연하여 움직이지 않는 본체로써 사람들마다 똑같이 갖추고 있는 것이다. 다만 물욕에 어둡게 가려지지 않을 수 없으므로 반드시 학문을 통해 그 어둡게 가려진 것을 제거해야 한다. 그러나 양지의 본체에 대해서는 애초에 털끝만큼이라도 보태거나 덜어낼 수 없다"[239]) 그것은 '심본체'가 그것에 외재하는 '인욕'의 오염·가림을 당하여 발휘할

---

236) 『傳習錄』卷上, 62條目, "曰仁云: 心猶鏡也. 聖人心如明鏡, 常人心如昏鏡. 近世格物之說, 如以鏡照物. 照上用功, 不知鏡尙昏在, 何能照? 先生之格物, 如磨鏡而使之明. 磨上用功, 明了後亦未嘗廢照."

237) 『王陽明全書』卷26, "吾心之本體, 自然靈昭明覺者也"

238) 『傳習錄』卷下, 317조목, "至善者, 心之本體也. 心之本體, 那有不善? 如今要正心, 本體上何處用得功."

239) 『傳習錄』卷中, 155조목, "良知卽是未發之中, 卽是廓然大公, 寂然不動之本體, 人人之所同具者也. 但不能不昏蔽於物欲, 故須學以去其昏蔽. 然於良知之本體, 初不能有加損於毫末也."

수 없는 것을 가리키는 것이니, 즉 도덕적 근거 혹은 준칙('正')의 작용('照')을 잃어버린 것이다. 이 때문에 왕수인이 도심과 인심에 대해 말하더라도 그는 여전히 확고하게 하나의 내재적 심본체('양지')에 입각하여, 그것을 도심과 인심을 구별하는 근본준칙으로 삼았으나, 주희와 같이 그렇게 외재적 천본체('태극')에 부합되고 체현했는지 여부로 도심·인심을 구별하는 근본준칙을 삼는 것은 아니다. 이러한 근본적 차이를 분명하게 한다면, 주희와 왕수인에 대해 마치 서로 같아 보이는 것의 분석이 오해를 일으켜서 왕수인이 "주희와 육구연 양측을 수용했다"[240]라고 여길 리가 없게 된다. 예를 들면 주희는 왕수인처럼 거울로 마음을 비유한 적이 있다.

> 치지는 바로 본심의 지이다. 마치 한 면의 거울과 같아서 본래 전체가 매우 밝은데, 단지 어둠에 가린 것이다. 그러므로 지금 점차 그때그때 문지르면, 사방에서 모두 비춰진 것을 보게 되고, 밝음이 비추지 않는 곳이 없다.[241]

표면적으로 보면, 이 말은 앞에서 인용한 왕수인이 거울로 마음을 비유하는 것과 조금도 다르지 않은 듯하다. 그러나 전술한 근본적인 차이 때문에 주희와 왕수인의 마음의 '명경明鏡'에 대한 이해는 차라리 상반된다고 말해야 한다. 왕수인은 곧 이 '명경'을 도덕본체라고 여겼고, 주희는 이 '명경'을 논리적으로 그것보다 앞서 있는 도덕본체가 구체적으로 드러난 것이라고 여겼다. 비유를 하나 해 보자. 만약 도덕본체를 태양과 비교한다면 '심경心境'의 밝음이 왕수인에 있어서는 햇볕이고, 주희

---

240) 劉蕺山,『劉子全書』卷40, "兩收朱陸."

241) 『朱子語類』卷15, "致知乃本心之知, 如一面鏡子, 本全体通明, 只被昏翳了. 而今逐旋磨去, 使四邊皆照見, 其明無所不照."

에 있어서는 바로 달빛이다. 이 때문에 주희와 왕수인이 비록 같은 '마경磨鏡'(공부론)을 주장하지만, 왕수인은 안에서 밖을 향하는 '마'로 먼저 '양지'를 체인하면 '햇볕'이 내조內照하여 "이치를 비춤이 밝으면 사사로운 욕심이 저절로 때를 가릴 수 없다"[242]고 했고, 주희는 밖에서 안을 향해야만 하는 '마'로, 먼저 사물에 나아가 이치를 궁구하여 그 궁극에 이르러 모든 물건의 표리와 정조가 이르지 않음이 없게 되면, '햇빛'이 외조外照하여 "내 마음의 전체와 대용이 밝지 않음이 없게 되므로", 즉 '햇볕'이 '달빛'을 드러나게 하고 '달빛'이 다시 드러나 '햇볕'과 더불어 '활연관통'한다고 했다.

주희와 왕수인의 근본적인 차이를 분명히 하는 것은, 전자는 하나의 외재적 도덕천본체를 수립하고 후자는 하나의 내재적 도덕심본체를 수립하는 데에 달려있으니, 그래야만 비로소 이학과 심학의 각 이론의 핵심을 파악하고, 그 기본 사상의 맥락을 모두 그 핵심으로부터 부연하여 완성할 수 있다. 이 두 개의 핵심을 경시하면, 곧 주희와 왕수인의 표면상의 유사한 명제 혹은 해석에 현혹당할 수 있다. 예를 들면 왕수인이 일찍이 '성즉리性卽理'를 말했지만 그의 논리적 전제는 '심즉성心卽性'[243]이기 때문에 그의 이른바 '성즉리'는 이미 주희의 이른바 '성즉리'와 현저한 차이가 있다. 재차 예를 들면 주희도 일찍이 '심여리일心如理一'[244]을 강조했지만 그의 논리 전제는 '리선기후理先氣後'이다. 펑유란은 이 점에 대해 매우 적절한 분석을 했다. "주자의 체계에 의하면 리가 만약 기와 어울리지 않으면 심이 없고, 심은 비록 없을지라도 리는 스스로 항상 존재한다. 사실적으로 기가 없는 리는 없을지라도, 논리적으로 실

---

242) 『王陽明全書』卷4, "燭理明, 則私欲自不能蔽累."

243) 『傳習錄』 卷上, 33條目.

244) 『朱子語類』劵5, 卷126.

제 심이 없는 리는 있을 수 있다."[245] 이 때문에 주희의 이른바 '심여리일'은 다만 '심구리心具理'라고 할 수 있을 뿐이지 '심즉리'라고 할 수 없고, 다만 도덕실천의 목적이 될 수 있을 뿐이지 '심'의 본체적 존재는 될 수 없다. 멍페이위안은 주희가 강조하는 '심여리일'이 곧 심학이 주장하는 바의 '심즉리'와 상통하고 나아가 하나의 '심본체'를 수립한 것으로 여겼는데,[246] 이는 주희 사상을 완전하게 파악하지 못함으로써 주희와 왕수인, '리학'과 '심학'의 근본적인 견해 차이를 섞어놓은 것이 분명하다.

그렇지만 왕수인은 하나의 내재적 '심본체'에 입각하여 도심·인심을 분별했기 때문에 결국 그의 사상 체계의 심각한 균열을 가져왔다. 이 균열은 결코 왕수인이 주희로 기울고 심학이 리학으로 기울어진 내성지학 내부의 균열이 아니라, 일종의 내성지학을 벗어난 균열이다. 이것은 먼저 왕수인이 '인심'에 관해 스스로 모순을 드러내는 해석을 한 곳에서 두드러지게 보인다. 도심·인심을 분별할 때 그는 줄곧 '인심'은 '인욕'이라고 했다. ― "정자가 '인심은 곧 인욕이고, 도심은 곧 천리이다'라고 했는데, 이 말은 마치 (마음을 둘로) 나눈 듯하지만 그 뜻은 참으로 정확하다. 이제 '도심이 주인이 되고 인심은 명령을 따른다'고 말한다면, 이것은 마음을 둘로 나눈 것이다. 천리와 인욕이 병립하지 않는데, 어떻게 천리가 주인이 되고 인욕이 그것을 좇아서 명령을 따를 수 있겠는가!"[247](여기에서 왕수인의 '인심'에 대한 평가는 주희의 '인심'에 대한

---

245) 馮友蘭,『中國哲學史』下冊, 中華書局, 1961, p.955.
246) 蒙培元,『理學之演變 — 從朱熹到王夫之戴震』, 福建人民出版社, 1984 참조.
247)『傳習錄』卷上, 10條目, "愛問: '道心常爲一身之主, 而人心每聽命. 以先生精一之訓推之, 此語似有弊.' 先生曰: '然心一也. 未雜於人, 謂之道心, 雜以人僞, 謂之人心. 人心之得其正者卽道心, 道心之失其正者卽人心, 初非有二心也. 程子謂人心卽人欲, 道心卽天理, 語若分析, 而意實得之. 分道心爲主, 而人心聽命, 是二心

평가에 비해 여전히 낮다. 주희 또한 "인심이라 해서 완전히 나쁜 것은 아닌 것"[248]으로 여겨 결코 '인심'을 완전히 '인욕'으로 여기지 않았다) 그러나 왕수인도 역시 이미 명확하게 "인仁은 인심이다."[249] "사람의 마음은 위로는 높은 하늘까지 이르고, 아래로는 깊은 못까지 이른다[天淵]. 마음의 본체는 포용하지 않는 것이 없다."[250] "천리는 사람의 마음에서 끝내 없앨 수 없고 양지의 광명은 영원히 불변한다."[251] "양지가 사람의 사람 마음에 있는 것은 성인과 어리석은 자의 구분이 없다."[252] "대도가 곧 인심이라는 것은 만고에 바뀐 적이 없다"[253]고 밝혔다. 여기에서의 '인심'은 분명히 '인욕'을 가리키는 것이 아니라 인욕과는 정반대의 도덕본제 — '도심'·'양지'이다.

왕수인은 왜 '인심'에 대하여 상술한 두 종류의 스스로 모순된 해석을 했는가? 모순의 근원은 그가 한편으로는 '심'에 심리지각의 자연감성의 함의를 부여하고, 한편으로는 이 '지각심知覺心'을 도덕본체로 여기는 것을 긍정한 데 있다. 이렇게 되면 감성과 이성, 자연과 도덕, 인심과 도심, 인욕과 천리가 곧 모두 같은 하나의 마음에서 서로 뒤섞여 그것들은 바로 같은 마음이기 때문에 그리하여 상술한 스스로 모순된 해석이 나타난다. 왕수인의 본의에서 보면, 그가 만약 내성지학의 윤리요구를 견지하면("마음 속의 도적을 쳐부순다破心中賊") 인심이 변하여 도심이 되고 '심리'가 '윤리'로 변하게 될 것이다. 그러나 그가 말한 바, 인심이 변하여 도심이 된다는 것은 결코 주희가 주장하는 그런 "도심이 주인이

也. 天理人欲不竝立, 安有天理爲主, 人欲又從而聽命者!"

248) 『朱子語類』卷78, "人心不全是不好."

249) 『王陽明全書』, 卷4, "仁, 人心也."

250) 『傳習錄』下, 222條目, "人心是天淵, 心之本體無所不該."

251) 『傳習錄』卷中, 143조목, "天理之在人心, 終有所不可泯."

252) 『傳習錄』卷中, 179조목, "良知之在人心, 無間于聖愚."

253) 『王陽明全書』卷19, "大道卽人心, 萬古未嘗改."

되고 인심은 명령을 따른다"는 것은 아니다. 그는 이것을 '심학'이 받아들일 수 없는 '이심二心'으로 여겼으니, 그가 인심이 변하여 도심이 된다고 말한 것은 바로 같은 하나의 마음이 '부정不正'에서 '정正'에 이르도록 하는 것이다. 그렇다면 이른바 '정'과 '부정'의 기준은 어디에 있으며 어떠한 것인가? 왕수인사상의 논리에 따르면, 그 기준은 단지 마음속에 있을 뿐이고 그것은 바로 도덕심본체 — '도심' · '양지'이다. 요컨대 마음의 기준 설정은 마음 바로 스스로의 기준이고 양지 스스로 선을 알고 악을 안다.

> 선을 알고 악을 아는 것이 양지이다.[254)]
>
> 무릇 의념이 생겨나면, 내 마음의 양지가 스스로 알지 못하는 것이 없다. 그것이 선한가는 오직 내 마음의 양지가 스스로 알고, 그것이 불선한가도 오직 내 마음의 양지가 스스로 안다.[255)]

그렇지만 전술한 바와 같이 양지라는 것은 도덕심본체라는 것이고, 그 자체가 바로 일종의 자연감성혈육을 벗어날 수 없는 심리지각의 존재이고, 그 자체가 도덕기준이 되는 동시에 어떤 '자연' 기준 · '감성' 기준의 의미를 갖지 않을 수 없다. "귀와 눈과 입과 코와 사지는 몸이지만 마음이 아니라면, 어떻게 보고 듣고 말하고 움직일 수 있겠는가? 마음이 보고 듣고 말하고 움직이고자 하더라도 귀와 눈과 입과 코와 사지가 없다면 역시 불가능하다. 그러므로 마음이 없다면 몸도 없고, 몸이 없다면 마음도 없다"[256)]는 것은 마음과 몸이 서로 의지해야 비로소 심본체

---

254) 『王陽明全書』卷34, "知善知惡是良知."

255) 『王陽明全書』卷26, "凡意念之發 吾心之良知無有不自知者. 其善歟 惟吾心之良知自知之; 其不善歟 亦惟吾心之良知自知之."

256) 『傳習錄』卷下, 201條目, "耳目口鼻四肢, 身也. 非心安能視聽言動? 心欲視聽言動,

의 존재를 확보할 수 있고, 도덕기준 혹은 규범도 곧 이 마음과 몸이 서로 의지하는 가운데 체현되는데, 이것은 곧 주희가 수립한 몸을 초월하고 마음을 초월하여 존재하는 객관형이상의 도덕본체·도덕규범('태극'·'리세계')과 크게 다르다. 비록 왕수인이 심리를 윤리화하는 내성지학의 기본요구에서 발생하여 반복해서 '양지'의 초월 곧 감성경험과 자연형질을 초월한 도덕본체의 지위를 강조하고, 반복해서 그것의 순수한 도덕적 이성("양지의 본체는 밝은 거울처럼 밝아서 조그마한 그늘도 없다"[257]라는 것이고, "생각하지 않아도 이해하고 배우지 않아도 할 수 있으므로 양지라고 한다"[258]라는 것이고, "순수한 천리의 마음"[259]라는 것이나)을 상소하더라도 그것은 결국 마음의 '허령명각'이고 끝내 몸과 떨어지지 않는다. 이로 인해 여전히 감성경험과 자연형질을 떠날 수 없는 존재이다. 이렇게 되면 '양지'가 도덕기준·이성기준·감성기준이 된다. 이것은 감성과 이성, 자연과 도덕, 인심과 도심, 인욕과 천리가 하나로 서로 뒤엉키게 하여 구분하기 어렵게 만든다. 왕수인은 심리를 윤리화하는 노력을 하는 동시에 윤리를 심리화하는 가능성을 제공했다. 그는 독자적으로 '심본체'를 세우고 '천본체'를 부정하여 한편으로는 절대 자유의지의 기초위에서 도덕적 자율을 강화했지만, 한편으로는 도리어 외재의 제약을 벗어나게 하여 개체 감성자유를 실현하는 가능성을 제공했다. 이와 같은 가능성은 마침내 태주 이지의 '심학이단'에 이르러 현실화 됐다.

요약하면 왕수인은 철저하게 '심본체'를 수립하는 한편 여전히 '심'의 도심·인심의 구별을 주장했으니, 그의 동기는 물론 내성지학의 윤리요

無耳目口鼻四肢亦不能. 故無心則無身, 無身則無心. 但指其充塞處言之謂之身."

257) 『傳習錄』卷中, 167條目, "良知之體, 皦如明鏡, 略無纖翳."

258) 『王陽明全書』卷26, "不待慮而知, 不待學而能, 是故謂之良知."

259) 『傳習錄』卷上, 3條目, "純乎天理之心."

구를 견지하고, '존천리, 멸인욕'하고 인심을 도심으로 변화시키는 것이었지만, 결국 '심학'이 내성지학을 벗어나는 균열을 논리적으로 야기했다. 이와 같은 '심학'의 균열에 대해 리쩌허우는 매우 정확하고 적절하게 개괄했다.

> 이와 같은 균열은 먼저 '도심'과 '인심', '양지'와 '영명靈明'의 불가분리성을 강조하기 때문에, 이 두 가지는 곧 항상 한 곳에 섞여 있다가 일체가 되고 심지어 날이 갈수록 동등해진다. 비록 '심'·'양지'·'영명'은 왕양명에 있어서 추상을 깨뜨리고 형체와 물질을 초월한 선험先驗의 높은 수준에 올라갔지만, 이것은 어디까지나 '리'와는 다르고 언제나 육신·물질과 서로 관련되어 표현한다. 따라서 이성과 감성은 항상 하나의 물건으로 변화하여 단단하게 서로 뒤엉켜 구별하지 못할 정도에 이르렀고, 이 때문에 다시 진일보하여 곧 이성의 지배에서 점차 감성의 지배로 변하게 됐다.[260]

이성의 지배에서 감성의 지배에 이르는 것은 바로 윤리에서 심리에 이르고 도심에서 인심에 이르고 천리에서 인욕에 이르는 것이다. 이는 '심학'이 탈바꿈하여 내성지학을 벗어나는 것을 의미한다. 왜냐하면 내성지학의 기본사명은 일종의 지고무상의 경지, 절대존재의 도덕적 이성을 기르는 것이고, 이와 같은 도덕적 이성으로 절대적 가치기준의 윤리세계를 건립하는 것이지만, 이와 같은 도덕적 이성이 자연감성으로 혼동·해석·이해·대체되고 윤리세계의 절대적 가치기준을 근본적으로 부정하게 되어, 내성지학의 기본법칙은 곧 자취도 없이 사라지기 때문이다. 바로 이와 같은 의미에서 우리는 '양명심학'이 내성지학을 극도로 확충하는 동시에 내성지학을 종결했다고 말한다.

260) 李澤厚,『中國古代思想史論』, 人民出版社, 1985, p.245.

윤리에서 심리에 이르러 '심학'이 내성지학에서 벗어난 것은 '심학' 발전이 가장 사상사적 가치를 갖춘 논리적 귀결이자 이론적 성과이다. 그것의 기초는 역사이고, 그것은 사상 형태상에서 천년 봉건국가가 근대적 사회를 향해가는 운동을 반영하고 예시하고 있다. ― 도덕적 이성의 법칙이 하루아침에 자연감성의 욕구로 바뀌고, 집단의 질서가 개체의 자유로 바뀌기 시작했고 성현의 경계가 평민의 세계로 바뀌기 시작했고 리의 억제는 욕의 만족으로 바뀌기 시작했다. 이것들이 모두 바로 근대 계몽의 해방사조이다. 응당 이렇게 말해야 한다. '양명심학'은 설령 자각하지 않았더라도 진실로 이 해방사조의 논리준비를 최초로 마련했으며 진정 세차게 이런 해방 사조를 일으킨 것은 태주학파로부터 이지의 '심학이단'에 이르러서이다. 이 '심학이단'과 긴밀하게 서로 상응한 것은 바로 명대 심미문화가 독특하고 이채롭게 '정에서 욕에 이르고從情到欲', '아에서 속에 이르는從雅到俗' 것이다. 명인들의 심미취미의 '종정도욕'과 '종아도속'은 더욱 광범위하고 더욱 선명하게 역사가 근대로 나아가야 한다는 사회문화의 소식을 출발시켰다. 그들은 '심학이단'과 함께 천년 봉건국가에 최초로 경종을 울렸다.

중편

심학이단 心學異端

제3장 자연인성

'심학이단'이란 심학의 변천에서 파생되어 내성지학을 넘어서고 내성지학에 반항하는 이론사조를 이르는 말이다. '심학이단'은 태주학파 및 명말청초 상당수의 사상가를 포함한다. 그것의 뚜렷한 특징 중의 하나는 자연인성론의 기치를 들고 내성지학의 윤리절대주의를 비난하고, 심학의 핵심 명제 '심즉리'의 도덕본체론의 함의를 약화 내지 배제하고, '리'를 도덕윤리의 의의에서 자연생리의 의의로 다시 해석함으로써, '심'을 도덕이성의 본체에서 자연감성의 실체로 변화시켰다는 것이다. 이와 같은 사상의 이경반도離經叛道적 성질은 말할 필요도 없다. 만약 이주'리학'과 육왕'심학'의 대립이 단지 내성지학의 '내부모순'이고, '천본체'와 '심본체'의 모순이 단지 '리'에 대한 서로 다른 본체론의 해석을 가리키면서, 아직도 '리'와 '심'의 모순으로까지 변화 발전하지 않았다면, '심학이단'의 출현은 모순의 성질을 크게 바꾼 것이다. '심학이단'에 있어서 '심즉리'는 이미 '심즉욕心卽欲'으로 변했고, '천본체'와 '심본체'가 서로 다른 '리'본체가 되는 모순은, 이미 '리'와 '심', 실제로 곧 '리'와 '욕'의 모순으로 변화 발전했다(본서 상편 제2장 내성지학의 종결을 참조하라) 이로 인해 '심학이단'의 모든 비판의 예봉은 '존천리, 멸인욕'을 향했다. 이와 같은 비판은 실제적으로 자연인성론으로 도덕인성론을 비난하는 것이기 때문에, 이로 인해 그 예봉은 실제적으로 철저하게 내성지학을 향했다.

'심학이단'은 태주학파의 창시자 왕간이 처음으로 단서를 드러냈다. 왕간사상에서 가장 주의할 가치가 있는 부분은 그가 '신身' 하나의 개념을 부각시키고, 동시에 이것을 명확하게 '심' 위에 위치시키고자 한 데에 있다.

> 그 몸을 편안하게 하고 그 마음을 편안하게 하는 것이 상등이다. 그 몸을 편안하게 하지 못하더라도 그 마음을 편안하게 하는 것이 그 다음이다. 그 몸을 편안하게 하지 못하고 또 그 마음을 편안하게 하지 못하는 것이 곧 그 하등이 된다.[1]

왕간이 부각시킨 '신'의 사상은 직접 『대학』을 계승한 면이 있다. 『대학』에서 "천자로부터 서민에 이르기까지 하나같이 모두가 자신의 몸을 닦음으로써 근본을 삼는다"[2]라고 하고, 왕간 역시 "자신의 몸을 닦는 것이 근본을 세우는 것이다"[3]고 여겼기 때문에 그는 여전히 개체의 도덕수양이 도덕세계를 실현하는 가장 중요한 단계로 삼는 유가의 전통윤리관을 완전하게 떨쳐버리지 못했으니, 그가 말한 '신'은 여전히 도덕개체의 함의를 유지하고 있다. 그렇지만 다른 한편으로 그는 '수신' 이외에 다시 '안신安身'·'보신保身'·'애신愛身'을 더욱 강조했다.

> 수신은 근본을 세우는 것이고 근본을 세우는 것은 자신의 몸을 편안하게 하는 것이다. 자신의 몸을 편안하게 함으로써 집안을 편안하게 해

---

1) 『王心齋先生遺集』卷1, "安其身而安其心者, 上也. 不安其身而安其心者, 次之. 不安其身, 又不安其心, 斯其爲下矣."
2) 『大學』, "自天子以至於庶人, 壹是皆以修身爲本."
3) 『王心齋先生遺集』卷1, "修身, 立本也."

서 집안을 잘 다스린다. 자신의 몸을 편안하게 함으로써 나라를 편안하게 해서 나라를 잘 다스린다. 자신의 몸을 편안하게 함으로써 천하를 편안하게 해서 천하를 화평하게 한다. 그런 까닭에 자기를 닦음으로써 다른 사람을 편안하게 하고, 자기를 닦음으로써 백성을 편안하게 하고, 그 몸을 닦아서 천하를 화평하게 한다고 할 수 있다. 자신의 몸을 편안하게 하는 것을 알지 못하고 곧 천하국가의 일을 행하는 이것이야 말로 근본을 잃은 것이다.[4]

총명하고 사리에 밝은 것은 양지이다. 총명하고 사리에 밝은 사람은 일을 잘 처리하여 자기 몸을 보존하는 것은 양지양능이다. 자신을 몸을 보존할 줄 아는 자라야 자기 자신을 사랑한다. 자신의 몸을 사랑할 수 있으면 감히 다른 사람을 사랑하지 않을 수 없다. 다른 사람을 사랑할 수 있으면 다른 사람들이 반드시 나를 사랑한다. 다른 사람이 나를 사랑하면 내 몸을 보존할 수 있다. 자신의 몸을 사랑할 수 있는 자라야 자신의 몸을 공경스럽게 한다. 자신의 몸을 공경스럽게 할 수 있으면 감히 다른 사람을 공경하지 않을 수 없다. 다른 사람을 공경할 수 있으면 반드시 다른 사람이 나를 공경한다. 다른 사람이 나를 공경하면 내 몸을 보존할 수 있다. 그러므로 온 가족이 나를 사랑하면 내 몸을 보존할 수 있고, 내 몸을 보존한 연후에야 온 가족을 보존할 수 있다. 한 나라가 나를 사랑하면 내 몸을 보존할 수 있고, 내 몸을 보존한 연후에야 한 나라를 보존할 수 있다. 천하가 나를 사랑하면 내 몸을 보존할 수 있고, 내 몸을 보존한 연후에야 천하를 보존할 수 있다. 내 몸을 보존하는 것을 알면서도 다른 사람을 사랑할 줄 모르는 사람은, 반드시 자기에게만 맞게 하고 자기의 편리를 도모하며, 자기만 이롭게 하고 다른 사람을 해치는 데에 이르게 되니, 다른 사람이 나에게 보복하고자 하면 내 몸은 보존할 수 없다. 내 몸을 보존할 수 없는데 또 어떻게 천하국가를 보존할 수 있겠는가? 다른 사람을 사랑할 줄 알면서 자신의

4) 『王心齋先生遺集』卷1, "修身, 立本也; 立本, 安身也. 安身以安家而家齊, 安身以安國而國治, 安身以安天下, 而天下平也. 故曰: 修己以安人, 修己以安百姓, 修其身而天下平. 不知安身, 便去干天下國家事, 此之謂失本也."

> 몸을 사랑할 줄 모르는 사람은, 반드시 몸을 삶고 넓적다리를 자르는 데에 이르게 되니, 삶을 버리고 몸을 죽이면 내 몸을 보존할 수 없다. 내 몸을 보존할 수 없는데 또 어떻게 임금과 부모를 지킬 수 있겠는가?[5]

만약 '수신'의 '신'이 여전히 하나의 도덕개체를 지칭한다면, '안신'·'보신'·'애신'의 '신'은 이미 명확하게 '혈육의 몸' 곧 자연개체를 지칭한다. 왕간이 부각시킨 바의 '신'은 실제적으로 바로 이와 같은 혈육지구·자연개체의 몸이다. 그는 이 '신'의 욕구를 만족하는 것이 위학의 근본—"사람이 가난으로 인해서 그 몸을 춥게 하고 굶게 하는 자가 있다면 또한 그 근본을 잃었으니 학문이 아니다"[6]고 생각했다. 저명한 「낙학가樂學歌」에서 "사람의 마음은 본디 즐거움이다"[7]라고 말한 것은 실질적으로 여전히 이 '신'의 자연적인 편안함에 귀결된다. 특히 주의할 것은 위의 인용문 중에서 "자신의 몸을 사랑할 수 있으면 감히 다른 사람을 사랑하지 않을 수 없다. 다른 사람을 사랑할 수 있으면 다른 사람들이 반드시 나를 사랑한다. 다른 사람이 나를 사랑하면 내 몸을 보존할 수 있다"고 한 것은 이미 명확하게 유가 내성지학의 "어진 사람은 다른 사람을 사랑한다"[8]는 무조건적 윤리절대주의를 부정한 것이니, '애인愛人'

---

5) 『王心齋先生遺集』卷1, "明哲者, 良知也. 明哲保身者, 良知良能也. 知保身者則必愛身, 能愛身則不敢不愛人, 能愛人則人必愛我, 人愛我則吾身保矣. 能愛身者則必敬身, 能敬身則不敢不敬人, 能敬人則人必敬我, 人敬我則吾身保矣. 故一家愛我則吾身保, 吾身保然後能保一家; 一國愛我則吾身保, 吾身保然後能保一國; 天下愛我則吾身保, 吾身保然後能保天下. 知保身而不知愛人, 必至于適己自便, 利己害人, 人將報我, 則吾身不能保矣. 吾身不能保, 又何以保天下國家哉? 知愛人而不知愛身, 必至于烹身割股, 舍生殺身, 則吾身不能保矣. 吾身不能保, 又何以保君父哉?"

6) 『王心齋先生遺集』卷1, "人有因于貧而凍餒其身者, 則亦失其本而非學也."

7) 『王心齋先生遺集』卷1, 「樂學歌」, "人心本是樂."

은 이미 무조건적 절대적 '도덕명령'에서 나오는 것이 아니라 '애신'·'보신'하기 위한 것이기 때문에, 윤리절대주의가 윤리상대주의로 변했고, 도덕의식이 공리관념으로 변했고, 형이상의 도덕규율이 현실의 이해타산으로 변했다. 이것은 왕간사상 중에서 가장 이단 색채를 갖추었기 때문에, 가장 사상사적 가치를 갖춘 경향이기도 하다. '심'에서 '신'에 이른 것은 사실 바로 윤리에서 심리에 이르고 도덕적 이성에서 자연감성에 이른 것을 명확하게 드러내었으니, 곧 '리'에서 '욕'에 이르는 내성지학의 흐름을 넘어서는 방향이다.

황종희는 다음과 같이 말한 바 있다.

> 양명 선생의 학문은 왕간(泰州·心齋)과 용계가 있음으로 인하여 천하에 유행할 수 있었으나, 한편으로는 그들 때문에 점차 실전失傳되었다.[9]

왕기王畿(龍溪)는 또 다른 노선에 속하니, 여기서는 언급하지 않겠다. "양명 선생의 학문"이 태주학파로 인하여 "천하에 유행했다"가 다시 "점차 실전되었다"고 하는 것은 분명히 두 가지 의미가 포함되어 있다. 하나는 태주학파가 왕수인을 계승했다는 것이고 다른 하나는 태주학파가 왕수인을 떠났다는 것이다. 이 계승하고 떠나는 것 또한 어떤 내재적 통일을 가지고 있는데, 그것들은 왕수인사상의 발전에 대한 두 개의 논리적 고리이다. 본서 상편에서 언급했듯이, 왕수인은 독자적으로 하나의 도덕심본체를 수립했지만, 이 심본체는 어찌 되었든 간에 '신'을 떠나서 존재할 수 없다. 이는 곧 개관적으로 '심'·'신'의 조화를 위하여 '리'

---

8) 『孟子』, 「離婁下」, "仁者愛人."
9) 黃宗羲, 『明儒學案』卷32, 「泰州學案」, ""陽明先生之學, 有泰州龍溪而風行天下, 亦因泰州龍溪而漸失其傳."

·'욕'이 뒤섞이는 논리적 준비가 됐으며, 태주학파는 바로 이 논리의 기초 위에서 왕수인을 계승했다. 이와 같은 계승이 "천하에 성행"할 수 있었던 것은 바로 그것이 시대의 요구를 체현했다는 것을 말해 준다. "리와 욕이 뒤섞였기 때문에 다만 욕을 리라고 여긴 것"[10]은 바로 시대의 요구가 초래하는 바의 경향이다. 태주학파는 이런 시대적 요구에 적응하고 진일보하여, '심'에서 '신'에 이르고 '리'에서 '욕'에 이르렀기 때문에, 왕수인의 도덕심령을 회복하는 내성지학의 요지를 완전히 떠나, "점차 실전하고" 자연인성론으로 나아가게 됐다.

시대의 요구에 적응하여 내성지학을 떠나 자연인성론으로 나아가는 것은, 태주학파 사상 발전의 기본적 추세이다. 왕간의 후학 예를 들면 왕벽王襞(왕간의 둘째 아들)은 이른바 "새는 울고 꽃이 떨어지며, 산이 높고 냇물이 흐르며, 배고플 때 먹고 목마를 때 마시며, 여름에는 갈옷을 입고 겨울에는 갖옷을 입는 것이 지극한 도이니, 더 이상 추구할 것이 없다"[11]라고 하여 명확하게 자연생리가 '도'라고 직시했다. 또 안균顔均 등이 제기한 "욕을 절제하는 것은 인을 체득하는 것이 아니다.制欲非體仁"라는 말은, 여전히 도덕공부론의 연구에 속하지만, 의심할 바 없이 단순히 사람의 자연감성욕구를 억압하는 것에 대한 회의·불만과 부정을 나타낸다. 왕세정이 안균을 비난하여 "태주학파가 안균으로 변하면 생선이 부패하고 고기가 문드러진 같아 다시 세울 수 없다"[12]라고 했는데, 공교롭게도 부정적인 면에서 이 점을 실증했다.

그렇지만 정면으로 자연인성론의 기치를 들고 직접적으로 '정에서 욕에 이르기까지'의 한 시대의 해방조류를 위해 이론적 대변을 만들어 낸

---

10) 羅洪先, 『念庵先生集』卷1, "理欲混淆, 故多認欲以爲理."

11) 王襞, 『東崖先生遺集』, 「語錄類略」, "鳥啼花落, 山峙川流, 飢餐渴飮, 夏葛冬裘, 至道無餘蘊."

12) 王世貞, 『弇州史料後集』卷35, "泰州之變爲顔山農, 則魚餒肉爛, 不可復支."

것은, 오히려 "성인을 무시하고 법도를 어기며 …… 별도의 좋고 나쁜 평가 기준을 세워 오랜 세월 전해오는 선과 악의 자리를 뒤집어 바꾸지 않은 곳이 없다."[13] "요괴에 가깝다"[14]는 모함을 받는 이지를 으뜸으로 꼽아야 한다. 황종의는 "태주이후 맨손으로 용과 뱀을 때려잡을 수 있다는 그런 사람들이 많아졌다. 그것이 안균·하심은 일파에게 전해짐에 이르러서는 더 이상 명교가 굴레를 씌울 수 있는 것이 아니었다"[15]고 말했다. 이지는 안균과 하심은 같이 "명교가 굴레를 씌울 수 있는 것이 아닐" 뿐만 아니라, 한층 더 직접적이고 자각적으로 '명교'와 대항하고, 조금도 숨김없이 내성지학의 일련의 가치 관념을 부정했다. 그중에서도 가장 중요하고 가장 풍부한 시대적 의의는, 그가 맹렬하게 가도학을 배격하는 것으로부터 착수하여 공개적으로 심학의 핵심범주 '심'을 사욕의 '심'으로 해석하려 한 것이다.

> 사라는 것은 사람의 마음이다. 사람은 반드시 사가 있은 이후 그 마음이 비로소 드러난다. 만약 사가 없으면 마음도 없다. 가령 농사짓는 사람은 사가 있어 가을의 수확 이후 밭 관리에 반드시 힘쓴다. 살림하는 사람의 사는 곳간에 수확을 저장 이후 집안 다스리기에 힘쓴다. 학문하는 사람은 사가 있어 진취의 결실 이후에 거업의 공부도 반드시 힘쓴다. 이런 까닭에 벼슬아치가 되어서 사로 녹을 주지 않으면 비록 부르더라도 반드시 오지 않고, 만일 높은 벼슬을 주지 않으면 비록 설득하더라도 반드시 이르지 않을 것이다. ……이것은 자연의 이치이고 반드시 이르는 부절이고, 근거 없이 억측하는 말이 아니다.[16]

---

13) 紀昀, 『四庫全書總目提要』, 「史部」卷50, "非聖無法, ……別立褒貶, 凡千古相傳之善惡, 無不顚倒易位."

14) 謝肇淛, 『五雜俎』卷8, "人妖近乎."

15) 黃宗羲, 『明儒學案』卷32, "泰州之後, 其人多能以赤手搏龍蛇. 傳至顏山農·何心隱一派, 遂復非名教之所能羈絡矣."

16) 李贄, 『藏書』卷24, "夫私者, 人之心也. 人必有私, 而後其心乃見; 若無私, 則無心

'심'을 사욕의 '심'으로 해석하려는 것은, 왕간의 '심'에서 '신'에 이르기까지보다 더 단호하고 철저하게 '심학'이 윤리에서 심리에 이르고, 도덕적 이성에서 자연감성에 이르기까지의 추세를 드러냈다. 본서 상편에서 논했듯이, 왕수인이 독자적으로 수립한 심본체는 일종의 내재적 논리의 필연성을 가지고 있다. 그는 내성지학의 기본적 모순(심본체와 천본체의 모순)을 해결하는 동시에 내성지학을 종결했다. 그 원인은 심본체가 어떠한 일종의 도덕적 영험성과 순결성을 가지고 있든지 간에 결코 감성혈육의 몸과 떨어질 수 없고, 언제나 '심리지각心理知覺'의 존재로 체현되기 때문에, 도덕적 이성이 곧 자연감성과 한데 뒤엉켜 매우 구별하기 어렵게 됨으로써 도덕적 이성이 자연감성으로 변화 발전하는 논리적 가능성을 제공했다는 데에 있다. 이것은 물론 내성지학의 종결이지만 왕수인은 내성지학이 종결되는 데에 무의식적으로 논리적 가능성을 제공할 수밖에 없었다. 그는 절대로 내성지학을 종결시킬 생각을 할 수 없었다. 왜냐하면 그의 목표는 '마음의 도적을 물리치는 것破心中賊'이기 때문이다. 내성지학의 종결은 사실 이지의 부정적인 비판에 의해 진정으로 완성되었다. 말할 필요도 없이 이 완성은 바로 '사욕의 심私欲之心'으로써 '도덕의 심道德之心'을 대체한 것이고, '양명심학'의 논리적 가능성이 이지에게서 비로 진정으로 현실의 사상이 된 것이다. 다시 이지의 「동심설」로 이 말을 참조·검증할 수 있다. 이지는 말한다.

> 동심이란 거짓 없고 순수하고 참된 것으로, 최초 일념의 본심이다. 동심을 잃으면 참된 마음을 잃는 것이며, 참된 마음을 잃으면, 진인眞人을 잃는 것이다. 사람이 참되지 않으면 최초의 본심은 더 이상 전혀 있

矣. 如服田者私有秋之獲, 而後治田必力; 居家者私積倉之獲, 而後治家必力; 爲學有私進取之獲, 而後舉業之治也必力. 故官人而不私以祿, 則雖召之必不來矣; 苟無高爵, 則雖勸之必不至矣……此自然之理, 必至之符, 非可以架空而臆說也."

지 않게 된다.

아이는 사람의 처음이요, 동심은 마음의 처음이다. 처음의 마음을 어찌 잃을 수 있으리오! 그런데 어떻게 동심을 갑자기 잃게 될까? 처음에는 듣고 보는 것이[聞見]이 귀와 눈을 통해 들어오고, 그것이 마음의 주인이 됨으로써 동심을 잃게 된다. 자라면서 도리道理라는 것이 견문을 통해 들어오고, 그것이 마음의 주인이 됨으로써 동심을 잃게 된다. 오래되면 도리와 견문이 나날이 더욱 많아지고, 그러면 지식과 지각의 범위가 나날이 더욱 넓어진다. 그리하여 미명을 떨치는 것이 좋다는 것을 알아 이름을 떨치는 데 힘쓰려고 하는 과정에서 동심을 잃게 되고, 좋지 않은 명성이 추하다는 것을 알아 이를 감추는 데 힘쓰려고 하는 과정에서 동심을 잃게 된다.

도리와 견문은 모두 책을 많이 읽고 의리를 깨닫는 것에서 온다. 옛 성인들이 어찌 책을 읽지 않았겠는가? 그러나 책을 많이 읽지 않아도 동심은 본디 저절로 존재했고, 설사 책을 많이 읽는다 해도 역시 동심을 잃지 않도록 꼭 잘 지켰다. 이는 공부하는 사람들이 책을 많이 읽고 의리義理를 많이 앎으로써 거꾸로 동심에 장애가 되는 것과는 다르다. 그런데 이렇듯 공부하는 사람들이 책을 많이 읽고 의리를 알게 됨으로써 동심에 장애가 되는데, 성인은 또한 어찌 책을 많이 짓고 말을 많이 함으로써 공부하는 사람들을 가로막았겠는가?

동심이 가로막히면 말을 한다 해도 그 말이 진심에서 나오지 않고, 정치에 참여한다 해도 그 사람이 펼치는 정사에 뿌리가 없고, 저술한다 해도 그 뜻이 제대로 받아들여지지 않는다. 내적인 아름다움이 갖추어지지 않음으로써 소박하고 진지한 가운데 빛을 발하지 못하여, 단 한 마디라도 진리에 부합되는 말[有德之言]을 찾아보려고 해도 끝내 찾을 수 없다. 그 이유는 무엇일까? 동심이 이미 가로막혀, 외적인 견문과 도리가 그 마음이 되었기 때문이다.[17]

---

17) 李贄, 『焚書』卷3, 「童心說」, "夫童心者, 絶假純眞, 最初一念之本心也. 若失卻童心, 便失卻眞心; 失卻眞心, 便失卻眞人. 人而非眞, 全不複有初矣. 童子者, 人之初也; 童心者, 心之初也. 夫心之初, 曷可失也! 然童心胡然而遽失也? 蓋方其始也, 有聞見從耳目而入, 而以爲主於其內而童心失. 其長也, 有道理從聞見而入, 而以

위에서 인용한 「동심설」은 완전히 '양명심학'의 요지에 대한 해석으로 볼 수 있는데, 곳곳에서 왕수인의 그림자를 볼 수 있고 심지어 어떤 구절은 모두 왕수인의 것을 되풀이하고 있다.(이점에 대해서는 『왕양명전서』를 훑어보면 바로 알 수 있어 여기서 인용 비교하는 것은 생략한다) 다만 주의할 것은 이지가 해석한 것은 심학의 요지에서 말하는 것은 '심'의 영험한 측면이지 '심'의 도덕적 측면이 아니고, 이지가 강조한 것은 심의 진眞이지 심의 선善이 아니다. ("단 한 마디라도 진리에 부합되는 말을 찾아보려고 해도 끝내 찾을 수 없다"라고 말할 때의 '진리에 부합되는 말'은 공교롭게도 내성지학에서 이해한 '덕德'과 정반대이다. 자세한 것은 아래 글을 참고할 것) 이와 같은 경향은 결코 우연히 나타난 것이 아니다. 다시 「동심설」의 마지막 몇 구절을 참조하면 이지의 의도는 매우 명백하다.

> 그러므로 나는 동심으로부터 느껴지는 것에 의해 스스로 글을 쓰니 더 이상 무슨 육경을 말하겠으며, 더 이상 무슨 『논어』·『맹자』를 말하겠는가? ……그러므로『육경』·『논어』·『맹자』 등은 도학자의 구실이요, 가짜 사람들이 우글대는 터전이다. 그들은 결코 동심에 대해 말할 수 없음이 명백하다.[18]

爲主於其內而童心失. 其久也, 道理聞見日以益多, 則所知所覺日以益廣, 於是焉又知美名之可好也, 而務欲以颺之而童心失. 知不美之名之可醜也, 而務欲以掩之而童心失. 夫道理聞見, 皆自多讀書識義理而來也. 古之聖人, 曷嘗不讀書哉. 然縱不讀書, 童心固自在也; 縱多讀書, 亦以護此童心而使之勿失焉耳, 非若學者反以多讀書識義理而反障之也. 夫學者既以多讀書識義理障其童心矣, 聖人又何用多著書立言以障學人爲耶? 童心既障, 於是發而爲言語, 則言語不由衷; 見而爲政事, 則政事無根柢; 著而爲文辭, 則文辭不能達. 非內含於章美也, 非篤實生輝光也, 欲求一句有德之言, 卒不可得, 所以者何? 以童心既障, 而以從外入者聞見道理爲之心也."

18) 李贄, 『焚書』卷3, 「童心說」, "故吾因是而有感於童心者之自文也, 更說什麽『六

본래 '동심'이라는 것은 내성지학(『육경』·『논어』·『맹자』)과 전혀 어울리지 않는다. 그것은 분명히 내성지학에서 내세우는 도덕심령이 아니고, 그것은 바로 사실 이지 자신이 말한 '사심'이다. 이 점은 이지의 '유덕지언'에 관한 견해를 참고해 보면 바로 알 수 있다. 위의 인용문에서 이지는 '동심'을 상실하면 "단 한 마디라도 진리에 부합되는 말을 찾아보려고 해도 끝내 찾을 수 없다"고 했다. 그렇다면 어떤 것이 '유덕지언'인가? 이지는 그것은 솔직하게 자연욕망과 물질욕구를 드러내는 "거리의 말과 항간에서의 논의하는 속된 말과 시골 말"[19]과 백성이 일상생활에서 사용하는 '이언邇言'[20]이 곧 진정한 '유덕지언'이라 여겼다.

> 재물을 좋아하고 여색을 즐기며, 학문에 힘쓰고 벼슬을 하며, 많은 금은보화를 모으고, 전답과 저택이 있는 대로 사들여 자손의 앞날을 설계하고, 명당자리를 널리 구해 후손의 음복을 보장하는 등등, 세상의 모든 생산 활동은 죄다 그들이 좋아하고 함께 익히는 바입니다. 또한 모두가 알고 같이 이야기하는 바이기도 한데, 이것이야 말로 진짜 이언이지요.[21]
>
> 오직 이언을 선으로 여기면 모든 친근하지 않는 것은 반드시 불선하다고 여기게 된다. 왜 그러한가? 그것은 백성의 마음이 아니고 민심이 하고 싶어 하는 것이 아니기 때문이다. 그러므로 불선한 것으로 여기고 추악한 것으로 여길 뿐이다.[22]

經』, 更說什麽『語』·『孟』乎? ……然則『六經』·『語』·『孟』, 乃道學之口實, 假人之淵藪也, 斷斷乎其不可以語於童心之言明矣."

19) 李贄, 『李氏文集』卷19, "街談巷議, 俚言野語."

20) 李贄, 『焚書』卷1, "邇言."

21) 李贄, 『焚書』卷1, 「答鄧明府」, "如好貨, 如好色, 如勤學, 如進取, 如多積金寶, 如多買田宅爲子孫謀, 博求風水爲兒孫福蔭, 凡世間一切治生產業等事, 皆其所共好而共習, 共知而共言者, 是眞邇言也."

22) 李贄, 『李氏文集』卷19, "夫唯以邇言爲善, 則凡非邇者, 必不善. 何者? 以其非民之

> 저잣거리의 소인배들은 자기가 어떤 일을 하면 그 입으로 그 일만 말합니다. 장사하는 사람은 오직 장사하는 일에 대해서만 말합니다. 그들의 말은 파고들수록 맛이 있고 진정 덕이 있는 말이어서, 들으면 들을수록 싫증과 권태를 잊게 합니다.[23]

분명히 이와 같은 '유덕지언'을 발산하는 것은 이지의 이른바 '사심'이라 할 수 밖에 없다. 이로 인해 그의 '동심'이라는 것은 사실 사람마다 태어나서 가지고 있는 자연감성의 욕구를 추구하는 심리욕구의 만족이다. 이렇게 왕수인에서 철저하게 수립하기 시작한 '심본체'—도덕심령('양지')은 이지에 이르러 마침내 '사욕의 심'('동심')으로 변했다.[24] 왕수인에 있어서 도덕심령은 사람마다 선천적으로 모두 가지고 있는 것이고 사람의 선량한 근성이다. 이지에 있어서 '사욕의 심' 역시 사람마다 선천적으로 모두 가지고 있는 것으로 "이익을 좇고 손해를 피하려는 마음은 사람이 한결같습니다. 이를 두고 자연에 합일한다고 하며, 뭇 사람의 지혜라고 합니다"[25]라는 것도 사람의 선량한 근성이다. 왜냐하면 이것이 없으면 '유덕지언'이 있다는 것을 이해할 수 없기 때문이다. 이 때문에 이지는 직접적으로 '존천리, 멸인욕'의 도덕신조를 부정하고, 그들이 공의公義를 떠벌리고 청고淸高를 내세우는 가도학은 "명색은 처사인데 그 마음은 장사치나 다름이 없고, 입으로는 도덕을 왜치지만 뜻은 개구

中, 非民情之所欲, 故以爲不善, 故以爲惡耳."

23) 李贄, 『焚書』卷1, 「答耿司寇」, "市井小夫, 身履是事, 口便說是事. 作生意者, 但說生意; 力田作者, 但說力田; 鑿鑿有味, 眞有德之言, 令人聽之忘厭倦矣."

24) 이 때문에 본서는 이지와 '양명심학'을 완전히 나누는 견해에 동의하지 않는다. 이지는 의심 없이 '양명심학'의 훈도와 영향을 깊이 수용하여, 그는 왕수인의 도덕심령을 사욕의 심으로 변화시키려 했는데, 그것은 사실 '양명심학'의 논리 사슬 중의 최후 고리이고, 본서에서 다시 제기한 것과 같이 그것은 '양명심학'의 논리귀착이다.

25) 李贄, 『焚書』卷1, 「答耿司寇」, "趨利避害, 人人同心, 是謂天成, 是謂衆巧."

명을 파는 도둑질에 있다"[26]고 규탄하면서 명확하게 인욕으로써 도덕기초와 선악표준으로 삼아 자연욕망의 만족, 물질이익의 추구가 인생의 목표라고 밝혔다.

> 옷 입고 밥 먹는 것이 바로 인륜이요, 만물의 이치입니다. 옷 입고 밥 먹는 것을 제외하면 인륜도 만물의 이치도 없지요.[27]

> 추위는 아교를 꺾을 수는 있지만 조정과 저잣거리에서 부귀를 추구하는 사람들의 마음을 꺾을 수는 없습니다. 뜨거운 열은 쇠를 녹일 수는 있지만 부귀를 향해 앞 다투어 나아가는 사람들의 마음을 녹일 수는 없습니다. 왜 그렇겠습니까? 부귀영달은 나의 타고난 오관을 편하게 해 줍니다.[28]

그는 공자까지 끌어내어 자신을 증명하는 도구로 삼았다.

> 성인이 비록 "부귀는 뜬구름과 같도다"라고 말하더라도 얻고 나면 또 타고날 때부터 가지고 있었듯이 한다. 비록 "정당한 방법으로 얻지 아니하면 취하지 않는다"고 말하더라도 또 "부와 귀는 사람들이 하고자 하는 것이다"고 말한다. 지금 그 노둔한 꼴을 보니 단지 석 달만지나, 얼마 지나지 않은 어느 때라도 하얀 무지개무늬 갖옷, 누런 여우 털 갖옷, 검은 양 털 갖옷 등 부와 귀를 누리는 데 이를 것이다. 추위를 막는 갖옷은 하나 뿐이 아니고 아주 많다. 갖옷을 가리는 장식은 하나 뿐이 아니고 전례를 따른다. 무릇 『향당』에 실려 있는 것은 이런 것들이 많다. 성인이 부와 귀를 탐하지 않았다는 말은 아직 없었다.[29]

---

26) 李贄, 『焚書』卷2, 「又與焦弱候」, "名爲山人, 而心同商賈; 口談道德, 而志在穿踰."
27) 李贄, 『焚書』권1, 「答鄧石陽」, "穿衣吃飯, 卽是人倫物理, 除却穿衣吃飯, 無論物矣."
28) 李贄, 『焚書』卷1, 「答耿中丞」, "寒能折膠, 而不能折朝市之人; 熱能伏金, 而不能伏竟奔之子, 何也? 富貴利達所以厚吾天生之五官, 其勢然也."
29) 李贄, 『李氏文集』卷18, "聖人雖曰, '視富貴如浮雲', 然得之亦若固有; 雖曰, '不以

이익을 좇고 손해를 피하고 향락을 추구하는 것은 사람의 자연 천성으로 성인도 결코 피할 수 없는 바가 있다. 이와 같은 성인을 비난하고 법도를 무시하고, 천지를 뒤엎는 정신기백은 도학가의 부패한 사상통치를 소탕하고, 인성의 근대적 계몽을 촉진하는 데에 틀림없이 중요한 역사적 작용을 발휘했다.[30] 이로 인해 이지는 당시 진보적 문인, 진보적 예술가의 사상적 영수가 되었다. 전겸익은 일찍이 다음과 같이 말했다.

> 원씨 굉도·종도 형제는 모두 이탁오의 무리로 그들이 가리키는 것은 실로 이탁오에서부터 계발했다. 치규稚圭와 종도는 함께 용호龍湖(이탁오)의 고제이고, 중박仲璞은 어려서 치규에게 수학했다. 그 사우의 연원이 이와 같기 때문에 그들의 시문의 요지를 터득하고 살펴볼 수 있다.[31]

공안의 원씨 형제들만 이지의 영향을 크게 받은 것이 아니라 명대의 가장 명망 있는 대예술가 탕현조·동기창 등도 높이 이지를 우러러 받들었다. 탕현조는 "이백천(이지) 선생이라는 분이 있는데 그 『분서』를

其道得之, 則不處', 然亦曰, '富與貴是人之所欲'. 今觀其相魯也, 僅僅三月, 能幾何時, 而素衣麑裘·黃衣狐裘·緇衣羔裘等, 至富貴享也. 御寒之裘, 不一而足; 裼裘之飾, 不一而襲. 凡載在『鄉黨』者, 此類多矣. 謂聖人不欲富貴, 未之有也."

30) 이지 사상의 영향은 멀리 일본의 명치유신운동에 미쳤다. 명치유신운동의 선구 길전송음吉田松陰은 일찍이 이지를 찬양하여 "이탁오의 문장을 잠깐 읽어보면 흥미있는 일들이 매우 많이 들어 있는데 「동심설」이 더욱 묘하다," "이씨 『장서』를 초했다. 이탁오의 의론은 대체로 (울분·욕정 등을) 발산하지 않았고, 누구나 한 번 읽어보지도 않으면 나와 더불어 탁자를 치며 훌륭하다고 소리치지도 못한다"고 했다.(『已未存稿』, 「與人江杉藏書」, 「寄某書」 참조). 길전송음의 평가 역시 하나의 측면에서 이지사상 가지고 있는 바의 근대 계몽적 성질을 표명했다.

31) 錢謙益, 『牧齋初學集』卷31, "袁氏中郎·小修皆李卓吾之徒, 其指實自卓吾發之. 稚圭與小修俱龍湖高足弟子, 而仲璞少受學于稚圭, 其師友淵源如此, 故其詩文之大指可得而考也."

보니 기인이었다. 기꺼이 그 책을 나에게 보내준다고 하니 유쾌하지 아니한가?"[32]라고 했고, 동기창은 "이지와 나는 무술년 초하루에 성문 밖 사원에서 만나 대략 몇 마디 말을 나누고서 평론은 가히 거스를 것이 없었으니, 눈앞의 제자諸子로 여겼었다. 오직 군자의 올바른 식견을 갖추어서 누구든 미칠 바가 아니었고 나는 지금까지 그 뜻에 부끄럽다"[33]라고 했다. 이지에 대하여 상당히 비판적인 고헌성마저도 그가 가도학을 배격하고, 자연욕구를 긍정하는 말을 찬양하여 "이지는 '가도학자의 손에 죽느니, 차라리 아녀자의 손에 죽겠다'고 했으니, 이지의 평소 의론은 종종 사람을 죽일 수 있었으나, 이 말은 도리어 사람을 살릴 수 있다"[34]라고 했다.

'인욕'을 공개적으로 역설하는 또 다른 '이단'사상가 하심은은 명확하게 사람의 감성욕구는 바로 사람의 최고 천성이라고 긍정했다.

> 본성에 따라 맛을 보고 본성에 따라 색을 즐기고 본성에 따라 편안하고 한가롭게 지내니, 그것이 본성이다.[35]
>
> 재물과 여색을 바라는 것도 욕이고, 취화聚和하고자하는 것도 욕이다.[36]
>
> 가무와 여색, 냄새와 취향, 편안하고 한가함을 눈·코·입·사지에서 누림은 …… 천명의 지극함에서 그 본성을 다하는 것이다.[37]

---

32) 湯顯祖, 『湯顯祖集』卷44, "有李百泉先生者. 見其『焚書』, 畸人也. 肯爲求其書寄我駘蕩否?"

33) 董其昌, 『畵禪室隨筆』卷4, "李卓吾與余戊戌初一, 見于都門外蘭若中, 略披數語, 卽評可莫逆, 以爲眼前諸子, 惟君具正知見, 某某皆不爾也, 余至今愧其意云."

34) 顧憲成, 『小心齋札記』卷10, "李卓吾曰: '與其死于假道學之手, 寧死于婦人女子之手.' 卓吾平日議論往往能殺人, 此語却能活人."

35) 何心隱, 『爨桐集』卷2, "性而味, 性而色, 性而聲, 性而安逸, 性也."

36) 何心隱, 『爨桐集』卷3, "欲貨色, 欲也; 欲聚和, 欲也."

하심은이 통치자가 "백성과 더불어 욕망을 같이 나눌 것"[38]을 요구했는데, 실제적으로 그것은 봉건예법을 타파하고 하층 민중을 위해 감성 욕구를 만족시키는 정당한 권리를 쟁취하려는 것이다.

이지와 하심은의 '이단' 사상은 철학 이론으로 '리에서 욕에 이르기까지' 한 시대 조류의 역사적 진보성과 심층적 의의를 매우 자각적으로 파헤치고 논증했다. 그것들은 천년 봉건국가가 근대를 향해 나아가려는 사상적 신호였기 때문에 민중의 광범위한 지지도 받았고 봉건통치자들의 잔혹한 박해도 받았다. 심찬은 『근사총잔』에서 이지의 영향이 미치던 시기를 다음과 같이 말한다.

> 이탁오는 ……온 세상 사람들을 깜짝 놀라게 하는 학설을 좋아하고 송유 도학의 주장을 힘써 반박하였다. ……유가와 불가를 따르는 자가 수천수만이었다. 그 학문은 해탈解脫과 직절直截을 종지를 삼았는데 소년이나 호걸지사들이 좋아하고 경앙함이 많았다. 후학들은 미친 듯이 유교의 제방을 무너뜨렸을 뿐만 아니라, 불교의 금제를 계승하는 것조차 또한 분명하게 물리치는 일들이 많았다.[39]

이지는 「하심은론」을 지어 하심은을 위해 억울함을 변호했을 때 다음과 같이 썼다.

> 지금 공이 생존하던 당시의 무창 일대를 살펴보면 인구가 거의 수만 명인데, 공과는 일면식조차 없어도 공의 억울함을 모르는 사람이 없습

37) 何心隱, 『爨桐集』卷3, "聲色 · 臭味 · 安逸之乘于耳 · 目 · 鼻 · 口 · 四肢, ……盡乎其性于命之至焉者也."

38) 何心隱, 『爨桐集』卷3, "與百姓同欲."

39) 沈瓚, 『近事叢殘』卷1, "李卓吾……好爲驚世駭俗之論, 務反宋儒道學之說. ……儒釋從之者幾千萬人. 其學以解脫直截爲宗, 少年高曠豪舉之士, 多樂慕之. 后學如狂, 不但儒敎潰防, 而釋宗繩檢, 亦多所淸棄."

니다. 바야흐로 사방으로 뚫린 큰 길에 방을 내붙여 공의 죄상을 열거하자 모여서 구경하던 사람들은 하나같이 그의 무고함을 지적했고 심지어 탄식하거나 노여움에 소리 지르며 외면하는 사람까지 있었으니, 그때의 인심이 어떠했는지를 알 수가 있습니다.[40]

---

40) 李贄, 『焚書』卷3, 「何心隱論」, "今觀其時武昌上下, 人幾數萬, 無一人識公者, 無不知公之爲冤也. 方其揭榜通衢, 列公罪狀, 聚而觀者咸指其誣, 至有噓呼叱咤不欲觀焉者, 則當日之人心可知矣."

제4장 평민의식

제1절 들어가는 말

심학이단은 자연인성론에서 출발했어도 필연적으로 그것은 다른 측면의 사상적 기치 곧 평민의식을 표방했다. 심학이단 평민의식의 가장 선명한 서술은 태주 왕간이 제기한 명제, '백성의 일상생활이 참다운 도이다.百姓日用是道'[1] '백성일용'이란 요즘말로 하면 곧 평민대중의 일상생활이다. '백성일용'을 '도'로 간주한다는 것은, 그것을 체도體道·증도證道하는 데 착안하여, 한편으로는 유가가 교화를 베풀어 유가의 가장 높은 도덕본체에 대한 추구·수립을 가장 저속하고 가장 광범위한 사회계층

---

1) "46세 ……동문들을 모아 놓고 서원에서 강의하셨다. 선생님께서 '백성의 일상생활이 참다운 도이다'라고 말씀하셨다. 처음에는 듣고 대부분 믿지 않았다. 선생님이 어린 종이 오가는 것을 가리키며 보고·듣고·잡고·행하는 등 대강 동작 처에 따라 안배할 겨를 없이 '순제지칙順帝之則'을 갖추었으니, 지극히 없으면서도 있고, 지극히 가까우면서도 신비롭다. ……라고 했다. 일시에 배우는 사람들이 깨달음이 있었다.四十六歲 ……集同門講于書院. 先生言百姓日用是道. 初聞多不信. 先生指僮僕之往來, 視聽持行, 泛應動作處, 不假安排, 具是順帝之則, 至無而有, 至近而神. ……一時學者有省. 『王心齋先生遺集』卷三, 年譜. 王艮, 『王心齋先生遺集』卷3, 「年譜」"

에 실현하는 것이고,[2] 한편으로는 전례 없이 '백성일용'이 사회체계에서의 지위·가치를 드러내어, 명확하게 평민생활이 일종의 본체존재의 현실적 합리성 또는 빼앗을 수 없는 성질임을 인정하는 것이니, 이것은 사실 근대적 평민의식의 단서를 처음으로 드러낸 것이다.

태주 왕간이 이와 같은 사상을 제기한 것은 나름대로 사회 출신의 원인이 있다. 왕간은 본래 소금을 굽고 소금을 파는 등 문화교양의 바탕은 극히 한계가 있었으며,[3] 그 문도들도 대부분 도공·나무꾼·농사꾼·장사꾼 등이었다.[4] 사회출신으로만 보면 태주학파는 이미 평민색채가

---

2) "예를 들면, '어떤 사람아 중中에 대해 물었다.' 선생님께서 말씀하셨다. '어린 종이 오가는 것이 중이다.' 또 말씀하셨다. '그러면 백성의 일상생활이 곧 중이 아니겠는가?' 또 말씀하셨다. '공자가 이르기를 백성들은 매일 사용해도 알지 못한다고 했다. 만약 중이 아니면 어찌 도라고 하겠는가? 다만 선각자가 없이 깨달은 것이니, 그러므로 알지 못하는 것일 뿐이다.'或問: '中'. 先生曰: '此僮仆之往來者, 中也. 曰: 然則百姓之日用卽中乎? 曰: 孔子云, 百姓日用而不知. 使非中, 安得謂之道? 特無先覺者覺之, 故不知耳. 王艮, 『王心齋先生遺集』卷1, 「語錄」"
"선생님께서 말씀하셨다. '이 공부는 보통 사람이 알 수 있고 행할 수 있는 것이다. 성인의 도는 사람들이 모두 다 알고 모두 다 실천할 수 있는 것을 하고자 하는 것에 불과하니, 이것이 천지를 위치시키고 만물을 기르는 빌미이다. 이것을 알지 못하고 참됨을 얻었다고 함부로 말하는 것은 조그마한 선에 불과하다.' 先生曰: 此學是愚夫愚婦能知能行者. 聖人之道, 不過欲人皆知皆行, 卽是位天地, 育萬物把柄. 不知此, 縱說得眞, 却不過一節之善. 王艮, 『王心齋先生遺集』卷3, 「年譜」"
3) "선생님은 처음에는 고지식한 사람이었다. 부엌간에서 성장하여 서른 살이 되어서야 겨우 글을 알았다.先生初固亭子也, 生長竈間, 年三十纔可識字. 王艮, 『王心齋先生遺集』卷4" "11세 때 가난해서 배울 수 없었다. 숙사를 사양하고 집안일을 다스려야 했다.十一歲, 貧不能學, 辭塾師就理家政. 王艮, 『王心齋先生遺集』卷3"
4) "한 달 남짓 향리의 사람 중에 농사꾼이나 장사꾼 같은 사람들이 저녁이면 반드시 모여서 학문을 논하는 것을 보았다." "당시에 그의 덕에 감화되어 선량하게 된 사람 중에 도공으로는 낙오와 한정만이 아니었고, 나무꾼으로 낙재와 주서만이 아니었다.月余, 見鄕中人若農若賈, 暮必群來論學", "當時薰其德而善良者, 陶人不止樂吾·韓貞, 樵人不止樂齋·朱恕, 王艮, 『王心齋先生遺集』卷4"

농후한 학파이다. 사회저층의 절절하고 깊숙한 생활체험은 이러저러하게 태주학파가 평민의 사상 경향에 관심을 가지도록 유발하고 인도할 수밖에 없었기 때문에, 그 전도범위는 비록 평민에 한정되지 않았지만[5] 전도방식·전도종지는 평민에 두었다. 그러나 사회 출신은 기껏해야 태주가 평민의식을 형성하게 되는 필요원인에 불과하고 충분원인은 아니며(평민출신이 아닌 사상가·사상유파도 평민의식이 있을 수 있다), 더군다나 필요충분원인도 아니다. 이 필요충분원인은 매우 복잡한데, 그것은 마땅히 위에서 말한 출신배경과 시대환경, 사상사의 연변 등이 종합작용을 했다.

시대환경으로 보면 이와 같은 문제를 제기할 수 있다. 왕간은 문화교양수준이 매우 낮은 비천한 신분의 평민이었는데, 어떻게 유가심학의 일대 종사가 될 수 있었는가? 이는 전체 유학사에서 매우 보기 드문 현상이고, 분명히 단지 개인조건(예컨대 출신이나 천품 등)만으로는 해석할 수 없으며,[6] 그것은 사실 시대환경이 그렇게 되게 한 것이다. 명나라 중기 이전 평민계층의 상인활동이 가장 먼저 전례 없이 광범위해지고 활발해져,[7] 평민의식이 형성될 수 있는 사회적 기초와 시대적 요구

5) "그 당시에 사대부들이 배를 타고 선생님의 오두막을 찾았는데, 오가는 수고로움을 감내하고, 계발을 싫증내지 않았다. 一時士大夫航海而造先生之廬者, 任其往來, 啓迪不倦. 王艮, 『王心齋先生遺集』卷4"

6) "어떤 이가 물었다. '태주가 논밭에서 흥기하여 시서詩書를 일삼지 않고, 일개 포의로서 어찌 이 도의 탁월함을 깨칠 수 있겠는가?' 추원표가 대답했다. '오직 시서를 일삼지 않은 일개 포의만이 이 도를 개칠 수 있는 까닭이다.' 추원표의 대답은 오직 왕간의 '불가문자不假文字·직심체도直心體道'의 함의를 드러내었다. 그러나 그가 대답한 것은 분명히 왕간이 학문을 완성한 필요 원인을 밝혔을 뿐이다. 有問: '泰州崛起田間, 不事詩書, 一布衣何得聞斯道卓爾?' 鄒元標答: '惟不事詩書一布衣, 此所以得聞斯道也.' 鄒答固有標擧王艮不假文字·直心體道的含義. 然其所答, 亦顯然只是指出了王艮成學的必要原因. 王艮, 『王心齋先生遺集』卷4"

7) 위잉스는 명대의 상인활동에 대해 논했는데, 그 설명이 매우 자세하다. 余英時,

가 만들어졌고 직접적으로 왕간이 일대 사상영수의 지위를 얻게 하고 태주학파의 성행을 촉진시켰다. 태주학파의 평민의식의 형성과 상관되는 시대적 요인은 뒤에서 분석하기로 하고, 여기서는 먼저 태주학파를 배태한 사상사의 연변을 정리한다.

왕간은 다음과 같이 말한다.

> 성인의 도는 백성의 일상생활과 다름이 없다. 다름이 있는 것은 모두 이단이다.[8)]

이 말은 직접적으로 왕수인으로부터 확산된 것이다.

> 보통 사람과 같은 것을 동덕同德이라 하고 보통 사람과 다른 것을 이단異端이라 한다.[9)]

왕수인의 말 또한 그 근원이 있고 그 근원을 탐구하면, 그것과 원시유가의 "자기를 닦음으로써 백성을 편안하게 하는 것이다."[10)] "하늘이 보는 것은 우리 백성이 보는 것으로부터 하며 하늘이 듣는 것은 우리 백성이 듣는 것으로부터 한다."[11)] "백성이 가장 귀중하고 국가가 그 다음이고 임금이 가벼운 것이다"[12)]라는 것 등의 민본사상은 기본정신에서 상통하는 것이다. 원시유가의 민본사상에서 태주학파의 평민의식에 이

『士與中國文化』第8篇, 上海人民出版社, 1987 참조.

8) 王艮, 『王心齋先生遺集』卷1, 「語錄」, "聖人之道, 無異于百姓日用. 凡有異者, 皆是異端."

9) 『傳習錄』下 271條目, "與愚夫愚婦同的, 是謂同德; 與愚夫愚婦異的, 是謂異端."

10) 『論語』, 「憲問」, "脩己以安百性."

11) 『孟子』, 「萬章上」, "天視自我民視, 天聽自我民聽."

12) 『孟子』, 「盡心下」, "民爲貴, 社稷次之, 君爲輕."

르기까지 그간의 변천과정은 중국사상사의 중요한 맥락이자 하나의 흥미 넘치는 문제이다. 지면 관계상 자세하게 논하기는 어렵고, 세 가지 중요한 관건에 한하여 간략하게 분석함으로써 본서의 논지를 증명한다.

제2절 민본사상의 원의 — 유묵의 비교

먼저 밝혀둘 것은 민본사상은 선진원시유가가 독창적으로 수립한 사상이 아니라는 점이다. 어느 정도의 의미에서 말해, 당시 유가와 서로 대적한 묵가는 심지어 한층 더 철저한 민본사상을 갖추었고, 그들의 '비악非樂'·'비공非攻'·'겸애兼愛'·'절용節用'·'절장節葬' 등은 대부분 유가의 학설을 겨누어서 한 말로 모두 하층 민중을 대신한 말이다. 순자는 묵자가 "실용주의에 가려서 (예절) 꾸미는 것을 알지 못했다"[13]고 비판했지만, 묵자가 '용用'(물질적 공리)을 강조하고 '문文'(정신문화)을 반대한 까닭은 아마도 귀족의 '문'이 이미 심각하게 평민의 '용'을 박탈함에 따라, "굶주리는 사람들은 먹을 것을 얻지 못하고 헐벗는 사람들은 옷을 얻지 못하는"[14] 지경에 이르게 되었기 때문이다. 묵자의 "어진 사람이 천하를 위하여 헤아릴 적에는 그의 눈에 아름다운 것이나 귀에 즐거운 것이나 입에 단 것이나 몸에 편안한 것을 위하여 일하지 않는다. 이런 것으로써 백성들이 입고 먹을 재물을 축내고 뺏게 되기 때문에 어진 사람은 하지 않는 것이다"[15]라는 것은, 완전히 평민의 기본 생존욕구에서

13) 『荀子』, 「解蔽」, "蔽于用而不知文."
14) 『墨子』, 「尙同」, "飢者不得食. 寒者不得衣."
15) 『墨子』, 「非樂上」, "仁者之爲天下度也, 非爲其目之所美, 耳之所樂, 口之所甘, 身體之所安; 以此虧奪民衣食之財, 仁者弗爲也."

출발하여 귀족의 물질에서 정신에 이르는 '고소비'를 제한 내지 반대할 것을 요구한 것이다.[16] 이것으로 판단해 보면 묵가는 유가에 비해 훨씬 더 민본색채를 띠고 있는 것 같다. 그러나 문제는 그처럼 간단하지 않다. 묵가가 비록 도처에서 모두 평민의 이익에서 출발했을지라도 그 '상동尙同'의 정치철학은 도리어 극단적으로 잔악한 전제주의를 낳았다.

> 천하가 혼란해지는 까닭을 밝혀보면 그것은 지도자가 없는 데서 생겨난다. 그러므로 천하의 현명하고 훌륭한 사람을 골라 세워 천자로 삼는다. ……지도자들이 이미 갖추어진 다음에는 천자는 천하의 백성들에게 정령을 발하여 선언한다. "선한 것과 선하지 않은 것을 들으면 모두 그것을 그의 윗사람에게 고하라. 윗사람이 옳다고 여기는 것은 반드시 모두가 그것을 옳다고 여기며, 그르다고 여기는 것은 반드시 모두가 그것을 그르다고 여겨야 한다."[17]

비록 묵자가 또 '천지天志'를 제기하여 '상동'의 최고권위와 최후근거로 여긴 의도는 여전히 민중이익에 있었지만[18] "위와 함께 하면서 아래

---

16) 『墨子』, 「非樂上」. 생각건대 묵자는 일반적으로 '문文'을 반대한 것은 아니다. 그는 먼저 '용用'을 이룬 후에 '문'할 것을 주장한 것이다. 또 평민의 기본적 생존욕구를 만족시키고 그 다음에 높은 수준의 '문화소비'를 추구한 것이다. 예컨대 "먹는 것이 항상 배부른 연후에 아름다움을 구하고, 입는 것이 항상 따뜻한 연후에 아름다움을 구한다.如所謂 "食必常飽, 然后求美; 衣必常暖, 然后求麗."라고 했다. 劉向, 『說苑』 참조.

17) 『墨子』, 「尙同上」, "夫明乎天下之所以亂者, 生于無政長. 是故選天下之賢可者, 立以爲天子. ……正長旣已具; 天子發政于天下之百姓, 言曰: '聞善而不善, 皆以告其上; 上之所是, 必皆是之; 上之所非, 必皆非之.'"

18) "천하가 이미 다스려졌다면, 천자는 또 천하의 뜻을 총괄하여 하늘을 숭상하고 화동해야 한다.天下旣已治, 天子又總天下之義 以尙同于天. 『墨子 · 尙同下』" "옛날 상제와 귀신이 나라와 도읍을 건설하고 우두머리들을 세웠던 것은 그들에게 높은 작위를 주고 많은 녹을 주어 부귀하게 놀며 편히 지내라는 조치가 아니라

로는 함께 하지 않는 사람"[19]은 평민 내지 전체 사회가 정치를 비평하고 참여할 자격이나 권리를 박탈하는 것과 다름없고, '천지'로 '상동'을 규범화하는 그 결과도 단지 무한한 군권을 키울 뿐이다. 이는 참으로 펑유란이 "'천자는 위로 하늘과 같아진다'는 묵자의 설에 따르면, 상제와 주권자의 의지는 완전히 일치하여 충돌하지 않는다. 대체로 그가 말한 천자는 이미 군주이자 교황이다"[20]라고 말한 것과 같다.

묵자 '상동'의 정치철학과 '천지'의 종교사상은 사회의 정치질서와 정신생활에 실현되면 반드시 극단적으로 열악한 전제주의와 몽매주의를 초래한다. 천리를 해치는 독재자라면 모두 자기가 "하늘을 숭상하고 화동한다"[21]고 자처한다. 즉 논증할 필요도 없고 의심할 필요도 없는 무상의 권위를 드러내지만, 평민대중은 이런 독재자들에 대해서 인정하고 떠받드는 의무나 본분만 있고 회의하고 부정할 의무나 권리는 없다. 가령 '상동'의 냉혹한 정치로 평민의 의정참정권의 권리를 획일적으로 박탈하고 개성을 소멸시킨다고 한다면(즉 순자가 "묵자는 같음에 대한 식견은 있으나 다름에 대한 식견은 없다"[22]라고 했다), '천지'의 몽매한 신앙요구로 평민의 이성비판의식을 질식시키고, 아울러 인간의 존엄을 말살시키는 것이다. 우리들이 보면 중고시대에서 근대에 이르기까지 염치없는 전제주의정권일수록 각종형식의 연출을 꾸며내고, '상동'(정치특권)과 '천지'(사상통치)를 관철했다. 사람들은 묵학이 진한이후 인멸하

그럼으로써 만백성에게 유익하게 해주고 재해를 없애주며 가난하고 외로운 사람들을 부귀하게 해주고, 위태로운 것을 편안하게 하며 어지러운 것을 다스려주라는 것이었다. 古者上帝鬼神之建設局都, 入政長也, 非高其爵, 厚其祿, 富貴佚而錯之也. 將以爲萬民興利·除害·富貧·衆寡·安危·治亂也. 『墨子·尙同中』"

19) 『墨子』, 「尙同上」, "上同而不下比者."

20) 馮友蘭,『中國哲學史』上, 中華書局, 1961, p.136.

21) 『墨子』, 「尙同上」, "尙同于天."

22) 『荀子』, 「天論」, "有見于齊, 無見于畸."

여 들어보지 못했다고 하지만, 실제로 사라진 것은 단지 통치자들이 자연스럽게 적대시하는 묵가의 평민사상일 뿐이며, '상동'과 '천지'는 정치특권과 사상통치의 추상정신으로 연역되어 줄곧 서로 다른 역사조건에 적응되어 서로 다른 명목으로 전승되어 왔다.

근대 계몽사상가 양계초 등은 묵가민본사상의 일면을 고양했지만, 복잡한 시대적 원인으로 인하여 강력하고 야만적인 전제세력 앞에서 이와 같은 계몽노력은 역사상 연약한 모습만 남겼다. 깊이 생각해 볼 것은, 전제세력이 억압하고 말살하는 이런 묵가의 민본사상을 계몽의 주요수단으로 차용한 것도 역시 객관적으로 '상동'과 '천지'로부터 파생된 정치특권과 사상통치라는 것이다. 이러한 객관상의 '이묵반묵以墨反墨'은 가혹한 현실정치 측면에서 묵가사상의 내재적 모순을 드러내 보였고, 그 민본요소는 '실시되기도 전에 실패하거나 취소[胎死腹中]'당할 수밖에 없었다.

묵가의 경제사상은 평민적이지만 그 정치설계와 신앙요구는 도리어 귀족적이어서, 최소한의 정치권리와 사상자유를 박탈당한 평민은 자연히 자기의 경제적 이익도 보장받을 방법이 없었다. 단지 경제사상면에서 보면, 묵가는 천하가 함께 검소할 것을 요구하지만 "검약하나 따르기 힘들고",[23] 평민은 당연히 절약하지 않을 수 없었는데, 확실히 "그들은 살아서는 열심히 일만 하고 죽어서는 따뜻이 장사지내지 못했고",[24] 귀족은 사치와 욕망을 끝까지 누리면서 취한 듯이 살고 꿈꾸듯이 죽으니, 따지고 본다면 검소함이 지나친 것이 아닌가! 객관적 유효성이 결여된 절약기제로 인하여 '천하동체天下同體'의 구호를 사회의 현실생활에 실현한다는 것은 평민에 대한 일방적인 요구밖에 될 수 없고, 결과적으로는

---

23) 『史記』, 「太史公自序」, "儉而難遵."
24) 『莊子』, 「天下」, "其生也勤, 其死也薄."

부자는 더 부유해지고 가난한 사람은 더욱 가난해질 수밖에 없었다.

위의 사실을 종합하면, 정치질서와 문화정신에 대한 통합적인 구상은 몽매한 신앙에 의탁하여 전제권위를 인정했기 때문에 묵가의 경제공리에 착안한 민본사상은 근대적 평민의식으로 발전할 수 없었다. 그 자체로 모순된 묵가체계는 전형적으로 중고시대의 조건하에서 소생산자들의(주로 농민이다)의 초라하고 협애하고 천박하고 보수적인 사상 특징을 표현했다.[25]

그런데도 묵가를 언급하고자 하는 이유는 유가민본사상을 정리하여 그 원의를 엿보기 위하여 하나의 참조 체계를 세우고 싶었기 때문이다. 그리고 묵가를 이와 같은 참조 체계로 선택한 이유는 유묵 양가가 모두 강렬한 민본사상을 가지고 있으며, 모두 사상체계를 이루었으므로 비교할만한 점을 가장 잘 갖추고 있기 때문이다.[26](선진의 기타 제가들이 도가는 자연을 근본으로 삼고 법가는 군국君國을 근본으로 삼은 것과 같이, 민본의 관점에서 문제를 생각하는 제가는 극소수이므로 비교성을 갖추고 있지 않다. 농가는 비록 민본색채를 갖추었지만 말만 많지 전해지지 않아 비교할 수 없다[27]) 유묵의 동이는 대단히 복잡한 문제이고, 본서에서 전면적인 언급은 할 수도 없으니, 단지 민본사상과 관련 있는 몇몇 측면만 비교하겠다. 먼저 한유가 주장한 유묵의 같은 점을 보자.

---

25) 李澤厚, 『中國古代思想史論』 참조.

26) 왕중汪中은 『술학術學』, 「묵자서墨子序」에서 묵가에 대해 말하기를 "구류九流 중에서 오직 유가만이 그와 겨룰 수 있다. 그 외 제자는 모두 묵자와 비교되지 않는다"라고 했다.

27) 첸무錢穆은 "농가 허행許行이 곧 묵자의 재전제자 허범許犯이므로 농가는 묵가에서 나왔다"라고 여겼다.(錢穆, 『墨子』 第三章 참조.) 馮友蘭, 『中國哲學史』上, p.181을 재인용.

> 유가에서는 묵가의 상동尙同·겸애兼愛·상현尙賢·명귀 明鬼의 주장을 비판하지만, 공자도 왕공귀족을 두려워했고 자기가 살지 않는 곳의 대부를 비난하지 않았으며, 『춘추』로 전횡하는 신하를 비판했으니, 이것이 상동의 주장이 아닌가? 공자도 두루 사랑하고 어진 이를 가까이하며 널리 시행하여 대중을 구제하는 것을 성인다움이라고 했으니, 이것이 겸애의 주장이 아닌가? 공자도 현명한 이를 현명한 이로 대접하고 네 분야로 나눠 제자들을 칭찬했으며 죽어서까지도 이름이 칭송되지 않는 것을 한했으니, 이것이 상현의 주장이 아닌가? 공자도 제사지낼 때에 마치 신주가 앞에 계신 것처럼 지냈는데, 제사답지 않게 제사지내는 것을 비판하여 자신이 제사를 드리면 복을 받는다고 했으니, 이것이 명귀의 주장이 아닌가? 유가와 묵가가 같이 요순을 긍정하고 걸주를 부정하며, 같이 몸을 수양하고 마음을 바로 하여 천하국가를 다스리고자 하는데, 어찌하여 이토록 서로 싫어하는 것인가? ……공자도 반드시 묵자의 주장을 취했을 것이고 묵자도 필시 공자의 학설을 취했을 것이다.[28]

리쩌허우는 한유의 이 말에 대해, "공자와 묵자의 공통된 부분을 훨씬 과장하고 묵자의 비악·절장 등 직접적으로 유가와 서로 충돌되는 것은 감히 언급하지 못했다"[29]고 했다. 한유가 왜 유묵의 공통점을 과장하려 했는지 여기서는 논하지 않는다. 본서의 논지를 견지하여 여기서는 단지 '상동'(정치철학)과 '겸애'(윤리철학) 두 가지만 적시하여 한 번 유가와 비교하고, 비교하는 중에 힘써 유가민본사상의 본의를 분석 설명한다.

전술한 바와 같이 묵가 '상동'의 정치철학은 가장 열악한 전제주의를

28) 韓愈,『韓昌黎集』,「讀墨子」, "儒譏墨, 以尙同兼愛尙賢明鬼. 而孔子畏大人, 居是邦不非其大夫; 春秋譏專身, 不上同哉? 孔子泛愛親仁, 以博施濟衆爲聖, 又兼愛哉? 孔子賢賢, 以四科進褒弟子, 疾歿世而名不稱, 不上賢哉? 孔子祭如在, 譏祭如不察者, 曰我祭則受福, 不明鬼哉? 儒墨同是堯舜, 同非桀紂, 同修身正心以治天下國家, 奚不相悅如是哉 ……孔子必用墨子, 墨子必用孔子."
29) 李澤厚,『中國古代思想史論』, 人民出版社, 1985, p.70.

낳았고, 그 극단의 반민주적 성질은 말할 필요도 없다. 평유란은 '상동' 사상과 영국 근대사상가 홉스의 국가론과 비교하여, 양자는 정치독재·정교일치·민권박탈 등이 매우 서로 닮았다고 여겼다.[30] 실제 홉스의 국가론('사회계약론')[31]이 비록 강렬한 전제색채를 갖추었더라도(통치자는 계약을 초월한다. 통치권은 분할할 수 없다는 주장 등) 최소한 두 가지는 묵가의 '상동'사상과 현저한 차이가 있다.

첫째, 홉스는 특정한 조건하에서(통치자가 신민을 보호하는 직책을 다하지 않는) 신민은 복종의무를 해제하고 통치자를 교체할 권리가 있다.[32] 그러나 '상동'이 계층적으로 점진적으로 "윗사람과 함께 하면서 아랫사람과는 어울리지 않는 것"("향장이 옳다고 여기는 것은 반드시 그것을 옳다고 여기며, 향장이 그르다고 여기는 것은 반드시 모두가 그것을 그르다고 여겨야 한다."[33] "임금이 옳다고 여기는 것은 반드시 그것을 옳다고 여기며, 임금이 그르다고 여기는 것은 반드시 모두가 그것을 그르다고 여겨야 한다."[34] "천자가 옳다고 여기는 것은 반드시 그것

30) 馮友蘭, 『中國哲學史』제5장 묵자 및 전기 묵가 참조.

31) *토머스 홉스Thomas Hobbes(1588-1679) 잉글랜드의 정치철학자이자 최초의 민주적 사회계약론자이다. 서구 근대정치철학의 토대를 마련한 책 『리바이어던』(1651)의 저자로 유명하다. 홉스는 자연을 만인의 만인에 대한 투쟁 상태로 상정하고, 그로부터 자연권 확보를 위하여 사회계약에 의해서 리바이어던과 같은 강력한 국가권력이 발생하게 되었다고 주장했다. 홉스의 국가론(사회계약): 그는 서로 다투던 자연상태 속의 인민이 그들 개인이 가지던 개인의 권리를 양도하여 주권을 창조했다고 보았다. 국가에 의해 개인의 권리는 억류되었고, 그의 방어와 좀 더 기능적인 사회를 위해 그의 권리가 돌아왔으므로 사회계약은 실용주의적 자기 이익 추구의 바깥으로까지 발전할 수 있었다. 홉스는 국가의 이름을 리바이어던이라고 불렀으며, 이는 국가가 사회계약에 의해 만들어진 인공적 산물이라는 점을 강조하기 위해서였던 것 같다.

32) 홉스의 이 주장은 크롬웰 정권과의 특수 관계로 인해 한 양보이다. 하지만 이는 다른 문제이기에 여기서 의논하지 않는다.

33) 『墨子』, 「尙同上」, "鄕長之所是, 必皆是之, 鄕長之所非, 必皆非之."

을 옳다고 여기며, 천자가 그르다고 여기는 것은 반드시 모두가 그것을 그르다고 여겨야 한다"[35])은 도리어 근본적으로 신민에게 그와 같은 권력을 수여할 수도 없고 또한 불가능하다. 통치자를 제약하는 것은 다만 상천의 의지만이 할 수 있을 뿐이다.("천자에게 선함이 있으면, 하늘은 그에게 상을 주고, 천자에게 잘못이 있으면, 하늘 그에게 벌을 줄 것이다"[36])

둘째, 홉스는 명확하고 과감하게 '군권신수君權神授'설을 버리고 순전히 사람의 입장에서 출발하여 국가정권과 사회질서를 구상했지만, '상동'이 최후의 '천지'("천자는 또 천하의 뜻을 총괄하여 하늘을 숭상하고 화동해야 한다."[37] "천하의 조화를 통일하고 온 세계를 아울렀다. 그리고는 천하의 백성을 거느리고 농사짓는 신하들로 하여금 하나님과 산천의 귀신을 섬기게 했다"[38]) 등에 의탁하는 것은 도리어 분명히 세속정권의 수립을 위한 하나의 신학적 근거이다. 요컨대 홉스의 국가론은 이미 반봉건적 근대 색채를 번쩍이기 시작했고, 묵가의 '상동' 사상은 단지 중고사회 소생산자들의 천박하고 몽매한 노예근성을 드러내 보였다.

그렇다면 유가정치철학의 특징은 어떠한가? 우선 인정해야할 것은 원시유가가 긍정하고 구상한 정치질서는 여전히 엄격한 귀족사회의 계급체제이다. 공자는 주례를 유별나게 좋아하여 정명을 강조했고, 맹자는 옛날의 전장제도를 따라 "주나라 왕실이 작록을 배열하는 것"[39] 등을 옹호했는데, 모두 원시유가가 귀족사회 계급체제를 추구하고 옹호하

---

34) 『墨子』, 「尙同上」, "國名之所是, 必皆是之; 國君之所非, 必皆非之."
35) 『墨子』, 「尙同上」, "天子之所是 必皆是之 天子之所非 必皆非之."
36) 『墨子』, 「天志下」, "天子有善, 天能賞之, 天子有過, 天能罰之."
37) 『墨子』, 「非攻下」, "天子又總天下之義, 以尙同于天."
38) 『墨子』, 「非攻下」, "一天下之和, 總四海之內焉. 率天下之百姓, 以農臣事上帝産川鬼神."
39) 『孟子』, 「萬章下」, "周室班爵祿."

는 정치적 태도를 분명하게 보인 것에 불과하다. 이와 같은 정치태도의 보수성은 조금도 묵가에 뒤떨어지지 않는다. 이 점은 이미 학자들이 알고 있어 사가들의 정평은 덧붙이지 않는다. 다만 주의할 것은 사회기초로 말한다면, 묵가는 본래 평민의 경제이익에 착안했고 유가는 본래 귀족의 통치질서에 착안했다. 문화배경으로 말한다면 묵가는 본래 '소전통'에 관심을 집중했고 유가는 '대전통'에 관심을 집중했다. 이치대로라면 유가정치철학은 묵가정치철학에 비해 보다 더 전제 색채를 갖추었지만, 실제 정황은 결코 이와 같지 않으며, 원시유가는 결코 묵가의 그런 극단적인 전제주의의 '상동'사상은 가지고 있지 않다.[40] 그 가운데 한 원인은 유묵 빈본사상의 같고 다름에 따라 탐구해야할 것 같다.

묵가의 민본사상은 이미 서술한 것과 같이 평민의 경제이익에 대한 관심과 옹호는 참으로 진지하지만, 그 종교적 몽매주의와 정치적 전제주의는 도리어 평민을 실제적으로 피동적이고 불쌍한 집단으로 간주하여, 단지 은혜와 보호를 받을 수밖에 없고 정치적 주도권과 사회적 존엄성은 조금도 없는 연약계층으로 보았다. "그러므로 의로움이라는 것은 어리석고도 천한 자들로부터 나오는 게 아니라 반드시 귀하고도 지혜 있는 곳으로부터 나오는 것이다"[41]는 것은 대개 이 뜻이다. 원시유가의 민본사상은 심오하고 복잡하다. 한편으로는 귀족통치질서의 기본요구를 옹호하기 위하여 공맹도 평민을 정치계급의 최저층에 위치시키고 정치생활의 밖에 배제했으며, 심지어 도덕수준과 문화소질 등의 면에서 평민에 대한 귀족식의 멸시를 분명하게 보여줬다. 공자가 말한

---

40) 그 후 한의 동중서 등은 "三綱六紀"를 제창하고 "可求于天" 등을 인식했는데(『春秋繁露·基義』, 『白虎通義·三綱六紀』참고), 이미 원시유가와 다르며 묵가의 "尙同"·"天志"와 방법은 다르지만 결과는 같다. 이 점은 유보하고 다음 글에 재론한다.

41) 『墨子』, 「天志下」, "是故義者, 不自愚且賤者出, 必自貴且知者出."

"백성은 (도리에) 말미암게 할 수 있으나 그것을 알게 할 수 없다."[42] "천하에 도가 있으면 서민들이 (정치의 잘잘못을) 논의하지 아니한다."[43] "중간 쯤 되는 사람 이하는 형이상자를 말할 수 없다."[44] "소인이고서 어진 사람은 있지 않다."[45] "어려움을 겪으면서 배우지 아니하면 그런 백성은 곧 최하가 된다"[46]라고 한 것이나, 맹자가 말한 "군자가 없으면 야인을 다스리지 못하고 야인이 없으면 군자를 봉양하지 못한다."[47] "마음을 쓰는 자는 남을 다스리고 힘을 쓰는 자는 남에게 다스림을 받는다."[48] "사람이 금수와 다른 것이 매우 적은데 서민은 그것을 버리고 군자는 그것을 보존한다."[49] "지위가 낮으면서 말이 높은 것이 죄이다"[50]라고 한 것은 위에서 서술한 주장과 태도를 표현하는 것이다. 다른 한편으로는 공맹은 맑은 정치를 긍정하고 이상사회를 추구하여 도처에서 평민의 이익을 취사선택의 기준으로 삼았다. 예를 들면 공자는 관중에 대해 칭찬도 하고 폄하도 했는데, 그 근거는 전부 백성들을 이롭게 하는가 여부에 있었다.

폄하한 것은 다음과 같다.

> "관중은 검소했습니까?" (공자께서) 말씀하셨다. "관중은 삼귀三歸를 두었으며 관리들의 일을 겸직시키지 않았으니 어찌 검소할 수 있겠느냐?"[51]

---

42) 『論語』, 「泰伯」, "民可使由之, 不可使知之."
43) 『論語』, 「季氏」, "天下有道, 則庶人不議."
44) 『論語』, 「雍也」, "中人以上, 可以語上也."
45) 『論語』, 「季氏」, "未有小人而仁者也."
46) 『論語』, 「憲問」, "困而不學, 民斯爲下矣."
47) 『孟子』, 「滕文公上」, "無君子, 莫治野人, 無野人, 莫養君子."
48) 『孟子』, 「滕文公上」, "勞心者治人, 勞力者治於人."
49) 『孟子』, 「離婁下」, "人之所以異於禽獸者幾希, 庶民去之, 君子存之."
50) 『孟子』, 「萬章下」, "位卑而言高, 罪也."

칭찬한 것은 다음과 같다.

> 자로가 말했다. "환공이 공자 규를 죽이자, 소홀은 그를 위해 죽었고 관중은 죽지 않았으니 (관중은) 인하지 않다고 말해야 할 것입니다." 공자께서 말씀하셨다. '환공이 제후들을 규합하되 병거로써 하지 않은 것은 관중의 힘이었으니, 그의 인만 같겠는가. 그의 인만 같겠는가?'[52]
>
> 자공이 말했다. "관중은 인자가 아닙니다. 환공이 공자 규를 죽였는데, 그를 위해 죽지도 않고 도리어 환공을 섬겼습니다." 공자께서 말씀하셨다. "관중이 환공을 도와 제후의 패자가 되게 하여 한 번 천하를 바로잡았으니, 백성들이 지금에 이르도록 그 은혜를 받고 있다. 관중이 없었더라면 우리는 머리를 풀어헤치고 옷깃을 왼쪽으로 했을 것이다."[53]

관중이 무거운 세금을 거두어들이고 가신들에게 겸직시키지 않고 평민에게 무거운 부담을 주었으니, 공자는 그가 절검이 부족하다고 비판했다. 그러나 관중은 정치의 치적이 탁월하고 백성을 행복하게 해서, 공자는 끝내 그가 '예禮'의 엄중한 문제를 지키지 않은 것을 고려하지 않고[54] 이전에 다른 사람에게 쉽게 허락하지 않던 '인'이란 최고의 평가를 허여하였다.

---

51) 『論語』, 「八佾」, "或曰 '管仲儉乎?' 曰: '管氏有三歸, 官事不攝, 焉得儉?'"

52) 『論語』, 「憲問」, "子路曰: '桓公殺公子糾, 召忽死之, 管仲不死.' 曰: '未仁乎?' 子曰: '桓公九合諸侯, 不以兵車, 管仲之力. 也如其仁, 如其仁.'"

53) 『論語』, 「憲問」, "子貢曰: '管仲非仁者與? 桓公殺公子糾, 不能死, 又相之.' 子曰: '管仲相桓公, 霸諸侯, 一匡天下, 民到于今受其賜. 微官仲, 吾其被髮左衽矣.'"

54) 『論語』 「八佾」의 "'그러면 관중은 예를 알았습니까?' '나라의 임금이라야 색문을 만들거늘 관씨도 색문을 만들었으며, 나라의 임금이라야 두 임금의 친선을 도모할 때 술잔 올려놓는 자리를 둘 수 있는데 관씨도 술잔 올려놓는 자리를 두었으니, 관씨가 예를 안다면 누가 예를 알지 못하겠느냐?'"然則管仲知禮乎?' 曰: '邦君樹塞門, 管氏亦樹塞門. 邦君爲兩君之好, 有反坫, 管氏亦有反坫. 管氏而知禮, 孰不知禮?'" 참조.

> 애공이 재아에게 사에 대해 물으니 재아가 대답했다. "하후씨는 소나무로써 했고 은나라 사람들은 측백나무로써 했고 주나라 사람들은 밤나무로써 했으니, 백성들로 하여금 전율케 하기 위한 것이었다고 합니다." 공자께서 이를 들으시고 말씀하셨다. "이루어진 일이라 따지지 않으며, 끝난 일이라 말하지 않으며, 이미 지나간 일이라 나무라지 않겠다."[55]

주례를 가장 숭상하여 여러 번 "나는 주를 따르겠다"[56]고 피력했던 공자는 주례가 평민을 무섭게 협박하는 요소가 있는 것을 매우 유감으로 생각하고 부끄럽게 여겼기 때문에, 자신의 문하생들이 그런 영예롭지 못한 일을 언급해서는 안 된다고 꾸짖었던 것이다. 이른바 "자기를 닦음으로써 백성을 편안하게 하는 것은 요순도 오히려 (그렇게 하지 못하는 것을) 병통으로 여겼다."[57] "백성에게 은혜를 널리 베푸는 것은 ……요순도 오히려 (그렇게 하지 못하는 것을) 병통으로 여겼다"[58]라고 말한 것은 설사 사람들의 칭송이 끊임없는 현군이나 성왕이라 하더라도 아직 널리 백성들을 행복하게 해준 적이 없다는 것을 분명하게 지적한 것이다. 이로부터 충분히 알 수 있는 것은, 공자의 최고 이상은 확실히 평민의 이익과 관련된다는 것이다. 맹자의 민본사상은 공자보다 더욱 급진적이다. 그는 평민의 이익을 보장하기 위해서 보다 엄격한 정치기준을 수립했는데, 이는 곧 왕도와 패도를 구분하고 왕도를 귀히 여기고 패도를 천하게 여긴 것이다.[59] 공자에서는 평민에게 이익이 있기만 하

---

55) 『論語』, 「八佾」, "哀公問社於宰我. 宰我對曰: '夏后氏以松, 殷人以栢, 周人以栗, 曰, 使民戰栗.' 子聞之, 曰: '成事不說, 遂事不諫, 既往不咎.'"

56) 『論語』, 「八佾」, "吾從周."

57) 『論語』, 「憲問」, "脩己以安百姓, 堯舜其猶病諸."

58) 『論語』, 「雍也」, "博施於民而能濟衆 ……堯舜其猶病諸."

59) 馮友蘭, 『中國哲學史』上, 第一篇 ; 第六章, 中華書局, 1961, 참조.

면 왕패여부를 오히려 따지지 않아도 되지만(위에서 공자는 관중이 환공을 보좌한 것을 칭찬했다), 맹자에서는 왕패의 구분이 정치평가의 기본원칙을 이루는데, 이를 위해 그는 심지어 역사적 사실—"중니의 문도들은 제환공과 진문공의 일을 말하는 자가 없습니다"[60]라고 할 만큼—도 고려하지 않았다. 이와 같이 왕도와 패도의 구분을 중시하고 왕도를 귀히 여기고 패도를 천하게 여길 것을 강조하려는 이유의 발단은, 왕도는 평민을 동정하여 인정을 베푸는 것이고 패도는 힘으로 사람을 복종시키는 폭정이라는 데에 있다.

> 백성의 즐거움을 즐거워하는 자라면 백성들 또한 그 임금의 즐거움을 즐거워하고, 백성들의 근심을 근심하는 자라면 백성들 또한 그 임금의 근심을 근심합니다. 온 천하의 입장에서 즐거워하며 온 천하의 입장에서 근심하고서 그러고서도 왕도정치를 하지 못하는 자는 아직 있지 아니합니다.[61]
>
> 힘을 가지고 인을 표방하는 자는 패권을 차지하니, ……덕을 가지고 인을 행하는 자는 왕업을 이루니, ……힘을 가지고 자에게는 (사람들이) 마음으로 복종하는 것이 아니며 자신들이 힘이 모자라기 때문이다. 덕을 가지고 남을 복종시키는 자에게는 (사람들이) 속마음이 기뻐서 진실로 복종하는 것이다.[62]

맹자는 당시의 정치상황을 격렬하게 비판했다. 예를 들면 "(임금의) 푸줏간에는 살찐 고기가 있고 마구간에 살찐 말이 있는데도 백성들에게

60) 『孟子』, 「梁惠王上」, "仲尼之徒, 無道桓文之事者."

61) 『孟子』, 「梁惠王下」, "樂民之樂者, 民亦樂其樂; 憂民之憂者, 民亦憂其憂, 樂以天下, 憂以天下, 然而不王者, 未之有也."

62) 『孟子』, 「公孫丑上」, "以力假仁者霸, ……以德行仁者王, …… 以力服人者, 非心服也, 力不贍也, 以德服人者, 中心悅而誠服也."

굶주린 기색이 있으며 들에 굶어 죽은 시체가 있다면, 이는 짐승을 몰아 사람을 잡아먹게 하는 것이다."[63] "땅을 다투어 싸워서 사람을 들에 가득하게 죽이며, 성을 다투어 싸워서 사람을 성에 가득하게 죽이는 것에 있어서랴! 이는 이른바 토지를 거느려 사람의 고기를 먹게 한다는 것이니, 죄가 죽어서도 용서받지 못할 것이다."[64] "오늘날의 이른바 훌륭한 신하라는 사람들은 옛날의 이른바 백성의 도적이다"[65]라는 것 등은 모두 평민의 비참한 운명에 대하여 통절하게 주시하고 평민을 해치는 통치자들에 대하여 치 떨리는 분노를 표현한 것이다. 평민에서 출발하여 맹자는 마침내 대담하게 이와 같은 기치를 세웠다.

> 백성이 가장 귀중하고 사직이 그 다음이고 임금은 가벼운 것이다.[66]

이는 원시유가뿐만 아니라 중고시대 백성의 고통에 관심있는 지식인들이 외치는 제일 큰 소리이자 가장 사람의 마음을 감동시키는 구호였다. 그것은 중고시대 지식인들의 민본사상의 최고봉이었다. 이것으로부터 맹자의 이른바 천자의 천하는 "하늘이 준 것이다"[67]라는 사상은 이미 묵가의 '천지'와 상당히 다르다. 맹자가 강조한 것은 "하늘이 보는 것은 우리 백성이 보는 것으로부터 하며, 하늘이 듣는 것은 우리 백성이 듣는 것으로부터 한다"[68]는 것으로, 백성은 이미 묵가가 구상하는 바의 그런 '천' 아래에 그렇게 엎드리는 것과 일치하지 않는다. 그는 곧 직접

---

63) 『孟子』, 「梁惠王上」, "庖有肥肉, 廐有肥馬, 民有飢色, 野有餓莩, 此率獸而食人也."
64) 『孟子』, 「離婁上」, "爭地以戰, 殺人盈野, 爭城以戰, 殺人盈城, 此所謂率土地而食人肉, 罪不容於死."
65) 『孟子』, 「告子下」, "今之所謂良臣, 古之所謂民賊."
66) 『孟子』, 「盡心下」, "民爲貴, 社稷次之, 君爲輕."
67) 『孟子』, 「萬章上」, "天與之."
68) 『孟子』, 「萬章上」, "天視自我民視, 天聽自我民聽."

적으로 '천'의 의지를 구체적으로 드러냈다.

만약 공자가 말한 민본사상이 그래도 대체로 아랫사람에 대한 윗사람의 동정을 표현함으로써 묵가의 민본사상과 통하는 점이 있다면, 맹자의 민본사상은 이미 묵가식의 노예가 의식의 풍족함을 구걸하는 수준을 훨씬 초월했다.

> 걸이나 주가 천하를 잃은 것은 그 백성을 잃은 것이며 그 백성을 잃었다는 것은 그 (백성의) 마음을 잃은 것이다. 천하를 얻는 것에 방법이 있으니, 백성을 얻으면 천하를 얻을 것이다. 백성을 얻는 것에 방법이 있으니, (백성의) 마음을 얻으면 백성을 얻을 것이다.[69]

민심의 향방은 명확하게 정치 성패나 국가 존망의 근본이 된다는 것을 받아들였고 평민대중은 합당하게 사회존립의 기본본체가 되었다. 이는 확실히 '민본'이다.

공자에서 맹자에 이르기까지 유가의 민본사상은 극치에 이르렀다. 그 기본 특징은 평민을 나라의 운명을 결정하는 기본역량으로 여기고, 백성을 자애하는 것을 사회정치운동의 최고 목표로 삼았다. 만약 후자가 묵가의 민본사상과 합류할 수 있다고 한다면, 전자는 이미 묵가와 비교할 수 없는 원시적 민주정신을 포함하고 있다. 이와 같은 원시적 민주정신이 돌파하고 배려하는 바는 귀족의 위엄이 아니라 평민의 의지이고, 귀족의 권익이 아니라 평민의 운명이다. 그것은 공자에 있어서는 매우 온화하고 매우 모호하게 "백성들의 신뢰가 없으면 성립되지 아니한다"와 같은 명제 중에 보인다.

---

69) 『孟子』, 「離婁上」, "桀紂之失天下也, 失其民也; 失其民者, 失其心也. 得天下有道: 得其民, 斯得天下矣; 得其民有道: 得其心, 斯得民矣."

자공이 정치에 대해서 묻자 공자께서 말씀하셨다. "식食을 풍족하게 하는 것, 병兵을 풍족하게 하는 것, 백성들이 신뢰하는 것이다." 자공이 말했다. "반드시 부득이하여 버린다면 이 세 가지 중에서 무엇을 먼저 해야 합니까?" "병兵을 버린다." 자공이 말했다. "반드시 부득이해서 버린다면 이 두 가지 중에 무엇을 먼저 해야 합니까?" "식食을 버린다. 예로부터 누구나 죽음이 있거니와 백성들의 신뢰가 없으면 성립되지 아니한다."[70]

그것이 맹자에게서는 백성은 귀중하고 임금은 가볍고, 임금답지 못한 임금은 폐위할 수 있다는 등 상당히 대담한 주장 속에서 분명하게 표현됐을 뿐만 아니라 "한 명의 장부인 주紂를 죽였다는 말은 들었다."[71] "백성들은 그렇게 한 이후에야 되돌릴 수 있다"[72]라는 등 대항하고 거역하는 견해가 적지 않다. 이와 같은 원시적 민주정신은 분명히 묵가의 '상동'사상과 그 취지가 크게 다르다. 전자가 숭상하는 것은 백성의 뜻(하늘의 뜻은 백성의 뜻에서 실현된다)이고 후자가 숭상하는 것은 하늘의 뜻(백성의 뜻은 의견에서 하늘의 명을 따른다)이다. 전자는 윗사람의 아랫사람에 대한 의무를 중시하고 후자는 아랫사람의 윗사람에 대한 인정을 중시한다. 그러므로 정치철학으로 말하면 전자는 후자에 비해 개화된 경향을 띠고 있다. '인정왕도仁政王道'란 말은 실로 까닭이 있다.

그러나 전술한 바와 같이 원시유가는 끝내 귀족통치질서의 가장 보수적이고 가장 확고한 옹호자로서 천여 년 중고사회 동안 역대로 유가는 일반적으로 모두 보수복고의 정치적 역할을 담당했으며, 유가사상의

70) 『論語』, 「顔淵」, "子貢問政", 子曰: "足食, 足兵, 民信之矣." 子貢曰: "必不得已而去, 于斯三者何先?" 曰: "去兵." 子貢曰: "必不得已而去, 斯三者何先?" 曰: "去食. 自古皆有死, 民無信不立."

71) 『孟子』, 「梁惠王下」, "聞誅一夫紂."

72) 『孟子』, 「梁惠王下」, "夫民今而後得反之也."

의식형태는 확실히 봉건전제의 가장 강대하고 가장 유효한 정신적 지주가 되었는데, 이는 어쨌든 유가의 단점을 감싸고자 하는 사람도 부인할 수 없는 확실한 역사적 사실이다. 문제는 원시 민주정신이 어떻게 귀족통치질서를 견고하게 옹호하는 원시유가를 받아들일 수 있었고, 민본색채가 농후한 유가사상이 어떻게 정치적 보수주의와 전제주의의 정신적 지주가 되었는가에 있다. 여기의 큰 모순은 유가민본사상의 역사를 구체적으로 고찰하는 가운데 이해할 수밖에 없다.

앞에서 언급한 공맹이 맑고 깨끗한 정치를 긍정하고 이상적인 사회를 추구했을 때에는 대개 평민의 이익이 판단과 선택의 기준이 된다. 그들이 보기에는 상고시대 삼대(요·순·우)의 치세와 문·무·주공의 정치가 곧 이와 같은 기준에 부합하는 맑고 깨끗한 정치의 이상적인 사회이다. 그들이 '복고'하고자 하는 까닭은 실제로 오직 이들(이상사회를 경험한) 고대사회의 현명한 군주나 어진 임금, 정치제도라야 비로소 그들의 민본사상을 체현할 수 있기 때문이다. 예를 들면 『논어』에 다음과 같이 실려 있다.

> 요임금이 말씀하셨다. "야 너 순아! 하늘의 역수가 너의 몸에 있으니 진실로 그 중을 잡도록 하라. 사해가 곤궁하면 천록이 영원히 끊어질 것이다." 순임금도 또한 이 말씀으로써 우임금에게 명하셨다. (탕왕이) 말씀하셨다. "……내 몸에 죄가 있는 것은 만방의 백성들 때문이 아니며 만방의 백성들에게 죄 있는 것은 죄가 내 몸에 있는 것입니다." 주나라에 큰 은사가 있었으니 선인을 많게 해준 것이다. "(주에게는) 비록 두루 친척이 있으나 어진 사람이 있는 것만 같지 못하다. 백성들에게 허물이 있는 것은 (책임이) 나 한 사람에게 있는 것이다."[73]

---

73) 『論語』, 「堯曰」, "堯曰: '咨! 爾舜! 天之歷數在爾躬, 允執其中. 四海困窮, 天祿永終.' 舜亦以命禹. 曰: '……朕躬有罪, 無以萬方, 萬方有罪, 罪在朕躬.' 周有大賚, 善人是富. '雖有周親, 不如仁人. 百姓有過, 在予一人.'

다시 맹자는 다음과 같이 말한다.

> 농사철을 어기지 않으면 곡식을 이루다 먹을 수 없고, 촘촘한 거물을 웅덩이와 연못에 넣지 않으면 고기와 자라를 이루다 먹을 수 없으며 도끼를 알맞은 때에 산림에 들여놓으면 재목을 이루다 쓸 수 없을 것입니다. 곡식과 물고기와 자라를 이루다 먹을 수 없으며, 재목을 이루다 쓸 수 없으면 이는 백성으로 하여금 산 사람을 봉양하고 죽은 사람을 장사지내는 데에 유감이 없게 하는 것이니, 산 사람을 봉양하고 죽은 사람을 장사지내는데 유감이 없도록 하는 것이 왕도의 시작입니다.
>
> 오묘의 집에 뽕나무를 심으면 50세 된 자가 비단옷을 입을 수 있으며, 닭과 돼지와 개와 큰 돼지를 기르는데 시기를 놓침이 없으면 70세 된 자가 고기를 먹을 수 있으며, 백묘의 밭에 그 농사지을 때를 빼앗지 아니하면 몇 식구 되는 집안에 굶주림이 없을 수 있으며, 상서의 가르침을 심중히 하여, 효제의 도리를 거듭 가르친다면 머리가 반백이 된 자가 도로에서 짐을 지거나 이지 않을 것입니다. 70세 된 자가 비단옷을 입고 고기를 먹으며, 여민(백성)이 굶주리지 않고 춥지 않게 되고서도 왕도정치를 못하는 자는 있지 않습니다.[74]

상술한 대로 정치·경제적인 측면에서 상고사회를 이상적으로 묘사하고 다시 구상하면 — 정치적으로는 왕은 천하의 백성을 대신하여 벌을 받고 천하의 백성을 위하여 헌신하고, 경제적으로는 "백성으로 하여금 산 사람을 봉양하고 죽은 사람을 장사지내는 데에 유감이 없게 하고" "여민(백성)이 굶주리지 않고 춥지 않게 하는" 이런 사회는 당연히 백성

---

74) 『孟子』, 「梁惠王上」, "不違農時, 穀不可勝食也; 數罟不入洿池, 漁鼈不可勝食也; 斧斤以時入山林, 材木不可勝用也. 穀與漁鼈不可勝食, 材木不可勝用, 是使民養生喪死無憾也. 養生喪死無憾, 王道之始也. 五畝之宅, 樹之以桑, 五十者可以衣帛矣. 雞豚狗彘之畜, 無失其時, 七十者可以食肉矣. 百畝之田, 勿奪其時, 數口之家可以無飢矣. 謹庠序之教, 申之以孝悌之義, 頒白者不負戴於道路矣. 七十者衣帛食肉, 黎民不飢不寒, 然而不王者, 未之有也."

이 근본이 되는 이상사회이다. 그것은 공맹 당시 정치의 암흑, 경제의 쇠퇴, 사회의 혼란, 전쟁의 잔혹함과 비교하면 한층 더 추구할 만한 가치가 있다. 그러나 공맹이 '술이부작述而不作'의 방식으로 묘사한 이 이상사회의 정경체제는 사실 원시씨족의 귀족통치질서이다. 이 귀족통치질서는 초기노예제로 당연히 공맹이 생각한 것처럼 훌륭하다고는 할 수 없지만, 리쩌허우가 지적한 것과 같은 "씨족 내부의 각종 민주民主·인애仁愛·인도人道적 잔재를 지니고 있고, 춘추시기의 허다한 중소씨족국가의 민주정치를 포함하고 있다."[75]

공맹이 착안하고 중시하고 간직한 것은 바로 이러한 요소들이다. "공자는 주례를 시시하여 보수적이고 뒤떨어지고 반동적이기까지 하지만 (역사의 조류를 거슬러 움직여서) 그는 잔혹한 착취와 억압을 반대하고, 상대적으로 온화한 상고시기의 씨족통치체제를 유지하고 회복할 것을 요구하여 또한 민주성과 인민성을 가지고 있었다."[76] 맹자가 "요순이 이미 별세하시니, 성인의 도가 쇠하여 폭군이 대대로 나와서 백성들의 집을 헐어 웅덩이와 못을 만들었으므로 백성이 편안히 쉴 곳이 없었고, 밭을 버려 동산을 만들어 백성들로 하여금 입고 먹을 수 없게 만들었다."[77] "문왕의 백성 중에는 춥고 배고픈 노인이 없었다"[78]라고 한 것은 정치가 '민주성과 인민성'을 긍정할 것인가 여부를 더욱 명확하게 표현한 것이다. 그러므로 공맹이 귀족통치질서를 옹호하는 "임금은 임금답고 신하는 신하다우며 아버지는 아버지답고 아들은 아들답게 되는 것이다."[79] "인정은 반드시 (토지의) 경계를 다스리는 데서부터 시작된다."[80]

---

75) 李澤厚, 『中國古代思想史論』, 人民出版社, 1985, p.14.

76) 李澤厚, 같은 책, p.15.

77) 『孟子』, 「滕文公下」, "堯舜旣沒, 聖人之道衰, 暴君代作, 壞宮室以爲汙池, 民無所安息; 棄田以爲園囿, 使民不得衣食."

78) 『孟子』, 「盡心章上」, "文王之民無凍餒之老者."

"토지를 나누고 곡록을 제정한다"81)라는 주장을 한 것은, 사실상 이런 수단으로만 비로소 평민의 이익을 보장할 수 있고, 그들이 몸소 겪었던 그러한 "예가 무너지고 악이 붕괴되어" 통치자의 탐욕스럽고 잔혹하고 조금도 염치가 없고 아무런 거리낌이 없이 "짐승을 모아서 사람을 잡아먹게 하는"82) 암울한 폭정을 막을 수 있다고 여겼기 때문이다.

역사주의의 관점에서 보면, 공맹은 '악惡'이 특정한 역사조건하에서 역사를 추동하여 전진시키는 동력이라는 것을 인식하지 못하고 단순하게 역사를 도덕화하고자 했으며, 이상주의적 태도를 견지하여 정경변혁을 대처하려고 했으니, 확실히 종종 우활하고 보수적인 면을 드러내었다. 그러나 윤리주의의 관점으로 보면, 공맹은 위난을 두려워하지 않고 인을 따라 행하고 의를 취하며 시종 인도주의를 굳게 지키고 민본사상을 고양했으며, '선'한 인격역량으로 전제의 폭정과 사회의 부패를 공격하고자 했으니, 한편으로는 일종의 비극적 숭고정신을 가지고 있다. 이와 같은 비극적 숭고정신은 역사상 빛나는 신성한 후광으로서 인성에 존엄함을 부여하고 역사에 희망을 주었다. 윤리주의와 역사주의(유가와 법가, 플라톤과 마키아벨리)의 이율배반은 어쩌면 인류사회의 시종을 관통했지만, 후자가 어떠한 현실적 합리성을 가지고 있는가의 문제와 관계없이 전자는 언제나 초월적인 인류정신으로 역사에 참여해야 할 뿐만 아니라, 오직 그것이 있어야만 비로소 인류의 존재에게 일종의 영원하고 진정한 사람으로써의 본체성을 부여할 수 있다.

이상으로 알 수 있는 것은 귀족계급의 질서를 옹호하는 것과 민본사상을 고양하는 것이 원시유가에게 통일되어 있다는 점이다. 공맹에서

---

79) 『論語』, 「顔淵」, "君君, 臣臣, 夫夫, 子子."
80) 『孟子』, 「滕文公上」, "夫仁政, 必自經界始."
81) 『孟子』, 「滕文公上」, "分田制祿."
82) 『孟子』, 「滕文公下」, "禮壞樂崩 ……率獸而食人."

보면 전자는 공교롭게도 후자의 체제를 보장하는 것이다. 이와 같은 견해는 한편으로는 상고사회의 정경체제 — '선왕지법先王之法'에 대한 이상화에서 생겨난 것이다. 퀜틴 스키너Quentyn Skinner는 "인문주의자가 그들의 고전 권위에서 배운 가장 중요한 교훈은, 역사학자는 반드시 그들의 주의력을 우리 선조들의 가장 훌륭한 성과에 집중함으로써 우리들이 그들의 가장 고귀하고 가장 영예로운 사적을 모방하도록 격려한다는 점이다"[83]라고 했다. 공맹은 엄격한 의미에서 역사학자는 아니지만 그들은 가장 중요한 역사의 인문주의 사상가이고, 그들의 사상체계는 전체 중국 전통문화의 아주 뚜렷한 역사의식을 심어주었다.[84] 우리들이 보기에, 공맹은 안수할 겨를이 없이 부지런히 탐구한 것은 바로 가치성향을 "우리 선조의 가장 훌륭한 성취에 집중한 것이며, 그렇게 함으로써 우리들에게 그들의 가장 고귀하고 가장 영광스런 사적을 따를 것을 격려했다." 그리고 "가장 훌륭한 성취" "가장 고귀하고 가장 영예로운 사적"은 곧 '선왕지법'으로 당연히 모두 이상화를 거친 것이다. 공맹의 '술이불작'은 참으로 평유란이 말한 것과 같이 사실 '이술이작以述爲作'이다.[85]

다른 한편으로 공맹이 고대씨족사회 귀족통치의 계급질서를 민본을 보장하는 가장 이상적인 정치체제로 여기는 이유는 혈연윤리적 근거도 있다. 이는 곧 리쩌허우가 유가인학구조를 논의할 때 매우 자세하게 분석한 바 있는 '혈연기초血緣基礎'이다.[86] 혈연윤리의 두 가지 기본관념은 '효孝'와 '제悌'인데("군자는 근본에 힘쓰니, 근본이 확립되면 방법이 생

83) 昆廷· 斯金那, 『馬基雅維里』, 工人出版社, 1985, p.154.

84) 중국 전통문화의 역사의식의 형성에 대해서는 李澤厚, 『中國古代思想史論』「試談中國的智慧」; 余英時, 『士與中國文化』를 참조할 수 있다.

85) 馮友蘭, 『中國哲學史』上, 中華書局, 1961 참조.

86) 李澤厚, 『中國古代思想史論』, 「孔子再評價」, 인민출판사, 1985, p.17.

기는 것이다. 효와 제라는 것은 인을 행하는 근본일 것이다."[87] "제자는 들어와서는 효도하고 나가서는 공경하라"[88]), '효'와 '제'는 혈연을 통하여 종횡 두 가지 면으로 씨족관계와 계급제도를 구성했다. 이것이 원고시대에서 은주시대에 이르기까지 종법통치체제(곧 '주례周禮')의 핵심이고, 이것은 바로 당시의 정치(또한 '위정爲政이다'), 즉 유가의 '수신제가치국평천하修身齊家治國平天下'라는 것이다."[89]

이에 근거하여 원시유가는 귀족계급질서를 자각적으로 혈연윤리의 기초 위에 안치하여 정치철학은 실제 윤리철학으로 변했다. 내재적인 혈연윤리의 원칙은 외재적인 정경통치의 질서로 확대되어 전자는 후자가 인성의 심층이 되는 것을 확실하게 보장했다. 이는 곧 공자가 "『서경』에 '효로다. 오직 효하여 형제간에 우애하여 정사에 베푼다'고 했으니 이 또한 정치를 하는 것이다."[90] "그 사람됨이 효성스럽고 공경스러우면서 윗사람 해치기를 좋아하는 자가 드무니, 윗사람 해치기를 좋아하지 않고서 난을 일으키기를 좋아하는 자는 있지 아니하다"[91]라고 말한 것이다. 그런데 '효'와 '제' 등 혈연윤리의 원칙 혹은 관념은 결론적으로 부모와 자식 간의 사랑 등 일상생활의 심리감정에 불과하다. 이러한 심리감정의 영향·훈도·규범을 받아들여 정치질서를 수립한 것은 당연히 인정미가 풍부하여 공자의 민본사상과도 부합된다. 이런 까닭으로 "사방의 백성들이 자기 자식을 포대기에 싸서 업고 올 것이다"[92]라는 말이 있다. 맹자는 다시 인성론의 높은 수준에서 '효'와 '제' 등 혈연윤리

---

87) 『論語』, 「學而」, "君子務本, 本立而道生, 孝弟也者, 其爲仁之本與."

88) 『論語』, 「學而」, "弟子入則孝, 出則弟."

89) 李澤厚, 『中國古代思想史論』, 「孔子再評價」, 인민출판사, 1985, p.17.

90) 『論語』, 「爲政」, "『書』云: '孝乎惟孝, 友于兄弟, 施于有政.' 是亦爲政."

91) 『論語』, 「學而」, "其爲人也孝弟, 而好犯上者, 鮮矣. 不好犯上而好作亂者, 未之有也."

92) 『論語』, 「子路」, "四方之民則襁負其子而至矣."

의 원칙이나 관념을 발전 변화시켜 "차마하지 못하는 마음"으로 끌어올리고 철저하게 윤리와 정치를 연계해서 논증했다.

> 사람은 모두 남에게 차마하지 못하는 마음이 있다. 선왕에게 남에게 차마하지 못하는 마음이 있어서 곧 남에게 차마하지 못하는 정치가 있었다.[93)]
>
> 내 집의 노인을 노인으로 섬긴 뒤 그 마음이 남의 노인에게까지 이르며, 내 집의 어린이를 어린이로 사랑한 뒤 그 마음이 남의 집의 어린이에게까지 이른다면 천하를 손바닥에서 움직일 수 있을 것입니다. 『시경』에 이르기를 "과처寡妻에게 모범이 되이시 형제에세 이르고 그럼으로써 집과 나라에서 다스림을 이루게 된다"했으니, 이 마음을 들어서 저쪽으로 더해갈 뿐임을 말한 것입니다. 그러므로 은혜를 미루어 가면 족히 사해를 보호할 수 있고, 은혜를 미루어 가지 못하면 처자도 보호할 수 없는 것입니다. 옛사람이 남들보다 크게 뛰어난 까닭은 다른 것이 없습니다. 지금 은혜가 족히 금수에게까지 미치었으되 효과가 백성들에게 이르지 아니한 것은 유독 무엇 때문입니까?[94)]

이와 같이 혈연기초·윤리원칙과 정치운영의 관계를 간주하는 것에는, 당연히 원시의 민주정신과 인도주의가 풍부하다.[95)] 동중서는 말한다.

> 사람은 하늘에서 명을 받아 진실로 다른 여러 생물보다 뛰어나게 달라 만물보다 귀하다. 들어서는 부자와 형제간의 친함이

93) 『孟子』, 「公孫丑上」, "人皆有不忍人之心. 先王有不忍人之心, 斯有不忍人之政矣."

94) 『孟子』, 「梁惠王上」, "老吾老, 以及人之老; 幼吾幼, 以及人之幼. 天下可運於掌. 詩云, "刑于寡妻, 至于兄弟, 以御于家邦." 言擧斯心加諸彼而已. 故推恩足以保四海, 不推恩無以保妻子. 古之人所以大過人者, 無他焉, 善推其所爲而已矣. 今恩足以及禽獸, 而功不至於百姓者, 獨何與?"

95) 리쩌허우의 그 동안의 관계에 대한 분석이 자세하고 상세하다. 그의 저서 『中國古代思想史論』, 「孔子再評價」, 인민출판사, 1985, p.17 참조.

있고, 나가서는 군신과 위아래의 마땅함이 있고, 여러 사람이 한 곳에 모이고 서로 만나면 노인과 어른과 어린이의 실행함이 있고, 찬연하게 문文으로 서로 이어짐이 있고, 환연하게 은혜로 서로 사랑함이 있으니, 이는 사람이 귀한 까닭이다.[96)]

원시유가는 정치를 윤리화하고, 혈연윤리의 정신·심리정감의 필요성을 가지고 정치체제의 원리를 해석하고 수립하여, 정치 활동을 인도적 사랑과 민본의 증진으로 가득 채우려 했지만, 동시에 필연적으로 계급질서에 대한 긍정을 도출해냈다. 혈연의 윤리관계는 어른과 어린이 사이에 분별이 있고('부자'—'효'), 정치체제의 구조도 자연히 지위의 높고 낮음에 따라 엄격한 차례가 있어('군신'—'충'), 부자에서 군신에 이르기까지, 효에서 충에 이르기까지, 혈연에서 종법에 이르기까지, 그 사이에 포함된 상하계급관계가 바로 윤리에서 정치에 이르기까지의 자연스런 연장이 되었으니, 이는 곧 "음양이 있은 다음에 남녀가 있고, 남녀가 있은 다음에 부부가 있고, 부부가 있은 다음에 부자가 있고, 부자가 있은 다음에 군신이 있고, 군신이 있은 다음에 위아래가 있고, 위아래가 있은 다음에 예의가 행하여 질 수 있는 것이다"[97)]라고 말한 것과 같다. 그러므로 귀족통치의 계급질서는 충분한 윤리적 근거를 가지게 되어 인성을 위반하지 않고 사람을 압박하지 않았을 뿐만 아니라, 오히려 거꾸로 자연인성이 사회정치상에 합리적으로 다시 맞춰지게 했다.[98)] 이것에 근거

---

96) 『漢書』, 「董仲舒傳」, "人受命于天, 固超然異于群生. 入有父子兄弟之親, 出有君臣上下之誼, 會聚相遇, 則有耆老長幼之施, 燦然有文以相接, 驩然有恩以相愛, 此人之所以貴也."

97) 『周易』, 「序卦傳」, "有陰陽然後有男女, 有男女然後有夫婦, 有夫婦然後有父子, 有父子然後有君臣, 有君臣然後有上下, 有上下然後禮義有所錯."

98) 유가의 정치계급질서에 대한 긍정은 당연히 광활한 우주론적 근거가 있다. 예를 들면 "하늘은 높고 땅은 낮으니, 임금과 신하가 정해지고, 높고 낮음이 펼쳐져

하면 귀족계급질서는 원시유가가 볼 때에 민본사상과 서로 저촉되지 않을 뿐만 아니라, 오히려 민본사상을 실현하는 정치적 보증이다. 두 가지의 통일은 바로 리쩌허우가 말한 것과 같다.

> 혈연종법을 기초로 해서 전체 씨족—부락성원 사이에 일종의 엄격한 계급질서와 또 모종의 '박애博愛'를 띠고 있는 인도관계를 보존하고 건립할 것을 요구했다. 이렇게 되면 필연적으로 인간의 사회성과 교제성을 강조하고 씨족내부의 상하좌우의 존비장유尊卑長幼 사이의 질서·단결·상조·협조를 강조하게 된다.[99]

원고사회에서 오랜 세월동안 가려진 바의 이상적 경향 혈연윤리 종법관계 고유의 이어져 내려온 온정 위에 어두운 현실, 잔학한 정치의 강열한 자극이 더해져서, 인도적 심경을 갖춘 원시유가로 하여금 어떤 사람은 바쁘고 다급하게(공자), 어떤 사람은 강개하고 격앙되게(맹자) '복고'의 길로 가게 했고, 그러한 씨족종법사회 계급관계의 정연한 질서가 사회 인륜의 조화·안정·사랑을 재건함으로써 그들의 민본사상이 실현될 수 있기를 희구하게 했다. 이로부터 맹자가 왜 그렇게 격렬하게 묵자의 '겸애'사상을 배격했는지 이해할 수 있다. 묵자가 제창한 '겸애'의 윤리철학은 원시유가 '애유차등愛有差等'의 혈연윤리원칙과 정면으로 서로 어긋나는데, 이는 윤리를 정치화하는 원시유가로 말하면, 근본적으로 그 받드는 바의 씨족의 귀족계급질서를 파괴함으로써 천하의 대란을 야기하여 정치는 암울해지고 백성들은 도탄에 빠뜨린 것이나 다름이 없기 때문에, 맹자는 온 힘을 다해 배척하지 않을 수 없었다.

있으니, 귀하고 천한 것이 자리 잡는다.天尊地卑, 君臣定矣; 卑高以陳, 貴賤位矣. 『樂記』, 「樂論」" 등이다. 그렇지만 이것과 본문의 논지와 직접 관계가 없다. 번잡함을 피하기 위해 논하지 않는다.

99) 李澤厚, 『中國古代思想史論』, 인민출판사, 1985, p.23.

> 세상의 풍속이 쇠퇴하고 인간의 도리가 미역해져서 삐뚤어진 학설과 포악한 행동이 또 일어나 신하로서 군주를 시해하는 자가 있으며, 아들로서 그 아버지를 시해하는 자가 있었다. ……성왕이 나오지 아니하여 제후가 방자하며 재야의 선비들이 멋대로 논의하여 양주와 묵적의 말이 천하에 가득하여 천하의 언론이 양주에게 돌아가지 아니하면 묵적에게 돌아간다. 양씨는 자신만을 위하니 이는 임금을 무시하는 것이고, 묵씨는 사랑을 똑같이 하라 하니 이는 아버지를 무시하는 것이다. 아버지를 무시하고 임금을 무시하는 것은 금수이다. 공명의가 말하기를, "(임금의) 푸줏간에 살찐 고기가 있고 마구간에 살찐 말이 있는데도 백성들에게 굶주린 기색이 있으며 들에 굶어죽은 시체가 있다면 이는 짐승을 몰아 사람을 잡아먹게 하는 것이다"라고 했다. 양주와 묵적의 도가 그치지 않으면 공자의 도가 드러나지 않을 것이니, 그 이유는 삐뚤어진 학설이 백성을 속여 인과 의를 틀어막기 때문이다. 인과 의가 틀어 막히면 짐승을 몰아서 사람을 잡아먹게 하다가 사람들이 장차 서로 잡아먹게 될 것이다. 내가 이 때문에 두려워하여 선성의 도를 보호하고 양묵을 막으며 지나친 말들을 하거나 삐뚤어진 말을 하는 자를 추방하여 나타나지 못하게 한다. (잘못된 것이) 그 마음에서 나와서 그 일에 해가 되며, 그 일에서 나와서 정사에 해가 되는 것이다.[100]

묵자가 창도한 '겸애'에 의거하면, 본래 그 당시 시정의 혼란과 인륜의 타락 등 "천하의 해"("강한 자가 약한 자를 위협하는 것과 많은 사람들이 적은 사람들에게 횡포한 짓을 하는 것과 사기꾼이 어리석은 사람을 속이는 것과 귀한 사람이 천한 사람에게 오만한 것과 같은 것이니,

---

100) 『孟子』, 「滕文公下」, "世衰道微, 邪說暴行有作, 臣弑其君者有之, 子弑其父者有之. ……聖王不作, 諸侯放恣, 處士橫議, 楊朱·墨翟之言盈天下. 天下之言不歸楊, 則歸墨. 楊氏爲我, 是無君也, 墨氏兼愛, 是無父也. 無父無君, 是禽獸也. 公明儀曰, '庖有肥肉, 廏有肥馬, 民有飢色, 野有餓莩, 此率獸而食人也.' 楊墨之道不息, 孔子之道不著, 是邪說誣民, 充塞仁義也. 仁義充塞, 則率獸食人, 人將相食. 吾爲此懼, 閑先聖之道, 距楊墨, 放淫辭, 邪說者不得作. 作於其心, 害於其事, 作於其事, 害於其政."

이것이 천하의 해인 것이다. 또 임금이 된 사람이 은혜롭지 않은 것과 신하된 사람이 충성하지 않은 것과 아비 된 사람이 자애롭지 않은 것과 자식 된 사람이 효도를 다하지 않는 것 같은 것은 이것 또한 천하의 해인 것이다"101))를 겨눈 것이기 때문에, 묵가의 '겸애'와 유가의 '인애仁愛'는 사회정치목표상 유사하고 통할 듯하고,102) 유자의 '만물일체설萬物一體'설과 '겸애'설은 매우 구별하기 어렵다. 그런데도 맹자가 '겸애'를 물리친 것은 근본적으로 '합리적 요소'를 얻기를 돌아보거나 그럴 겨를이 없었으니, 마땅히 분석해야 하는 이론적 관건은, 원래 의도가103) 대체

101) 『墨子』, 「兼愛下」, "强之劫弱, 衆之暴寡, 詐之謀愚, 貴之敖賤, 此天下之害也. 又與爲人君者之不惠也, 臣者之不忠也, 父者之不慈也, 子者之不孝也, 此又天下之害也."

102) 펑유란은 묵가의 겸애설을 공리주의로 여겨 '이타利他'만이 아니라 '이자利自'이 기도하기 때문에 유가의 '인仁'설과 다르다고 여겼다.(馮友蘭, 『中國哲學史』上冊, 참조) 그 말은 근거가 있지만 그중에 한 가지만 설명한 셈이다. 맹자는 양혜왕·제선왕을 대면하여 "여백성동락與百姓同樂" 등을 권면한 것(『孟子』, 「梁惠王下」, 참조)을 보면, '이타'에 또한 '이자'의 공리색채가 처음부터 없다고는 할 수 없다. 여기로부터 알 수 있는 것은, 곧 사회정치목적으로 말하면 묵가의 '겸애'와 유가의 '인애'는 서로 통할 수 있는 점이 없다고는 할 수 없다.

103) 왕수인에 이르러서야 비로소 유가의 '인애'와 묵가의 '겸애'의 근본적 구별에 대한 심도있는 이론적 분석이 이루어졌다. "육징이 물었다. 정명도는 '어진 자는 천지만물을 한 몸으로 여긴다'고 했는데, 묵자의 겸애는 어째서 어짊(仁)이라고 말할 수 없습니까? 선생께서 말씀하셨다. '이것도 역시 말하기가 매우 어렵다. 그대가 몸소 체인해야 한다. 인은 자연의 조화가 끊임없이 낳고 낳는 이치이다. 비록 퍼져서 두루 편재하여 이것 아닌 것이 없다고 하더라도, 그 유행 발생은 다만 점진적일 뿐이다. 그래서 끊임없이 생생한다. ……나무에 비유하면, 처음에 싹이 돋는 것이 바로 나무의 생의가 발단하는 것이다. ……부자와 형제간의 사랑은 바로 사람 마음의 생의가 발단하는 곳으로 나무가 싹을 틔우는 것과 같다. 그래서 백성을 어질게 대하고 사물을 사랑하는 것은 바로 줄기가 나오고 가지와 잎이 생기는 것이다. 묵자의 겸애는 차등이 없어서 자신의 부자 형제를 길거리의 사람과 똑같이 여기니, 그것은 곧 스스로 발단처를 없애버린 것이다. 싹이 트지 않으니 그것에 뿌리가 없음을 알 수 있다. 그것은 곧 끊임없이 낳고

로 혈연윤리원칙을 지키는 엄격성·견고성과 긴박감을 보전하려는 것에서 나왔다는 점이다. 맹자가 보기에 이런 혈연윤리원칙을 파괴하는 것은 곧 사회계급질서를 파괴하는 것이고, 따라서 "백성을 보호하고 왕도를 실행하는"[104] 정치적 이상을 실현할 방법이 없다. 앞에서 언급한 원시유가는 정치학을 윤리학화하고 '부자'의 혈연적 장유관계와 '군신'의 정치적 존비관계를 통합 조정하여, 하나의 윤리정치학의 계급계통을 이루고자 했는데, 그 중에 가장 근본적이고 기초적인 존재는 '효'로써 '부자'의 혈연을 유지하는 혈연윤리원칙이다. 그래서 맹자는 '군신'관계를 매우 개방적이고 매우 민주적으로 다루었지만(예를 들면 "임금이 신하를 흙이나 지푸라기처럼 보면 신하는 임금을 도적이나 원수처럼 볼 것입니다."[105] "일개 장부인 주를 베었다는 말은 들었어도 임금을 시해했다는 말은 듣지 못했습니다."[106] "백성이 귀중하고 임금은 가볍다"[107] 등), '부자'관계에 대해서는 도리어 지극히 엄격함을 요구했다.[108] 예를

낳는 것이 아니다. 어떻게 그것을 인이라고 말할 수 있겠는가?'問: 程子云 "仁者以天地萬物爲一體". 何墨氏兼愛, 反不得謂之仁? 先生曰: 此亦甚難言. 須是諸君自體認出來始得. 仁是造化生生不息之理. 雖瀰漫周遍, 無處不是, 然其流行發生, 亦只有個漸. 所以生生不息. ……譬之木, 其始抽芽, 便是木之生意發端處. ……父子兄弟之愛, 便是人心生意發端處, 如木之抽芽. 自此而仁民而愛物, 便是發幹生枝生葉. 墨氏兼愛無苦等, 將自家父子兄弟, 與途人一般看, 便自沒了發端處. 不抽芽, 便知得他無根. 便不是生生不息. 安得謂之仁? 『傳習錄』上, 93條目"

104) 『孟子』, 「梁惠王上」, "保民而王."

105) 『孟子』, 「離婁下」, "君之視臣如土芥, 則臣視君如寇讐."

106) 『孟子』, 「梁惠王下」, "聞誅一夫紂矣, 未聞弑君也."

107) 『孟子』, 「盡心」, "民貴君輕."

108) 이와 같은 말은 당연히 맹자가 부자관계만을 중요시하고 군신관계를 중시하지 않는다는 의미는 결코 아니다. '무부無父'는 '금수禽獸'로 여기고 '무군無君'도 '금수'로 여긴다고 맹자는 매우 명백하게 말했다. 그러나 양자를 비교하면 맹자는 확실히 전자를 근본으로 삼은 것으로 보인다. 앞서 인용한 것을 참고하면 "양씨는 자신만을 위하니 이는 임금을 무시하는 것이고, 묵씨는 사랑을 똑같이 하니

들면 순임금의 아버지 고수는 순임금에 대해 인자하지 않았을 뿐만 아니라 누차 가해했으나("순의 부모가 순으로 하여금 창고를 손질하게 하고 사다리를 치운 다음 고수가 창고에 불을 질렀으며, 우물을 파게하고 순이 나오시려 하자 뒤이어 그에게 흙을 덮었다"[109]), 순임금은 이 일로 아버지와 반목하지 않았을 뿐만 아니라 효도를 극진히 했다. 맹자는 이것을 칭찬하여 이르기를 "순임금이 어버이를 섬기는 도리를 다하여 고수가 기쁨을 이루었는데, 고수가 기쁨을 이루자 천하가 교화되었으며, 고수가 기쁨을 이루자 천하의 아버지가 되고 아들된 자들이 안정되었으니, 이것을 대효라고 하는 것이다"[110]라고 했다.

'효'는 천하를 광대하게 덕화하는 근본이고 혈연윤리의 핵심이고 정치질서의 바탕이기 때문에 맹자는 반드시 이를 지켜야 했다. 그러나 묵자의 '겸애'의 '무부無父'는 공교롭게도 이 명령의 근본을 흔드는 것이니, 그것에 대해 맹자가 말하기를 참으로 "이것을 참을 수 있으면 무엇을 못 참겠는가?"[111]라고 하면서 당연히 묵자를 '금수'라고 꾸짖은 것이다.

전적으로 윤리심리학의 관점에서 고찰하여 유가의 '애유차등愛有差等'을 묵가의 '겸애'와 비교하면, 확실히 인륜자연의 성정유출과 부합된다. 앞에서 인용한 왕수인의 분석은 이미 "부자와 형제간에 사랑하고", "백성을 어질게 대하고", "사물을 사랑하는 것"[112]이 점차적 순서로 생겨난

이는 아버지를 무시하는 것이다. 아버지를 무시하고 임금을 무시하는 것은 금수이다. 楊氏爲我, 是無君也, 墨氏兼愛, 是無父也. 無父無君, 是禽獸也." 어순에 따라 전구를 받아서 응당 '無君無父'로 해야만 하는데, 도리어 전도되어 '無父無君'로 되었다. 이는 문장을 짓다가 우연히 그렇게 된 것이 아니라 사실은 혈연윤리에서 정치질서의 단서에 이르기까지를 내함한다.

109) 『孟子』, 「萬章上」, "父母使舜完廩, 捐階, 瞽瞍焚廩. 使浚井, 出, 從而揜之."

110) 『孟子』, 「離婁上」, "舜盡事親之道而瞽瞍底豫, 瞽瞍底豫而天下化, 瞽瞍底豫而天下之爲父子者定, 此之謂大孝."

111) 『論語』, 「八佾」, "是可忍, 孰不可忍." 필자가 맹자의 말로 순간 오인한 듯하다.

다는 비교적 설득력 있는 논증을 했다. 왕수인이 예를 들어 풀이한 다음의 단락은 보다 더 문제를 설명하는데 도움이 된다.

> (황면지가) 물었다. "대인과 사물은 하나의 몸인데, 어째서 『대학』에서는 또 후厚하고 박薄한 것을 말했습니까?" 선생께서 말씀하셨다. "오직 도리道理에 저절로 후하고 박함이 있기 때문이다. 비유하면 몸은 일체이지만 손과 발로 머리와 눈을 막아서 지키는데, 이것이 어찌 일부러 손과 발을 박하게 대하려고 하는 것이겠는가? 그가 본래 이와 같기 때문이다. 금수와 초목은 모두 사랑하지만 초목으로 금수를 기르는 것은 또 참을 수 있다. 사람과 금수를 모두 사랑하지만 금수를 잡아 부모를 봉양하고 제사에 제물로 바치고 손님을 접대하는 것은 마음이 또 참을 수 있다. 육친과 길가는 사람을 모두 사랑하지만 한 그릇의 밥과 한 그릇의 죽을 먹으면 살고 먹지 못하면 죽는 상황에서 두 사람 모두 보전시킬 수 없을 경우에는 차라리 육친을 구제하고 길가는 사람을 구제하지 않는 것은 마음이 또 참을 수 있다. 이것은 도리가 본래 이와 같아야 하기 때문이다. 내 몸과 육친의 경우 더 이상 피차의 후함과 박함을 분별할 수 없게 되는 것은 생각건대 백성을 어질게 대하고 사물을 아끼는 것이 모두 여기서 나온다고 여기기 때문이다. 이곳에서 참을 수 있다면 차마 하지 못하는 것이 없을 것이다.[113]

마지막 한 구절은 매우 중요하다. "이곳에서 참을 수 있다면 차마 하지 못하는 것이 없을 것이다." 그래서 반드시 "내 몸과 육친"의 혈연윤

---

112) 『傳習錄』上, 93條目, "父子兄弟之愛 ……而仁民而愛物."

113) 『傳習錄下』, 276條目, "問: '大人與物同體, 如何『大學』又說個厚薄?' 先生曰: '惟是道理自有厚薄. 比如身是一體, 把手足捍頭目, 豈是隔要薄手足, 其道理合如此. 禽獸與草木同是愛的, 把草木去養禽獸, 心又忍得: 人與禽獸同是愛的, 宰禽獸以養親與供祭祀, 燕賓客, 心又忍得: 至親與路人同是愛的, 如簞食豆羹, 得則生, 不得則死, 不能兩全, 寧救至親, 不救路人. 心又忍得: 這是道理合該如此. 及至吾身與至親, 更不得分別彼此厚薄. 蓋以仁民愛物皆從此出, 此處可忍, 更無所不忍矣.'"

리원칙—'효제'의 도리를 견지해야만 한다. 그렇지 않으면 "백성을 어질게 대하고 사물을 아끼는 것이 모두 여기서 나온다"는 것을 이해할 수 없다. 왕수인은 참으로 원시유가의 종지를 깊이 깨달았다!

묵가의 '겸애'는 비록 숭고정신이 풍부했지만, 인륜자연의 상도에 부합되지 않아 오래지 않아 모종의 종교의식의 환상으로 전락하는 것을 면치 못했다. 유가의 '인애仁愛'와 '차등差等'은 사私를 혐오하는 듯하지만, 인륜자연의 결속이 두터운 까닭에 널리 유행할 수 있었고, 오히려 승화하여 "내 집안의 어른을 공경하는 마음을 미루어 다른 집안의 어른들에게까지 미치게 하고, 내 집안의 아이를 사랑하는 마음을 미루어 다른 집안의 아이에게까지 미치게 해서",[114] "(천지만물을) 한 몸으로 삼는 어짊"[115]으로 화하고, 또한 자신을 버리고 남을 좇으며, 사랑이 천하에 가득하게 하는 숭고한 경계를 잃지 않았다.(『조씨고아趙氏孤兒』에서 문천상文天祥이 "천하 사람들이 근심하기에 앞서서 근심하고 천하 사람들이 즐긴 후에 즐긴다"[116]라고 한 것 등은 모두 유가이다) 묵가의 도는 행해지지 않았고 유가의 도는 끊이지 않았으니, 이것이 하나의 원칙인가!

위의 내용을 정리하면 원시유가는 혈연윤리원칙('효제'·'애유차등')으로부터 시작하여 씨족종법사회 고유의 원시인도주의와 민주정신을 고양하고 그것을 귀족통치의 정치체제와 융합함으로써, 정치계급질서를 유지하는 전제하에서 보민保民·안민安民·혜민惠民·교민敎民 등의 민본사상을 실현하고자 했다. 그러므로 원시유가의 이른바 '민본'은 평민과 귀족이 정치구조 속에서 평등한 지위에 놓일 것을 요구하지도 않았고

---

114) 『孟子』, 「梁惠王上」, "老吾老, 以及人之老; 幼吾幼, 以及人之幼."
115) 『傳習錄』中, 142條目, "一體之仁."
116) 范仲淹, 「岳陽樓記」, "先天下之憂而憂, 後天下之樂而樂."

희망하지도 않았으며, 평민이 정치활동을 직접 주재하는 사회적 역량이 되는 것을 요구하지도 않았고 희망하지도 않았다.

전술한 바와 같이 평민은, 그들의 안중에는 여전히 도덕수준과 문화수준도 매우 저급한 사회계층으로, '사회적 분업社會分工' 중에서 할 수밖에 없고 당연히 해야만 하는 것은, 정치·경제·문화 등 모든 인류활동영역의 물질적인 뒷받침이기 때문에, "백성은 (도리에) 따라가게 할 수 있으나 그것을 알게 할 수 없다."[117] "군자가 없으면 야인을 다스리지 못하고 야인이 없으면 군자를 봉양하지 못한다."[118] "마음을 쓰는 자는 남을 다스리고 힘을 쓰는 자는 남에게 다스림을 받는다"[119]는 이런 방식으로만 말해졌다. 객관적으로 말해 이 또한 문명사회 초기의 불가피한 계급관념과 역사사실이다. 그렇지만 원시유가의 귀중한 점은, 그들이 이런 계급관념과 역사사실의 '합리성'을 인정하고 논증하는 동시에, 평민계층이 '물질적인 뒷받침'이 되어 실재 국가가 존재할 수 있고, 사회가 유지될 수 있는 기본역량이라는 것을 결코 잊지 않았다는 점이다. 그들이 이로부터 민본사상을 창도한 것은, 물론 순자의 "일반 사람들이 정사에 편안해하면 군자가 그 자리에서 편안해 한다."[120] "군주란 배요 일반 백성은 물이다. 물은 배를 뜨게 하지만 그 물이 배를 뒤엎기도 한다"[121]라는 것의 이해에서 나온 것이지만, 더욱 중요하고 더욱 가치가 있는 것은 그들 또한 자각적으로 이 계층의 이해를 초월했고, 오늘날 듣기로도 매우 공감할 수 있는 '민귀군경民貴君輕'의 구호를 외쳤다는 것이다. 이런 구호는 사실 '군君'이 '치민治民'의 정치지위를 가졌으나,

---

117) 『論語』, 「泰伯」, "民可使由之, 不可使知之."
118) 『孟子』, 「騰文公上」, "無君子, 莫治野人, 無野人, 莫養君子."
119) 『孟子』, 「騰文公上」, "勞心者治人, 勞力者治於人."
120) 『荀子』, 「王制」, "庶人安政, 然后君子安位."
121) 『荀子』, 「王制」, "君子, 舟也; 庶人者, 水也; 水則載舟, 水則覆舟."

그 직책은 바로 '민民'을 위해 일하는 것으로 설정되어, 만약 '치민'의 정치적 지위가 '학민虐民'의 정치적 특권으로 변했다면 '군'은 도리어 죽일 수 있고 몰아낼 수 있는 잔악한 통치자가 되지만, '민'은 영원히 정치활동을 하는 임무의 기본대상이 된다. 임무의 기본내용은 공자가 말한 것과 같이, "모든 백성들을 부유하고 잘살게 하는 것"과 "모든 백성들을 가르치는 것"[122]이다. 곧 물질생활에서는 백성들을 풍족하게 하고 정신문화에서는 교육받게 하는 것이다. 이로부터 알 수 있는 것은 원시유가는 '민'을, 이와 같이 모든 사회적 존재의 '물질적인 뒷받침'이 된다는 단순하고 도구적이고 수단적인 가치만 지닌 생산노예로 간주하지 않고, 그와 반대로 그들은 충분하게 '민'을 존중하여 '인'을 만들 것을 인정했고 물질과 정신 두 가지 측면에서 마땅히 향유해야할 바의 기본 권리를, 그들의 원망과 의지와 요구를 동정하여 선명하게 전술한 바의 원시 인도주의와 민주정신을 드러내 보였다.

상술한 것은 유가민본사상의 본뜻이다. 간단하게 말해 그것은 정경체제가 모두 백성을 위해 만들어지고[123] 평민의 기본이익을 정경정책의 표준으로 삼아야 함을 요구했지만, 귀족통치의 정치계급질서가 그 합리적 전제이며 필수적인 구조임을 인정하기도 했다. 유가가 흔히 쓰는 술어로 말하면, 전자는 '인'이 되고 후자는 '예'가 된다. '인'은 내재적인 혜민을 위한 요구이고 '예'는 외재적인 정치를 위한 질서이다. 외재적인 것과 내재적인 것이 조화를 이루어야 비로소 이상사회가 완성된다.

---

122) 『論語』, 「子路」, "富之 ……敎之."
123) 馮友蘭, 『中國哲學史』上, 中華書局, 1961 참조.

제3절 민본사상의 쇠락 – 정치적 거세

그러나 이러한 이상은 확실히 시종 하나의 이상일 뿐이었다. 원시유가 이후에는 진한제국의 강력한 전제집권과 가혹한 사상통치의 요구에 적응하여 유가사상 중에서 정치통치의 계급질서를 옹호하는 측면이 편향적으로 강화되거나 발전됐고, 그 빛나던 원시 인도주의와 민주정신의 민본사상은 오히려 부단히 냉대와 억압과 질식을 당했다. 이와 같은 경향은 순자 때부터 이미 나타났다. 순자는 "위로는 공맹을 계승하고 아래로는 『주역』과 『중용』을 받아들이고 제자를 널리 수용하여 한대 유학을 열어젖힌"[124] 선진시기 세 번째 대유가 됐고, 그의 학설은 진실로 '민본'의 측면을 직접 계승했는데, 예를 들어 "하늘이 백성을 낳은 것은 군주를 위해서가 아니다. 하늘이 군주를 세운 것은 백성을 위해서다."[125] "나라를 어지럽히는 군주는 있어도 저절로 어지러워지는 나라는 없다"[126]라는 말 등은 모두 원시유가의 민본사상을 선명하게 서술한 것이다. 그러나 전국말기 군권이 나날이 성대해져서 집권전제정치가 되는 조류를 긍정하거나 적응하는 것을 비롯하여 순자는 '성악설'을 사상의 핵심으로 삼아 정치통치질서의 강제성과 권위성을 자세하게 밝혔다. "'형정'을 중요시하고 '예'와 '법'을 높였는데 그것이 순자의 학문이 공맹과 구별되는 기본 특색이 됐다."[127] 예를 들면 그는 '예'를 논하여 "승묵이라 하는 것은 직선을 긋는 기준이고 저울대라 하는 것은 수평을 잡는 기준이며 규구라고 하는 것은 방원을 그리는 기준이고, 예라 하는 것은 인도의 극치가 되는 것이다"[128]라고 했다. 이것은 맹자가 "풍년에는 일

---

124) 李澤厚, 『中國古代思想史論』, 「荀易庸記要」, 인민출판사, 1985.
125) 『荀子』, 「大略」, "天之生民, 非爲君也, 天之立君, 以爲民也."
126) 『荀子』, 「君道」, "有亂君, 無亂國."
127) 李澤厚, 『中國古代思想史論』, 「荀易庸記要」, 인민출판사, 1985.

년 내내 고생하고 흉년에는 죽는 것에서 벗어나지 못하도록 합니다. 이렇게 되면 오직 죽음을 구제하기에도 부족할까 두려워 할 것이니, 어느 겨를에 예의를 다스리겠습니까"[129]라고 말한 것과 관심의 중점이 정확히 대조를 이룬다. '예'는 순자에 있어서 더욱 더 정치적 강제규범의 의미를 더하여 '법'에 더 가까워지고 '법'으로 나아갔다. 더욱 주의할 것은 아래 한 단락의 말이다.

> 천자라 하는 이는 세위가 더없이 존귀하여 천하에 대적할 자가 없다. 도대체 다시 누구에게 물려준다는 말인가? 그 도덕은 완전히 갖추어지고 지혜가 크게 명식하여 천사의 자리에 나아가 천하 정사를 청단聽斷했으니, 백성들이 모두 떨쳐 일어나 복종하여 감화되고 따르지 않는 자가 없으며, 천하에 숨는 인사가 없고 잊혀진 선인도 없었다. 여기에 함께 동조하는 자는 옳았고 달리 어기는 자는 옳지 않았다. 도대체 또 어떻게 천하를 물려준단 말인가.[130]

여기서 순자는, 원시유가가 칭송을 아끼지 않는 요순선양의 설과는 달리, '천자'의 "세위가 더없이 존귀함"을 부각시켜 "여기에 함께 동조하는 자는 옳았고 달리 어기는 자는 옳지 않았다"고 하였으니 묵가의 '상동'사상과 판에 박은 듯하다.[131] 알고 있듯이 순자는 맹자를 배척했고

---

128) 『荀子』, 「禮論」, "故繩者, 直之至, 衡者, 平之至, 規矩者, 方圓之至, 禮者, 人道之極也."

129) 『孟子』, 「梁惠王上」, "樂歲, 終身苦, 凶年, 不免於死亡, 此惟救死, 而恐不贍, 奚暇, 治禮義哉."

130) 『荀子』, 「正論」, "天子者, 埶位至尊, 無敵於天下, 夫有誰與讓矣? 道德純備, 智惠甚明, 南面而聽天下, 生民之屬, 莫不振動從服, 以化順之, 天下無隱士, 無遺善, 同焉者, 是也; 異焉者, 非也, 夫有惡擅天下矣."

131) 펑유란은 순자의 이 말을 "묵자의 '尙同'설과 서로 일치한다"고 여겼다. 『中國哲學史』上, 중화서국, 1961 참조.

게다가 법가의 중진인 한비자韓非子와 이사李斯의 사상적 스승으로서, 주장은 묵가의 '상동'설과 자못 유사한데, 이것들은 모두 유가사상이 왕권의 융성과 전제의 고착화 및 정치계급질서를 강화를 향해 편향적으로 발전한 것이다. 이것은 리쩌허우가 지적한 것과 같이 "순자는 씨족전통의 민주·인도정신을 잃어버리고 도리어 계급통치에 대한 현실적인 논증을 획득하여, 사실상 후세의 엄격한 계급차별을 통치질서로 삼는 전제국가의 사상적 기초를 열었다. 이 때문에 담사동譚嗣同은 '2천년 이래의 학문은 순자의 학문이다'라고 했다."[132)]

순자는 그 발단에 불과하다. 선진이후 중앙집권 전제제국들의 확립에 따라 묵가·법가·도가 등의 '통치술'이 뒤섞이고 보충·강화·편향되게 발전하여, 오로지 정치계급질서의 측면을 옹호하고 "정치(법제)로써 백성을 인도하고 형벌로써 다스린다"[133)]라는 측면을 부각시켜, 유학사상이 상층사회에서 널리 유행할 수 있는 필연적 추세와 역사적 사명을 만들어냈다. 바로 이렇기 때문에 그것은 비로소 중고시대 봉건귀족 전제사회의 '통치사상'이 되었다.[134)] 그러나 그 민본사상의 "덕으로써 백성을 인도하고 예로써 백성을 다스린다"[135)]라는 측면은 냉대를 받기도 하고 겉치레에 이용되다가 점차 쇠락했다.[136)] 진의 폭정은 오로지 법가가

---

132) 李澤厚, 『中國古代思想史論』, 「荀易庸記要」, 인민출판사, 1985, p.112. 이 책에서 '민본民本'을 논한 것은 단지 윤리주의 각도에서 평열評列한 것이다. 순자를 말한 것도 이와 같다. 순자 등의 역사주의의 합리성에 관해서는 여기서 논의하지 않는다.

133) 『論語』, 「爲政」, "道之以政, 齊之以刑."

134) 본서의 이른바 '귀족貴族'은 넓은 의미를 가리킨다. 그것은 양주兩周의 세속귀족을 가리킬 뿐만 아니라 또한 위진魏晉의 문벌세족 그리고 전체 중고사회에서 정경특권을 가진 상류층의 통치자를 포함한다.

135) 『論語』, 「爲政」, "道之以德, 齊之以禮."

136) 이는 마땅히 일반상황, 주도적 추세를 가리켜 말한 것이다. 실제로 진한 내지 후세에는 당연히 유가숙세儒家叔世의 뜻을 삼가 받드는 관리·사대부는 확실히

담당했지만,[137] 그러나 유가사상을 간직하고 있는 『여씨춘추』에서 그 사상은 이미 변질되었다. 예를 들어 '효'를 다음과 같이 논한다.

> 무릇 천하를 다스리고 국가를 바로잡는 것은 반드시 근본에 힘쓰고 말절은 다음이다. …………근본에 힘쓰는 것은 효보다 중요한 것은 없다.[138]

그렇지만 어찌하여 "근본에 힘쓰는 것은 효보다 중요한 것은 없다"고 하는가?

> 임금이 효도하면 이름이 영화롭고 아래 사람이 따르고 천하가 찬양한다. 신하가 효도하면 임금을 섬김에 충으로 하고 관리가 되어서는 청렴하며 난을 만나면 목숨을 버린다. 사민이 효도하면 농사일 신속하고 나라를 지킴이 견고하며 도망치지 않는다. ……하나의 기술로서 많은 선에 이르고 모든 악이 사라진다. 천하에 따를 것은 오직 효이다.[139]

리쩌허우는 다음과 같이 논한다.

혜민惠民의 덕치와 예교를 실시하여 민본사상을 고양했다. 余英時, 『士與中國文化』, '이도관吏道觀'·'순리循吏'와 '혹리酷吏'의 논설을 참조할 것.

137) 『운몽진간雲夢秦簡』은 진의 정치가 사실상 유가신조를 참고했다는 것을 보여준다. 예를 들어 "군주는 너그럽고 신하는 충성스러우며 아비는 자애롭고 자식은 효도하는 것이 정치의 근본이다.君懷臣忠, 父慈子孝, 政之本也." "너그러운 충신은 화평하고 원망이 없다.寬裕忠信, 和平毋怨." "삼가서 공손히 섬기며 공훈은 사양하고, 너그러이 다스린다.恭敬多讓, 寬以治之."라는 것들이다. 그렇지만 역대 왕조와 비교하면 진의 정치는 대체로 '전임법가專任法家'라고 볼 수 있다.

138) 『呂氏春秋』, 「孝行」, "凡爲天下治國家, 必務本而後末. 務本莫貴于孝."

139) 『呂氏春秋』, 「孝行」, "人主孝, 則名章榮, 下服聽, 天下譽. 人臣孝, 則事君忠, 處官廉, 臨難死. 士民孝, 則耕耘疾, 守戰固, 不罷北. ……夫執一術而百善至, 百邪去, 天下從者, 其惟孝也?"

> 표면적으로 보면 그것은 원시유학과 비슷하지만 실제로는 큰 구별이 있다. 이 구별은 바로 하나는 씨족귀족에 의거하여 개체의 성원과 견고한 종법의 유대를 입론한 것이고, 다른 하나는 통일제국과 전제군주에 의거하여 통치 질서를 착안한 것에 있다. 전자는 윤리감정을 가지고 있으며 후자는 완전히 공리적 필요에 속한다. 전자는 씨족성원의 혈연관념과 심리기초의 결핍위에서 세워진 것으로 원시유가이다. 후자는 황실통치의 정치목적에 일할 것을 요구하는 것으로 법가정신이 스며있다. 이는 모양은 같으나 실상은 다른데, 때마침 새로운 사회조건 하의 새로운 통치계급이 원시유가사상이 만든 것을 구체적으로 개조하고 이용하는 것을 보여주고 있다.[140]

이 말은 예리한 안목과 거대한 식견을 갖추어 상당히 전형적으로 유가사상이 전제제국에서 단편적으로 발전하는 필연적 추세와 역사적 운명을 설명했다.

'독존유술獨尊儒術'의 한 제국에서 유가사상의 편면적인 발전은 보다 규모를 갖추었다. 예를 들면 동중서가 비록 원시유가와 유사한 민본사상의 의론—"하늘이 백성들을 태어나게 하여 왕을 삼은 것이 아니요, 하늘이 왕을 세우고 백성들을 만든 것이다. 그러므로 그 덕이 족하여 백성을 안락하게 한 자에게는 하늘이 주었고, 그 악이 족하여 백성들을 해친 자에게는 하늘이 빼앗았다"[141]라고 피력했을지라도, 그는 또 "백성들을 굽혀서 군주를 펴게 하고 군주를 굽혀서 하늘을 펴지게 하는"[142] 것이 곧 '춘추의 대의'라 여기고, 온 힘을 다해 "천자는 명을 하늘에서 받고 천하는 명을 천자에게 받는다"[143]라고 했는데, 이는 분명히

---

140) 李澤厚,『中國古代思想史論』, 인민출판사 1985, 138면.

141) 『春秋繁露』, 「堯舜不擅移湯武不專殺」第25, "天之生民非爲王也, 而天立王以爲民也. 故其德足以安樂民者, 天子之. 其惡足以殘害民者, 天奪之."

142) 『呂氏春秋』, 「玉杯」, "屈民而伸君, 屈君而伸天, 春秋之大義也."

143) 『呂氏春秋』, 「爲人者天」, "天子受命于天, 天下受命于天子."

묵가의 '상동'·'천지'의 사상에 치우쳐 원시유가를 곡해한 것이다. 그가 솔선하여 주창하고 후대 유가가 유일한 준칙으로 삼는 '삼강三綱'은 더군다나 직접적으로 법가가 ― "신하는 군주를 섬기고, 아들은 아버지를 섬기고, 아내는 남편을 섬기는, 이 세 가지 도리를 따르면 천하가 다스려지고, 세 가지가 도리를 거스르면 천하가 어지러워진다. 이는 천하의 상도이다"[144]라고 한 것을 발전시킨 것이다. 그리고 "왕도의 삼강이란 가히 하늘에서 구한다"[145]라고 한 것도 묵가 '천지'의 그림자가 드리워져 있다.[146] 리쩌허우는 일찍이 동중서가 또한 '무위無爲'에 대해서 논한 것을 가리켜 이것은 유가가 도가·법가를 융화한 것이라 여겼다.[147] 동중서가 말하기를 "그러므로 군주가 된 자는 하는 것이 없이 도만을 위하고 ……하는 것이 없는 자리에 서서, 지략이 갖추어진 관리들을 따라가므로…… 그러므로 그 하는 것을 나타내지 않아도 공로는 이루어지는 것이다. 이것이 군주가 하늘의 행동을 본받는 소이이다."[148] "그러므로 군주가 된 자는 ……뜻은 타버린 재처럼 죽이고 형상은 느릿느릿 여유롭게 하며 정精을 안정시키고 신神을 길러서, 적막하여 하는 것이 없는

144) 『韓非子』, 「忠孝」, "臣事君, 子事父, 妻事夫, 三者順則天下治, 三者逆則天下亂, 此天下之常道也."

145) 『春秋繁露』, 「基義」, "王道之三綱, 可求于天."

146) 동중서가 받든 '天'은 확실히 묵가가 받든 '天志'와 동등할 수 없다. 그 다른 점은 묵가가 받든 '天志'는 완전히 하나의 인격신이고 동중서가 받든 '天'은 '神學人格'과 '自然物質'의 이중성질을 가지고 있다. 그러나 후자는 동중서가 창설한 우주론 구조에서 통솔적인 요소가 된다.(『春秋繁露』, 「官制象天」, "하늘에는 10가지의 실마리가 있다.天有十端" 『春秋繁露』, 「五行之義」, "하늘에는 오항이 있다.天有五行") 이것은 여전히 전제통치의 정치질서를 확립하는 데에 복무하고 있다. 그러므로 여전히 전자와 상통한다고 할 수 있다.

147) 李澤厚, 『中國古代思想史論』, 「盡漢思想簡儀」, 인민출판사, 1985 참조.

148) 『春秋繁露』, 「離合根」, "故爲人主者, 以無爲爲道. ……立無爲之位而乘備見之官, ……故莫見其爲之而功成矣, 此人主所以法天之行也."

것같이 한다"[149]라고 했다. 군주통치의 정치적 효용에서 출발하여, 도가의 '무위'사상이 포함하는 바의 '군인남면지술君人南面之術'[150]을 부각시켜 '황노학黃老之學'과 합류시켰으니, 그야말로 유가에 도가·법가를 융합한 것이 되었다.

앞서 말한 내용을 종합하면, 전제제국 제일의 대유 동중서에게서 원시유학은 이미 방향의 전환이 일어났다. — 민본사상의 측면은 거의 '형존실망形存實亡'에 가까워졌고 이미 쇠락의 길로 떨어졌다. 반면 계급관념의 측면은 묵가·법가·도가 등의 '통치술'을 자각적으로 흡수하여 전례 없이 충실·강화·발전을 이루었다.[151] 순자에 의해 그 효시를 보였고, 한유漢儒에 이르러 규모를 갖춘 유학사상의 이 추세는 비로소 통치자들의 가장 적극적이고 가장 자각적인 인정·찬상을 받음으로써 중고시대 전제제국의 '통치사상'이 되었다. 이는 역사에서 필연이지만 윤리주의는 백성위주의 시각에서 보면, 유학사상변천의 큰 불행이자 큰 아쉬움이다!

양한 이래로 위진 현학과 수당 불교는 대체로 지식인의 인생철학이자 지적인 귀족의 사변철학이 되었다. 이러한 사변의 형성, 심령의 탐색, 인격의 도야, 본체의 추적 등은 진실로 최고의 경지에 이르렀고, 또한 중고시대 양대 사상의 최고봉이라 할 만하지만, 유가의 수신제가치국평천하의 경세·숙세정신과는 서로 너무 멀어졌고 더욱이 원시유학의 강렬한 민본색채는 없어져 버렸기 때문에,[152] 본서에서는 논할 가치가

149) 『春秋繁露』, 「立元神」, "故爲人君者, ……志如死灰, 形如委衣, 安精養信, 寂寞無爲."

150) 『韓非子』, 「解老」.

151) 위잉스는 한대 제왕들이 유학을 존숭한 것은 조금 치레하는 면이 있다고 지적한 바 있다.(余英時, 『士與中國文化』 참고.) 사실은 치레하는 면을 사용하는 것은 당연히 유가의 德治·民本의 한 측면이라고 할 수밖에 없다.

없다. 가치가 있는 것은 왕필王弼이 노자를 주석하고 곽상郭象이 장자를 주해하면서 모두 유학을 근본으로 삼은 것이었다. 그러나 왕필은 "많은 것은 많은 것을 다스릴 수 없으니 많은 것을 다스리는 자는 아주 적은 것이다"[153]라고 하여 분명히 천하를 다스리는 '통치술'의 시각에서 노자를 인용하여 유학을 해석했고, 곽상은 장학莊學을 곡해하여 그것으로 유학을 해석하여 한층 더 "정치에 있어서는 군주가 있는 것이 비록 해가 있더라도 군주가 없는 것에 비해 좋다는 것을 강조했고, 사회질서에 있어서는 ……존귀함과 비천함의 구별이 있기 때문에, 군신·상하·수족·내외가 곧 천리의 당연함임을 알아야 한다고 긍정했다."[154] 이로써 유가사상이 전제정치의 세급질서를 옹호하는 줄곧 편향된 길로 갔다는 것을 알 수 있다.

당 한유韓愈는 전력을 다하여 불교를 배척하고 독자적으로 '도통道統'을 창도하여 한편으로는 "널리 사랑함을 인이라 한다"[155]고 주장하고, 다른 한편으로는 "임금이란 명령을 내는 자이고 ……백성이란 곡식과 옷감을 내고 기물을 만들고 재화를 유통시켜 윗사람을 섬기는 자들이다"[156]라고 강조했는데, 그 의도는 당연히 원시유학의 정신을 다시 새롭게 고양하는데 있었다. 그렇지만 "널리 사랑함을 인이라 한다"는 것을 원시유학과 비교하면, 민본에 대한 구체적 설명과 강조가 이미 눈에

---

152) 불가는 자비를 근본으로 삼아 중생을 널리 제도하는 사상으로, 스스로 종교가 出世의 길에 속한다. '我下地獄'의 '菩薩行', 人世도 出世이다 등은 유가민본사상의 세간의 惠民과는 현저한 차이가 있다

153) 王弼, 『周易略例』, 「明象」, "夫衆不能治衆, 治衆者, 至寡者也." 樓宇烈 校釋, 『王弼集校釋』, 중화서국, 1980, p.591.

154) 李澤厚, 『中國古代思想史論』, 「莊玄禪宗漫述」, 인민출판사, 1935, p.197.

155) 韓愈, 「原道」, "博愛之謂仁."

156) 韓愈, 「原道」, "君子出令者也. ……民者, 出粟米麻絲, 作器皿, 通貨材以事其上者也."

띄게 표면적이고, 중고사회 후기 전제통치질서가 나날이 엄밀해지는 역사적 조건이 한층 더 그 흐름을 공허한 구호로 전락시켰으며, "임금은 명령을 내고 백성은 윗사람을 섬기는" 전제사상은 도리어 조금도 빈틈이 없는 정경체제로 구체화되었다. 이러한 관념이 현실에 의해 왜곡되고 사상은 정치에 의해 거세되는 정황은 송명유학에서 유달리 전형화되고 유달리 엄밀해졌다. 송명 유학의 형성과 발전은 유학사상의 일대 중흥이라 할 만한데 유학사상이 주도면밀하고 체계적이고 심오한 사변적 의미의 이론형태를 갖춘 것은 전적으로 송명의 제유들에 힘입은 것이다. 특히 송명 제유들은 우주론과 인식론을 그들의 마음의 지향인 인성론으로 귀결시켰으며, 원시유가 특히 맹자의 윤리주의정신을 상당히 정확하게 체현하고 상당히 심각하게 논증했다.

그러나 의미심장한 것은, "모든 사람이 한 형제요, 모든 사물이 (인간과) 동등한 존재다."[157] "사랑하면 반드시 다 같이 사랑하고 이루는 것도 홀로 하지 않는다"[158]라고 하여 '만물일체萬物一體'의 인仁 등을 주장하는 것은 원시유학의 민본정신과 서로 어울리는 사상이라 할 수 있는데 그것이 그 당시와 후대의 현실정치에서 그다지 영향을 미치지 못했고 "이리살인以理殺人"[159] 네 글자가 도리어 '도학자'와 '리학자'의 상징이 되었다는 점이다. 그 경위를 추적해보면, 사상적 특성과 정치적 조건의 두 가지 면이 있다. 사상의 특성을 말하면, 송명유학은 윤리주의를 드높였으나 중심은 이미 원시유학처럼 민본에 있는 것이 아니라, '삼강오상三綱五常' 등 윤리에서 정치에 이르기까지의 통치질서에 있었다. 예를 들

157) 張載, 「西銘」, "民吾同胞, 物吾與也."

158) 張載, 『經學理窟』, 「月令統」, "愛必兼愛, 成不獨成."

159) *대동원戴東原(1724~~1777), 이름은 진震, 동원東原은 호號이다. 자는 신수愼修, 청초의 고증학자이다. 『맹자자의 소증孟子字意疏證』에서 정이천, 주자의 송유들이 "명분이 사람을 죽게 하는 것以理殺人"이라고 비판한 말이다.

면, 주희는 '응당應當(인간 세상의 상도人世倫常) = 필연必然(우주적 규율宇宙規律)'의 관념적인 공식으로 자신의 방대한 체계를 형성하여 우주론과 윤리학을 융합하고, 장재를 계승하여 '리일분수理一分殊' 등과 같은 순수 이론적 명제를 분석했는데,[160] 그의 입각처는 도리어 "사물마다 분별이 있다. 예를 들면 임금은 임금다워야 하고 신하는 신하다워야 하며, 아버지는 아버지다워야 하고 자식은 자식다워야 한다. ……군주는 위에서 존중받으며 신하는 아래에서 공경하고, 존비대소의 분한은 철저히 범하지 않아야 한다"[161]라는 등의 강상 명교를 선양하고,[162] "군주와 신하 아버지와 아들의 정해진 위치는 위치를 바꿀 수 없고 그것을 섬기는 것은 도리의 마땅함이다. 군주가 명령하면 신하가 따르고 대대로 아버지가 아들에게 전하고 아들은 이어나가는 것은 도리의 법도이다"[163]라는 것을 선양하는 데 있었다. 그것이 사실상 주희 내지 송명 제유들의 윤리주의의 핵심 논지가 되었기 때문에 원시유학정신을 계승함에 있어서 오직 윤리 — 정치계급질서를 옹호하는 한 측면에 많이 치우쳤다.

> 삼강오상은 예의 대체이니, 삼대가 서로 계승하여 모두 그대로 인습하고 변경하지 않았다.[164]
>
> 손익이란 역시 삼강오상을 붙잡아야만 한다. ……삼강오상은 끝내 변해서는 안 된다. 군주와 신하의 관계는 여전히 군주와 신하의 관계이고 아버지와 아들 관계는 여전히 아버지와 아들 관계이다.[165]

---

160) 『朱子語類』卷94 참조.

161) 『朱子語類』卷68, "物物有個分別, 君君臣臣父父子子 ……君尊于上, 臣恭于下, 尊卑大小, 截然不犯."

162) 候外廬 主編, 『中國思想通史』卷4, 第13章, 인민출판사, 1960 참조.

163) 『晦庵先生文集』卷1, 「甲寅行宮便殿奏札」, "君臣父子, 定位不易, 事之常也. 君令臣行, 父傳子繼, 道之經也."

164) 『論語章句』, 「爲政第二」, "三綱五常, 禮之大體, 三代相繼, 皆因之而不能變."

똑같이 '삼강오상'을 옹호하는 것이지만, 한유漢儒들이 더욱 외재적 우주론으로 그 더없는 존엄을 논증하고 더욱 외재적인 사회질서의 강제 규범을 중시하는 것과 달리, 송유宋儒들은 더욱 내재적 심성론으로 그 절대적인 합리성을 논증하고 더욱 내재적 심리정감의 자각적인 순종을 중시한다. 그러므로 후자는 더욱 전제정치의 계급질서 관념을 유지하여 정감약속·도덕요구 등을 윤리심성 중에 실현·융화함으로써, 유가전통의 윤리주의에 농후한 준종교적인 색채를 덧씌웠다. 리쩌허우는 이를 일컬어 중국식 정교합일이라 했는데 참으로 바꿀 수 없는 의론이다.[166)]

윤리심성의 수양은 전제정치의 계급질서를 옹호하는 데 종사하기를 요구했으니, 원시유가 윤리주의의 민본적 측면은 자연히 약화됐고 버려졌다. "천리를 보존하고 인욕을 제거한다." "굶어 죽는 것은 사소한 일이지만 절개를 잃는 것은 중대한 일이다餓死事小, 失節事大." 등의 진부하고도 잔인한 설교가 가장 먼저 해치고 빼앗게 되는 것은 평민의 기본적인 생존권이 아닐 수 없다. 이것이야말로 '명분이 사람을 죽게 하는 것以理殺人'이다.[167)]

정치조건으로 말하면, 송유의 윤리주의는 원시유가의 윤리주의와 비교하면 전술한 바와 같이 편향되어 발생했기 때문에 점점 절박해지는 전제의 요구와 관계가 밀접하게 되었다. 중고사회 후기(중당 이후)에는 전제정치의 절박한 요구는 리쩌허우가 제기한 것과 부합된다.

---

165) 『朱子語類』卷24, "所謂損益者, 亦是要挾持三綱五常而已. ……三綱五常終變不得, 君臣依舊是君臣, 父子依舊是父子."

166) 李澤厚, 『中國古代思想史論』, 「經世觀念隨筆」 참조.

167) 위잉스는 일찍이 제기하시를, 원시 유가는 '수신양성修身養性' 등 통치자에 대한 도덕요구이고 평민은 '선부후교先富後教'를 요구했다. 송대 유가는 이 순서를 오해하고 전도하여 '명분이 사람을 죽게 하는 것以理殺人'에 이르렀다.(余英時, 『士與中國文化』참조) 이 논리는 매우 타당하며 본문을 방증하기에 족하다.

광범위한 세속의 지주계층을 기초로 하는 보탑식의 황권정치구조는 전기봉건제(더 많은 외재적 경제와 사회적 제약이 있는 것은 문벌 계급 등과 같다)에 비해, 전체사회와 개체수립을 위해 '삼강오상三綱五常'·'명인륜지본明人倫之本'의 통치 질서를 요구하는 것이 더욱 절실하고 중요해졌다. ……때문에 주의해야 할 것은 한대에는 '효'를 가장 중요하게 여겼고, 송명 이후에는 '충'(임금에게 충성함)을 '효'보다 한층 더 부각시켰다. 이것이 곧 후기봉건제도에 적합하기 때문이다.[168]

'충'과 '효'가 윤리가치관념의 서열 중에서 위치가 바뀌는 것은 실제적으로 절대군주권력의 확립을 의미한다. 이와 같은 절대군주권력의 앞에서 민본의식은 더군다나 신장될 리 없고, 강상명교는 완선히 전제정치가 필요로 하는 사상통치의 단순한 도구가 되었다. 그러므로 '송명이학'이 그토록 가혹한 사회적 위해를 낳았던 이유는, 사상 자체의 원인을 제외하고라도, 통치자가 그 전제적 요소를 옹호하면서 계획적으로 선택·강화·부각시켰다는 것(예를 들면 명 태조 주원장이 흠정과거표준에서 『맹자』중에서 '민귀군경民貴君輕'과 유관한 어록 등을 삭제했다)도 역시 하나의 중요한 원인이라 하지 않을 수 없다.

사상통치는 본래 전제정치에서 응당 있어야 할 의의를 가진 주요 과제이기 때문에, 군주권력이 절대적인 정치구조는 사회적 '통치사상'이 절대적으로 전제 한 가지 방법만을 옹호하지 않을 수 없으며, 대량의 문화노예를 생산하지 않을 수 없다. 이 때문에 가장 잔혹하고 가장 용열한 독재자를 만나게 되더라도 "임금께서 죽으라 하시면 신하로서는 죽을 수밖에 없습니다."[169] "위태로움에 이를지라도 한 번 죽음으로써 임금의 은혜에 보답하겠습니다"[170]라고 할 수 밖에 없고, 평민백성은

168) 李澤厚, 『中國古代思想史論』, 「宋明理學偏論」, 인민출판사, 1985, p.231.
169) 『史記』, 「秦始皇本紀」, "君要臣死, 臣不敢不死."
170) 顏元, 『顏元集』, 「存學編」卷1, "臨危一死報君王."

한층 더 가장 비참한 지경에 빠져들더라도 변함없이 "황제의 덕은 하늘과 땅처럼 크고, 황제의 은혜는 비와 이슬처럼 깊다"171)라고 할 수밖에 없다. 여기에서 정치특권과 계급질서에 대한 옹호는 이미 원시유가와 같은 민본의 동기는 완전히 잃어버렸고, 이미 원시유가와 같은 비판의식과 저항기백도 완전히 잃어버렸으며, '민귀군경民貴君輕'은 '민경군귀民輕君貴'로 바뀌었다. 독재자와 문화노예 위아래가 호응하는 정치압제와 사상통치가 일찍이 이와 같이 유가사상을 전제도구의 극단으로 끌어올렸다. 유학은 그 이론적 최고봉에 도달하는 동시에 도리어 현실정치에서 거세되어 본래 가지고 있던 민본정신을 상실했다.

제4절 민본사상의 전환 — 평민의식

명 중기 이후 새로운 시대 분위기에 따르고 적응하여, 유가민본사상은 오히려 새로운 사회 기초 위에서 인정되고 고양되는 동시에 모종의 근대적 의미에 가까운 전환으로 나아가기 시작했다. 이른바 새로운 시대 분위기의 두드러진 특징은 바로 시정평민계층이 전례 없이 당당해지고 활발해진 것이다. 이것이 경제사적 의미의 '자본주의의 맹아'를 배태하고 있는지의 여부에 관해 학자들의 의견이 분분한데, 본서에서는 언급하지 않는다. 다만 한 가지 인정할 수 있는 것은, 명 중기 이후 시정평민계층이 전례 없이 당당해지고 활발해지면서, 확실히 집단적 연계 또는 자각적 요구를 갖춘 사회의 이익집단을 형성했고, 확실히 과거 중

171) 蔡東藩, 『淸史通俗演義』, "帝德乾坤大, 皇恩雨露深."

고봉건사회의 구조와 면모를 침식하고 변화시키기 시작했다. 사회경제생활에서 상공활동이 차지하는 비중도 끊임없이 증가했고 방주상인의 사회적 지위도 점점 상승했으며,[172] 시정평민들의 반항운동은 날로 급증했고 중고사회에서 표명했던 정경체제(엄격한 계급질서, 단일한 자연경제)가 흔들리기 시작했으며, 농민혁명 이외에 반봉건적 새로운 역량·새로운 영역·새로운 방식이 출현했다. 이 모든 것은 사상문화영역을 강렬하게 진동시켰고, 아울러 그것만이 가지고 있는 심각한 반응을 획득하지 않을 수 없었다. 심학대사 왕수인은 상인들에 대하여 전통과 전혀 다른 태도를 보여주어 사상가로서 시대 변화에 대한 자각적인 순응을 매우 전형적으로 표명했다.

> 양명 선생께서 말씀하셨다. '옛날에는 사민이 직업을 달리했으나 도를 같이 했다. 그들이 마음을 극진히 한 것은 한가지였다. 선비는 이 마음을 가지고 수양하고 통치했으며, 농부는 이 마음을 가지고 곡물을 생산하여 백성들을 길렀으며, 공인은 이 마음을 가지고 기물을 발전시켰으며, 상인은 이 마음을 가지고 재화를 유통시켰다. 각자 그 자질의 가까운 곳, 힘이 미치는 것에서 생업을 삼고 그 마음을 극진히 발휘할 것을 추구했다. 그 귀결은 요컨대 사람을 살리는 길에 유익함이 같았다는 것이다. 선비와 농민은 그들의 마음을 극진히 하여 수양하고 갖추어 봉양하는 것이지만, 도구를 이롭게 하고 재화를 유통하는 것은 마치 선비와 농부의 직업이 같다. 공인과 상인은 그들의 마음을 극진히 하여 도구를 이롭게 하고 재화를 유통시키는 것이지만, 수양하고 갖추어 봉양하는 것은 마치 공인과 상인의 직업이 같다. 그러므로 사민은 직업은 달리해도 도는 같다고 이르는 것이다. ……왕도가 사라지고 학술이 어그러진 이후에 사람은 그 마음을 잃어버리고 번갈아 이익에 힘쓰기 때문에 서로 다투어 달려가게 된다. 그리하여 비로소 선비를 흠모하고 농

---

172) 余英時, 『士與中國文化』, 「中國近世宗教倫理與商人精神」」, 상해인민출판사, 1987 참조.

> 부를 천시하고, 관가에서 바쁘게 돌아다는 것을 영예롭게 여기고 공인이나 상인을 부끄럽게 여기게 되었다.'[173]

여전히 유교적 방식을 기준으로 탁고托古했다 하더라도, 여전히 '진심盡心'을 도덕교화의 논설종지로 삼았다 하더라도 "사민은 직업은 달리해도 도는 같았다"고 한 것은, 전통적 관념의 사농공상에 대한 '본말本末'의 견해를 타파하여, 이후 황종희의 '공상개본工商皆本'의 발단이 되었다. 왕수인은 "비록 하루 종일 장사를 하더라도 성인이나 현인이 되는 것을 해치지 않는다"[174]라고 하여 한층 더 대담하게 상인들의 날로 상승하는 사회의 윤리적 지위를 인정했다. 유학의 일대 종사가 된 왕수인은 일정 정도 의미에서 평등하게 사농공상을 대우하고, 심지어 상인과 성현을 동등하게 대우하고자 했는데, 이것은 확실히 위잉스가 말한 것과 같이 "신유가의 윤리역사에서 일대 사건이었다."[175] 그것은 역사가 머지않아 근대를 향해 끊임없이 나아가는 것을 따르고, 시정평민(가장 먼저 상인이다)이 사회가치서열 중에서의 지위가 날로 상승하는 것을 따르고, 그들이 역사의 무대 앞으로 나아가기 시작하는 것을 따른 것으로서, 유가 진영 중의 유식한 선비들도 전통의 윤리가치관을 바꾸거나 조정하여 시대진보에 순응할 수밖에 없었다. 왕수인은 '평범한 사람愚夫愚婦'에 착안하여 윤리기준을 제시하고("보통사람과 같은 것을 동덕이라 하고 보통

173) 『王陽明全書』卷25, "陽明子曰: '古者四民異業而同道, 其盡心焉, 一也. 士以修治, 農以具養, 工以利器, 商以通貨, 各就其資之所近, 力之所及者而業焉, 以求盡其心. 其歸要在于有益于生人之道, 則一而已. 士農以其盡心于修治具養者, 而利器通貨猶其士與農也. 工商以其盡心于利器通貨者, 而修治具養猶其工與商也, 故曰: 四民異業而同道. ……自王道熄而學術乖, 人失其心, 交鶩于利, 以相驅軼, 于是始有歆士而卑農, 榮宦游而恥工賈.'"

174) 『傳習錄拾遺』, 14條目, "(雖終日做賣買, 不害其爲聖爲賢)

175) 余英時, 『士與中國文化』, 인민출판사, 1987, p.527.

사람과 다른 것을 이단이라 한다"[176]), 교육방법을 강구하여("그대들이 성인으로 가장하여 다른 사람에게 학문을 강의했으니, 사람들이 성인이 온 것으로 여겨서 모두 두려워 달아난 것이다. 그래서야 어떻게 제대로 강의할 수 있겠는가? 반드시 하나의 평범한 사람이 될 수 있어야 비로소 사람들에게 강의를 할 수 있다"[177]), 그것이 비록 성인과 범인의 차이를 부정하는 것을 의미하지 않고, 윤리 — 정치계급질서와 봉건도덕교화를 부정하는 것을 의미하지 않더라도, 분명히 지적인 귀족의 신분을 내려놓게 하고 평민생활에 내재된 바의 도덕적 가치, 응당 가진 바의 윤리적 지위를 긍정하게 했다. 이것과 왕수인의 전술한 사상은 당연히 같은 시대적 변화에 적응하고 같은 시대적 의미를 지니고 있는 것이라 말해야 한다. 청 초순[178]은 '주자학'과 '양명학'을 비교해서 다음과 같이 말한다.

> 나는 "주자학은 천하의 군자를 가르치는 것이고 양명학은 천하의 백성을 가르치는 것이다"라고 한다. ……주자학은 마땅히 그러한 바를 실천하여 그러한 이치를 다시 궁구하며, 경사의 글을 외워 익히고 성명의 근본을 강구하고자 한다. 이는 독서하는 한두 명의 사대부라야 할 수 있는 것이지, 우매하고 고집스런 자들을 붙들어다가 억지로 시킬 수는 없는 일이다. 양명학의 양지는 양심을 말한 것이다. 비록 어리석고 못나서 독서할 수 없는 사람일지라도 감발하여 감동할 수 있다.[179]

---

176) 『傳習錄』下, 271條目, "與愚夫愚婦同的, 便是同德; 與愚夫愚婦異的, 便是異端."

177) 『傳習錄』下, 313條目, "你們拏一個聖人去與人講學, 人見聖人來, 都怕走了, 如何講得行? 須做得個愚夫愚婦, 方可與人講學."

178) *청나라 江蘇 甘泉 사람. 자는 理堂이다. 嘉慶 6년(1801) 擧人이 되었지만, 과거에 낙방한 뒤 집에 조고루雕菰樓를 짓고 독서와 저서로 일생을 보냈다. 阮元에게 수학했으며, 戴震의 학문을 종주로 했다. 經史는 물론 曆算, 聲韻, 訓詁 등에 정통했고, 경전 가운데 특히 『주역』과 『맹자』, 『시경』 등을 깊이 연구했다. (중국역대인명사전, 2010, 이회문화사)

위잉스는 바로 아래의 단락을 통해 양명심학의 사회학적 의미에 대하여 매우 적확한 설명을 했는데, 그의 설명과 본서의 논지가 잘 부합되는 까닭에 여기서 대조해 본다.

> 초순의 글에서 전통에 대한 편견은 문제 삼지 않을 수 있지만, 그가 구분한 주자와 양명의 경계는 합당하지 않다. 그러나 그는 한 가지 문제는 정확하게 간파했다. 즉 주자학은 오로지 '사士'에 대하여 설명한 것이라면 양명학은 대중화의 일면을 제공하여, 신유학의 윤리를 직접 사회대중에 연결하려고 한 것이다. 여기에 확실히 양명학의 역사적 의미가 있다. 신유학에 양명학이 있는 것은 바로 불교의 새로운 선종이 있는 것과 같다. 불교의 중국에서의 발전은 새로운 선종에 이르러 비로소 진정한 귀결처를 찾았고, 신유학의 윤리도 양명학의 출현으로 인해 비로소 사회화의 노정을 마쳤다. ……새로운 선종은 불교가 입세入世로 전향하는 최후의 과정으로, 그 간단하고 쉬운 교리와 고행의 정신으로 사회의 저층까지 파고들었기 때문이다. 정주리학이 비록 '사'계층을 선종에서 벗어나게 해주었지만 완전히 유가와 사회하층의 어긋나는 추세를 바로잡지는 못했다. 명대의 왕학이 이 미완성의 임무를 담당했다.[180]

양명심학이 민간으로 가는 것은 물론 봉건도덕교화를 보급하고 마음은 하층민중이 유가정통의 가치관을 받아들이게 하고, '대전통大傳統'으로 '소전통小傳統'을 동화시키는 측면이 있지만, 동시에 원시유가의 민본사상을 고양하고 또한 태주 평민의식으로의 전환을 위하여 보편적 문화기초와 가능한 방법을 제공했다. — 만약 왕수인의 "천하를 한 집안처럼

179) 焦循, 『雕菰集』, 「良知論」卷8, "余謂紫陽之學所以教天下之君子, 陽明之學所以教天下之小人. ……紫陽之學, 行其所當然, 復窮其所以然, 誦習乎經史之文, 講求乎性命之本, 此惟一二讀書之士能之, 未可執顓愚頑梗者而强之也. 良知者, 良心之謂也. 雖愚不肖不能讀書之人, 有以感發之, 無不動者."

180) 余英時, 『士與中國文化』, 상해인민출판사, 1987. p.517.

보고 중국을 한 사람처럼 본다"[181]는 정치적 이상과 "백성들의 곤궁함과 고통이 어느 것인들 내 몸의 절실한 아픔이 아니겠는가"[182]라는 말의 진실된 관심이 이미 다시 한 번 원시유가의 대동추구와 민본사상을 긍정하고 고양한 것이라면, 그의 '공인과 상인'·'평범한 사람' — 평민의 사회적 지위와 윤리적 가치에 대한 명확하고도 대담한 긍정이나 논증은 더욱 원시유가 민본사상에서 태주 평민의식으로 향하는 전환을 내포하고 있다. '간이하고 명쾌한簡易直截' '양지교良知教'는 이와 같은 전환을 위하여 가능한 방법을 제시하고 직접 태주학파를 열었다.

황종희는 "양명 선생의 학문은 왕간(泰州·心齋)과 용계가 있음으로 인하여 천하에 유행할 수 있었으나, 한편으로는 그들 때문에 점차 실전失傳되었다"[183]고 했다. 태주학파는 양명심학을 계승하고 오래지 않아 다시 초월하여 가장 선명하게 민본사상이 근대로 가는 전환을 드러내 보였다. 왕간의 "성인의 도는 백성의 일상생활과 다름이 없다. 다름이 있는 것은 모두 이단이다"[184]는 것은 더욱이 왕수인사상을 진술한 것이다. 왕수인이 제기한 이 사상은 대부분 여전히 '양지교'의 '만물일체'를 가지고 원시유가의 민본정신을 해석한 것이다.[185] 그러나 왕간은 이 수

---

181) 『王陽明全書』卷26, 「大學問」, "天下猶一家, 中國猶一人."

182) 『傳習錄』中, 179條目, "生民之困苦荼毒, 孰非疾痛之切于吾身者乎." 이런 진실된 관심이 있기 때문에 유학대사 왕수인은 마침내 온유돈후한 취지를 반대하고 부세의 불합리한 시정을 격렬하게 배격했다. "亂紛紛鴉鳴鵲噪, 惡狠狠豺狼當道, 冗費竭民膏, 怎忍見人離散! 擧疾首蹙額相告, 簪笏滿朝, 干戈載道, 等閑間把山河動搖."(雙調步步嬌: 「歸隱」)

183) 黃宗羲, 『明儒學案』卷32, 「泰州學案」, ""陽明先生之學, 有泰州龍溪而風行天下, 亦因泰州龍溪而漸失其傳."

184) 王艮, 『王心齋先生遺集』卷1, 「語錄」, "聖人之道, 無異于百姓日用. 凡有異者, 皆是異端."

185) 예를 들면 "무릇 사람이란 천지의 마음입니다. 천지만물은 본래 나와 한 몸이니, 백성들의 곤궁함과 고통이 어느 것인들 내 몸의 절실한 아픔이 아니겠습니까?

준에 머무르지 않고 자각적으로 이로부터 시작하여 일정 정도 계급질서를 전제로 하는 원시유가의 민본의 기본원칙을 어느 정도 돌파했다. 서월의 「왕심재별전」에 다음과 같이 실려 있다.

> 드디어 천하의 일을 언급하셨다. 부자(왕수인)께서 말씀하셨다. "군자의 생각은 지위를 벗어나지 않는다." 선생님(왕간)께서 말씀하셨다. "저 같은 초야의 필부도 요임금과 우임금의 군민지심을 하루도 잊지 않았습니다." 부자께서 말씀하셨다. "순임금은 역산에서 농사를 지을 때 즐거워서 천하를 잃어버렸다." 선생님께서 말씀하셨다. "당시에 요임금은 윗자리에 있었습니다." 부자께서 말씀하셨다. "배울 바가 많도다." 나가자, 부자께서 제자들에게 말씀하셨다. "내가 진호를 사로잡을 때에도 아무런 동요가 없었는데, 지금 이 사람 때문에 동요가 심하다."[186]

아직 유가의 상고시대 이상에 의지했지만, "군자의 생각은 자신의 직분을 벗어나지 않는다"는 말을 받아들지 않은 것은, 특정한 시각에서 정신적 속박을 반대하고 사상의 자유를 요구하는 근대적 평민의식을 드러

내 몸의 아픔을 모른다면 시비지심이 없는 사람입니다. 시비지심은 사려하지 않고도 알고, 배우지 않고도 능한 것으로 이른바 양지입니다. 양지가 사람 마음에 있는 것은 성인과 어리석은 자의 구분이 없으며, 천하 고금이 다 같습니다. 세상의 군자가 오직 양지를 실현하는데 힘쓰기만 한다면 저절로 시비를 공유하고 오호를 함께하며, 남을 자기와 같이 보고 나라를 한 집안처럼 보아서 천지만물을 한 몸으로 여길 수 있습니다.夫人者, 天地之心, 天地萬物本吾一體者也. 生民之困苦荼毒, 孰非疾痛之切於吾身者乎？不知吾身之疾痛, 無是非之心者也；是非之心, 不慮而知, 不學而能, 所謂良知也：良知之在人心, 無間於聖愚, 天下古今之所同也, 世之君子惟務其良知, 則自能公是非, 同好惡, 視人猶己, 視國猶家, 而以天地萬物爲一體. 『傳習錄』中, 179條目"

186) 徐樾, 「王心齋別傳」, "遂言及天下事, 夫子(王守仁)曰: '君子思不出其位,' 師(王艮)曰: '某草艸+奔匹夫, 而堯舜其君民之心, 未能一日而忘.' 夫子曰: '舜耕歷山, 忻然樂而忘天下.' 師曰: '當時有堯在上.' 夫子曰: '足見所學.' 出, 夫子謂弟子曰: '吾擒取震濠, 一無所動, 今深爲斯人動.'"

내 보인 것이다. 이와 같은 평민의식은 이미 유가민본사상의 궤적을 벗어났다. 후자는 존비귀천의 정치계급질서로써 민본을 실현하는 전제 심지어 담보를 삼아, 비록 통치자가 민중의 이익을 보장할 것을 요구했지만 정치적 권리와 사상적 권리의 평등을 결코 주장하지 않았고(앞쪽의 글을 보라), 전자는 오히려 사상적 자유의 추구를 통해서 정치적 권리의 평등을 쟁취하고자 했다.

계급관념과 평등관념은 중고시대 민본사상과 근대 평민의식을 구별하는 두 가지 근본적인 정치지표이다. 태주 왕간의 생각은 확실히 후자에 접근하고 있다. 그러므로 '백성의 일상생활이 참다운 도이다百姓日用卽道'라는 공지가 아직 유가적 교화의 기치에 머물러 있음을 나타내지만, 사상적 경향은 이미 유가적 교화가 전적으로 속박할 수 있는 것이 아니었고, 그것은 평민의 평등한 사회적 지위와 윤리적 존엄을 쟁취하기 위한 정치적 의향을 드러낸 것이다. 왕간이 오로지 '백성일용학'[187]을 말하고, "이 학문은 평범한 사람들이 알 수 있고 실천할 수 있는 것이다"[188]는 것을 강조한 것 또한 분명하게 왕수인에게서 영향을 받았지만, 그가 '하층계급'을 힘을 다해 예찬하고,[189] '균등한 분배'[190]를 경제적으로 주장하는 것 등은, 오히려 명확하게 왕수인을 초월하여 위에서 말한 사상적 경향 혹은 정치적 의향을 드러내 보였다. 왕수인에서 왕간에 이르기까지 반드시 자각적인 것은 아니지만 그래도 뚜렷이 중고 민

187) 『王心齋先生遺集』卷3, 「年譜」, "百姓日用之學."

188) 『王心齋先生遺集』卷3, 「年譜」, "此學是愚夫愚婦能知能行者."

189) 예를 들면 "세상 사람들은 이 아래에 거함을 좋아하지 않으나, 그 누가 이 아래에 건곤乾坤의 위대함이 있음을 알리요. 온갖 물결이 무리를 갖추어 바다로 떠내려 왔으니, 하늘의 위대함도 여전히 이 땅 아래에 포함되어 있다.世人不肯居斯下, 誰知下裏乾坤大. 萬派具衆海下來, 天大還包在地下." 『王心齋先生遺集』卷2, 「天下江山一覽詩」 참조.

190) 『王心齋先生遺集』卷2, 「均分草蕩議」.

본사상에서 근대 평민의식으로 의식의 전환을 시작했다.

가령 왕간이 주로 철학사상적 방면에서 위에서 말한 전환을 시작했다고 한다면, 태주학파의 다른 중요한 대표자 하심은何心隱은 직접적으로 사회구조·인간관계의 정치구상적 측면으로 위에서 말한 전환을 추진했다. 그가 설계한 바의 사회조직 — '회會'는 사제·붕우를 가장 중요한 윤리관계로 삼고 '균均'·'군群'을 조직의 기본 원칙으로 삼았지만, 군신·부자·부부·형제 등 정통유가의 사회적 버팀목으로 받들어 지는 윤리관계와 강상계급은 모두 뒷전이었다.[191](곧 이지의 "사람이 마땅히 지켜야 할 인륜에는 다섯 가지가 있다. 그런데 공(하심은)은 그 중 네 가지를 버렸다"[192]라는 것이다) 이와 같이 봉건윤리강상의 존엄성을 멸시하고, 사師·우友·균均·군群 관계를 중시하는 정치적 구상은 분명히 이미 중고시대 민본사상의 능력 범위를 벗어나 사회적 평등을 쟁취하는 근대방식의 평민의식을 드러냈다.

그러나 가장 급진적으로 평민의식을 신장한 것은 오히려 태주 절향絶響 — 이지사상이다. 만약 왕간 등이 이처럼 유가도덕교화론의 가치 하에 있고, 즉 유가기본가치관을 견지하는 전제 하에서 유가민본사상을 전환하여, 그 평민의식의 형성이 아직 유가사상과 직접 정면충돌하지 않았다고 한다면, 이지는 이미 유교사상을 강렬하게 비판하는 가운데에 평민의식을 신장하는 "당당한 진용과 정연한 깃발"[193]을 들어 올린 것이다.

먼저 주의해야 것은 이지의 '성범의 분별聖凡之分'과 '귀천의 차별貴賤之別'에 대해 철저한 분석이다. 앞에서 언급한 바와 같이 유가가 물론 민본사상을 주장했지만, 도리어 윤리를 긍정함으로써 — 정치계급질서

191) 何心隱, 『爨桐集』, 「論友」, 「師說」, 「論中」 등 참조.
192) 李贄, 『焚書』卷3, 「何心隱論」, "人倫有五, 公舍其四."
193) 李贄, 『續焚書』권1, 「與周友山書」, "堂堂之陳 正正之旗."

를 전제로 하여 그 도덕교화론이 '성범지분'과 '귀천지별'을 강력히 주장한 것은 바로 윤리 — 정치계급질서를 요구하고 체현하는 것이다. 객관적 입장과 역사적 사실로 보면, 도덕교화에서 '성인을 기준으로 범인을 교화하는以聖化凡' 것은 항상 전제정치가 '높은 신분으로 낮은 신분을 능멸하는以貴凌賤' 합리적 근거가 되었고, 항상 통치자가 피통치자에게 '노예의식'을 심어주고 계급질서를 옹호하는 정신적 수단이 되었다. 그래서 '성범지분'과 '귀천지별'을 통합하여 봉건윤리 — 정치관계의 기본준칙과 기본신조를 이루었고, 근본적으로 유가민본사상의 현실적 가능성을 제거하지 않을 수 없었다. 그리고 이른바 "사람은 누구나 요임임과 순임금과 같은 성인이 될 수 있다."[194] "길거리의 사람도 우임금과 같은 성인이 될 수 있다."[195] "길거리에 가득한 사람이 모두 성인이다"[196]와 같은 설법은 또한 주로 유가도덕교화의 보편적 가능성을 제시하는데 있고, 심지어 바로 하층민중이 유가도덕교화를 받아들이는 방법을 쟁취한 것인데, 이것이 바로 '이성화범'이었다. 일반적으로 말해, '이성화범'은 윤리 — 정치적 계급차별의 사회적 평등관념을 포기하는 것이 아니고, '성범지분'과 '귀천지별'의 준칙·신조 등을 부정하지 않는다. 이지는 이 준칙과 신조를 부정하고 청산하는 것으로부터 착수하여, 상당히 정확하게 민본사상과 평민의식이 사상적 배경 내지 사상적 성질상에 가지고 있는 근본적인 차이를 포착했다.

> "사람들은 본성에 따라 움직일 뿐이니, 성인의 행위라 해서 지나치게 높게 보진 않는 게 좋겠다"는 것이지요. 요·순과 길가는 행인이 같고 성인과 범인이 다르지 않습니다.[197]

---

194) 『孟子』, 「告子下」, "人皆可以爲堯舜."
195) 『荀子』, 「性惡」, "塗之人可以爲禹."
196) 『傳習錄』下, 313條目, "滿街都是聖人."

> 원래 세상 사람들은 평범한 백성과 사내계집의 불초함과 무능함만 알뿐이니, 그들이 어떻게 성인에게도 불가능한 일이 있음을 알겠는가? ……나부터 그 문제 대한 생각을 말해 보겠다. 성인이 할 수 있는 바라면 못난 사내계집이라도 더불어 달성할 수 있으니, 세간의 남녀가 하는 일이라고 깔보지 말아야 한다. ……평범한 남녀가 해낼 수 없는 바라고 한다면 제아무리 성인이라도 반드시 불가능하니, 성인의 행위라도 일절 우러러 보지 말아야 한다.[198]

"세간의 남녀가 하는 일이라고 깔보지 말아야 한다"는 것을 지적하고, "성인의 행위라도 일절 우러러 보지 말아야 한다." "요·순과 길가는 행인이 같고 성인과 범인이 다르지 않다"는 것을 강조한 것은, 곧 근본적으로 "사람은 누구나 요·순이 될 수 있다"는 등의 '이성화범' — 범인은 원래부터 성인을 본받을 것을 요구하는 도덕설교 — 와 달리, '성범평등聖凡平等'의 평민의식을 부각시킨 것이다. 이지는 『논어』를 비평하여 "이 세상에 태어나면서 진리를 깨달을 수 있는 능력을 갖추지 않은 사람은 하나도 없다"[199]고 했으니, 더욱 인성론의 철학으로 성인과 범인의 구분을 철저하게 부정하고 '성범평등'을 논증했다.

성인과 범인의 관계에 대한 이해와 해석이 '이성화범'에서 '성범평등'

---

197) 李贄, 『李氏文集』卷18, 「明燈道古錄」上, "人但率性而爲, 勿以過高視聖人之爲可也. 堯舜如途人一, 聖人如凡人一."

198) 李贄, 『李氏文集』卷19, 「明燈道古錄」下, "世人但知百姓與夫婦之不肖不能, 而豈知聖人之不能也哉? ……自我言之, 聖人所能者, 夫婦之不肖可以與能, 勿下視世間之夫婦爲也. ……夫婦所不能者, 則雖聖人亦必不能, 勿高視一切聖人爲也."

199) 李贄, 『焚書』권1, 「答周西巖」 "天下無一人不生知"는 『論語』「季氏」에 실려 있는 "태어나면서 아는 자는 최상이고, 배워서 아는 자는 그 다음이고, 어려움을 겪으면서 배우는 자는 또한 그 다음이다. 어려움을 겪으면서 배우지 아니하면 그런 백성은 곧 최하가 된다.生而知之者上也, 學而知之者次也, 困而學之, 又其次也, 困而不學, 民斯爲下矣."라는 것을 겨냥해서 한 말이다.

에 이르기까지의 전환은 하나의 윤리적 측면의 전환이고, 그것은 명확하게 중고봉건사회의 유가전통사상이 받드는 신성한 도덕적 권위, 윤리적 질서를 부정했다. 이런 윤리—정치가 하나로 통합되는 사회적 체제를 부정하는 것은, 동시에 정치적 측면의 전환을 의미하지 않을 수 없다. 그래서 이지는 『노자해』에서 또 다음과 같이 말한다.

> 제후와 군왕은 '하나로 이르는 도致一之道'와 보통 사람을 동일시하는 것을 알지 못하기 때문에 존귀함으로 스스로 높은 체함을 면할 수 없다. 높은 사람은 반드시 그 바탕을 낮추어야 하고, 존귀한 사람은 그 근본을 천하게 해야 한다. 무슨 까닭인가? '하나에 이르는 이치致一之理'는 보통 사람이 낮은 것이 아니고 제후나 군왕이 높은 것이 아니며, 보통 사람에 존귀하다고 말할 만하고 제후와 군왕에 천하다고 말할 만한데, 다만 그것을 아직 알지 못할 뿐이다. ……사람들이 보기에 그 존귀한 사람이 있고 천한 사람이 있고, 높은 사람이 있고 낮은 사람이 있지만, 그것이 하나로 이른다는 것을 알지 못하는데, 어찌 일찍이 이른바 고하귀천이 있었겠는가? 그가 존귀하다고 천하게 할 수 없고 천하다고 존귀하게 할 수 없다고 여긴다면, 내 생각에는 하나로 이르는 것은 가능하지 않다.[200]

"보통 사람이 낮은 것이 아니고 제후나 군왕이 높은 것이 아니다"라고 주장하는 것은 '고하귀천'의 차별을 부정하는 것이다. 이러한 '치일지도' 또는 '치일지리'는 이미 모범적인 근대정치가 요구하는 평등관념에 해당한다.

---

200) 李贄, 『老子解』, "侯王不知致一之道與庶人等同, 故不免以貴自高. 高者必蹶下其基也, 貴者必蹶賤其本也, 何也? 致一之理, 庶人非下, 侯王非高, 在庶人可言貴, 在侯王可言賤, 特未之知耳. ……人見其有貴有賤, 有高有下, 而不知其致之一也, 曷嘗有所謂高下貴賤者哉? 彼貴而不能賤, 賤而不能貴, 据吾所見, 而不能致之一也."

윤리관계에서 성범의 구분을 부정하고 정치관계에서 귀천의 차별을 부정하는 것은 이지의 봉건사회의 계급질서에 대한 전면적인 비판이고, 근대사회의 평등관계에 대한 전면적인 선양이라고 할 수 있다. 그 평민의식의 표현은 왕간의 "백성의 일상생활이 곧 참다운 도이다." 하심은이 "사람이 마땅히 지켜야 할 인륜에는 다섯 가지가 있다. 그런데 하심은은 그 중 네 가지를 버렸다" 등과 비교하면 분명히 더 자각적이고 더 직접적이고 더 철저하고 더 기백이 있고 더 역량이 있다.

성범의 구분과 귀천의 차별을 청산했다는 점에서 이지의 평민의식을 기반으로 하는 정치구조는 유가의 민본사상을 기반으로 하는 전통구조와는 완전히 다르다.

> 군자의 정치는 자신에 근본을 두지만 '지인의 정치至人之治'는 다른 사람들로부터 비롯됩니다. 근본을 자신에게 두는 자는 반드시 본인으로부터 원칙을 취하지만, 남들로부터 정치를 시작하는 자는 '항시 백성들에게 순종하니恒順于民,' 그 다스림의 효과도 정녕 다를 수밖에 없습니다. 다스림의 기준을 남에게 두는 것과 자신에게 두는 것은 서로 같을 수가 없습니다. 자신에게 두면 남들도 자신과 똑같기를 바라게 되지만, 자신에게 두지 않으면 남들이 자신과 같기를 바라는 마음이 없어지게 됩니다. 이는 그 마음이 너그럽지 않은 경우가 없기 때문이지요. 하지만 이는 한 사람에게나 통하는 것일 뿐, 천하를 다스리는 데까지 연결되는 경우는 아닙니다. 그런데도 모든 것을 자신에게 기준을 둔 법으로 재단하여 가지런하게 만들려고 한다면, 그것은 미혹이지요. 이리하여 번거로운 법령과 시행세칙이 만들어지고 형벌과 법이 시행되니, 백성들은 나날이 일만 번거로워지게 되었습니다. ……지인至人이라면 그렇게 하지 않습니다. 자신이 다스린다고 해서 그곳의 풍속을 바꾸지 않고, 백성들의 기질을 따르면서 그들의 능력을 거스르지 않습니다.[201]

---

201) 李贄, 『焚書』卷3, 「論政」, "君子之治, 本諸身者也; 至人之治, 因乎人者也. 本諸身者, 必取于己; 因乎人者, 恒順于民. 其治效固已異矣. 夫人之與己, 不相若也.

"자신에 근본을 두는" "군자의 정치"는 맹자가 "내 집의 노인을 노인으로 섬긴 뒤 그 마음이 남의 노인에게까지 이르며, 내 집의 어린이를 어린이로 사랑한 뒤 그 마음이 남의 집의 어린이에게까지 이른다."202) "왕께서 만약 색을 좋아하시거든 백성과 함께 하신다면 왕도정치를 하는 데 무슨 어려움이 있겠습니까"203)라는 것과 같이 유가가 떠받드는 바의 이상정치이고, 그것은 확실히 유가가 백성을 편안하게 하고 백성을 구휼하는 민본사상(그러므로 이지의 평론 어조도 상당히 너그럽고 온화하고, 그 상투적인 격렬함을 철저히 고쳤다)을 체현했다. 그러나 이지는 그것은 여전히 이상정치가 아니고 여전히 일종의 "번거로운 법령과 시행세칙이 만들어지고 형벌과 법이 시행되어 백성들은 나날이 일만 번거로워지게 하는" 것을 피하지 못하는 우민정치憂民政治라고 여겼다. 이지가 보기에 진정한 이상정치는 응당 "다른 사람들로부터 비롯되는" "지인의 정치"이고, 그 때문에 이상의 단서는 "항시 백성들에게 순종하는" 데에 있으므로, "자신이 다스린다고 해서 그곳의 풍속을 바꾸지 않고, 백성들의 기질을 따르면서 그들의 능력을 거스르지 않을" 수 있다. 이와 같은 정치구조는 처음 보기에 도가 '무위이치無爲而治'의 의미가 조금 있는 듯하지만, 실제적으로는 도가를 훨씬 초월하는 완전히 새로운 함의를 가지고 있다. 이는 다시 이지의 다른 말에서 볼 수 있다.

> 그저 자기 힘으로 할 수 있는 것과 마음으로 하고 싶은 것과 형세가

有諸己矣, 兩望人之同有; 無諸己矣, 而望人之同無. 此其心非不恕也, 然此乃一身之有無也, 而非通于天下之有無也, 而欲爲一切有無之法以整齊之, 惑也. 于是有條敎之繁, 有形法之施, 而民日以多事矣. ……至人則不然, 因其政不異其俗, 順其性不拂其能."

202) 『孟子』, 「梁惠王上」, "老吾老, 以及人之老, 幼吾幼, 以及人之幼."

203) 『孟子』, 「梁惠王下」, "王如好色, 與百姓同之, 於王何有?"

> 반드시 해야만 하는 것은 그것을 들어주면, 천 명이든 만 명이든 누구나 자신만의 천 가지 만 가지 마음을 품게 되고, 그 수많은 다른 마음이 각자의 욕망대로 움직이게 되는데, ……무릇 천하의 백성들이 각자 자기 삶에 만족하고 저마다 원하는 바를 손에 넣었는데도 마음을 다스리지 못하고 귀화한 자는 있지를 않았다. 속된 유자들은 예가 인간의 마음에 공통적으로 들어있는 바인 줄을 모른다. 본래가 천변만화하는 생기발랄한 이치인데 그것을 꽉 붙들고는 고정되어 바뀔 수 없는 사물이라고 우겨대니, 그 바람에 또 가지런함이 뭘 의미하는지조차 모르게 되어버렸다. 그래서 질서를 잡겠다고 강압적으로 가지런하게 정돈하려드니, 이런 까닭에 제아무리 덕 있는 군주라도 정령과 형벌의 사용에서 벗어나질 못하게 되는 것이다.[204)]

"각자의 욕망대로 움직이게 된다." "각자 자기 삶에 만족하고 저마다 원하는 바를 손에 넣는다"는 것은 근본적으로 도가의 '소국과인小國寡人'·'소사과욕少私寡欲'의 사회이상과는 다르지만, 다양한 유형을 긍정하고 개성에 맡기는 자유로운 사상 경향을 나타내기 시작했다. 특히 주의할 것은 이지가 봉건가치체계를 철저하게 청산하는 토대 위에서 이미 초보단계의 근대적 경쟁 관념을 낳았다는 것이다.

> 무릇 곧게 자라면 북돋아주고 비실거리면 갈아엎는 법이다. 하늘은 반드시 그 자질에 따라 생장을 결정하시니, 하물며 사람에 있어서랴! 강자와 약자 다수와 소수라는 그 자질은 미리 정해져 있다. 강자에게 약자는 귀순해야 하니, 그렇지 않으면 반드시 병탄당하게 된다. 다수는

---

204) 李贄, 『李氏文集』卷19, 「明燈道古錄」上, "就其力之所能爲, 與心之所欲爲, 勢之所必爲者以聽之, 則千萬其人者, 各得其千萬人之心, 千萬其心者, 各遂其千萬人之欲. ……夫天下之民, 各遂其生, 各獲其所願, 有不格心歸化者, 未之有也. 世儒既不知禮爲人心之所同然, 本是一箇千變萬化活潑之理, 而執之以爲一定不可易之物, 故又不知齊爲何等, 而故欲强而齊之. 是以雖有德之主, 亦不免于政刑之用也."

> 소수가 의지하는 바이니, 기대지 않으면 삼켜지게 된다. 이는 천도이니 제아무리 성인이라고 한들 어찌 하늘을 거스를 수 있으랴! 지금 자네는 바로 강자의 억압과 다수의 폭력을 법으로 금지시킴으로써 그들을 다스리려 하는구나. 이는 천도의 규범을 거스르는 짓이고 자질 따라 돈독히 키운다는 취지와도 상반되니, 이른바 인간의 본성에 어긋난다 하겠다. 재앙이 필시 그 몸에 미칠 판인데 그래도 사람을 다스릴 수 있을까?[205]
>
> 하늘이 부를 이룰 재능을 주시고 또한 부를 이룰 세를 빌려주시고 억지로 참는 힘을 주시고 시세를 파악하는 식견을 주셨다. 예컨대 도주陶朱와 의돈猗頓의 무리(도주, 의돈: 춘추전국시대의 큰 부자), 정정程鄭(서한시대의 거상)과 탁왕손卓王孫(음율에 정통했던 탁문군의 아버지) 같은 이들에게 하늘은 또 풍부한 자질을 부여했는데, 이 또한 하늘이 그런 것이지 사람이 그런 것이 아니다. 만약 하늘이 부여하는 것이 아니라면 한 고을 내에 누가 부귀를 구하고자 하지 않을 것이며, 유독 이 한 두 사람뿐이겠는가?[206]

여기서 성인도 위배할 수 없는 '천' 혹은 '천도'는 이미 유가의 내성지학이 인정했던 바의 절대적 도덕규율, 무상의 윤리준칙이 아니고(본서 상편의 관련된 논의를 참조하라) 더군다나 도가 우주본체론의 이른바 형이상의 도라든가 원시자연은 아니고, 그것은 "강자에게 약자는 귀순해야 하니, 그렇지 않으면 반드시 병탄당하게 된다. 다수는 소수가 의지

205) 李贄, 『李氏文集』卷19, 「明燈道古錄」下, "夫栽培傾復, 天必因材, 而況于人乎. 强弱衆寡, 其材定矣. 强者弱之歸, 不歸必竝之; 衆者寡之附, 不附卽呑之. 此天道也. 雖聖人其能違天乎哉. 今人乃以强凌衆暴, 爲法所禁, 而欲治之, 是逆天道之常, 反因材之篤, 所謂拂人之性, 災必及其身者, 尙可以治人邪?"

206) 李贄, 『李氏文集』卷19, 「明燈道古錄」上, "天與以致富之才, 又藉以致富之勢, 畀以强忍之力, 賦以趨時之識, 如陶朱·猗頓輩, 程鄭·卓王孫輩, 亦天與之以富厚之資也. 是亦天也, 非人也. 若非天之所與, 則一邑之內, 誰是不欲求富貴者, 而獨此一兩人也邪?"

하는 바이니, 기대지 않으면 삼켜지게 된다"는 경쟁법칙이다. 이지가 이 경쟁법칙을 '천도'로 여기고, 더욱이 봉건예법을 배격함으로써 부상富商들의 눈을 뜨게 한 것은 이미 서구 근대사상가들이 힘써 부르짖었던 약육강식弱肉强食·물경천택物竟天擇의 진화 관념과 상당히 유사하다.

이지의 사상형성은 물론 그 사회기초가 있는데, 그것은 곧 중고사회의 생활양식이 해체되어 가고 근대사회의 생활양식이 싹트기 시작하는 시대적 큰 변화이다. 이지의 정치구조와 사회이상은 상당히 자각적으로 이와 같은 역사 속에 잠재하고 있는 바의 시대적 큰 변화에 적응했으므로, 그가 말한 '항순우민'의 '지인지치'는 이미 유가의 강상명교와 계급질서를 전제로 하는 민본사상을 초월하고, 또 도가의 인임자연因任自然·병기예법摒棄禮法·회귀자연回歸自然의 '무위이치無爲而治'를 초월했다. 그가 사회평등을 힘써 주장하고 개성의 자유를 제창하고 경쟁법칙의 사상적 경향을 긍정한 것은 전형적인 근대 평민의식으로 볼 수 있다. 그것은 역사가 근대를 향해 나아가는 사상의 여정을 열었고 사회질서의 발전방향을 제시한 것이다.

위에서 말한 내용을 종합하면, 왕수인을 중추로 삼아 왕간에서 하심은에 이르고 이지에 이르기까지, 철학사상에서 윤리관점에 이르고 다시 정치구조에 이르기까지, 전통적 민본사상은 확실히 한걸음씩 근대적 평민의식으로 전환되었다. 이 전환은 사상사의 중대한 변혁인데, 그 원인은 크게 두 가지 측면으로 귀납할 수 있다. 하나는 시대적 변혁의 요구(역사적)에 따른 것이고, 다른 하나는 사상의 발전(논리적)이 그렇게 만들었다. 시대적 변혁의 요구는 전술한 것과 같다. 시정의 평민은 갈수록 장대해졌고 갈수록 사회적 역량이 활발해졌고 갈수록 자각적으로 생활의 발전에 간여하는 등, 생활의 면모를 바꾸는 역사의 주체가 되었는데, 간절한 필요로부터 반드시 태주학파와 같은 사상 대표가 생겨나게 됐다.[207] 사상자체의 발전논리로 보면, 태주학파 평민의식의 형성은 바로 심학적 해방정신의 걸출한 체현이자 필연적 산물이다. 원시유가의 민본사상으로부터 태주학파의 평민의식으로의 전환은 사실 한바탕 심학의 혁명이고, 일차 심학정통에서 심학이단에 이르기까지의 사상적 돌파이다.

그러나 혁명이라 해도 좋고 돌파라 해도 좋은데, 나쁜 선례를 처음 만든 사람은 왕수인이라고 할 수 밖에 없다. 왕수인이 태주 평민의식을 열어젖힌 공로는 앞에서 언급한 윤리가치관의 중대한 변화(예를 들면 "옛날에는 사민이 직업을 달리했으나 도를 같이 했다四民異業而同道."를 제시하여 '공상개본工商皆本'의 선성이 된 것 등이다)에서 드러났을 뿐만 아니라, 자신이 주창한 사상구조와 학문기풍 — 주체의 존엄성을 신장하고 권위의 속박에 반항하고 전통의 선입견을 비판하고 평민대중을 향해가는, 이주리학에 대립하는 양명심학 고유의 사상구조와 학문기풍에서 더욱 드러났다. 이러한 사상구조와 학문기풍이 담고 있는 바의 해방정신은 더욱 근본에서부터 태주학파에게 영향을 주고 깨우쳐 주어, 그들이 평민의식을 점차 형성하게 되는 필요한 사상적 토대 내지 '지원의식支援意識'(subsidiary awareness)을 제공했다. 그런 까닭에 단지 사상사의 측면에서만 보더라도, 태주학파와 같은 지극히 평민색채가 풍부한 사상유파는 양명심학에서 형성되었지 이주리학에서 형성된 것은 아니고, 명중기 이후 사상이 비교적 해방적인 사상가는 모두 양명심학에 동조했지 이주리학에 동조한 것은 아니다. 심지어 이지와 같이 격렬한 반전통의 비판가들은 도학가들을 통쾌하기 그지없고 조금도 사정없이 질책하지만, 유달리 양명심학을 높이 평가하고 마음으로 추숭한 것도 역시 모두

---

207) 島田虔次는 태주학파의 형성과 명대 평민의 활약, 상업발달과 사회생활의 관계는 밀접하다고 여겼다. 이 말은 일리가 있으며 본서에서 충분히 논증했다. 島田虔次, 『中國近における近代思想の挫折』, 東京出版社, 1970, 참조.

결코 우연이 아니다. 사상적 성질과 사상적 전통 등 가지가지의 구별을 제쳐두더라도 왕수인의 중국 사상사에서의 위치와 공헌은 서구사상사에서의 종교개혁가 마르틴 루터Martin Luther(1483~1546)와 유사하다. 두 사람은 모두 각각 자신의 사상문화전통에서 중고시대로부터 근대적 전향을 계몽했다.

만약 왕수인이 마르틴 루터와 같은 종교개혁가에 상당한다면, 태주학파는 곧 조반니 보카치오Giovanni Boccaccio(1313~1375)와 같은 인문주의자에 상당하고, 태주 절향絶響 이지는 조르다노 브루노Giordano Bruno(1548~1600)와 같은 반역의 기백이 충만하고 희생정신이 풍부한 비극적 영웅과 유사하다. 한 가지 중요한 구별은 마르틴 루터·조반니 보카치오·조르다노 브루노 등이 모두 서구문예부흥기 해방사조의 저명한 인물들이지만, 그들 간에는 분명한 사상적 계승관계가 없고 그들이 대표하는 해방사조는 동시기의 시대적인 목소리라는 점이다. 그러나 왕수인·태주 이지까지는 도리어 기본적으로 같은 사조의 서로 다른 단계와 서로 다른 층면을 대표하고, 그들은 모두 '양명심학'사상의 유파에 속한다. 이 사상의 유파는 본래 오랜 유학에서 시작되었지만 그 시작부터 유학의 정통을 벗어나려는 이단적 취향이 잠재되어 있다가(본서 상편 관련된 논의를 보라) 마침내 기세가 점점 치열하게 중고시대의 대륙을 지나 근대의 항구로 용솟음쳐 향해 갔으니, 이것은 곧 원시유가 민본사상으로부터 태주 평민의식을 향한 전환이다. 원시유가 민본사상과 태주 평민의식은 모두 평민계급에 착안했고, 모두 특정한 색채의 인도주의와 민주정신을 함유하고 있지만 하나는 중고시대에 속하고 하나는 근대에 속하기 때문에, 한편으로는 가장 비교할 만한 점을 갖추었고 다른 한편으로는 또한 전환의 매개점을 적지 않게 가지고 있다. 간단하게 말해 전자로부터 후자로의 전환은 아래와 같이 세 가지 중요한 관념의 쇄신을 나타낸다.

첫째, 전자는 평민의 경제권익의 보장을 요구하면서도 정치계급질서를 옹호했으나, 후자는 나아가 정치평등을 요구한다.

둘째, 전자는 평민이 교육받을 기회를 요구하면서도 단지 그들은 봉건도덕교화를 받는 것을 허용했으나, 후자는 나아가 사상자유를 요구한다.

셋째, 전자는 평민이 사회의 기본 존재임을 강조하면서도 그들을 피동집단으로 간주했으나, 후자는 힘써 주체성의 개성해방을 주창한다.

우리들이 보면 이 몇 가지 중대한 전환, 중대한 관념의 쇄신은 바로 현재도 여전히 끊임없이 제기되는 '위민작주爲民作主'할 것인가? 아니면 '유빈삭주由民作主'할 것인가? 하는 사상의 차이를 포함하고 있다. '위민작주'는 중고시대의 민본사상에 속하고 그 정치배경은 전제적이지만, '유민작주'는 근대의 평민의식에 속하고 그 정치배경은 민주적이다. 이것으로 알 수 있는 것은, 이 사상의 차이가 사실상 두 시대의 크나큰 차별을 체현했다는 것이다.

원시유가 민본사상으로부터 태주 평민의식으로의 전환은, 사회생활 자체의 변화가 본체의식을 일깨운 바의 가장 깊은 층면의 변화이다. 태주 평민의식의 고양은 시대 발전의 절박한 요구에 순응함으로써 시대 발전의 기수가 되었다. 이런 사상의 기수는 정신적으로 가장 높은 곳에서 모든 본체의식, 전체 사회문화의 근대적 전환을 환기했다. 본서 하편에서 말하고자 하는 심미문화의 '아에서 속에 이르기까지從雅到俗'는 바로 이 정체성 전환의 뚜렷한 상징이다. 태주 평민의식은 심미취미가 '아에서 속에 이르는' 사상적 기초를 완성해냈다. 이런 연계는 결코 전적으로 이론에서 나온 논리적 판단만이 아니고, 그것은 실제적으로 명 중기와 명 말기에 해방정신과 당대의식이 풍부한 사상가·문예가들이 자각적으로 동의했던 것이다. 명 중기이후 그런 조류를 이끈 문예가들 예컨대 풍몽룡·서위·탕현조·공안삼원公安三袁 등이 모두 그렇게 충심으로 신봉한 사상가는 이지였다. 이지를 그런 사상가로 만든 것은 그들이 그토록 가득한 열정으로 추숭했던 대중문예였다. 이러한 단서는, 사상계와 문예계의 선진 학자들이 이미 일종의 '집단적인 자각群體自覺'을 형성하여, 함께 정신문화를 추동시켜 근대적 평민사회로 전환해가는 모습을 만들기 시작했다는 점에서 충분히 드러난다.

하편

미학변천

美學流變

제 5 장

정에서 욕에 이르기까지

제1절 들어가는 말

중국인은 유달리 다정多情한데, 다소 기형적으로 발달된 서정예술이 바로 그 증거이다.[1] 그렇지만 이른바 "선왕이 이것으로 부부를 다스리고 효도와 공경을 이루고 인륜을 두텁게 하고 교화를 아름답게 하고 풍속을 바꾸었다"[2]라는 유가 심미교화론[3]의 지배 하에서 중국인의 정은 오히려 항상 과도하게 도덕적 윤리강상의 이성적 범위 안에 머물러 있기를 고집했다. 만약 심미취미를 리理·정情·욕欲 세 가지 단계로 나눈

---

1) 이천년 봉건 중고시대 예술에서 정종으로 받들고 충분한 발전을 이른 것은 전부 서정예술(예컨대 시詩·사詞·곡曲·문文·부賦·서書)이고, 본래부터 객관적 재현의 기능을 가진 예술부분(예컨대 미술) 또한 완전히 주관적 서정을 주도적 기능으로 삼는 것이라 할 수 있다. 가장 재현성을 갖춘 '소설' 역시 직접적으로 서정적인 의미가 충만하다.(수미관천首尾貫穿하는 시詩·사詞·곡曲·부賦가 아닌 고전소설은 하나도 없다.) 이 때문에 중국은 매우 발달한 희곡이 출현할 수 있었지만 연극은 밖에서 유입할 수밖에 없었다.

2) 『毛詩』, 「序」, "經夫婦, 成孝敬, 厚人倫, 美教化, 移風俗."

3) "풍은 풍이고 교다. 풍으로써 움직여 나가고 교로써 화해 나간다.風, 風也教也, 風以動之, 教以化之. 『毛詩』, 「序」"

다면,[4] 중국인의 심미는 대체로 정에서 리에 이르고, 리로써 정을 절제하는 — 산은 산이고 물은 물인데 모두 인륜의 색채로 발라놓았고("지자는 물을 좋아하고, 인자는 산을 좋아한다"[5]라는 것이다), 초목과 금수는 모두 도덕적 상징으로 만들었고('세한삼우歲寒三友'·'인수덕금仁獸德禽'라는 것이다), 한 마디 — "정에서 발하고 예의에서 그친다"[6]라는 말은 수천 년의 심미기준·정감기조를 규정했고, 세 글자 — '사무사思無邪' 즉 "시를 한마디로 평가하면 생각에 사특함이 없다"[7]는 것은 자연스런 욕구가 심미표현을 가지려는 희망이나 자격을 박탈했다. 이와 같은 유가의 심미관은 송유 이주의 '리학'파에 이르러 더욱 극단적으로 발전했다. 원시유가 예컨대 공자는 그래도 심미예술이 성정을 도야한다는 비교적 독립적인 가치와 중대한 사회적 효용성을 충분히 긍정했지만(예를 들면 '성어악成於樂'·'유어예游於藝'의 설, '흥관군원興觀群怨'의 설, '미선美善'·'문질文質'이 서로 조화를 이루어야 한다는 설 등이 그러하다[8]), 이주는 이와 같은 가치와 효용성을 격렬하게 배척하고 심지어 근본적으로 부정했다. 정이의 비평을 보자.

> 물었다. "장욱이 초서를 배울 때, 짐꾼과 공주가 길을 다투는 것으로 보고, 또 공손대랑이 검무를 추는 것을 본 연후에 필법을 깨달았다고

---

4) 이와 같이 나누는 것은 심미심리학의 충분한 근거가 있다. 현대 심미심리학은 항상 심미심리를 감각感覺·정감情感·상상想象·이해理解 등 모든 요소로 나누어서 묘사하고 연구하고 있으며, 이런 요소는 곧 위에서 말한 세 가지 층면을 포함한다.

5) 『論語』, 「雍也」, "知者樂水, 仁者樂山."

6) 『毛詩』, 「序」, "發乎情, 止乎禮義."

7) 『論語』, 「爲政」, "思無邪."

8) 예를 들면 '성어악成於樂'·'유어예游於藝'의 설, '흥관군원興觀群怨'의 설, '미선美善'·'문질文質'이 서로 조화를 이루어야 한다는 설 등이 그러하다. 『論語』, 「泰伯」·「述而」·「陽貨」·「八佾」·「雍也」 등 참조.

합니다. 마음의 사려思慮가 여기에 이르지 못하면 감발되지 않는 것입니까?"

대답하셨다. "그렇다. 반드시 생각은 감오처가 있어야 한다. 만약 생각이 없다면 어찌하여 타고날 때부터 이와 같았겠는가? 그러나 장욱이 글씨에 잠심한 것이 애석하다. 만약 이 마음이 도로 옮겨갔다면 어딘들 이르지 못했겠는가?"

물었다. "글을 짓는 것은 도를 닦는데 해가 되는 것입니까?"

말씀하셨다. "해가 되는 것이다. 글을 짓는 데는 마음을 집중하지 않으면 훌륭하게 지을 수 없다. 만약 자기의 뜻을 글을 짓는데 기울이게 되면 그 마음은 여기에 집중되고 말 것이다. 어찌 천지와 함께 마음을 크고 넓게 할 수 있겠는가? 『서경』에 말하기를 '물을 희롱하면 중요한 뜻을 잃는다'고 했다. 글을 짓는 것 또한 물을 희롱하는 것이 된다."[9]

어떤 사람이 물었다. "시는 배워도 됩니까?"

대답하셨다. "이왕 배울 때에는 반드시 힘써 배워야만 비로소 시인의 격조에 부합된다. 이왕 힘써 배울 바에는 일에 몹시 방해가 된다. 고인이 시에 대해 말하기를, '다섯 글자를 읊는데 일생 마음을 깨뜨리네'라고 했고, 또한 '일생 마음이 애석하구나, 용력이 다섯 글자에 있다니'라고 했는데 이 말은 매우 타당하다."

선생님께서 일찍이 말씀하셨다. "왕자진이 일찍이 약을 부쳐왔는데, 나는 그에게 답장할 수가 없었다. 나는 평소 시를 짓지 않았는데, 금해서 짓지 않는 것이 아니라 단지 이 같은 한가한 말을 하고 싶지 않았을 뿐이다. 또한 만일 지금 기량이 있는 시라고 하는 것도 두보와 같을 수 없다. 예컨대 '꽃에 앉은 나비는 뚫어지라 들여다보고, 물을 차는 잠자리는 애달픈 듯 나는구나'와 같은 한가한 말을 뭘 하러 내뱉는가?"[10]

---

9) 『河南程氏遺書』卷18, "問: '張旭學草書, 見擔夫與公主爭道, 及公孫大娘舞劍, 而後悟筆法, 莫是心常思念至此而感發否?' 曰: '然. 須是思方有感悟處, 若不思, 怎生得如此? 然可惜張旭留心于書, 若移此心于道, 何所不至?' 問: '作文害道否?' 曰: '害也. 凡爲文, 不專意則不工, 若專意則志局于此, 又安能與天地同其大也? 『書』曰 玩物喪志, 爲文亦玩物也.'"

심미예술에 대해 이와 같이 단순하고 거칠게 배척하는 것은 리학자만이 할 수 있다. 주희는 비록 정이 같이 단순하고 거칠지는 않았지만 기본적인 태도는 여전히 정이와 일치한다.

> 도는 문장의 근본이고 문장은 도의 지엽이다.[11]
>
> 뜻은 시의 근본이고 악은 그 말단이다. 말단은 비록 없어지더라도 근본이 존재함에 해가 되지 않는다. ……
> 내 생각에 소순이 단지 옛 사람의 설화와 성향을 배우려고 한 것은 매우 사소한 일이지만, 이에 곧잘 힘써 배우는 것이 이와 같았기 때문에 그 나아간이 또 보통사람이 비칠 것이 아니었다. 한퇴지와 유자후 역시 이와 같았는데, 「답이익」·「위중립지서」에서 그 애쓴 것을 볼 수 있다. 그러나 모두 단지 좋은 문장을 지어 다른 사람들에게 칭찬을 받으려고 했을 뿐, 대체 어찌 지나간 일을 예견하고서도 많은 세월을 보내고 많은 정신을 낭비했는가, 몹시 안타깝다.[12]

유가의 심미관이 여기까지 발전한 것은 절망적인 상태에 빠진 것이라고 할 수 있다. 이주'이학'으로 보면 심미는 이미 어떻든 비교적 독립적인 가치를 잃어버렸다. 인생은 오직 하나의 가치만 있는데 그것은 바

---

10) "『河南程氏遺書』卷18, "或問: '詩可學否?' 曰: '旣學時, 須是用功, 方合詩人格. 旣用功, 甚妨事. 古人詩云 吟成五箇字, 用破一生心; 又謂 可惜一生心, 用在五字上. 此言甚當.' 先生嘗說: '王子眞曾寄葯來, 某無以答他, 某素不作詩, 亦非是禁止不作, 但不亦爲此閑言語. 且如今言能詩無如杜甫, 如云 '穿花胡蝶深深見, 點水蜻蜓款款飛', 如此閑言語, 道出?'"

11) 『朱子語類』卷139, "道者文之根本, 文者道之枝葉."

12) 『朱文公文集』卷37, "志者詩之本, 而樂者其末也, 末雖亡不害本之存, …… 予謂老蘇, 但爲欲學古人說話聲響, 極爲細事, 乃肯用功如此, 故其所就, 亦非常人所及. 如韓退之·柳子厚輩亦是如此, 其答李翊·韋中立之書, 可見其用力處矣. 然皆只是要作好文章, 令人稱賞而已, 究竟何預已事, 却用了許多歲月, 費了許多精神, 甚可惜也."

로 도덕적 가치이고, 인생은 오직 하나의 쾌락만 있는데 그것은 바로 도덕적 쾌락이었다. 사람의 정감은 다만 '공자와 안자가 도를 즐기던〔孔顔樂處〕'— 일종의 '구차하고 가난한 생활에서도 그에 구속되지 않고 편안한 마음으로 도를 즐기던〔安貧樂道〕' 정신경계에 기탁할 수밖에 없다. 이와 같은 정신경계는 이주의 해석에 의하여, 사람의 자연적 욕구를 받아들일 수 없을 뿐만 아니라 사람의 일반적 정감표현마저도 받아들일 수 없었다. 그것은 일체의 비교적 탁월한 심미요소·심미요구를 제거했고, 거기에서 '정'은 완전히 '리'에 제약을 받아야만 비로소 부정되는 것을 면할 수 있었다.

> "근심은 어짊에 나아감에 있으니, 그 색에 어지럽지 아니하고 요조숙녀가 어진 인재를 생각함을 애달피 여기면서도 선한 마음을 상하게 함이 없으니," 당연히 「관저」의 뜻은 이와 같아 왕비를 이르는 것이 아니다. 이 한 줄은 매우 분명한데, 각자 잘못 해석하고 물리쳤다.[13]
>
> 그 뜻은 얻었지만 그 소리는 얻지 못한 사람이 있으나, 그 뜻을 얻지 못하고서 그 소리에 능통한 사람은 있지 아니하다. 비록 얻었다 하더라도 그것은 종과 북의 소리에 그칠 뿐이니, 어찌 성인이 "음악이라 음악이라"라고 말씀하신 뜻이겠는가?![14]

이와 같은 일종의 극단적 '이리절정以理節情'은 사람의 정감표현을 완전히 봉건윤리도덕이 요구하는 사상 주장에 집어넣어, 근본적으로 심미를 부정하고 인생의 기본적 욕구를 부정했다. '리학'의 진부함·잔인함

---

13) 『河南程氏遺書』卷19, "'憂在進賢, 不淫其色, 哀窈窕, 思賢才, 而無傷善之心焉,' 自是「關雎」之義如此, 非謂后妃也. 此一行甚分明, 人自錯解却."

14) 『朱文公全書』卷37, "得其志而不得其聲者有矣, 未有不得其志而能通其聲者也. 就使得之, 止其鐘鼓之鏗鏘而已, 豈聖人樂云樂云之意哉?"

은 여기서도 일부 볼 수 있다. 그 후에 탕현조가 "지금 세상 사람들은 대체로 재능을 숨기고 관리가 되는 방법[吏法]을 존중한다."[15] "단지 리가 반드시 없어야 하는 이유만을 말할 뿐이며, 어떻게 정이 반드시 있어야 하는 것을 알겠는가"[16]라고 한 것은 바로 이와 같은 '리학'의 설교가 인성을 억압·속박하는 것에 대한 분노이고 성토이다.

유가의 심미관도 일찍이 누차 선가와 도가의 충격을 받았지만, 이른바 선의 경계와 도의 경계는 모두 심미적 감각에서는 신명을 바쳐 정신적으로 높고 심원한 하늘까지 뻗어있어, "만고의 끝없는 하늘이 하루아침의 풍월이라."[17] "아주 큰 소리는 들을 수 없고, 아주 큰 형상은 모양이 없다."[18] "지극한 즐거움은 즐거움이 없고, 지극한 명예는 명예가 없다"[19] 등을 말했다. 비록 감성 또는 초감성의 심미경계를 개척함에 있어서 그리고 인생의 정신적 극치를 추구함에 있어서도 선가·도가는 모두 매우 큰 공적이 있지만, 그들이 추구하는 것도 마치 더욱 세상 물욕이 없는 듯함, 심지어 정욕을 끊고 억제하는 것으로 귀결된다. 심미취미의 관점으로 보면, 그들과 유가의 심미관은 사실 과정은 달라도 하나로 귀결되었고 모두 자각했든 자각하지 못했든 간에 모종의 심미적 금욕주의를 향해 나아갔다.

이 때문에 다정하지만 정에서 리에 이르고 리로써 정을 절제하는 것이지, 정에서 욕에 이르고 욕으로 정을 불러일으키는 것은 아니다. 이것이 중국인들의 정감표현과 심미예술의 기본적인 특징이 되었다. 이런

---

15) 湯顯祖, 『湯顯祖集·玉茗堂文』之7, 「青蓮閣記」, "今天下大致滅才情而尊吏法."
16) 湯顯祖, 『湯顯祖集·玉茗堂文』之6, 「牧丹亭記題辭」, "第云理之所必無, 安知情之所必有."
17) 『禪門拈頌拈松說話會本』, "萬古長空, 一朝風月."
18) 『老子』41章, "大音希聲, 大象無形."
19) 『莊子』, 「至樂」, "至樂無樂, 至譽無譽."

기본적 특징의 형성은 전통문화의 가치취향과 내재적 관련이 있다.

전통문화와 관련된 토론은 새로운 시대의 수요로 인해 바야흐로 힘차게 발전하고 있다. 비록 칭찬과 비방이 있고 여러 의견이 분분하지만, 보편적으로 인정받는 기본적인 관점은 전통문화·전통사상의 어떤 형태를 막론하고 모두 현세의 인생에 집착하고 현생의 존재가치를 긍정한다는 점이다. 유가·묵가·법가가 사회에 뛰어든 것은 말할 것도 없고, 선가와 도가가 세속의 일에 초연한 것도 결코 현세의 인생을 부정하거나 저버리는 것이 아니었고, 그들은 모두 금생에서 일종의 초월적 가치를 추구하거나 일종의 순간으로 영원을 깨닫는 경지를 실현하고자 했다. "태어나는 때를 편안히 맞이하고 죽는 때를 순하게 따르면 슬픔이나 즐거움 따위의 감정이 나의 마음에 들어올 수 없다."[20] "이 몸을 금생에 제도하지 못한다면 다시 어느 생을 기다려 이 몸을 제도하리요"[21]라는 것은 모두 현세의 인생을 받아들이고 긍정하는 전제하에서 금생에 소유할 수 있는 것, 금생에 지니고 있는 일종의 존재 가치를 찾는 것이다. 여기서 쉬푸꽌徐復觀의 선종과 관련된 견해를 언급한다. 다음은 쉬푸꽌이 장자와 선의 구별을 언급할 때의 생각이다.

> 장자와 선의 서로 같은 점은 모든 공부과정 속의 일단에 불과하다. 처음에 같은 점도 있고 다른 점도 있었기 때문에 결말에는 완전히 각자는 각자의 길을 갔다. 장학莊學은 처음 무지무욕을 요구했는데, 이것과 선종은 속박에서 벗어날 것을 요구하는 서로 같은 점이 있었다. 그렇지만 장학이 무지무욕에서 나와서 도달하고자 하는 바의 목적은, 다만 정신적으로 자유와 해방을 얻으려는 것이었으니, 그것이 인간의 삶을 더욱더 의미 있게 할 수 있고, 더욱더 유쾌하게 할 수 있다. 단지 세속에서 해탈을 얻고 편견과 사욕에서 해탈을 구하는 것을 생각한 것이지,

---

20) 『莊子』, 「大宗師」, "安時而處順, 哀樂不能入."

21) 智旭, 『周易禪解』, 江蘇廣陵古籍刻印社, 1998, "此身不向今生度, 更向何生度此身."

> 결코 생명을 부정하는 것은 아니고 생명에서 해탈을 구하는 것을 요구한 것도 아니었다. 그러나 선종은 결국 인도의 불교로 기초로 해서 중국에서 발전된 것이다. 그것의 가장 근본적인 동기는 인생을 고해로 여기기 때문에 가장 근본적인 요구는 생명을 부정하는 것이고 생명 중에서 해탈을 구하는 것이다. 이 인도 불교의 원시적인 경향은 비록 중국 선종에서는 이미 약간 완화되었지만 결코 근본적으로 개변되지는 못했다.[22]

나는 쉬푸꽌의 견해가 중국 선종의 근본적인 특징을 정확하게 파악하지 못했다고 본다. 선종이 선종이 되고, 그래서 그것이 중국문화에 의해 수용되고 흡수될 수 있었고, 그래서 그것이 중국 땅에서 만연되고 유행할 수 있었던 가장 근본적인 원인은, 그것이 바로 인도 불교가 금생을 고해로 여겨 완전히 감성적 현실 생명활동의 존재가치를 부정하는 기본적인 교의를 포기하고, 바로 금생의 '일체법一切法'[23]·'육진六塵'[24] 중에서 이른바 '반야삼매'를 추구했다는 데에 있다.

> 반야삼매를 깨치면 이것이 곧 무념이니라. 어떤 것을 무념이라고 하는가? 무념법이란 모든 법을 보되 그 모든 법에 집착하지 않으며, 모든

---

22) 徐復觀, 『中國藝術精神』, 春風文藝出版社, 1987. p.326.

23) *일체의 사물, 모든 현상, 정신적 물질적인 것 등의 모든 존재를 말한다. 유의법과 무의법을 포함한다. 유위법有爲法은 온갖 분별에 의해 인식 주관에 형성된 모든 현상, 분별을 잇달아 일으키는 의식 작용에 의해 인식 주관에 드러난 모든 차별 현상, 인식 주관의 망념으로 조작한 모든 차별 현상이고, 무위법無爲法은 모든 분별이 끊어진 상태에서 주관에 명료하게 드러나는 모든 현상, 분별하지 않고 있는 그대로 파악된 모든 현상, 분별과 망상이 일어나지 않는 주관에 드러나는, 대상의 있는 그대로의 참모습이다.

24) *인간의 본성을 흐리게 하는 여섯 가지 경계. 곧, 육근을 작용할 때 그 대상이 되는 색·성·향·미·촉·법의 육경六境을 말한다. 이 육경은 육근을 통하여 청정자성심淸淨自性心을 더럽게 물들이기 때문에 육진 또는 육적六賊이라 한다.

> 법에 두루하되 그 모든 법에 집착치 않고 항상 자기의 성품을 깨끗이 하여 여섯 도적들로 하여금 여섯 문으로 달려 나가게 하나 육진 속을 떠나지도 않고 물들지도 않아서 오고감에 자유로운 것이다. 이것이 반야삼매이며 자재해탈이니 무념행이라고 이름하느니라.[25]

"모든 법에 두루하되 그 모든 법에 집착치 않는다"는 것은 감성적이면서 또한 초감성적인 것이며 현실적인 것이면서 또한 초현실적인 것이다. 선가에서 보면 봄에 피는 꽃과 가을에 뜨는 달, 여름에 부는 바람과 겨울에 내리는 눈, 배고프면 밥 먹고 졸리면 잠자는 것 등은 자연현상이고, 생명활동이 끊임없이 변동하기 때문에 '순간'·'찰라'이지만, 이른바 영원하고 영원한 '도'도 이 '순간'·'찰라' 중에 있다.[26] 순간이 영원이고 찰나가 영원인 것이 선종의 경지이다. 그것은 신비하면서도 상당히 심미적 의미를 갖추었고, 그것은 감성적이면서도 초감성적이고, 유한 중에 무한을 기탁하는, 이른바 "푸른 대나무들은 모두 부처님의 법신이고, 울긋불긋 피어있는 들꽃들은 반야의 지혜"[27]이기 때문에, 쉬푸꽌이

---

25) 『大藏經』卷48, 『六朝壇經』, "般若三昧, 卽是無念. 何名無念? 若見一切法, 心不染著, 是爲無念. 用卽遍一切處, 亦不著一切處. 但淨本心, 使六識出六門, 于六塵中無染無雜, 來去自由, 通用無滯, 卽是般若三昧, 自在解脫, 名無念行."

26) "봄에는 온갖 꽃이 있고 가을에는 달이 있으며, 여름에는 서늘한 바람이 있고 겨울에는 눈이 있네. 만약 머리에 담아둔 쓸데없는 일 없다면, 이것이 바로 인간의 좋은 시절이라.春有百花秋有月, 夏有凉風冬有雪. 若無閑事掛心頭, 更是人間好時節. 『無門關』"

* 조주趙州(?778-897)스님이 남전南泉(?748-795)스님께 "무엇이 도입니까?如何是道?" 하고 여쭙자, 남천스님은 "평상심이 바로 도다.平常心是道."라고 했다. 이 "평상심이 도다"란 말을 무문無門 스님이 다시 위의 시로써 풀이했다고 한다.

"물었다. 스님이 도를 닦을 때 또 어떤 노력을 하십니까? 스승께서 대답하셨다. 노력했지. 물었다. 어떤 노력을 하셨습니까? 스승께서 대답하셨다. 배고프면 밥 먹고 졸리면 잠잤지.『景德傳燈錄』卷6, 問: 和尙修道, 還用功否? 師曰: 用功. 曰: 如何用功? 師曰: 飢來吃飯, 困來卽眠."

말한 "사대四大는 모두 공허하여 근본적으로 사람과 사물과의 관계라는 문제를 가지고 있지 않다." "선경仙境은 공허하여 이미 그릴 수 없는데, 또 어찌 이에 근거해서 그림을 알겠는가"[28]라는 그런 것일 수가 없다. 비교해보면 의외로 스즈끼 다이세쯔鈴木大拙(1870~1965)의 선에 대한 파악이 더 정확하다.

> "공은 색이요 색은 공이다空卽是色, 色卽是空." '공'은 '절대'의 세계이고 '색'은 특수한 세계이다. 선 가운데 가장 흔한 말은 "버들은 푸르고 꽃은 붉다柳綠花紅"는 것이다. 이는 특수한 세계를 직접적으로 진술한 것이기 때문에 이 세계 중에 또한 "대나무는 곧고 소나무는 굽었다竹直松曲." 이는 경험한 모든 일을 원래 그대로 받아들이는 것이다. 선은 결코 부정적 이거나 허무주의적인 것이 아니지만, 동시에 선은 또한 특수한 세계를 경험한 모든 사실이 상대적 의미를 가지고 있다고 여기지 않는다. 절대적인 의미에서는 모든 것이 공이다. 이른바 절대적인 의미에서의 공은 결코 분석적인 논리방법으로 얻을 수 있는 개념이 아니라 '대나무는 곧다竹直'·'꽃은 붉다花紅' 등 원래 그대로의 경험 사실을 가리키는 것이고, 직관 혹은 지각에 대하여 사실적으로 솔직하게 인정하는 것이다.[29]

생명 중에서 초월을 구하고 유한 중에서 무한을 구하는 것이 선이 선이 되는 근본적인 특징이다. "그러므로 '모든 수행을 갖추어 닦더라도 오직 무념으로써 종지를 삼는다."[30] "어떤 법에도 머물지 않는 마음을 낸다"[31]라는 것은 결국 모두 심미방식의 해탈을 지향하는 것이지 인도

---

27) 『大珠禪師語錄』卷下, "靑靑翠竹, 總是法身, 鬱鬱黃花, 無非般若,"
28) 徐復觀, 『中國藝術精神』, 春風文藝出版社, 1987. p.327.
29) 『禪與日本文化』, 『鈴木大拙全集』第11卷, (東京) 岩波書店, 1981.
30) 宗蜜, 『禪源諸詮集都序』卷上2, "故雖備修萬行, 唯以無念爲宗."
31) 『金剛經』, "無所住而生其心."

불교의 '적멸'은 아니다. 바로 이와 같기 때문에 선은 비로소 중국인들에게 인정을 받을 수 있었고, 최종적으로 송명유학의 심성학 중에 융합될 수 있었다.

선종의 성질은 매우 복잡한 문제이고 본서에서는 전면적으로 논할 능력이 없다. 쉬푸꽌의 관점을 제시하고 약간 분석을 가한 까닭은, 선을 포함하여 내재된 전통문화의 가치 취향이 모두 금생에 착안한 것이고, 현세 인생 중에서 존재의 가치를 선택한다는 것을 설명하고 싶었을 뿐이다.

그렇지만 더 중요한 문제는 전통문화가 현세 인생의 존재 가치를 어떻게 이해하고 금생을 어떻게 선택하는가에 있는 듯하다. 금생을 집착하여 여전히 사람은 반드시 살아가야함을 긍정한다면, 금생을 선택한 이들은 사람은 어떻게 살아가야 하는가? 하는 문제를 제기할 것이다. 이 문제에 있어서는 당연히 전통문화의 다른 형태의 다른 관념을 발견할 수 있는데, 만약 도가가 자연생명을 중시한다면,[32] 유가는 윤리생명을 중시하지만, 근본적인 가치취향으로 말하면, 유가든 도가든 모두 일종의 현세 인생 안에서 초월적 정신가치를 추구하는 것이지, 현세 인생 안에서 자연감성 차원에 머물러 있는 것은 아니다. 그들은 결코 종교적 방식으로 사람의 자연감성의 욕구를 부정하거나 버리는 것은 아니지만, 그들이 항상 강조한 것은 '절욕節欲'으로서 그것은 욕을 만족시키는 합

32) 이른바 "도가가 더욱 자연생명을 중시한다"라고 할 때의 '자연'은 결코 자연감성 욕구의 함의는 가지고 있지 않다. 이것과 오히려 반대로 도가가 중히 여긴 '자연'은 무지무식無知無識·소사과욕少私寡欲으로 모종의 목적이 없는 목적의 자연적으로 형성되는 경지를 가지고 있다. 여기서의 '자연'은 '인문人文'과 대거되는 것이고 감성적 물질의 '자연'을 가리키는 것이 아니다. 학자들이 도가가 중히 여긴 자연을 논할 때 대부분 이런 구별을 하지 않는다. 그것이 본서의 논지와의 관계가 매우 크기 때문에 여기에서 지적하지 않을 수 없다.

리화였으니, 동시에 바로 이와 같은 강조 중에 욕을 약화시키고 리를 두드러지게 했다. 욕과 리의 관계 중에서 욕은 영원히 지배당하고 규범화되는 종속적인 위치에 처한다. 리를 위해 욕을 희생할 수 있지만 결코 욕을 위해 리를 희생할 수 없다. 욕은 비록 간단하게 부정되거나 버려지지는 않지만, 그것은 오히려 영원히 인간의 본체적 존재가 될 수 없고, 영원히 인생의 목적이 될 수도 없다. 어떤 의미에서 말한다면, 욕의 존재는 바로 초월당하기 위한 것이고 리로 나아가기 위한 것으로, 이른바 자연이면서 초자연이고 감성이면서 초감성적인 금생의 생명활동 중에서 중심은 오히려 초월 위에 놓아져 있었다. 이 때문에 한편으로는, 감성적 생명활동에 관한 충분한 관심(이는 결국 초월의 출발이고 초월의 전제이다)이 중국인의 다정함을 결정했고, 다른 한편으로는 바로 이 감성적 생명활동 중에서 일종의 추상적으로 영원한 정신적 가치, 정신적 경지('도')를 추구하는 것이 중국인의 다정함을 오히려 정에서 리에 이르게 하고 정에서 욕에 이르는 것을 비난하도록 결정했다. 요컨대 금생의 감성적 생명활동을 긍정하고 또 그 가운데서 초월을 모색하는 것이 바로 중국전통문화의 기본적 가치취향이고, 이와 같은 가치취향은 최종적으로 일종의 인격이상을 발전시키고, 이와 같은 인격이상에 대한 확고한 신념과 변함없는 추구는, 중국인으로 하여금 신비주의·종욕주의·종교적 광분 등의 비관적 비이성적 인생태도를 끊어 버리고, 시종 인생에 대해 일종의 낙관적 이성주의적 태도를 채택하게 했다. 이와 같은 낙관적 이성주의적 태도는 현실의 고난, 인생의 고통을 직면했을 때에 더욱 선명하게 드러난다. 중국인들이 인생의 고통을 대면하는 낙관적 이성주의적 태도를 깊이 이해하기 위해서는 염세주의 철학자 쇼펜하우어Arthur Schopenhauer(1788~1860)의 인생의 고통에 대한 이해와 한번 비교해 보는 것도 괜찮다.

철학사에서 인생의 고통에 대해 더 심도 있게 설명하고 분석한 것은 쇼펜하우어의 철학보다 더한 것은 없다. 우리가 알고 있듯이 쇼펜하우어가 이해한 인생의 고통은 본체론적 성질을 가지고 있다. — 세계의 본체적 존재는 생명의지이고, 생명의지의 본질은 고통이다. 그렇기 때문에 그는 "사람은 나면서부터 지금까지 고통이다. 그의 본질이 바로 고통의 손아귀에 놓여있기 때문이다"[33]라고 주장했다. 중국인의 인생의 고통에 대한 이해는 이것과 크게 다르다. 그들은 결코 고통을 인생이 여태까지 이러했고 영원히 이러할 것이라는 필연적 본질로 여기지 않았다. 그들은 결코 인생의 고통을 사람의 본체적 존재로 귀결시키지 않고 "인심이 '예전古' 같지 않다"[34](이 '고'는 유가가 보기에 요순시대이고, 도가가 보기에 가장 이른 원시시대이다)에 귀결시킨다. 이로 인하여 인생의 고통을 직면하는 양자의 태도는 현저히 다르다.

쇼펜하우어의 인생의 고통에 관한 이해에서 출발하면 반드시 생명의지를 멸절하는 철저한 비관주의를 향해 나아가고, 인생의 고통에 관한 중국인의 이해에서 출발하면 모종의 이상사회, 결국에 가서는 이상적 인격의 추구로 나아갈 수 있다. 이와 같은 인격이상은 도가의 지인至人·진인眞人·신인神人이고, 유가의 지사志士·인인仁人·성현聖賢이다. 그들은 결국에 가서는 이른바 '도'의 체현體現·화신化身·상징象徵이기 때문에, "군자는 도에 어긋날까 근심할 뿐 가난한 것은 근심하지 않고,"[35] "어진 사람은 근심하지 않고,"[36] "아침에 도를 들어 깨닫는다면 저녁에 죽어도 좋고,"[37] "선비가 도를 뜻에 두고서도 허름한 옷과 거친 음식을 부끄럽게 여기는 사람과는 더불어 그와 도를 논할 수 없다."[38] 만약 '도'

---

33) 叔本華, 『作爲意志和表象的世界』, 商務印書館, 1982, 427면.
34) 元 劉時中, 『端正好 · 上高監司』, "奈近來人心不古."
35) 『論語』, 「衛靈公」, "君子憂道不憂貧."
36) 『論語』, 「子罕」, "仁者不憂."
37) 『論語』, 「里仁」, "朝聞道, 夕死可矣."

를 터득할 수 있다면, 유가는 "거친 밥을 먹고 물을 마시고 팔을 굽혀 베개를 하더라도 즐거움이 그 가운데 있고,"[39] 도가는 "목가의 수풀 우거진 곳에 불이 타도 그를 뜨겁게 할 수 없으며, 황하나 한수가 얼어붙을 정도로 춥더라도 그를 춥게 할 수 없으며, 격렬한 우레가 산을 쪼개고 바람이 바다를 뒤흔들지라도 그를 놀라게 할 수 없다."[40] 이와 같은 인생 경지에는 어떠한 고통도 당연히 모두 이미 하나도 남지 않고 완전히 없어진다. 이 때문에 유도 양가의 '도'에 대한 이해는 매우 다를지라도 그들은 모두 '도'를 대단히 동경하고 추구하지만, 쇼펜하우어와 같이 가득한 고통으로 '도'(생명의지)를 멸절하지 않는다. 그들은 모두 '도' 이 우주본체를 인생의 신성한 근거로 여기고, 쇼펜하우어와 같이 그렇게 '생명의지' 이 우주본체를 인생의 고통의 근원으로 여기지 않는다. 그들은 모두 인생을 긍정하는 중에 인생의 고통을 해탈하는 것이지, 쇼펜하우어와 같이 그렇게 인생을 부정하는 중에 인생의 고통을 해탈하는 것은 아니다. 유가가 "군자는 자신의 수양을 위해 쉼 없이 노력 한다."[41] "하늘의 뜻에 순응하여 자기의 처지에 만족한다"[42]라고 한 것은 말할 필요도 없고, 도가가 사회현실의 분세질속을 격렬하게 비판하고 부정하는 중에서도 이상적 인생에 대한 집착·동경을 여러 곳에서 무의식중에 드러내었다. 장자의 '사死'에 대한 아름다운 송가를 보자.

> 죽음의 세계는 위로 군주가 없으며 아래로 신하가 없으며, 또한 계절에 따라 쫓기는 일도 없다. 자유롭게 천지자연의 장구한 시간을 봄가

---

38) 『論語』, 「里仁」, "士志於道, 而耻惡衣惡食者, 未足與議也."
39) 『論語』, 「述而」, "飯疏食飲水, 曲肱而枕之, 樂亦在其中."
40) 『莊子』, 「齊物論」, "大澤焚而不能熱, 河漢沍而不能寒, 疾雷破山而不能傷, 飄風振海而不能驚."
41) 『周易』, 「文言傳」, "自彊不息."
42) 『周易』, 「繫辭上傳」, "樂天知命."

> 을로 삼으니, 비록 천하를 다스리는 왕의 즐거움이라 할지라도 이보다 더 즐거울 수가 없다.[43)]

이 말은 일종의 종교적으로 죽음의 적멸해탈을 제창한 것이라기보다는 일종의 심미적으로 인생의 자유 경지를 찬양한다고 하는 편이 낫다. 고통의 인생 중에서 일종의 이상적 인생을 추구하여, 현실이기도 하고 초현실이기도 한 심미적 초월로 나아가는데, 이러한 심미적 초월은 쇼펜하우어 방식의 일시적인 위안이 아니라, 인생의 최고 경지이자 인생의 목적이다. 이 때문에 중국인의 인생태도는 결국에 가서는 인생의 희망을 믿는 낙관주의이다. 이와 같은 낙관주의는 양면성을 가지고 있다. 한편으로는 그것은 인생이 고통스럽다고 인생을 부정하거나 버리지 않기 때문에, 삶을 떠난 영혼의 제도를 바라지도 않고, 그것은 이미 이런 구체적 현실의 인생 안에서 — 금생에서 일종의 도덕화 또는 초도덕적 영혼을 기른다. — 지극히 진실하고 지극히 선한 것으로써 지극히 즐거운 인격적 이상으로 귀결한다. 다른 한편으로는 그것이 긍정하고 주시하는 바의 도덕심령·인격이상은 일종의 순수한 정신적 경지이기 때문에, 그것을 위하여 마땅히 인간의 가장 기본적인 자연감성의 욕구를 억압하거나 심지어 희생시켜서 단지 이와 같은 정신적 경지에만 기대어 인생의 고통을 잊거나 소멸하게 하니, 모종의 허황성 심지어 기만성을 갖지 않을 수 없다.

상술한 인생 태도의 양면성은 송명유학 특히 정주리학에서 대단히 단편적으로 발전했다. 정주리학에서는 도덕적 이성의 요구가 절대적으로 자연감성의 욕구를 지배했고, 도덕적 이성의 실현은 심지어 자연감성의 희생을 전제로 해야만 한다.("사람의 하나 된 마음에는 천리가 있

---

43) 『莊子』, 「至樂」, "死, 无君於上, 无臣於下, 亦无四時之事; 從然以天地爲春秋, 雖南面王樂, 不能過也."

으면 인욕이 사라지고 또 인욕이 천리를 이기면 천리가 사라진다"[44]) 이것이 심미 상에 표현되면, 이른바 '정에서 리에 이르고' 나아가 '리'가 '정'을 대체하고 도덕적 요구가 심미적 욕구를 대체하는 것이다. 예를 들면 주희는 이른바 '증점지학'을 분석할 때에 다음과 같이 말한다.

> 증점의 학문은 인욕이 다한 곳에 천리가 유행하여 곳에 따라 충만하여 조금도 결함이 없다고 볼 수 있다. 그러므로 그 움직이고 고요한 사이에 종용함이 이와 같았다. 그 뜻을 말함에는 현재 자기가 처한 위치에 나아가 그 일상생활의 떳떳함을 즐기는 데에 지나침이 없었고, 애당초 자신을 버리고 남 때문에 학문하는 뜻이 없었다. 그리하여 그 가슴속이 유연하여 곧바로 천지만물과 더불어 상하가 함께 흘러 각각 그 곳을 얻은 묘함이 은연중 말 밖에 나타났으니, 나머지 제자 세 사람이 지엽적인 정사의 것에 급급한 것에 견주어 보면 그 기상이 같지 않다. 그러므로 부자께서 감탄하시고 깊이 허여하신 것이다.[45)]

주희의 분석은 이른바 '증점경지'의 심층적 함의를 깊이 파헤쳤지만, 이와 같이 깊이 파헤친 것은 도리어 도덕본체의 최고 경지로만 향했다는 것을 인정해야만 한다. '증점경지'는 일찍이 증자와 공자에 있어서 본래 사람과 자연을 암묵적으로 동일시하는 심미의미가 들어 있고, 이것은 또한 일종의 최고의 심미경지이다. 그러나 주희는 오히려 '증점경지'의 도덕정신 한 측면만을 강조하여 "천지만물과 더불어 상하가 함께 흘러 각각 그 곳을 얻었다"는 것은, 결코 일종의 만물일체·물아상망의 심미적 안정을 묘사한 것이 아니라 일종의 인욕을 없애고 천리만을 보

44) 『朱子語類』卷13, "人之一心, 天理存, 則人欲亡; 人欲勝, 則天理滅."

45) 『論語章句』, 「先進」, "曾點之學, 蓋有以見夫人欲盡處, 天理流行, 隨處充滿, 無少欠闕. 故其動靜之際, 從容如此. 而其言志, 則又不過卽其所居之位, 樂其日用之常, 初無舍己爲人之意. 而其胸次悠然, 直與天地萬物上下同流, 各得其所之妙, 隱然自見於言外. 視三子之規規於事爲之末者, 其氣象不侔矣, 故夫子歎息而深許之."

존하는 도덕완성을 묘사한 것이다. 즉 "인욕이 다한 곳에 천리가 유행하여 곳에 따라 충만하여 조금도 결함이 없다"는 것이다. 앞에서 인용한 정이가 심미예술을 부정한 의견을 참조하면 그 도덕주의적 경향은 더욱 뚜렷해진다.

> 물었다. "글을 짓는 것은 도를 닦는데 해가 되는 것입니까?"
> 말씀하셨다. "해가 되는 것이다. 글을 짓는 데는 마음을 집중하지 않으면 훌륭하게 지을 수 없다. 만약 자기의 뜻을 글을 짓는데 기울이게 되면 그 마음은 여기에 집중되고 말 것이다. 어찌 천지와 함께 마음을 크고 넓게 할 수 있겠는가?"[46)]

정이가 예술 활동을 부정한 이유는 그것이 사람으로 하여금 "천지와 함께 마음을 크고 넓게"할 수 없기 때문인데, 이것은 사실 "천지와 함께 마음을 크고 넓게"하는 것도 심미를 통해 실현할 수 있고, 일종의 심미경지가 된다는 것을 부정한 것이다. 요컨대 이주에 있어서는 도덕적 이성주의가 극단적으로 발전하여 이상적 인격의 추구는 사실상 실현할 방법이 없는 도덕적 정령의 허구가 됐다. 본서 앞에서 말했듯이 리주가 오직 인정한 가치는 도덕적 가치 밖에 없고, 오직 인정한 쾌락은 도덕적 쾌락 밖에 없다. 이와 같은 지극히 단편적인 인생의 가치취향이 출현한 까닭은, 그 근원은 대개 도덕적 이성주의의 절대화에서 발생했다. 말할 필요도 없이 단지 일종의 도덕적 인생을 높이 받들고, 심미적 인생·예술적 인생을 부정하거나 포기하게 하고, 그렇지 않으면 후자를 전자에 종속시켰으니, 당연히 '정에서 리에 이르고', '리로써 정을 절제할' 것을 강조하고 '욕'을 홍수나 맹수로 간주해야 했다.

46) 『河南程氏遺書』卷18, "問: '作文害道否?' 曰: '害也. 凡爲文, 不專意則不工, 若專意則志局于此, 又安能與天地同其大也?'"

위에서 서술한 내용을 종합하면, 전통문화의 가치취향은 일종의 절대적 인생의 도덕화를 초래하여, 자연감성의 욕구는 언제나 초월되어야 하고 억제되어야 하고 금지되어야 하는 대상이 되었기 때문에 심미취미로 표현할 때에는 홀시할 수밖에 없으며 '욕'적인 부분은 말살됐다.

그러나 또한 그렇게 독특하고 이채로움을 지났던 시대, 그것은 곧바로 극단적으로 부패했으면서도 또 희망이 생겨난 명대, 즉 정주'리학'과 대항하여 '양명심학'이 천하에 범람했던 명대이다. 그 시기(특히 명대후기)에는 '정리情理'의 제방이 충격을 만났고 '정욕情欲'의 기치가 서서히 올라갔다. 정에서 욕에 이르러 욕으로 정을 불러일으키는 『금병매金瓶梅』·'삼언이박三言二拍' 등 '속'문예의 열기가 요동쳤을 뿐만 아니라 『모란정牧丹亭』·『가대소歌代嘯』 등 '아'문예의 저류가 분출했다. 그것은 예술가들이 간절히 표현한 바의 주제였을 뿐만 아니라 사상가들이 논증하기 시작한 바의 명제였다. 그것은 의식형태 속에 활약하던 새로운 사조일뿐만 아니라 사회풍속에 만연한 새로운 풍상이었다. 명인들의 심미취미가 정에서 욕에 이른 것은 심학이단의 자연인성론과 완전하게 합치되고 긴밀하게 호응하여 함께 그 시대의 가장 두드러진 문화현상을 이루었다.

나는 명대 시민문예의 발전은 두 가지 주의할 만한 새로운 동향이 있다고 생각한다. 첫째는 '정에서 욕에 이르기까지'이고, 둘째는 '아에서 속에 이르기까지'이다. 이 두 가지는 서로 생성 발전시켜주면서 함께 봉건사회 말기의 특유하고 다양한 시민문예를 형성했다. 이러한 시민문예는 실제적으로 심미의식의 관점에서 봉건체제의 바탕을 흔들기 시작했고, 장차 근대의 서막을 열어젖히는 사회운동을 예시하고 체현했다. 그리고 두 가지의 새로운 동향은 어느 하나 심학사상과 긴밀하게 호응하는 관계를 갖지 않은 것이 없다. 여기에서 심학과 미학이 결합되는 두 부분을 찾아낼 수 있다.

첫째, 심학의 자연인성론과 미학이 정에서 욕에 이르렀다.

둘째, 심학의 '백성의 일상생활이 참다운 도이다'는 평민의식과 미학이 아에서 속에 이르렀다.

이 두 가지 결합되는 부분은 함께 명대의 농후하고 강렬한 반전통적 색채를 가지고 있는 시민문예사조를 배태했다. 그들이 추구하는 유가의 심미관은 확실히 천년 봉건고국의 분열을 일으키는 '불길한 징조'였다. 본장에서는 첫 번째 결합되는 부분을 중점적으로 검토한다. 즉 심학이단의 자연인성론과 심미취미의 '종정도욕'이다. 다음에는 먼저 절을 바꿔 심미취미의 '종정도욕'이 사회풍상과 예술추구 두 가지 측면에 있어서 뚜렷하게 표현된 것을 논평한다. 즉 사치의 생활화와 성의 솔직한 표현에 관한 것이다.

제2절 사치의 생활화

중국 봉건사회는 소농경제와 예법등급 두 측면의 제한으로 인하여 민풍은 일반적으로 검소하고 소박함을 숭상했다. 한편으로는 생산력 수준의 감소가 광범한 하층 민중의 소비 수준의 감소를 가져왔고, 다른 한편으로는 예법의 등급이 직접적으로 소비의 등급을 규정했는데, 부유한 상인이라도 이른바 '귀천의 차별'로 인하여 예절에 어긋나거나 신분을 벗어나 고소비를 향유할 수 없었다. 낮은 소비생활은 필연적으로 이른바 검소하고 소박한 민풍을 형성했고, 이러한 상황은 명초에는 아직 변화가 없었다.

> 명초의 풍속은 성실하고 소박함을 숭상하여, 명문 세가가 아니면 높은 집을 짓지 않았고 옷과 장신구 그릇을 감히 사치하지 못했다.[47]

---

47) 『吳江縣志』卷38, "明初風尙誠朴, 非世家不架高堂, 衣飾器皿不敢奢侈."

> 건국 초기 백성들은 다른 기호는 없고 대체로 간단하고 소박함을 숭상하여, 중산층의 집은 여전히 땔나무와 물을 직접 마련했고 천금을 가진 사람도 널과 복식은 궁색하여 가난한 집과 같았다.[48]

그러나 명 중엽(정덕正德·가정嘉靖)이후 사정에 커다란 변화가 생겼다. 민간의 풍습은 상층에서 하층에 이르기까지, 부유한 사람에서 가난한 사람에 이르기까지 모두 "사치가 만연하여 검소한 사람을 경멸했고,"[49] "부유하고 권세가 있는 집안에서는 사치를 조장하고 음란함에 앞장섰고,"[50] 일반의 부유한 백성들도 "서로 다투어 낭비하고 사치하는 것을 좋아했을"[51]뿐만 아니라 하층 빈민조차도 "집안에는 조금도 모이둔 것이 없어도 베옷이나 수수한 옷차림을 수치로 여기고,"[52] "온종일 고생스레 뛰어다니다가 어두워지면 시내로 몰려가 어지러울 정도로 술 마시고 부부가 함께 취한 후에야 그치고 내일 또 마실 것을 기약했다."[53]

이러한 사치 풍속의 표현은 바로 심미취미에 있어서 기이함과 아름다움을 다투고 사람들의 이목을 현혹하는 신선한 자극을 추구하는 감성 욕구의 강렬한 만족을 갈망하는 것이다. 일상생활 각 방면의 음식·기거·복식·식기·가구 등과 출처나 행동거지는 모두 심미취미의 사치스럽고 화려함의 추구를 나타내고 있다.

---

48) 顧炎武, 『肇域志』, 「山西」2, 上海古籍出版社, 2004, "國初, 民無他嗜, 率尚簡質, 中產之家, 猶躬薪水之役, 積千金者, 棺墻服飾, 窘若寒素."
49) 顧炎武, 『肇域志』, 「山西」2, 上海古籍出版社, 2004, "靡然向奢, 以儉爲鄙."
50) 範濂, 『雲間据目抄』卷2, 江蘇廣陵古籍印刻社, 1995, "豪門貴室, 導奢導淫."
51) 岳濬 等修, 『山東通志』卷40, "竟相尙以靡侈."
52) 龔煒, 『巢林筆談』卷5, 中華書局, 1981, "家無担尺之儲, 耻穿布素."
53) 王士性, 『廣志繹』卷4, 中華書局, 1997, "奔勞終日, 夜則歸市淆酒, 夫婦團醉而後已, 明日又別爲計."

> 일찍이 가흥의 한 친구를 방문하여 그 집의 손님용 은수저와 화로, 금적소金滴嗉가 진열된 것을 보았으며, 이 날 손님은 이십 여명이 모두 금대반金臺盤 한 벌을 받았는데, 그것은 교룡과 호랑이 한 쌍이 새겨진 큰 금잔으로 한 벌마다 대략 십 오륙 양 정도 되는 것이었다. 집에서 머무르는 동안 이튿날 아침은 매화가 은사되어 있는 대야로 얼굴을 씻었고, 그 휘장과 이불은 모두 비단으로 되어 있어 나는 밤새 눈을 붙일 수가 없었는데, 이는 모두 직접 목격한 것이다. 그 집에 또한 금향로가 있다고 들었다. 그의 재물은 강남에서 제일이라지만 사치의 지나침이 본문을 뛰어넘었으니 얼마나 무례한가?[54]

여기에서는 다만 복식을 예로 삼겠다. 명 후기에서 청에 이르기까지의 관련 서적을 살펴보면 "진홍색 속옷은 화려하지 않으면 안 되고 수놓은 진홍색 옷은 익숙하지 않으면 안 된다."[55] "남자는 비단과 능직을 입고 여자는 금과 진주로 장식한다"[56]와 같은 기록은 얼마든지 찾을 수 있다. 낡은 옷을 입으면 "궁색하다고 비웃었고"[57] 유생이 평상복을 입으면 "무시하고 멸시했는데"[58] 모양이 새롭고 현란하고 다채롭고 정교하고 색다른 것이 보편적인 심미추구가 됐다.

> 와릉종모(골판지로 만든 깃털 달린 모자)는 가정(명 세종, 1522~1566) 초에는 다만 생원만이 겨우 썼었다. 20여 년이 지나면서 부유한 백성은

---

54) 何良俊 撰, 『四友齋叢說』, 北京, 中華書局, 1959, p.316, "嘗訪嘉興一友人, 見其家設客, 用銀水火爐金滴嗉, 是日客有二十餘人, 每客皆金臺盤一副, 是雙螭虎大金盃, 每副約有十五六兩. 留宿齋中, 次早用梅花銀沙鑼洗面, 其帷帳衾裯皆用錦綺, 皆用錦綺, 余終夕不能交睫, 此是所目擊者. 聞其家亦有金香爐, 此其富可甲于江南, 而僭侈之極, 幾于不遜矣."

55) 葉夢珠, 『閱世編』卷8, 上海古籍出版社, 1981, "非大紅裏衣不華, 非綉衣大紅不服."

56) 張瀚, 『松窓夢語』卷7, 上海古籍出版社, 1986, "男子服錦綺, 女子飾金珠."

57) 『鄆城縣志』卷7, 山東人民出版社, 1992, "窘且笑之."

58) 範濂, 『雲間据目抄』卷2, 江蘇廣陵古籍印刻社, 1995, "鄙爲寒酸."

> 사용했지만 가까스로 하나둘 볼 수 있었고 값이 비싸 지위가 높은 사람이나 쓸 수 있었다. ……만력(명 신종, 1573~1620) 이후 빈부에 관계없이 모두 종모를 썼고, 가격 또한 매우 저렴하여 4~5전 내지 7~8전하는 것도 있었다. 또한 낭소朗素와 밀결密結 등도 이름이 있었고, ……만력이후 비로소 남성의 제화가 생겨났으며, 후에 아름답고 정교해져 드디어 여러 점포가 군의 동쪽까지 널리 퍼졌다. 송강에는 원래 여름 버선 점포가 없어 여름에도 모전 버선을 신는 사람들이 많았지만, 만력 이후 두터운 버선을 신다가 여름 버선을 만드니, 지극히 가볍고 아름다워 먼 곳에서 다투어 사갔다.[59]

어떤 곳에서는 심지어 남자가 여장을 하여 도학가들을 혼비백산케 했나. — "어제 도성에 들어갔다가 돌아와선 눈물로 옷깃을 적셨는데 전신에 여자 옷을 걸친 자들이 전부 학자들이었다."[60]

사치의 생활화는 그 당시의 상품경제와 상호의존적 관계가 있다. 상품경제가 발달한 지역일수록 사치풍조가 심했으며 마음껏 가무와 여색을 탐하고 시기를 놓치지 않고 즐기는 분위기가 만연했다.

> 성화(명 헌종, 1465~1487)이전에는 끼니를 도모하는 사람은 물건을 흥정하여 파는 일을 능력으로 여기고, 자제를 양육하는 사람은 독서하는 것을 숨겼다. ……지금 시장에서는 품질로 서로 다투고, 연회에서는 화려하고 사치함을 서로 자랑한다. ……재물을 가지면 가옥과 거처가 넉넉하고, 관작이 오르면 수레와 의복이 성대하니, 징과 북을 두드리고 피리를 불며 그것으로 상락常樂을 삼았다.[61]

---

59) 範濂, 『雲間据目抄』卷2, 江蘇廣陵古籍印刻社, 1995, "瓦楞騌帽, 在嘉靖初年, 惟生員始戴, 至二十年外, 則富民用之, 然亦僅見一二, 價甚騰貴. ……萬曆以來, 不論貧富, 皆用騌, 價亦甚賤, 有四五錢七八錢者. 又有朗素密結等名, ……萬曆以來, 始有男人制鞋, 後漸輕俏精美, 遂廣設諸肆於郡治東。……松江舊無暑袜店, 暑月間穿氈袜者甚衆, 萬曆以來, 用尤墩布爲單暑袜, 极輕美, 遠方爭來購之."

60) 李樂, 『見聞雜記』卷10, 上海古籍出版社, 1986, "昨日到城市, 歸來泪滿襟, 遍身女衣者, 盡是讀書人."

청의 법식은 이와 같은 현상을 잘 변론하여 다음과 같이 말한다.

> 거상과 호족들은 스스로 그 궁실·거마·음식·의복의 봉양을 사치스럽게 하였으니, 그렇게 하면 힘을 써서 먹는 자들에게는 그 이득을 나누어 줄 수 있고, 그 공평치 못함을 고르게 할 수 있으니, 맹자가 이야기한 "공들인 내용을 유통시켜 일로 바꾸었다"는 것이 바로 이러한 것이다. 오히려 위에 있는 사람들이 이러한 것을 금지하면 부유한 자는 더욱 부유해지고 가난한 자는 더욱 가난해진다. 오나라의 풍속은 사치를 숭상했지만 소주와 항주의 빈민들은 많은 교역으로 생계를 꾸렸다. 월나라 풍속은 검소함을 숭상했지만 영寧·소紹·금金·구衢의 모든 서민들은 언제나 자력으로 살아갈 수 없었고, 태반이 사방에서 유리걸식했다는 것을 이에 알 수 있다.[62]

이는 "천민인의 사치가 있는 것은 천만인의 생리生理가 있는 것과 같다"[63]는 것으로 반드시 일리가 없는 것은 아니다. 비록 명인들의 사치의 생활화를 흔히 "가난하면서도 부유한 듯하다"[64]라고 표현하여, 겉만 번지르르하고 실속이 없는 정도의 허울만 좋은 경제 번영으로 표현하지만, 그것은 봉건자연경제를 타격하고 상품경제발전을 자극하는 등 확실히 모종의 역사적 작용을 초래했다. 특히 주의할 것은, 명인들이 심미취

---

61) 粟祁修, 『湖州府志』卷39, 上海古籍出版社, 1963, "成化以前, 謀飧饔者以興販爲能, 養子弟者以讀書爲諱……今則市廛以質當相先, 宴席以華侈相尙……擁資則富屋宅, 實爵則盛輿服, 鉦鼓鳴笳, 用爲常樂."

62) 金武祥, 『陶廬雜憶』卷5, "富商大賈, 豪家巨室, 自侈其官室·車馬·飮食·衣服之奉, 正使以力食者, 得以分其利, 得以均其不平, 孟子所謂通功易事是也. 上之人從而禁之, 則富者益富, 貧者益貧也. 吳俗尙奢, 而蘇杭細民多易爲生. 越俗尙儉, 而寧·紹·金·衢諸小民, 恒不能自給, 半游食于四方, 此可見矣."

63) 顧公燮, 『消夏閑記摘抄』上, 沈陽古籍出版社, 1990, "有千萬人之侈華, 卽有千萬人之生理."

64) 顧公燮, 『消夏閑記摘抄』上, 沈陽古籍出版社, 1990, "貧而若富."

미에 있어서의 화려함의 추구가 직접적으로 봉건예법등급의 엄격한 규정을 타파하고, 봉건사회가 받드는 성스러운 도덕윤리관념을 흔들었다고 표현한 점이다. 범렴은 『운간거목초』에서 다음과 같이 말한다.

> 정교한 소목 중에 서탁書棹과 선의禪椅 등과 같은 것은 내가 어릴 때는 일찍이 한 번 보지도 못했다. ……융경~만력(1567~1615) 이후에는 노비나 잡역부의 집이라라도 모두 정교한 가구를 사용했다.[65]

장한은 『송창몽어』에서 다음과 같이 묘사했다.

> 본조의 남녀 복식은 모두 정한 제도가 있다. 홍무洪武(1368~1399) 시기에는 법률이 엄격하여 사람들은 하나 같이 법을 따랐다. 시대가 변하고 풍속이 바뀌어 사람들이 모두 부귀와 사치를 존숭하는 데에 마음을 두고, 다시는 정해진 금령이 있다는 것을 알려고도 하지 않았으며, 무리지어 서로 그것을 따라했다. 예를 들면 비취로 장식한 관과 용봉무늬로 장식한 의복은 오직 황후와 왕비만이 입을 수 있었고, 부녀자들의 예관은 사품 이상은 금을 사용하고, 오품 이하는 금은을 도금하여 사용하도록 법률로 명했다. 대수삼은 오품 이상은 고운 능라를 쓰고, 육품 이하는 능라와 단견을 쓰는 등 모두 제한이 있었다. 그러나 지금 남자는 비단 옷을 입고, 여자는 금과 진주로 장식하는데, 이는 모두 참람하기 그지없고 나라의 금령을 넘어선 것이다.[66]

---

65) 范濂, 『雲間據目抄』, "細木家伙, 如書棹禪椅之類, 余少年曾不一見, ……隆萬以來, 雖奴隸快甲之家, 皆用細器."

66) 張瀚, 『松窓夢語』, "國朝士女服飾皆有定制, 洪武時律令嚴明, 人遵畫一之法. 代變風移, 人皆志于尊崇富侈, 不復知有明禁, 群相蹈之. 如翡翠珠冠, 龍鳳服飾, 惟皇后·王妃始得爲服, 命婦禮冠四品以上用金事件, 五品以下用抹金銀事件. 衣大袖衫五品以上用紵絲綾羅, 六品以下用綾羅緞絹, 皆有限制. 今男子服錦綺, 女子飾金珠, 是皆僭擬无涯, 逾國家之禁者也."

그밖에 『만력야획편萬歷野獲編』·『오잡조五雜組』 등의 기록에 의하면, 황제가 전용하던 용문양은 백성들의 일상의 복식이 되었고, 비천한 교방 악공의 옷차림이 조정의 관리와 다르지 않는 등 상궤를 벗어나고 금령을 범하는 풍속이 나라 안에 만연했다.

사치의 일반화가 성행하고 배금주의가 만연했다. 상품화의 진척과 고소비의 요구는 모두 금전이나 재화가 사람들의 심중에 차지하는 비중을 점점 높이고, 강상명교조차도 능가하게 하여 전통의 도덕윤리관념을 유력하게 변화시켰다. 명말에 "민간의 천한 사람이 귀한 사람을 협박하고 젊은이가 늙은이를 능멸하며, 후배가 선배를 경멸하고 노비가 주인을 배반하는 비정상적인 일들이 많이 나타났다."[67] 금전이나 재물을 위해서는 자손이 선조의 무덤도 팔 수 있었는데, "그 묘지를 팔고 그 광 속의 물건을 탐했지만" "불의로 여겨 크게 꾸짖는 사람은 없었다."[68] 배우자를 선택할 때에는 "부귀를 서로 존경하고 세가를 내쳤다."[69] 그야말로 오노레 드 발자크Honore de Balzac(1799~1850)의 『인간희극』 중의 일부 장면을 떠오르게 한다. 가족관계와 종족관계조차 모두 금전관계에 의해서 유지되었다. "상인이 몇 해를 밖에 있다 잠시 돌아오면, 그 처자식과 집안사람들 모두 벌어온 돈의 많고 적음을 보고 잘나고 못났다 여기고 사랑과 증오를 해댔다."[70]

효도孝道·부도婦道·장유지도長幼之道·존비지도尊卑之道 등 일체 비교

---

67) 管志道, 『從先維俗議』卷2, 海南出版社, 2001, "民間之卑脅尊, 少淩長, 后生侮前輩, 奴婢叛家長之變態百出."

68) 唐甄, 『潛書·吳弊』, 中華書局, 1984, "鬻其地, 利其藏中之物. ……未有以爲不義而衆誅之者."

69) 謝肇淛, 『五雜組』卷14, 中華書局, 1959, "以富貴相高而左舊族."

70) 蔡羽述, 『遼陽海神傳』, 中華書局, 1985, "商在外率數歲一歸, 其妻孥宗黨, 全視所獲多少, 爲賢不肖而愛憎焉."

할 수 없을 만큼 신성하게 받들어지고 끝없이 지켜야 할 강상명교는 모두 이해타산의 얼음물 속에 빠졌다. 인욕이 흘러넘쳐 봉건예법의 도덕적 이성의 그물을 맹렬하게 찢어버렸다. 그것은 단지 심미취미의 화려함의 추구라고만 보였고 사회습속의 사치의 일반화라고만 보였으니, 확실하게 봉건질서를 부식하고 심지어 와해하고 있었다.

제3절 성의 솔직한 표현

성관계 — 남녀관계는 칼 마르크스Karl Heinrich Marx(1818~1883)가 말한 것과 같이 "사람과 사람 사이에 가장 자연적인 관계"[71]이며 성욕은 인류의 정욕 가운데 가장 원시적이면서도 강렬하고 자연적인 형태이다. 이 때문에 그것은 줄곧 '존천리, 멸인욕'의 봉건예교에서는 모든 악의 으뜸으로 취급되어 봉건도덕에서는 가장 기피하는 하나의 화제였다.

본래 우리들의 조상은 일찍 이미 "먹고 마시는 것과 남녀의 정은 사람의 가장 큰 욕망이 머무는 곳이다."[72] "식색이 성이다"[73]는 인식에 이르러 성욕은 인류의 기본적인 자연수요이고 사람이 사람이 되는 천성의 하나라는 것을 긍정했다. 그러나 준종교적 윤리주의의 속박으로 인하여 성관계는 완전히 봉건사회의 윤리규범에 들어가게 되었다.

> 천지가 있은 뒤에 만물이 있고, 만물이 있은 뒤에 남녀가 있고, 남녀가 있은 뒤에 부부가 있고, 부부가 있은 뒤에 부자가 있고, 부자가 있은

71) 馬克思, 『1844年經濟學哲學手稿』, 人民出版社, 1979, p.72.
72) 『禮記』, 「禮運篇」, "飮食男女, 人之大欲存彦."
73) 『孟子』, 「告子上」, "食色, 性也."

뒤에 군신이 있고, 군신이 있은 뒤에 상하가 있고, 상하가 있은 뒤에 예의가 둘 곳이 있는 것이다.[74]

가인은 여자는 안에서 위치를 바르게 하고, 남자가 밖에서 위치를 바르게 하니, 남녀가 바름이 천지의 대의이다.[75]

군자의 도는 그 실마리가 부부 사이에서 만들어지지만, 그 지극함에 이르러서는 하늘과 땅에 나타난다.[76]

여기에서 양성 관계(남녀·부부)는 완전히 신성한 윤리질서를 실현하는 준비·방법·수단·상징이 됐지만, 성 그 자체의 자연 성질을 표현하고 만족하는 — 욕망의 발산은 도리어 줄곧 봉건예교의 '음淫'으로 책망받고 '악惡'으로 폄하되었으며, 수치와 죄업으로 여겨져서 꺼리기보다는 숨기는 것이 나았다. 이 때문에 강상명교는 결국 '부부유별夫婦有別'을 높이 말하고 '부부유애夫婦有愛'는 입을 다물고 절대 언급하지 않았으며, "굶어 죽는 것은 작은 일이고 절개를 잃는 것은 큰일이다餓死事小, 失節事大."라고 하기까지 발전하여 인간의 본성을 완전히 상실했다. 이와 같은 정통관념은 심미취미에 있어서 "관저의 시는 즐거우면서도 음란하지 않다."[77] "정나라 음악이 아악을 어지럽히는 것을 미워한다"[78]는 것으로 표현될 뿐이지만, 명 중엽 이후 특수한 시대조건(봉건법제가 문란해지고 시민집단이 강대해지고)으로 인하여 '즐거우면서도 음란하지 않다'는 중화의 심미준칙은 전에 없이 강력한 배척을 당했다. 전술한 사치의

---

74) 『周易』, 「序卦傳」, "有天地然後有萬物, 有萬物然後有男女, 有男女然後有夫婦, 有夫婦然後有父子, 有父子然後有君臣, 有君臣然後有上下, 有上下然後禮儀有所錯."
75) 『周易』, 「家人卦」, "家人, 女正位乎內, 男正位乎外. 男女正, 天地之大義也."
76) 『中庸』第12章, "君子之道, 造端乎夫婦, 及其至也, 察乎天地."
77) 『論語』, 「八佾」, "樂而不淫."
78) 『論語』, 「陽貨」, "惡鄭聲之亂雅樂."

일반화와 연결되어 음란을 교사하고 욕망을 사주하며 성을 솔직하게 표현하는 것은 결국 예술표현의 인기 있는 소재가 되었다.

> 이삼십 년 사이 부귀한 집은 돈과 재물을 내어 복식과 기물을 만들고 가무[笙歌鼓吹]를 벌인다. 십여 명을 불러 대오를 지어 전기傳奇를 재연한다. 호사가는 다투어 음란하고 아름다운 사를 지어 돌아가며 서로 화답한다. 한 고을 안에 이와 같은 일에 종사하며 먹고 사는 사람이 몇 천 명인지 알 수 없다.[79]

음란함을 내놓고 말하는 것을 재미로 여기는 농염한 대사와 미려한 글귀, 기이한 가락과 새로운 소리에 "차츰 젖어들어 여기에 빠져 헤어나지 못했는데, 시골구석까지도 교성이 가득하고,"[80] "난간에서 어린아이·선비·아녀자·노파들도 즐겨 들을"[81] 정도였다.

사회 풍조가 이러하니 『금병매』를 필두로 일부 '음란 서적'이 잇따라 출현한 것은 조금도 괴이한 것이 아니다. 실제적으로 『금병매』·'삼언이박' 등 대중문예 중에는 '투정偸情'과 '외도[外偶]' 등을 상세히 말하는 것을 조금도 꺼리지 않는 거침없는 성묘사가 넘쳐났을 뿐만 아니라, 『모란정』과 같은 인간의 참된 감정을 묘사한 우아한 작품이나 『가대소』와 같은 사회의 어두움을 비판하는 엄숙한 작품을 조차도 침상의 일이나 성적 내용을 묘사하기에 이르렀는데, 그것도 흥취가 강열하고 재미가 끊임없어 우리의 '문학사'는 그것에 대해 높은 평가를 하는 동시에 언제나 그것은 '용속하다'든가 '색정적이다'라는 지적을 소홀히 할 수 없

---

79) 張瀚, 『松窓夢語』卷7, 上海古籍出版社, 1986, "二三十年間, 富貴家出金帛, 制服飾器具, 列笙歌鼓吹, 招至十餘人爲對, 搬演傳奇, 好事者競爲淫麗之詞, 轉相唱和; 一郡城之內, 一時於此者, 不知幾千人矣."

80) 『博平縣志』卷4, "汨汨浸淫, 靡焉勿振, 甚至嬌聲充溢于鄉曲."

81) 顧起元, 『客座贅語』, 鳳凰出版社, 2005, "裏衡童儒婦媼之所喜聞."

었다. 성을 솔직하게 표현하거나 음미하거나 즐기는 것은 명인 심미취미의 뚜렷한 특징을 형성했는데, 그것이 봉건정통의 심미준칙에 맞서 대항하고 부딪치는 특성을 가진 것은 말할 필요도 없다. 『금병매사화』 「흔흔자서」에서는 다음과 같이 말한다.

> 『시경』 「관저」장은 "즐거워하면서도 즐거움이 지나쳐 바름을 잃지 않았고, 슬퍼하면서도 슬픔이 지나쳐 화를 해치지 않았다." 그러나 풍족함과 고귀함은 사람들이 갈망하는 것이라 지나침에 이르지 않는 자 드물고, 슬픔과 원망은 사람들이 싫어하는 것이라 상심함에 이르지 않는 자가 드물다. 나는 전대 작가들이 지은, 만일 노경휘의 『전등신화』, 원미지의 『앵앵전』, 조군필의 『효빈집』, 나관중의 『수호전』, 구경산의 『종정려집』, 노매호의 『회춘아집』, 주정헌의 『병촉청담』, 그 후에 나온 『의전우호기』라면, 그 사이 어구나 문장이 확연히 독자들에게 흔히 자신의 회포를 풀지 못해 종편에 이르지 못하게 했다. 그러나 이 한편의 전기는 설사 시정의 일상적인 말이나 규방의 쓸데없는 말이더라도 삼척동자가 그것을 듣게 하면 천연의 음료수를 마신 듯이 고래 이빨을 뽑은 듯이 분명히 쉽게 이해한다. ……예를 들어 방중의 일은 사람들이 모두 좋아하면서도 싫어하는 일이지만 사람이 요·순과 같은 성현이 아니고는 탐닉하지 않는 경우가 드물다.[82]

글자의 행간에서 공자의 '흠정欽定'적 심미준칙에 대한 회의, 전통적 심미취미에 대한 불만, 정욕 실현의 직접적인 심미표현의 필요성과 합

---

82) 『金甁梅詞話』, 「欣欣子序」, "關雎之作, '樂而不淫, 愛而不傷.' 富與貴人之所慕也, 鮮有不至于淫者; 哀與怨人之所惡也, 鮮有不至于傷者. 吾嘗觀前代騷人: 爲盧景暉之『剪燈新話』· 元微之之『鶯鶯傳』· 趙君弼之『效顰集』· 羅貫中之『水滸傳』· 丘瓊山之『鐘情麗集』· 盧梅湖之 『懷春雅集』· 周靜軒之『秉燭淸談』, 其后如『意傳于湖記』, 其間語句文確讀者往往不能暢懷, 不至終篇而掩棄之矣. 此一傳者, 雖市井之常談, 閨房之碎語, 使三尺童子聞之如飮天漿, 而拔鯨牙, 洞洞然易曉……譬如房中之事, 人皆好之, 人皆惡之, 人非堯舜聖賢, 鮮不爲所耽."

리성에 대한 신장을 충분히 찾아볼 수 있다.

심미표현 중에서 정이 범람하면 다시 되돌리기 어려움을 반대하고, 정감생활 중에서 욕이 방종하면 절도가 없음을 반대한 것은 본래 그 합리적인 인소가 있다. 그러나 지나치게 '이리절정以理節情'을 강조하여 '양성관계'를 절대 윤리화하고 자연욕구인 성의 심미표현과 정감생활의 자리를 완전히 배척하는 것은, 도리어 인성을 지나치게 억압하지 않을 수 없었고, 그것을 왜곡하고 변태시켜 무미건조한 데에 치우치고 비정상에 빠뜨렸다. 실제에 있어서 가지가지로 억압하거나 숨긴다거나 꺼리던 간에 성은 기본적인 자연욕구가 되기 때문에 중국인들의 정감생활과 생명역성 밖으로 없애는 것은 불가능하다. 사회 상층에서는 그것을 공개적으로 미친 듯이 충족하려 하고, 사회 하층에서는 겁을 먹기도 하지만 탐욕스럽게 충족하려 했다. 가지가지 도학의 치레는 도리어 "피복은 기품이 있으나 행동은 개돼지와 같은"[83] 허위를 저지르게 할 뿐이었다. 명인의 심미취미가 정에서 욕에 이르자 그들은 성에 대한 소재를 조금도 숨김없이 표현하여 확장하고, 조금도 봐주지 않고 도학의 가려진 치부를 들춰내고, 마음껏 봉건예교를 유린했다. 이러한 의미에서 보면, 『금병매』 등 '음란 서적'의 출현은 확실히 서양의 『데카메론Decameron』의 영향과 닮은 데가 있다.

그렇지만 『금병매』와 같은 성문예에 대하여 역사주의에 입각한 구체적인 분석은 아직까지 부족하다. 우리들에게 하나의 고질적인 편견이 있다. 어떠한 문예작품이라도 그것이 생겨난 사회·역사적 배경이 어떠한가에 관계없이, 그 성을 언급하고 진술한 성 묘사를 갖추기만 하면 반드시 일종의 해서는 안 되는 결함이고 반드시 일종의 간음을 교사하는 작용밖에 없다고 보는 것이다. 『금병매』를 두고 말한다면, 많은 논

83) 李贄, 『續焚書』卷2, "被服儒雅, 行若狗彘."

자들이 그것의 현실주의적 예술역량을 긍정했지만, 그것의 성에 대한 묘사에 대해서는 예외 없이 비난하고 배척했다. 그 중에서 쩡쩐뚜어鄭振鐸는 가장 전형적인 태도에 속한다. 그는 본래 『금병매』를 그 어느 고전소설보다도 최고로 높이 평가했다.

『금병매』의 출현은 중국소설 발전의 절정이라고 할 만하다. 문학에서의 성취로 말하면, 『금병매』는 실로 『수호전』·『서유기』·『봉신전封神傳』보다 더 훌륭하다. 『서유기』와 『봉신전』은 단지 중세기의 유물로 구성과 사실은 모두 중세적이고, 사상과 묘사만 비교적 조금 신선할 뿐이다. 『수호전』도 엄격한 근대적 작품은 아니다. 그 중의 영웅들도 대부분 근대적이 아니다.(차라리 초인적이라고 할 수 있다) 오직 『금병매』만이 처음부터 끝까지 근대 시기의 작품이다. 그 사상이나 사실 그리고 묘사방법을 막론하고 모두 근대적이다. 한결같이 오래된 중세 전기형식을 벗어나지 못한 많은 소설 가운데, 『금병매』는 실로 놀라울 정도로 훌륭한 사실 소설이다. 『금병매』는 전기가 아니라 실로 이 책 명성에 정말 손색이 없는 현대적의 의의에 가장 적합한 소설이다. 『금병매』는 『서유기』·『수호전』·『봉신전』 등과 같이 신과 마귀의 투쟁도 쓰지 않았고, 영웅의 모험도 쓰지 않았고, 무사의 신분도 쓰지 않았다. 『금병매』에서 쓴 것은 송·원의 화본에서 이미 잠깐 나타났다가 바로 사라져 버리는 진실한 민간 사회의 일상적인 이야기이다. 송·원의 화본 중에서 『착참최녕錯斬崔寧』·『풍옥매단원馮玉梅團圓』 등과 같은 작품들은 오히려 적지 않은 전기적 요소가 내재되어 있다. 『금병매』는 이러한 전기적 요소를 완전히 책 밖으로 축출했다. 『금병매』는 순수한 사실주의적 소설이다. 『홍루몽』은 무슨 금이요, 옥이요, 화상이요, 도사요 라고 하여 여전히 모든 예전 방식을 벗어날 수 없었다. 오직 『금병매』는 적나라하고 절대적 인정을 묘사하고, 과장하지 않고 과도하게 형용하지도 않았다. 『금병매』와 같이 순전히 감정을 드러내지 않고 객관적으로 묘사함으로써 줄곧 중산층 사회의 남녀의 일상생활(어쩌면 어두운 면이 있는 것은 성생활에 치우쳤다는 것이다)을 묘사한 것은 우리들의 소설계에서는 그래도 이 책이 있을 뿐이다. 옛말에 "귀신은 그리기 쉬워도 사람은 그리기 어렵다"는 말이 있다. 사람은 항상 보는 사물이기 때문에 참되게 그리기가 쉽지 않고 틀린 곳을 찾아내기도 가장 쉽지만, 귀신은 공허하고 허망한 물건이기 때문에 어떻게 그려도 모두 사람이 검증하거나 결점을 찾지 못한다. 『서유기』·『봉신전』은 귀신을 그린 작품이기 때문에 뛰어나기가 쉽다. 『금병매』는 사람을 그린 작품으로 착수하기가 어려울 뿐만 아니라 착수해서 또 이렇게 진짜와 같이 그려냈으니, 그런 까닭에 결코 이 한 시대 소설계의 걸작만에 그치지 않는다.[84]

이것은 내가 읽어보았던 『금병매』에 대한 최고 평가이고 가장 좋은 평론이다. 하지만 여기에 길게 인용한 까닭은, 도리어 그의 평가가 가장 높고 그의 평론이 가장 훌륭하기 때문이 아니라, 이와 같은 평가를 내린 후에도 쩡쩐뚜어는 여전히 다음과 같이 생각했기 때문이다.

애석하게 작자가 상당히 당시의 풍조에 얽매여 음란한 사실을 형용하는데 진력함으로써, 변태적인 심리를 능사로 삼아 어느 정도는 '부처님 머리에 새똥이 떨어지는' 느낌이 있다고 하지 않을 수 없다. 그러나 그런 성교의 묘사를 제외하더라도 『금병매』는 여전히 좋은 책이라고 할 수 있다.[85]

쩡쩐뚜어는 의식하지 못했으나, 그가 이와 같은 유감을 가진 이유는 사실 본서에서 앞서 언급한 편면에 "상당히 얽매여 있었기 때문이다." 만약 "그런 성교의 묘사를 제거한다면" 『금병매』는 상당한 정도로 시대적 의의를 상실한다. 관건은 "당시의 풍조"에 대한 이해와 평가에 있다. 이 "당시의 풍조"는 결코 사회 암흑세력의 부패와 문란만을 지탄할 수 없다. 역대 모두 사회 암흑세력은 적지 않았고 그들의 부패와 문란도 적지 않았는데, 무엇 때문에 명 후기에 그렇게 널리 지속적으로 음란하

84) 鄭振鐸, 『插圖本中國文學史』(四), 作家出版社, 1957, pp.919~920.
85) 鄭振鐸, 『插圖本中國文學史』(四), 作家出版社, 1957, p.920.

고 퇴폐적인 풍조가 일어났고 심지어 전 사회적인 풍조를 이루었는가? 무엇 때문에 이러한 풍조는 유달리 하층 시민문예에서 그렇게 열렬하게 표현될 수 있었는가?

본서 앞에서 소개한 자료 중에서 명인들의 심미취미가 '정에서 욕에 이른' 것은 광범위한 사회생활의 기초를 가지고 있음을 간과할 수 있다. 사치의 일반화라 해도 좋고 성의 솔직한 표현이라 해도 좋은데, 이들은 봉건예법도덕에 대해서 최소한 객관적 견지에서 모종의 충격작용을 낳았다. "사람의 마음은 방탕을 즐거움으로 여기고 세상의 풍조는 사치를 서로 뽐내며, 법도를 지나치고 금령을 범하더라도 두려워할 줄 모른다"[86]는 것은 이와 같은 작용을 잘 입증한다. 가령 『모란정』과 같은 작품이 과도한 개성의 신장과 두려움 없는 성애의 추구로 '정情'의 '리理'에 대한 반항—인류애정욕구의 봉건윤리예법에 대한 반항을 표현했다고 한다면, 『금병매』와 같은 작품은 대담한 성의 솔직한 표현과 통쾌한 정욕의 발산으로 '육肉'의 '영靈'에 대한 모욕—인류자연욕구의 봉건도덕영혼에 대한 모욕을 표현했다. 이와 같은 표현은 확실히 모종의 왜곡, 변태적인 형식(『모란정』은 '귀신 가운데 사람鬼中人'이고 『금병매』는 '사람 가운데 귀신人中鬼'이다)을 채택했지만, 이 왜곡·변태는 공교롭게도 장기적인 봉건억압의 산물로, 그것은 객관적으로도 때마침 봉건윤리의식에 대한 모종의 폭로와 비난을 형성했다. 이 때문에 명인들의 심미취미가 '정에서 욕에 이른' 것을 결코 몇 마디 '부패'·'음탕'·'타락' 등의 단순한 악담으로 해석하거나 부정하는 것은 옳지 않다. 그것은 사실 봉건사회의 조종을 울리고 역사가 근대로 나아가는 최초의 사회문화운동이다. 이러한 점은 더욱 그것이 자각적 사상의 이론 논증을 획득하는 것으로 표현되었는데, 이것이 바로 전술한 심학이단의 자연인성론이다.

---

86) 張瀚, 『松窗夢語』卷7, "人情以放蕩爲快, 世風以侈靡相高, 雖逾制犯禁, 不知忌也."

제4절 역사의 한계

그러나 역사는 끝내 근대로 나아갈 수 없었고 '정욕'의 기치는 끝내 높이 드날릴 수도 없었다. 청조의 시작은 또 300년의 암흑이요 적막이었다. 역사적 곡절의 원인은 어디에 있는가? 원인은 복잡하다. 청조가 들어선 것이 하나의 주요한 원인이지만 역시 우연한 원인이다. 더 심각한 원인은 아마 근대로 나아가는 행보 그 자체가 별로 그렇게 건전하거나 견실하지 못하다는 데 있다. 이러한 점에 대해서는 본서에서 전면적으로 분석할 수 없고 심미취미의 견지에서만 한번 들여다 볼 수 있을 뿐이다.

『금병매』를 한 번 읽으면 아주 용이하게 하나의 매우 의미 있는 모순이 있다는 것을 발견할 수 있다. 성교 장면을 묘사할 때에 그것은 그렇게 기탄없이 상세히 묘사하는 것을 꺼리지 않고, 노골적으로 음미하고 감상하는 것이 넘쳐나고, 조금도 부끄러운 태도를 보이지 않는다. 그것은 이른바 '음욕淫欲'의 발산을 확실히 찬미하는 태도이다.[87] 그러나 성교장면의 묘사 외에 작자는 음란함을 내놓고 말하는 것에 대해 확실히 때도 없이 풍자하거나 비난하고 있다. 책 전체에서 몇몇 방탕하고 음욕적인 인물은 모두 '반동적이고 부정적인 인물'이고 모두 비명횡사를 당하는 것도 작가가 비판적인 태도를 분명하게 드러낸다. 모순은 바로 여기에 있는데, 찬미하면서 비판도 하며 권고하면서 풍자도 한다는 것이다. '삼언이박'에서 성을 언급한 편장 중에도 또한 이와 같은 모순 현상

---

87) 『금병매金瓶梅』, 「동오롱주객서東吳弄珠客序」에 이르기를 "금병매는 음란서적이다. ……작가 또한 스스로 품은 뜻이 있어 세간을 경계한 것이지 세간을 근심한 것은 아니다.金瓶梅, 穢書也 ……作者亦自有意蓄爲世戒, 非爲世勸也."고 했다. 이 말은 반드시 그런 것은 아니다. 만약 '세간을 경계'한 것뿐이라면, 작가가 '음란한 것'을 분석하여 조금도 숨김없이 흥미진진하게 음미할 수 없다.

이 있다. 이는 서구의 『데카메론』등과 크게 다르다. 『데카메론』과 '삼언이박'은 모두 많은 성직자들이 몰래 정을 통하는 것〔偸情〕을 묘사했다. 전자는 투정하는 사람을 아무튼 순수하게 찬미하고 금욕하는 사람은 결국 몹시 곤란하게 만들었고, 후자는 정반대로 투정하는 사람은 아무래도 제 명에 죽을 수가 없고 정조를 지키는 사람은 아무래도 찬양됐다.

이러한 심미취미의 거대한 차이는 실제적으로 시대적 진보나 인성해방의 서로 다른 단계와 서로 다른 수준을 체현한 것이다. 이것의 배후에는 당연히 중대한 경제적 원인과 정치적 원인(이를테면 근대 자본주의의 경제적 원인, 정치적 능력의 강약·다소·유무 같은 것들)이 있지만, 경제·정치적 원인은 분명히 직접적으로 이와 같은 심미취미의 차이를 해석할 수 없고, 전자의 근본적 작용은 모종의 문화적 매개를 거쳐야만 후자에 영향을 미친다. 이 문화적 매개는 바로 윤리적 심리상태이고 곧 도덕의식이다. 바로 중국인과 서구인이 서로 다른 윤리적 심리상태로 근대를 향한 발걸음을 내딛었기 때문에 그들은 성의 소재에 대해 서로 다른 태도와 서로 다른 대처를 낳았고, 『금병매』·'삼언이박'과 『데카메론』은 서로 다른 심미 양상을 형성했다.

『데카메론』을 낳은 문예부흥시대에 서구인들은 종교적 윤리와 자연적 윤리의 격렬한 충돌로 근대의 서막을 열었다. 두 가지 윤리적 심리상태의 충돌은 신과 사람, 영혼과 육체, 천국과 속세, 권위적 신앙과 개체적 자유의 심각한 대치를 체현했다. 전통적 종교윤리 — 기독교 윤리로 보면, 모든 현실세계는 하나의 "하나님에게 죄를 지은 '세계'"이고 하나의 고난이 넘치는 부도덕한 세계이다. 인간의 속세생활, 인간의 육체존재, 인간의 자연감성욕구 그 자체는 바로 죄악이고, 바로 고난의 근원이다. 이 때문에 죄악을 속죄하고 고난에서 벗어나기 위해 인간은 반드시 육체를 훼멸하고 자기의 자연감성욕구를 철저히 금지하고 영혼의 인도에 복종하여, 천국의 지선한 도덕경지에 들어간다. '원죄설'에서 '속죄

설'에 이르기까지 기독교의 기본교리는 모두 같은 윤리의 길 — 금욕주의를 가리킨다. 즉 "그리스도 예수의 사람들은 육체와 함께 그 정과 욕심을 십자가에 못 박았느니라"[88]라는 것이다.

이것은 일종의 사람을 희생함으로써 사람의 윤리적 심리상태를 구원하는 것이다. 이와 같은 윤리적 심리상태와 첨예하게 대립하는 자연윤리는 인도주의의 기치를 높이 들고 충만한 열정으로 인간의 속세생활, 인간의 육체존재, 인간의 자연감성욕구를 긍정하고, 정욕의 만족이나 감성의 환락 그 자체가 바로 인간의 도덕생활이라 여긴다. 이러한 자연윤리는 하나님의 권위에 대한 반항과 인간의 행복에 대한 추구를 강력히게 표현했는데, 그것은 바로 저명한 프란체스코 페트라르카Petrarca Francesco(1304~1374)[89]가 "나는 하나님으로 변하여 영원 속에 살거나 어쩌면 천지를 품속에 안게 되는 것을 바라지 않는다. 사람에게 속한 그런 광영이면 내게 충분하다. 이것은 내가 추구하는 모든 것이다. 나 자신은 평범한 사람이고 나는 단지 평범한 사람의 행복을 희망한다"[90]라고 말한 것과 같다.

일천여 년 동안 인간의 본성을 억압한 종교적 금욕주의를 애써 벗어나기 위하여 이와 같은 자연윤리는 잘못을 시정하는 종욕주의 형식으로 인간의 각성을 부르짖으며, "자기 뜻대로 하고 각자가 다 자기가 옳다고 생각하는 대로 하라"[91]고 주장했고, 수도원 안에서조차도 "남자가 있는

88) 『갈라디아서』제5장.

89) *이탈리아의 시인이자 인문주의자. 교황청에 있으며 연애시를 쓰기 시작하는 한편 장서를 탐독하여 교양을 쌓았고 이후 계관시인桂冠詩人이 되었다. 성아우구스티누스와의 대화형식인 라틴어 작품『나의 비밀』을 집필하였고, 이탈리아어로 된 서정시 「칸초니에레」로 소네트의 극치를 보여주었다.

90) 北京大學西語系資料編, 『從文藝復興到十九世紀資産階級文學家藝術家有關人道主義人性論言論選集』, 商務印書館, 1971, p.11.

91) 拉伯雷, 『巨人傳』上卷, 上海釋文出版社, 1981. p.207.

곳에는 반드시 여자가 있어야 하고, 여자가 있는 곳에는 반드시 남자가 있어야 한다"[92]고 규정했다. 소포클레스Sophoklēs[93]의 "가장 유쾌한 생활은 바로 조금도 절제 없는 생활이다"라는 말은 이와 같은 자연윤리가 받드는 신조가 된다. 그리고 『데카메론』은 바로 이와 같은 자연윤리의 예술적 표상이다. 그것은 보기에 단지 투정하고 간통하는 황당하고 웃기는 고사 중에서 도리어 자각적으로 종교적 신령에 대한 부정과 모욕을 표현하고, 자연인성에 대한 긍정과 찬송을 표현했다. 사회기초의 측면으로 보면, 그것은 새로운 경제적 요소와 정치적 역량이 이미 확고한 뿌리를 내리고 꽃을 피운 토양 위에서 발생했고, 문화전통의 측면으로 보면, 그것은 고대 그리스 인문정신의 풍부한 영양을 흡수했다. 그것의 실현은 그 자체의 현실적 근거가 있고, 자신만만하게 그 자체를 긍정할 수 있었기 때문에 앞에서 서술한 바와 같이 조금도 거리낌 없이 정욕의 기치를 들었다.

『금병매』와 '삼언이박'이 생겨난 명대 중국인들의 윤리적 심리상태는 서구인과 판이하게 달랐는데, 일반적으로 말해 중국인들의 윤리적 심리상태 중에서 종교윤리와 자연윤리는 모두 지배적 위치를 차지한 적이 없다. 중국인들의 도덕의식을 지배하고 있는 것은 줄곧 일종의 인간관계의 윤리이다. 이와 같은 인간관계의 윤리는 선을 천국의 영혼에 귀속시키지 않고 악을 속세의 존재에 귀속시키지도 않으며, 바로 현실의 사

---

92) 拉伯雷, 『巨人傳』上卷, 上海釋文出版社, 1981. p.192.

93) *소포클레스Sophoklēs(BC 496/495~BC406) 그리스 3대 비극 시인이자 그리스 비극의 완성자이다. 작품 구성의 치밀성, 중용성, 기교의 완벽 등으로 비극의 최고봉으로 인정받았다. 모두 123편의 작품이 있다고 하는데 현재 전해지는 것으로는 『안티고네Antigone』·『엘렉트라Elektra』·『오이디푸스 왕Oidipus Tyrannos』 등이 있으며 그의 고전적인 냉엄한 완벽성은 말년의 작품 『필로크테테스Philoktetes』·『트라키아의 여인Trachiniai』에 이르러 따뜻한 인간적 체온으로 대체되었다. 『철학사전』, 중원문화, 2009.

회생활, 현실의 인간관계 중에 하나의 도덕세계를 수립한다. 이런 도덕세계의 이상적 표준은 일종의 계급질서의 조화이고, 이와 같은 계급질서의 조화는 또한 자연생명에 대한 범도덕화의 해석에 의존한다. 『주역』은 인륜에서, 혈연은 종법에서 바로 기본적으로 증명된다. 인간관계의 윤리는 현실 인생의 희생이 영혼의 초월을 얻기 때문에 종교적 윤리요구를 거부하고, 도덕은 곧 금생에서, 곧 현실적·감성적 생명활동 중에서 당연히 적극적 의의를 갖는 것으로 여겨진다. 그러나 그것은 도덕적 이상을 가지고 사회계급질서의 조화를 유지하고, 불공평한 사회관계를 가지고 기본적인 윤리준칙으로 존중하고, 심지어 인간의 자연생명이나 감성욕구조차도 모두 범도덕화의 해석을 거쳐 이와 같은 윤리준칙에 포함시켰기 때문에, 처음부터 일종의 신격화된 윤리질서(실제적으로는 통치 질서이다)와 자연욕구(실제적으로는 일반 민중의 자연욕구이다)를 억압하는 유해한 경향을 가지고 있었다. 이러한 경향이 발전하여 마침내 '존천리, 멸인욕'의 준종교적 신조가 제기되었다. 따라서 리쩌허우가 그것을 '준종교적 윤리주의'라고 한 것은 아주 정확하고 적절하다.[94]

만약 종교윤리가 일종의 외재적 대항(신과 인간)을 통해 인간의 감성적 자유를 박탈한다면, 인간관계의 윤리는 일종의 내재적 대항(리와 욕망)을 통해 인간의 감성적 자유를 박탈한다. 만약 종교윤리가 초현실적인 천국 영혼의 부름으로 사람들을 금욕주의로 인도한다면, 인간관계의 윤리는 현실에서 도덕적 인격의 함양으로 사람들을 금욕주의로 인도한다. 비교하자면 인간관계의 윤리적 형식이나 과정이 확실히 더 정교하고 더 실용적이며, 더 '사람의 마음에 깊이 파고들어' 더 실행의 효과가 있다. 이는 수천 년에 걸친 종법사회의 경제·정치적 기반 위에서 성공적으로 중화민족문화와 심리의 심층구조를 형성했다. 명대 '정에서 욕

94) 李澤厚, 『中國古代史上史論』 참조.

에 이르기까지'의 해방조류는 이 구조에 타격을 가했지만 부족했고, 또한 근본적으로 이런 구조를 흔들 수도 없었다. 그 원인은 대체로 세 가지가 있다.

첫째, 사회기초로 보면 명대의 중국사회는 여전히 봉건 자연경제의 망망대해이고, 이른바 자본주의의 맹아는 이 대해 중에 떠다니는 몇 개의 외로운 배에 불과했다.(명대 자본주의의 맹아가 나타났는지의 여부에 대한 학계의 정론은 아직까지 없다) 이와 같은 경제구조 가운데에서 족히 사회에 새로운 형태의 인간관계가 생겨나고, 새로운 가치 관념이 형성되는 것은 매우 어렵다. 그러나 정치 분야에서 봉건법제의 문란도 또한 대부분 여러 가지 우연한 현상에 원인이 있는데, 예를 들면 황제가 장기간 주색에 빠져 장기간 조정을 돌보지 않는 것 등이다.[95] 요컨대 봉건정치경제체제가 근본에서부터 촉동을 만난 것은 아니었고, 그것은 여전히 빈틈없는 그물과 같이 전체 중국사회를 구속하여, 봉건적 권력 남용은 여전히 언제 어디서든지 진보적 사상과 진보적 사회운동을 위협하고 박해하고 있었다. 하심은과 이지의 참혹한 죽음이 바로 확실한 증거이다. 우위는 일찍이 이지의 비참한 운명을 다음과 같이 탄식했었다.

> 아! 탁오는 전제주의의 나라에서 태어났으며 입헌주의의 나라에서 살지 못했다. 언론과 사상의 자유를 얻지 못하고 감옥에서 횡사했다. 속학을 배척하는 것을 목도하고 암울한 시대가 언제 끝날지 모른다는 느낌을 갖지 않을 수 없었다. 그러니 또한 스스로 비참한 그 신세의 불행을 끝낼 수 있을 뿐이었다. 다시 무슨 말을 하겠는가? 다시 무슨 말

95) 명 무종武宗 주후조朱厚照가 정덕 연간에 과도한 환락에 빠졌는데, 심지어 황제마저도 다들 그럴 것이라고 생각하지 못했고, 명 신종神宗 주익균朱翊鈞 만력 연간 이십여 년은 황제가 조회를 보지 못했다. 전제정권의 기회를 틈타 간신들도 또한 암투를 벌이는 등 다른 사람을 서로 배척했다. 이런 비교적 특수하고 우연한 현상은 명 중엽 이후 봉건제도가 상대적으로 문란해지는 중요한 원인이다.

을 하겠는가?[96]

봉건전제체제가 아직 움직이지 않는다면 어떤 종류의 진보사조를 막론하고 모두 실패를 당하는 비극적 운명에 빠질 수밖에 없다는 것은 이해하기 쉬울 것이다.

둘째, 문화전통으로 보면 서구의 문예부흥 이전 그리스의 자연인문정신과 중세종교금욕주의 두 가지 확연히 다른 문화형태가 대립하고, 문예부흥시기 자연윤리의 형성은 중요한 역사적 근거가 존재하고 있었는데, 그것은 고대 그리스의 자연인문정신에서 많은 영향을 받았다. 중국은 명대 이전에는 도리어 뚜렷이 대립되는 문화형태가 형성되지 않았고 인간관계의 윤리가 줄곧 중국인의 도덕적 생명의 윤리적 심리상태를 지배해왔다. 이 때문에 이러한 절대적 통치지위를 차지하는 인간관계의 윤리와의 대항은 역사적 '효소'가 부족하고 문화전통의 계발이 부족했다.

셋째, 시대사조로 보면 이지 · 하심은 등의 '이단'사상가들은 용감하게 '정욕'의 기치를 드러내어 확실히 전통적 윤리의 심리상태에 심각한 영향을 주었다. 그러나 전술한 두 가지 원인과 서로 연결되는 그들의 사상이론은 설사 전체적으로 말하더라도 완전히 새로운 성질을 갖추는 것은 불가능했고, 그들이 근대 자본계급의 사상적 대표가 되는 것은 아득한 일이었고 될 수도 없었다. 역사가들이 이지를 '광선狂禪'이라 부르는 것은, 공교롭게도 이지가 봉건 예교와 투쟁한 사상적 무기가 선禪의 독자적이고 구속받지 않는 의식이라는 것을 증명한다. 이와 같은 선의 독자적이고 구속받지 않는 의식은 분명히 한 줄기 역사 전진의 사상적 여

96) 吳虞, 『吳虞文錄』, 「明李卓吾別傳」, 上海書店, 1990, "嗚呼! 卓吾產于專制之國, 而弗生于立憲之邦, 言論思想, 不獲自由, 橫死囹圄, 見排俗學, 不免長夜漫漫之感: 然亦止能自悲其身世之不幸而已矣, 復何言哉! 復何言哉!"

정을 개척할 수 없었기 때문에, 그렇게 격렬하게 해방을 부르짖던 이지도 "한 구절 아미타경문이 사람을 애욕의 강에서 건져 내었네"[97]라고 음영하고, "육근[98]은 모두 공이고" "육진[99]은 모두 공이다"[100]라고 귀결했다. 더 문제를 입증할 수 있는 것은 이지와 마찬가지로 개방적인 하심은이 구상한 이상적인 사회—'회會'[101]가 비록 이지가 「하심은론」 중에서 말한 것처럼—"사람이 마땅히 지켜야 할 인륜에는 다섯 가지가 있다. 그런데 공(하심은)은 그 중 네 가지를 버렸다"[102]고 할지라도 결국 여전히 공자의 '대동' 이상을 넘어서지 못하고, 그 "장차 노인을 만나거든 그 사람을 얻는 일을 편안함安으로 하고, 친구라면 그 사람을 얻는 일을 믿음信으로 하고, 젊은이라면 그 사람을 얻는 일을 품어줌懷으로 한다"[103]는 여전히 표준적인 유가치세의 도로 귀결됐다.[104]

이상에서 알 수 있는 것은 명대 중국사회가 비록 이미 근대로 나아가는 요소를 내포하고 있더라도 경제생활에서 의식형태에 이르기까지 전통방식과 전통의식이 여전히 지배적 위치를 차지하고 있다는 점이다. 이와 같은 사회 분위기 속에서 『금병매』·'삼언이박' 등이 성의 소재를

97) 李贄, 『續焚書』卷5, 「和壁間韻」, "一句阿彌陀, 令人出愛河."
98) *육근六根: 육적六賊이라고도 부른다. 즉 목目·이耳·비鼻·설舌·신身·의意는 '근根을 낳을 수 있다'(能生)는 뜻으로서 목은 시근視根, 이는 청근聽根, 비는 취근嗅根, 설은 미근味根, 신은 촉근觸根, 의는 염려의 근이 된다.
99) *육진六塵: 색色·성聲·향香·미味·촉觸·법法, 육근과 서로 접촉한 뒤 청정한 마음을 오염시켜 번뇌에 이르게 한다.
100) 李贄, 『焚書』卷3, 「心經提綱」, "六根皆空⋯⋯ 六塵皆空."
101) 何心隱, 『爨桐集』卷2 참조.
102) 李贄, 『焚書』권3, 「何心隱論」, "人倫有五, 公舍其四."
103) 何心隱, 『爨桐集』卷3, 「辭唐可大饋」, "將見老者以得人而安, 朋友以得人而信, 少者以得人而懷."
104) 하심은이 구상한 '會'는 일정한 수준에서 근대 평민사회의 정치이상을 체현했다. 이 점에 관해서는 다음 장에서 별도로 논술하겠다.

표현하는 모순적인 태도도 이해하기 쉬울 것이다. 한편으로는 시정사회의 수요와 봉건법제의 해이는 작가들에게 자연인성이 야기하는 감성욕구를 표현하도록 허용하고 요구했다. 그러나 다른 한편으로는 인간관계의 윤리가 이미 중국인들의 심층심리 중에 자리잡은 도덕기준이 되어 이러니저러니 주위에서 작가의 창작사상과 심미의식을 좌우하지 않을 수 없었다. 따라서 『금병매』는 육욕에 빠져 절제하지 못하는 것〔縱欲〕을 크게 다루면서도 종욕하는 사람들을 모두 추악한 인물로 그려내지 않을 수 없었고, 동시에 그들로 하여금 각각 급사하게 만들었다. '삼언이박'은 투정을 크게 다루면서도 최후에는 "(먼저 속된 음악을 연주하고) 다음에 바른 음악을 연주하여 마칠 때는 우아한 곡을 연주하여 후속厚俗함으로 귀결하지"[105] 않을 수 없었다.

모순을 분명하게 보이는 것은, 명인들의 심미취미가 '정에서 욕에 이른 것'이 비록 중국미학사와 예술사의 매우 이채로운 한 페이지이며, 비록 근대화로 나아가는 서막이라 하더라도 결코 그렇게 뚜렷하거나 높은 것은 아니라는 점이다. 그것은 전체 중국사회가 힘겹고 어려운 걸음으로 근대로 나아가는 모습과 오히려 상당히 어울린다.

오늘날 중국은 이미 새로운 시대에 들어섰다. 심미문화 영역 중에서 어떻게 리理·정情·욕欲의 관계를 인식하고 해결할 것인가는 아직도 깊은 분석이 요구된다. 의심할 바 없이 종욕주의 및 그 예술표현은 특정한 역사시기에 어떠한 진보작용을 일으켰든지 간에 오늘날에는 취할 것이 못 되는데, 그것은 결국 "동물적인 것이 인간적인 것으로 되고 인간적인 것이 동물적인 것이 되도록 만들기"[106] 때문이다. 마르크스는 "물론 식욕과 성욕 등도 진정한 인류의 기능이다. 그러지만 만일 이런 기

105) 明末 姑蘇抱甕老人 編, 『今古奇觀』, 「敍」, "曲終奏雅, 歸于厚俗."
106) 馬克思, 『1844年經濟學哲學手稿』, p.48.

능을 기타 인류활동과 갈라놓는 동시에 그것들이 최후의 유일한 궁극적인 목적이 된다면, 이와 같은 사유과정 중에 그것들은 곧 동물적 성질을 가진다"[107]라고 지적했다.

종욕주의는 바로 이와 같은 '동물적 성질'이 있다. 가령 그것이 금욕주의의 철의 장막 시대에 충격을 주었을 때 잘못을 시정하는 사상 무기와 행위 방식을 잃지 않았다고 한다면, 인류정욕의 발산과 만족은 도리어 정상적이거나 건강하지 못한 것으로 판단되었는데, 문제는 전술한 그런 전통적 인간관계 윤리의 깊은 영향으로 인해, 우리들의 사회생활에서 특히 심미—예술 중에서 유래가 이미 오래된 경향은 분명히 종욕주의에 치우치는 것이 아니라 금욕주의에 치우친다는 데에 있다. 이러한 금욕주의는 이미 "사私라는 글자의 번뜩하는 생각을 위해 결연히 투쟁한다狠鬪私字一閃念."는 형식으로 10년 동란시기에 드러났다. 만약 종욕주의가 사회생활 영역에서 이미 청산되기 시작했다고 한다면, 심미—예술영역에서 아직도 해결하기 요원한 하나의 문제, 즉 심미표현·예술창작 중에서 어떻게 인간의 자연욕구를 취급하고 해결할 것인가 하는 것은 분명히 아직도 우리들의 미학이론에서 건설적인 토론에 이르지 못했다. 본서에서 말한 바와 같이 일반적으로 말해, 중국인의 심미는 '욕'적인 부분을 홀시했거나 빠뜨렸다. 그렇다면 이런 '욕'적인 부분으로 돌아가야 하는가? 대답은 긍정적이다. 여기서 다시 마르크스의 남녀관계에 관계되는 논설을 인용한다.

> 남녀 간의 관계는 사람과 사람 간의 직접적·자연적·필연적 관계이다. 이러한 자연적·동질적 관계 중에서 사람과 자연계의 관계는 직접적으로 사람과 사람 간의 관계를 포함하지만, 사람과 사람 간의 관계는 직접적으로 바로 사람과 자연계의 관계이고, 바로 그 자신의 자연적 규

---

107) 馬克思, 『1844年經濟學哲學手稿』, p.48.

> 정이다. 그래서 이러한 관계는 일종의 감성적 형식이나 일종의 뚜렷하고 쉽게 드러나는 사실을 가지고, 사람에게 속하는 본질이 어떤 정도에서 사람에 대해 자연계를 이루는지 아니면 자연계가 어떤 정도에서 사람에게 속하는 본질을 이루고 있는지 보여준다. 따라서 이와 같은 관계에 근거하면 인간의 전체 문명수준을 판단해 낼 수 있다.[108]

이 말은 문명인의 존재는 여전히 일종의 자연 존재일 수밖에 없고 사람도 곧 사회의 자연존재에 불과하므로, 남녀관계는 이와 같이 가장 충분하게 인간의 자연존재적 관계를 나타내는 중에서도 또한 가장 충분하게 사람의 사회적 존재(문명수준)를 나타낸다는 것을 매우 분명하게 밝혔다. 본서의 논지를 확대하면, 사람의 정욕적 존재(자연)는 가장 직접적으로 사람의 이성적 존재(사회)를 드러내 보인다. 바로 정욕 만족의 서로 다른 방식·내용·성질이, 직접적으로 사람과 동물의 가장 분명하고 가장 비교성이 있는 구별을 제공한다. "정욕은 사람이 자기의 상대를 강열하게 구애하는 본질적인 능력"[109]이기 때문에 문제는 바로 '욕'은 응당 되돌아가야 하는가 아닌가에 있지 않고 그들을 어떻게 되돌아가게 하는가에 있다.

오늘날 보기에 『금병매』·'삼언이박' 속의 성 묘사는 확실히 천박하고 저속하지만, 당대 예술가의 태도로서 바람직하지 않은 것은 응당 여기로부터 회피성의 소재를 찾는 것이며, 응당 그것에게 심미적 표현, 시화된 표현, 즉 인격화된 표현을 부여하는 것이다. 나는 이로부터 프로이드[110] 생각이 난다. 사람들이 흥미진진하게 이야기하는 프로이드는 실

---

108) 馬克思, 『1844年經濟學哲學手稿』, 72면.

109) 馬克思, 『1844年經濟學哲學手稿』, 122면.

110) *지그문트 프로이트Sigmund Freud(1856~1939)는 오스트리아의 정신과 의사 정신분석학파의 창시자이다. 그는 무의식과 억압의 방어 기제에 대한 이론, 환자와 정신분석자의 대화를 통한 정신분석학적 임상 치료 방식을 창안했다. 또 그는

제로 심한 오해를 받았다. 성해방자들의 그에 대한 칭찬에도 불구하고 여전히 도학자들의 그에 대한 질책은 모두 근거가 부족하다. 프로이드 사상의 취지는 결코 성의 방종을 널리 알리는 것이 아니라, 이른바 "성적 에너지의 전이", "욕구불만족의 승화"를 응용하여, 인류의 정욕(프로이드가 보기에는 주로 성욕이다)을 위해 한 사회가 인정하는 발산 경로를 탐구하고, 정욕의 억압에서 생겨나는 보편적인 인생의 고통을 해탈함으로써, 이로부터 오는 정신이상이나 범죄로 타락하는 것을 방지하는 것이었다. 따라서 프로이드가 제기한 '무령설毋寧說'은 도덕화의 길이다. 그가 바란 것은 실제적으로 자연정욕필요와 사회윤리규범 사이의 타협을 보려는 데 있다. 그의 '전이'·'승화'라는 것은 이 타협 가운데 정욕이 반드시 만들어 내야 하는 양보이다. 이와 같은 '전이' 혹은 '승화'는 사실 바로 정욕의 인격화된 만족방식이고, 프로이드는 심지어 그것이 인류의 고상한 정신활동을 포함한다고 여겼다. 아래 그의 말을 보자.

> 고통을 방지하는 하나의 방법은 '성적 에너지의 전이'libido-displacements를 채용하는 것이다. 이것은 우리들의 정신구조가 허용할 수 있는 방법이다. 이러한 방법을 통하여 그것이 얻을 수 있는 적응성은 매우 크다. 이와 같이 우리들이 당면한 과제는 바로 본능적 충동이 전화되어 그것이 외부세계에 좌절당하는 방향으로 올라가지 못하게 하는 것이다. 본능적 충동의 승화Sublimation는 이와 같은 전화를 견디게 한다. 한 개인이 어떻게 해야 자신이 고상하게 변할 수 있다는 것을 알게 되고, 일종의 정신과 지능을 작품 속에서 일종의 유쾌함을 얻을 수 있게 된다면,

---

성욕을 인간 생활에서 주요한 동기 부여의 에너지로 새로이 정의했으며, 치료 관계에서 감정 전이의 이론, 꿈을 통해 무의식적 욕구를 관찰하는 등 치료 기법으로도 알려져 있다. 20세기 말에 심리학 분야가 발전하면서 프로이트 이론에서 여러 결함이 드러났으나, 프로이트의 방법과 관념은 임상 정신 역학의 역사에서 중요한 위치를 차지하고 있다.

> 이와 같은 성취는 가장 거룩한 것이다. 이와 같은 경지에 이르면, 운명은 그에게 더 이상 힘을 쓸 수 없다. 이와 같은 만족, 예컨대 예술가가 자신의 환상적인 창작 중에서 있는 것과 같은 그런 유쾌함, 과학자가 얼마간 난제를 풀거나 진리를 발견 했을 때와 같은 그런 특별한 유쾌함은, 언젠가는 반드시 우리들이 심리적 분석의 시각에서 그 성질에 대해 규정해 낼 수 있을 것이다.[111]

프로이드는 원래 자연정욕의 '전이'·'승화'를 정신활동의 원천이나 동력으로 여겼는데 이런 관점은 당연히 근거가 부족하다. 그렇지만 상술한 그의 사상은 최소한 우리들을 계발할 수 있으니, 응당 인류정욕의 표현과 만족을 위해 모종의 사회화를 모색해야 한다. 다시 말해 사회가 인정할 수 있고 공개할 수 있으며 함께 교류할 수 있는 방식이나 경로를 모색해야 한다. 그것이 사회적 이성규범, 도덕적 윤리요구, 정신적 창조활동과 모종의 통일을 이루어야 하고 또한 이룰 수 있어야 한다. 말할 필요도 없이 심미 — 예술은 바로 이와 같은 방식 혹은 경로이다. 사실 자세하게 규명하자면, 프로이드가 심미 — 예술을 이용하여 이른바 성적에너지의 전이를 실현하고 본능적 충동을 승화함으로써 심리적 건강을 얻는다고 주장한 것은, 여전히 소극적·피동적 의미만 있는데, 그것은 그가 단지 심미 — 예술만을 가지고 심층심리의 억압을 제거하는 일종의 의료 수단으로 생각했기 때문이다. 가령 우리들이 마르크스가 인식했듯이 사람은 바로 자연존재 중에서 사회존재를 나타낸다는 그런 인식에 이르렀다면, 우리들은 훨씬 더 적극적인 의미에서 인류의 자연정욕을 심미 — 예술표현 속에 끌어 들일 수 있다. 심미 — 예술은 본래 인류의 자아관조이며 자아형상이니, 총체적으로 말하면, 인간의 자연존재를 제거하고 인간의 정욕요구를 거절한다면, 어떻게 완정하고 진

111) 弗洛伊德, 『文明與它的不滿意』, 朱狄, 『當代西方美學』, 人民出版社, 1884, p.22.

실한 인류자아를 관조하고 형상할 수 있겠는가? 문제는 대개 아놀드 토인비[112]Arnold Joseph Toynbee(1889~1975)가 제기한 '인류의 곤란함'을 제거해야 한다는 데에 있다.

> 인류는 이와 같은 고민스럽고 곤혹스러운 처지에 놓여 있다. 그들은 동물인 동시에 또한 자아의식을 갖춘 정신성의 존재이다. 다시 말하면 인류는 그 본성 중에 정신성적인 일면을 가지고 있기 때문에, 그들은 자신들이 동물들은 갖추지 못한 존엄성을 부여받았음을 아는 동시에 반드시 그것을 유지해야 한다고 느낀다. 따라서 사람들에게 생리상에서 자신과 동물은 같은 부류라고 생각하게 하면, 사람의 존엄성에 손상을 입히는 신체기관·기능·욕망 등에 대하여 사람들은 당연히 어찌할 수 없는 곤란함을 느끼게 된다.[113]

인류는 응당 자신들의 자연적 존재, 자연적 욕구 때문에 곤란함을 느끼면 안 되고, 응당 곤란함을 느껴야 하는 것은 이와 같은 자연적 존재, 자연적 욕구에 머무는 것이다. 인류가 정욕을 둘러싼 투쟁 중에서 선악이 드러남을 보고 미추가 드러남을 보고 사람의 존엄과 완전한 가치가 드러남을 본다. 이러한 정욕의 투쟁은 분명히 심미 — 예술의 기본 주제의 하나이다. 인류는 정욕의 발산을 만족하기 위하여 일종의 인격화[人化] — 시화詩化된 표현을 제공하는 것은 예술 — 심미가 응해야 할 바이고 책임져야 할 사명이다. 이런 사명을 소홀하거나 막아버리면 도리어

---

112) *토인비Toynbee, Arnold Joseph(1889~1975) 현대 영국의 역사가. 문명 비평가. 경제학자 A. 토인비의 조카이다. 런던 대학, 외무성, 런던 대학 국제사 연구교수를 역임했다. 그의 역사관은 탄생 · 성장 · 쇠퇴 · 붕괴라는 단계를 거치는 '역사의 순환설'이다. 역사를 움직이는 힘을 고찰함에 있어, '성스러운 계시'의 신앙을 '창조적 개성' 혹은 '창조적 소수자'와 결부시켜 설명하고 '서구 문명'의 구원은 종교의 힘을 빌어야 한다고 보고 있다. 『철학사전』, 중원문화, 2009.

113) 『展望21世紀 — 湯因比與池田大作對話錄』, 國際文化出版公司, 1985, pp.3~4.

저열한 성문예가 쉽게 그 간계를 부리도록 하여 인류의 정욕생활을 해치고 추하게 한다. 이와 같은 하나의 구호를 제의해도 될까 모르겠다. 인류정욕의 심미를 반성함으로써 관음증을 대체하자!

응당 인정할 것은 서구 예술가 가운데 이미 이와 같은 창작을 한 사람이 있다. 내가 보기에 로렌스D.H. Lawrence의 『채털리 부인의 사랑』, 밀란 쿤데라Milan Kundera의 『참을 수 없는 존재의 가벼움』은 곧 이와 같은 작품이다. 특히 밀란 쿤데라의 작품은 그 성적 심리의 섬세한 묘사 속에서 인간의 모든 성령의 전율, 고통·기쁨·현실·이상·본능·이성·윤락·승화·야만·문명·개인·민족·가정·사회 등이 이로부터 뒤섞여 전개되는 것을 엿볼 수 있는데, 이와 같은 일종의 정욕적 심미의 반성은 사람을 관조로 이끌어 온전한 인생을 향해 나아갈 수 있게 한다. 주목할 만한 것은 중국 최근의 문학창작 가운데 이미 이 하나의 주제를 다루기 시작한 사람이 있다는 것이다. 그 중에서 비교적 전형적인 사람은 장셴량[114]이다. 그의 『영혼과 육체靈與肉』가 아직도 예전처럼 영혼이 육체를 압도하고 리理가 욕欲을 압도하는 것을 긍정하고 있다면, 그의 『남자의 반은 여자男人的一半是女人』에서는 이전에 없었던 개방적

---

114) *장셴량張賢亮(1936~2014) 장쑤江蘇성 난징南京에서 태어난 그는 1950년대 초 작가 활동을 시작했으며 1955년 베이징에서 닝샤寧夏 회족자치구로 이주, 농사를 짓다가 교사로 일했다. 1957년 '반우파 투쟁'이 몰아치면서 그의 시 한 편이 '반혁명적'이라는 이유로 강제 노동수용소로 보내졌다. 그의 작품 가운데 1985년 발표한 자전적 장편소설 『남자의 반은 여자』는 당시 중국 문단의 금기를 깨고 성문제를 다뤘다. 수용소문학의 백미로 불리며 그에게 '중국의 밀란 쿤데라'라는 명성을 안겼다. 이 밖에 『영혼과 육체』·『황하의 아들』·『자귀나무』 등의 소설도 유명하다. 그는 1993년에는 닝샤회족자치구 수도 인촨銀川 근교 전베이바오鎮北堡에 서구식 영화세트장을 설립했는데, 장이머우張藝謀 감독의 데뷔작 「붉은 수수밭」(1987)을 비롯하여 100편 이상의 영화가 이곳에서 촬영되었다. 그의 모든 작품은 중국에서 금기시된 많은 주제를 다뤘는데, '섹스'·'기아'·' 노동수용소 생활' 등에 관해 쓴 첫 번째 현대 중국작가이다.

이고 솔직하게 정욕의 기치를 들어 올렸다. 이 작품의 전체 심미가치를 훼손하는 메마른 논의는 뒤로 하고, 우리들은 여전히 명확하게 볼 수 있는 것은, 인간의 정욕을 박탈하는 것은 곧 인간의 모든 것을 박탈하는 것이고, 바로 그 '욕'을 되돌리는 가운데에 인성의 회생은 시작된다는 것이다.

말할 필요도 없이 인류의 정욕 만족에는 물론 일종의 '인류의 부끄러움'이 있는데, 이 부끄러움은 문명이 초래한 부끄러움이다. 마찬가지로 말할 필요도 없이 인류 정욕의 만족은 어떠한 동물보다 더 풍부한데, 이 풍부함도 문명이 가져다 준 풍부함이다. 부끄러움은 억압에 달려있지 않고 풍부함은 무절제한 성에 달려있지 않다. 그렇다면 어떻게 그것들을 위하여 모종의 통일을 모색할까? 요컨대 어떻게 인류의 정욕이 일종의 심미 — 예술, 시화 — 인격화의 회귀에 진정으로 도달할 수 있을까? 명대 '정에서 욕에 이르기까지'의 해방 사조가 이와 같은 회귀를 완성할 수 없었다면 머지않은 시대에는 희망이 있을 것인가?

제6장 아에서 속에 이르기까지

제1절 들이가는 말

만약 '정에서 욕에 이르기까지'가 내재적 심미심리상에서 시대 전환의 성격을 내포하는 명인의 심미취미의 거대한 변화를 표현했다고 한다면, '아에서 속에 이르기까지'는 외재적 심미형태상에서 동일한 변화를 표현했다. 이 하나의 변화에는 마찬가지로 심학 특히 심학이단과 내재적인 사상적 연계가 있다.

'아'와 '속'은 두 개의 상대적 심미범주가 되어 항상 예술품류를 나타내는 데 사용되어 왔는데, 인격경지가 심미가치의 층차로 나누어지면서 강한 포폄의 의미를 띠고 있다. 예를 들어 이른바 문야文野·정조精粗·고저高低의 구분은 항상 아속의 구분으로 개괄되게 되고, 고아高雅·아치雅致·비속卑俗·용속庸俗 등과 같은 조어 방식이나 습관도 역시 이러한 포폄의 의미를 명확하게 표명한 것에 불과하다. '아'와 '속'은 '일포일폄一褒一貶'(일면 칭송하고 일면 폄하함)의 심미의미를 형성했는데, 그것은 심각한 사회 역사적 원인을 가진다. 기나긴 중고봉건사회에서 '아'는 줄곧 조정 — 귀족 — '노심자勞心者'의 심미추구를 대신 지칭하는데 사용되어 왔고, '속'은 줄곧 시정 — 평민 — '노력자勞力者'의 심미추구를 대신

지칭하는데 사용되어 왔다.

'아'와 '속'의 영역은 심미취미의 각도에서 사회상층과 사회저층의 문화생태의 분기를 나타내는데, 전자가 후자에 대하여 문화적 우위를 점유하고 후자에 대한 멸시와 박탈을 나타낸다. 중국에서는 주로 유가심미교화론의 통제로 인하여 '아'와 '속'의 영역은 더욱 엄중한 도덕 내지 정치적 대립의 의미를 나타낸다. 춘추 말기부터 우선 음악 분야에서 이미 '아악雅樂'과 '속악俗樂'의 중대한 충돌이 일어났다. 이른바 '아악'('고악古樂'이라고도 한다) 계통은 정감의 내함에서 형식의 표현에 이르기까지 모두 '정통'의 예의규범·윤리질서·도덕관념에 부합되는 궁정음악을 지칭하는데 당요 시기의 「대함大咸」, 우순 시기의 「대경大磬」(대소大韶) 등 "선왕의 음악"이 그것의 모범 작품이고, "5음이 마치 5색이 무늬를 이루어 어지러워지지 않는 듯하고, 8음이 8풍의 기에 응하여 성률에 따라 간사하지 않다"[1]라는 것이 그것의 심미표준이다. 이른바 '속악'('신악新樂'이라고도 한다)은 정감의 내함에서 형식의 표현에 이르기까지 모두 '아악' 체제를 자극하고 파괴하는 민간 "세속의 음악"으로, "정나라와 위나라의 음악"이 그것의 전형적인 대표이고, 형식에 구애받지 않고 정서를 남김없이 발산하는 것이 그것의 심미추구이다. 『악기』「위문후」에서 다음과 같이 말했다.

> 이제 저 고악은 무열舞列이 나아가고 물러섬에 한결같이 가지런하고, 악음樂音이 화해롭고 올바르며 느긋이 퍼져나가며, 현弦·포匏·생笙·황篁이 함께 기다리다 부拊·고鼓가 울려야 연주됩니다. 처음 주악奏樂할 때 고를 쳐서 시작하고, 춤이 끝나고 되돌아와 정돈할 때 요鐃를 울리며, 마무리를 가다듬을 때 상相을 치고, 무인이 빠르면 아雅을 쳐서 절제합니다. 군자는 이 때 악의 의리를 말하고, 고악의 의리를 말하며, 몸

1) 『樂記』, 「樂象」, "五色成文而不亂, 八風從律而不姦."

을 닦아 집안을 가지런히 하고, 천하를 화평하도록 합니다. 이것이 고악의 발현입니다.

이제 저 신악은 무열이 나아가고 물러섬에 들쭉날쭉하고, 간성姦聲이 함부로 넘보며, 흠뻑 빠져도 그치지 않습니다. 배우와 난장이가 잡희雜戲를 벌이는데, 남자와 여자가 어지러이 뒤섞여 아버지와 아들의 예조차 모르고, 악이 끝나도 도리를 말할 수 없으며, 옛일을 말할 수도 없습니다. 이것이 신악의 발현입니다.[2)]

이는 유가심미교화론에서 '포아폄속褒雅貶俗'(아를 칭송하고 속을 폄하하는)을 착안점으로 삼는 전형적인 말이다. 실제적으로 '속악'이 생겨나자 '아악'을 옹호하는 사람들은 평소 속악의 형식에서 내용에 이르기까지 모든 것에 대해 맹렬한 비난을 행했다. 『좌전』에서는 "기는 오미가 되기도 하고 빛을 내어 오색이 되며, 소리로 나타나서는 오성이 된다. 오미·오색·오성 이것들에 빠지면, 곧 마음이 어두워지고 어지러워진다."[3)] "지·속·본·말로 한 소리 한 소리를 서로 어울리게 하고, 중의 소리로 내려 다섯 음계를 내리고 나면, 그 이상은 내려서 내지 못한다"[4)]라고 했는데, "마음이 어두워지고 어지러워진다." "그 이상은 내려서 내지 못한다"라는 것은 모두 '속악'을 가리킨다. 공자는 "음악은 소무를 할 것이고 정나라 음악을 추방하며, 말재주 있는 사람을 멀리할 것이니, 정나라 음악은 음탕하고 말재주 있는 사람은 위태롭기 때문이다."[5)] "정나라 음악이 아악을 어지럽히는 것을 미워한다"[6)]라고 했는데, 이런 말들

---

2) 『樂記』, 「魏文侯」"今夫古樂: 進旅退旅. 和正以廣; 弦匏笙簧, 會守拊鼓. 始奏以文, 復亂以武, 治亂以相, 訊疾以雅. 君子於是語, 於是道古, 修身及家, 平均天下. 此古樂之發也. 今夫新樂: 進俯退俯, 姦聲以濫, 溺而不止; 及優侏儒, 獶雜子女, 不知父子. 樂終不可以語, 不可以道古. 此新樂之發也."

3) 『左傳』昭公25年, "氣爲五味, 發爲五色, 章爲五聲, 淫則昏亂."

4) 『左傳』昭公元年, "五降之後, 不容彈矣."

5) 『論語』, 「衛靈公」, "樂則韶舞, 放鄭聲, 遠佞人. 鄭聲淫, 佞人殆."

은 '아'를 칭송하고 '속'을 폄하하는 가장 권위 있고 가장 엄중한 말이라고 할 수 있다. 이 이후로부터 '아악'의 정통적 준칙을 힘써 권장하고, '속악'이 법도를 훼손하고 어지럽히는 것을 막고 공격하는 사람이 어느 시대든 있었다.

여기에서 특히 주의할 것은 공자가 먼저 "정나라 음악은 음탕하다"고 배척한 후로부터 '속악'에 대한 폄척과 비난이 한 가지 면에 많이 집중되었는데, 바로 '음淫'하다는 것이다. '음'은 형식과 내용 두 가지 의미가 있다. 형식적인 의미는 오성이 합치하지 않고 음률이 맞지 않은 것을 가리키고, 내용적인 의미는 예법을 파괴하고 정욕을 방종하는 것을 가리킨다. 송 방서房庶는 "공자가 '정나라 음악은 음탕하다'라고 것이 어찌 그 악기가 옛날만 못하기 때문이겠는가? 다만 그 음악이 변한 것을 근심한 것일 뿐이다"[7]라고 했고, 송 왕작王灼은 『벽구만지』에서 "치우치지 않고 올바르면 아악이고 지나치게 퇴폐했으면 정나라 음악이다. …… 모든 악보는 율로 통하니 율에 통하지 않는 것은 모두 음란하고 퇴폐한 음악이다"[8]라고 했는데, 이는 형식적인 의미에서 '속악'이 '음'하다고 지적한 것이다. 반고는 "공자가 정나라 음악은 음탕하다고 한 것은 무슨 까닭인가? 정나라의 토지와 백성은 산에 거처하면서 계곡물을 길어먹고, 남녀가 뒤섞여 분별이 없으며, 정나라 음악은 남녀 간에 서로 기뻐하고 즐거워하는 것을 노래했다. 그러므로 사특하고 편벽된 음악은 모두 음란하고 색정적인 음악이다"[9]라고 했고, 주희는 "정·위나라의 음악

6) 『論語』「陽貨」, "惡鄭聲之亂雅樂也."
7) 『宋史』卷142, 『志』第95, 『樂』17, 中華書局, 1985, "孔子曰鄭聲淫者, 豈以其器不若古哉, 亦疾其聲之變爾."
8) 王灼, 『碧鷗漫志』卷1, "中正則雅, 多哇則鄭 …… 諸譜以律通, 不過者皆淫哇之聲."
9) 班固, 『社稷』, 『白虎通義』卷2, 上海古籍出版社, 1992, "孔子曰鄭聲淫何, 鄭國土

은 모두 음탕한 음악이다. 그러나 시를 가지고 상고해 보면, 위나라 시는 37편중에 음분淫奔의 시가 겨우 4분의 1인데, 정나라 시는 21편중에 음분의 시가 7분의 5를 넘으며, 위나라는 그래도 남자가 여자를 좋아하는 내용인데, 정나라는 모두 여자가 남자를 유혹하는 말이며, 위나라 사람들은 오히려 풍자하고 징계하는 뜻이 많은데, 정나라 사람들은 거의 탕연蕩然하여 다시는 회오悔悟하는 싹이 없으니, 이는 정나라 음악의 음탕함이 위나라보다 심한 것이다. 그러므로 부자께서 나라를 다스리는 것을 논의하시되 유독 정나라의 음악을 징계하시고 위나라에 대해서는 언급하지 않으셨으니, 이는 더 심각함을 들어 말씀하신 것이다"[10]라고 했는데, 이는 내용적인 의미에서 '속악'이 '음'하다고 지적한 것이다.

'속악'을 형식에서 내용에 이르기까지 '음'으로 귀결시킨 것은, '포아폄속'의 심미표준이 유가의 도덕기준 내지는 정치기준에 직접적인 제약을 받았다는 것을 선명하게 드러내 보였다. 유가가 보기에 "악은 윤리와 통하고"[11] "성·음의 도는 정치와 통하여,"[12] 음악의 가치·의의·효능은 심미에 있는 것만이 아니고, 더 직접적으로 윤리규범의 입폐立廢, 정치질서의 안위 나아가 국가의 흥망에 관련되고 영향을 미친다. 예를 들면 순자는 다음과 같이 말했다.

> 대저 음악이란 사람을 감동시키는 바가 깊고 그 감화시키는 바가 빠

地民人山居谷汲, 男女錯雜, 爲鄭聲以相悅懌, 故邪僻聲皆淫色之聲也."

10) 朱熹, 『詩經集傳』上, 「鄭風」, 上海古籍出版社, 1980, "鄭衛之樂, 皆爲淫聲, 然以詩考之, 衛詩三十有九, 而淫奔之詩纔四之一, 鄭詩二十有一, 而淫奔之詩已不翅七之五. 衛猶爲男悅女之詞, 而鄭皆爲女惑男之語, 衛人猶多刺譏懲創之意, 而鄭人幾於蕩然無復羞愧悔悟之萌, 是則鄭聲之淫, 有甚於衛矣. 故夫子論爲邦, 獨以鄭聲爲戒, 而不及衛, 蓋擧重而言."

11) 『樂記』, 「樂本」, "樂者, 通倫理者也."

12) 『樂記』, 「樂本」, "聲音之道, 與政通矣."

르다. 그러므로 선왕이 신중하게 악장을 꾸민 것이다. 음악이 중정하고 화평하면 백성이 화합하여 흐르지 않고 음악이 정숙하고 장엄하면 백성이 가지런해져서 어지럽히지 않는다. 백성이 화합하고 가지런해지면 군대가 강하고 성이 견고하여 적국이 감히 범하지 않는다. 이와 같으면 백성들은 그 처지에 안주하고 그 향리에서 즐거워함으로써 그 군주에 지극히 만족해 할 것이다. 그런 연후에 명성이 여기서 밝아지고 광휘가 여기서 크게 빛나며 온 천하 백성들은 그를 군사軍師로 삼기를 원하지 않는 자가 없다. 이것이 왕자王者의 시작인 것이다. 음악이 지나치게 아름답고 치우치면 백성은 방종에 흐르고 천박해진다. 방종에 흐르면 어지러워지고 천박해지면 다투게 된다. 어지럽고 다투게 되면 군대가 약해지고 성도 침범당해 적국의 위협을 받게 된다. 이와 같으면 백성들은 그 처지에 안주하지 못하고 그 향리에서 즐거워하지 못하며 그 군주에 만족해하지 않는다. 그러므로 예와 악이 무너지고 사악한 소리가 일어난다고 하는 것은 나라가 위태롭고 국토가 깎이며 모욕당하는 근본인 것이다. 그러므로 선왕은 예와 악을 귀히 여기고 사악한 소리를 천하게 여겼던 것이다.[13)]

'사악한 음악'이란 바로 '정나라와 위나라의 음악'과 같은 종류의 '속악'이다. 순자 학문의 영향을 많이 받은 『악기』와 비교해 볼 수 있다.

정음鄭音과 위음衛音은 난세의 음으로 그 정치가 방만(慢)에 가깝고, 복수濮水가 상간桑間의 음은 망국의 음으로 그 정치가 제멋대로여서 백성이 유망流亡하며, 윗사람을 속이고 사심을 채우는데도 금지시킬 수 없다.[14)]

---

13) 『荀子』, 「樂論」, "夫聲樂之入人也深, 其化人也速, 故先王謹爲之文. 樂中平則民和而不流, 樂肅莊則民齊而不亂. 民和齊則兵勁城固, 敵國不敢嬰也. 如是, 則百姓莫不安其處, 樂其鄕, 以至足其上矣. 然後名聲於是白, 光輝於是大, 四海之民, 莫不願得以爲師. 是王者之始也. 樂姚冶以險, 則民流僈鄙賤矣. 流僈則亂, 鄙賤則爭. 亂爭則兵弱城犯, 敵國危之. 如是, 則百姓不安其處, 不樂其鄕, 不足其上矣. 故禮樂廢而邪音起者, 危削侮辱之本也. 故先王貴禮樂而賤邪者."

'속악'의 위해가 이와 같이 큰 것은 대개 그 '음' 때문이고, '음'이라는 것은 말하자면 감성의 만족을 충분히 추구하거나 자유롭게 정감을 발산하는 것에 불과하기 때문에 『악기』에서는 또 다음과 같이 말한다.

> 선왕이 예악을 지은 것은 입이나 뱃속, 귀나 눈의 욕심을 한껏 채우기 위함이 아니며, 백성에게 좋아하고 싫어함을 고르게 하여, 사람의 도리에 있어 올바른 경계로 돌아가도록 하기 위한 것이다.[15]

유자는 '예악'을 병칭하고 그것은 서로 표리가 되어 함께 백성을 다스리는 방법이 된다고 여긴다("이른바 악은 안에서 감동하고, 예는 밖으로 발현된다. 악이 지극히 화해롭고 예가 지극히 순종하면, 백성은 그 낯빛을 바라보아 더불어 다투지 않고, 백성은 그 용모를 바라보아 경솔한 마음이 일지 않는다"[16]라는 것이다). '예악'의 '악'은 자연히 '아악'을 지칭할 수밖에 없고 '예'에 맞지 않는 '속악'은 '예'와 병칭할 수 없을 뿐만 아니라 심지어 반드시 제거되어야 할 부류이다. ― "음란한 음악, 괴이한 의복, 기이한 재주, 기이한 기물을 만들어서 민중을 의혹시키는 자는 죽인다."[17]

위로부터 유가심미교화론의 통치하에서 '아'와 '속'의 대립은 귀족과 평민의 도덕적 대립 내지는 정치적 대립을 분명하게 드러냈으며, '포아폄속'은 실제적으로 심미태도와 심미표준을 통해 정신문화 분야 중에

---

14) 『樂記』, 「樂本」, "鄭衛之音, 亂世之音也, 比於慢矣. 桑問濮上之音, 亡國之音也, 其政散, 其民流, 誣上行私而不可止也."

15) 『樂記』, 「樂本」, "是故先王之制禮樂也, 非以極口腹耳目之欲也, 將以敎民平好惡, 而反人都之正也."

16) 『樂記』, 「樂化」, "樂也者, 動於內者也; 禮也者, 動於外者也. 樂極和, 禮極順. 內和而外順, 則民瞻其顔色而弗與爭也. 望其容貌而民不生易慢焉."

17) 『禮記』, 「王制」, "作淫聲異服奇技奇器以疑衆, 殺."

귀족의 평민에 대한 박탈·멸시·억압을 분명하게 드러냈다. 만약 음악이 그렇게 높은 문화소양이 불필요한 예술 분야인 음악에서, '속악'이 이러저러한 형식을 탄생시키고 발달시켜 심지어 '아악'에 비해 우위를 형성했다고 한다면(예를 들면 춘추말기 궁정음악처럼), 상당히 높은 문화소양을 투입할 필요가 있는 예술 분야(예를 들면 문학)에서는 '아'는 '속'에 비해 줄곧 절대적 우위를 점하고 있었다. — 이천 년 중고 문학에서 시문과 사부는 줄곧 정통으로 존중되었지만, 소설과 희곡은 '말기소도末技小道'로 배척받았으니, 비단 대부분의 문집들이 그것들을 싣는 것을 꺼렸을 뿐만 아니라, 심지어 작자들도 부끄러워 성과 이름을 숨긴 것은 사람들이 익히 알고 있는 바의 명백한 증거이다.

응당 인정해야할 것은 심미의미의 순수함과 잡박함, 예술수준의 높음과 낮음으로 말하면 '아'는 확실히 '속'보다 우수하다는 것이다. 왜냐하면 심미 — 예술은 복잡하고 미묘하고 항상 짐작하기 어려운 정신활동·창조활동이기 때문에 천재적인 조건을 필요로 하고 또한 다방면의 문화소양을 필요로 한다. 이를테면 지식수준을 높이고 감수능력을 기르고 기교수법을 연마하고 예술사를 익히는 것들은, 모두 예술의 심원한 경지를 헤아리고 심미규율을 습득하고 대예술가가 되는 필요조건이다. 상층귀족과 지식인들은 자연히 하층평민이나 노동집단보다는 더 많은 여유와 기회를 가지고 이런 조건을 창조하므로, 전자로부터 나온 '아'문예는 자연히 후자로부터 나온 '속'문예보다 더 순수한 심미의미 더 높은 예술수준을 지닌다. 서예와 그림을 세화와 전지와 비교하고 시사와 곡부를 여항의 민요와 비교하고 '예술 문예작품〔陽春白雪〕'을 '통속 문예작품〔下里巴人〕'과 비교하면, 예술의 조예는 저절로 고하와 우열이 나뉘는데 이것 또한 피해야 할 말은 아니다.

그러나 주의해서 지적할 점은, '포아폄속'이 체현한 계급적 차별과 사회적 불평등이, '아' 문예가 단지 귀족의 취미를 표현할 수 있고 단지 통치자의 예술이라는 것을 의미하지는 않는다는 것이다. 사회의 모순은 마구 뒤얽혀 복잡하고 개인의 운명은 변화막측하여, 심미감오의 독립적 품격이나 예술가의 양심 등은 모든 '아' 문예(예를 들면 굴원·도연명·이백·두보 등 일류 예술가의 작품)로 하여금 확실히 대중성과 진보성을 끊임없이 나타내게 할 수 있고, 보편적인 의미와 가치를 가지고 있는 품성정조品性情操와 인도정신人道精神을 나타내게 함으로써, 당당하게 전 민족 내지 전 인류의 문화유산을 이룩하여 영원한 매력을 발산하고 있다.

그러나 특정한 역사조건 하에서, 예를 들면 중고봉건사회에서 '아'문예는 일반적인 정황 하에서 결국 대민 소수의 사람만이 창조하고 향유할 수 있을 뿐이었고, 진정 대중으로부터 나오고 대중에 속하는 것은 '속'문예라고 볼 수밖에 없다. 정치한 '아'문예는 물론 조잡한 '속'문예보다 더 민족 심미문화의 발전 수준을 대표할 수 있지만, 예술사에서도 분명하게 보여주듯 '아'문예가 특정한 계급에서 특별히 발전한 것은 심미규율·인생태도·생활체험 등 다병면의 원인으로 인하여, 종종 섬약纖弱·조탁彫琢·위미萎靡·아유阿諛·허위虛僞 등 몰락의 길로 감으로써, 예술이 당연히 갖추어야 할 충만한 생명, 진실한 정감, 심각한 깨달음, 창조적 형식의 매력을 상실한다. '속'문예는 사회저층에 뿌리를 내리고 대중생활과 연계되어 있기 때문에 영원히 고갈되지 않는 활력을 발산하고 있다. 사회저층의 어려움과 고난은 '속'문예에 충만한 강렬하고 집착적인 생명충동을 배태시켰고, 대중생활의 풍부함과 다변함은 '속'문예에 흘러넘치는 다양한 인정세태를 조성했다. '아'문예가 가지고 있는 형식적 고찰이나 정치한 표현은 없지만, '아'문예의 말류에 유행하던 형식적 구속이나 어색한 조작은 피할 수 있었으니, '속'문예로 하여금 영원히 자연스럽고 진솔하고 소박하고 치기어린 생생한 아름다움을 발산하게 했다. 이와 같은 아름다움은 사실 예술미의 최초 상태로 그것은 예술생명의 맥과 관련되어 있다. 그런 까닭에 예술사에서 참된 지식을 가지고 있으며 편견이 없는 예술가들이라면 모두 매우 자각적이고 충만한 열정으로 각각의 입장에 따라 '속'문예 중에서 자양을 섭취했고, 그들의 많은 작품들은 모두 이러저러하게 혹은 은밀하게 혹은 공공연히 '속'문예의 영향을 받아들이고 표현했다.(가장 전형적인 예는 백거이·유우석 등이다) 텐Taine, Hippolyte[18]은 일찍이 다음과 같이 말했다.

> 예술가는 고립된 사람이 아니다. 우리들이 몇 세기 동안 예술가의 음악만 들어 왔으나, 우리의 귓가에 전해온 우렁찬 음악의 범위 내에서 여전히 군중들의 복잡하고 무궁무진한 노랫소리를 변별할 수 있었는데, 그것은 마치 큰 목판의 낮은 곳에서 윙윙거리는 소리 같이 예술가의 주위에서 함께 부르는 합창인 듯하다. 오직 이 모든 화음이 있기 때문에 예술가는 비로소 그 위대함을 이룬다.[19]

텐의 진실한 의도는 풍속습관·시대정신과 예술가 창작활동의 내적인 관련성을 상세히 해석하는 것이었겠지만, 그의 해석은 '아'문예('고급문예')와 '속'문예('대중문예')의 융합을 이해하고 '속'문예가 '아'문예에 미치는 영향이나 자양을 이해하는 것에 있어서 또한 계몽적 의의가 있다.

---

18) 히폴리트 텐Hippolyte-Adolphe Taine(1828~1893) 프랑스 부제 출생. 에콜노르말을 졸업한 후 「라 퐁텐론」(1853)으로 학위를 얻고 『티투스 리비우스론』(1854)으로 아카데미상을 받았다. A.콩트의 실증주의적 방법을 써서 과학적으로 문학을 연구했으며, 인종·환경·시대의 3요소를 확립하고, 『영국문학사L'Histoire de la littérature anglaise』(1864)를 썼다. 파리의 미술학교에서 20년간 미술사를 강의했으며(1864~1884), 『예술철학La Philosophie de l'art』(1882)을 발표했다. 프로이센-프랑스전쟁, 파리코뮌을 경험한 후 내셔널리스트의 경향이 강해졌다. 『현대 프랑스의 기원Les Origines de la France contemporaine』12권(1875~1893, 未完) 저술에 전념하는 한편 사회·정치 비판에도 관여했다. http://www.doopedia.co.kr

19) 丹納, 『藝術哲學』, 人民文學出版社, 1983, p.6.

문체학의 관점으로 보면 중국 운문학의 거의 모든 문체(예를 들면 『시경』의 국풍, 오언·악부·사·곡·제궁조 등)는 모두 민간 시가에서 생겨나 경학자나 문인이 수용하고 가다듬어 규범화한 뒤에 모두 대아의 반열에 들었다. 쩡쩐뚜어는 이와 같은 문체가 속에서 아에 이르기까지의 변천을 매우 생생하고 매우 정확하게 묘사했다.

> 민간에서 새로운 문체가 생겨났을 때, 학사대부들이 처음에는 완전히 무시하고 한번 읽을 가치도 없다고 생각하는 것은 당연하다. 그러나 점차적으로 용기 있는 문인학사들이 이와 같은 신선한 신문체를 수용하여 자신들의 창작형식으로 삼았고, 점차적으로 이와 같은 신문체가 대다수 문인학사들의 지지를 받았다. 점차적으로 이러한 신문체는 승격하여 왕가 귀족의 것이 되었다. 이 때에 이르러 그것들은 점차 점차적으로 민간에서 멀어지고 모두 다 정통적인 문학이 되었다.[20]

문체가 '속'에서 '아'에 이르는 중요한 관점에서 '속'문예의 '아'문예에 대한 기원적인 성질을 분명하게 밝히고, 전자가 후자와 비교하여 예술생명에서의 원초적·창조적 성질을 가짐을 분명하게 밝혔다.

사회저층의 평민대중은 모든 정신문화의 물질적 구현체를 창조하는 동시에 직접적으로 모든 정신문화의 원시형태를 창조했지만, 길고 지루한 중고 봉건사회에서 노동의 성질이 변질되어 도리어 그들은 물질에서 정신에 이르기까지 모두 모진 박해를 받았다. "노동자들은 자신들의 노동 중에서 자신들을 긍정하지 못하고 자신들을 부정하고, 행복을 느끼지 못하고 불행을 느꼈으며, 자유롭게 자신들의 육체적 역량과 정신적 역량을 발휘하지 못하고 자신의 육체를 손상시키며, 정신을 학대했다."[21] "노동은 아름다움을 창조하지만 노동자들을 비정상으로 만든

20) 鄭振鐸, 『中國文學史』上, 上海書店, 1984, p.3.

다."[22] "시름에 잠긴 가난한 사람들은 심지어 가장 아름다운 경치에 대해서도 아무런 느낌이 없다."[23] 이와 같이 마르크스가 자본주의의 노동의 소외로 조성된 노동자의 비참한 상황에 대해 묘사한 것은 대체로 중고봉건사회의 노동자에게 적용할 수 있다.

그리하여 인간으로서의 최소한의 존엄과 기본욕구는 피압박자로 하여금 잔학한 박탈과 비참한 운명을 완강하게 거부하고 반항하지 않을 수 없게 하고, 자신의 정감·의지·원망·이상을 집요하게 표현하게 했다. '속'문예는 바로 그들 자신의 심미관과 가치관의 응집이자 체현이고, 바로 그들 자신이 창조하여 자신들을 만족시키는 정신문화이다. 역사가 중고에서 근대로 나아가고, 문화가 귀족에서 평민으로 나아가는 때를 기다려, 문예도 곧 '아'에서 '속'에 이르기까지의 시대적 여정을 시작했다. 이러한 시대적 여정 중에서 '속'문예는 당연히 그렇게 자신들의 기치를 높이 들어올려 '아'문예를 향해 전면적으로 도전했다. 그들은 이러한 속박에서 벗어나는 가운데 다채롭게 자신들을 강화하고 향상하고 제고하여, 전면적으로 자기존재의 구체적 합리성을 실증하면서 '아'문예가 그들과 타협하지 않는다면, 바로 구석으로 물릴 수밖에 없도록 만들었다.

'5·4운동'[24]이 바로 이와 같은 '속'문예의 개선가가 울려 퍼진 시기이다. 후스[25]가 「문학개량추의」에서 "백화문학이 중국문학의 정통이다"[26]

---

21) 馬克思, 『1844年經濟學哲學手稿』, p.47.

22) 馬克思, 『1844年經濟學哲學手稿』, p.46.

23) 馬克思, 『1844年經濟學哲學手稿』, p.79.

24) *1919년 5월 4일 중국 북경의 학생들을 중심으로 일어난 반제국·반봉건주의 정치·문화 혁명 운동이다.

25) *후스胡適(1891~1962) 중국의 사상가·교육가. 안휘성安徽省 적계適溪 출생. 미국 컬럼비아 대학에서 철학을 전공, 재학 중 잡지 『신청년新靑年』에 「문학개량추의文學改良芻議」를 실어 구어 문학을 제창, 문화 혁명의 도화선이 되었다. 1971년

라고 한 것과 첸두수[27]의 이른바 '삼대주의'[28], 그리고 이후 쩡쩐뚜어가 『중국속문학사』를 편찬한 것 등은 모두 대대적인 '속'문예의 '정명正名'이고 '아에서 속에 이르는' 시대조류의 확장과정이다. '5·4운동' 시기에 문예가 아에서 속으로 변화한 것은 심미문화의 의의만 있는 것이 아니라, 매우 감성적으로 중고귀족사회가 근대평민사회로 향하는 역사적 대변동 양상을 드러냈다. 그렇지만 이와 같은 역사적 대변동의 최초 소식, 심미문화 중에서 드러난 최초 징조, '아에서 속에 이르기까지'의 시작은 도리어 명 중엽으로 거슬러 올라갈 수 있는데, 명 중엽이 되어 상품경

베이징 대학 교수로 5·4 운동이 중심적인 인물이 되고 미국에서 체득한 프래그머티즘을 마음껏 응용, 유럽의 근대 문화 찬미자로 크게 활약했다. 1936년 태평양 회의 대표·1938년 주미대사를 역임, 행정원 최고 고문과 베이징 대학 총장으로 있다가 1948년 미국으로 건너갔다. 1962년 타이완에서 사망했다. http://www.doopedia.co.kr

26) 『新青年』第2卷 第5號 참조.

27) *첸두수陳獨秀(1879~1942) 중국의 정치가, 평론가. 안휘성 명문가에서 출생. 일본으로 유학 후 1915년 상해에서 잡지 『신청년』을 발행했고, 5·4문화혁명의 선두에 섰다. 1917년 2월 『신청년』에 발표했던 「문화혁명론」은 귀족, 고전, 산림山林문학의 윤리, 도덕, 예술을 무너뜨리고, 국민적·사실적·사회적 문학에 의한 근대 합리주의를 주장했으며, 진화론과 자연과학을 고취시켰다. 10월 혁명 이후 마르크스주의 방향을 취해, 중공 창립에 큰 몫을 담당했다. 그러나 프롤레타리아트의 힘을 믿지 않고, 농민의 조직화에 주력했던 모택동과 대립했다. 국공國共분열에 즈음하여 우익기회주의의 오류를 범했고 1929년에는 제명당하기에 이르렀다. 그 후에는 트로츠키주의의 입장을 취했다. 중일전쟁 발발 이후 실의에 빠져서 병사했다. 『철학사전』, 중원문화, 2009.

28) *陳獨秀, 『文學革命論』, "나는 전국의 고루한 학자들의 적이 될 것을 무릅쓰고 '문학혁명군'의 큰 깃발을 높이 펼쳐 내 친구를 성원하고자 한다. 그 깃발 위에 우리 혁명군의 삼대주의三大主義를 대서특필한다. 첫째, 수식하고 아부하는 귀족문학을 타도하고 평이하고 서정적인 국민문학을 건설하자. 둘째, 진부하고 과장적인 고전문학을 타도하고 신선하고 진실된 사실문학을 건설하자. 셋째, 애매하고 난해한 산림문학山林文學을 타도하고 명료하고 대중적인 사회문학을 건설하자.(『新青年』제2권 제5호)

제가 초보적으로 발달하고, 평민계층이 전에 없이 활약하고, 시정생활이 점점 번영하는 등, '아에서 속에 이르는' 심미변화의 견실한 사회적 기초가 제공됐다. 심학에서 '백성의 일상생활이 곧 참다운 도이다百姓日用卽道'라고 크게 부르짖는 것은 명확한 사상적 방향을 인도했다. 마침내 소설·희곡의 전에 없던 성행과 다량의 성취가 두드러진 특징을 형성함으로써, '속'문예가 처음으로 중국문예사에서 압도적 우세를 차지하게 된 것은 특히 중국문학사의 유명한 한 페이지이다.

명인들의 심미취미가 '아에서 속에 이른 것'은 문학표현에서 가장 두드러졌기 때문에, 다음으로는 주로 문학사의 세 가지 측면을 선택하여 기술한다. 첫째 문체의 변천, 둘째, 문인의 자각, 셋째, 민요의 지위이다. 아래에서 절을 나누어 기술한다.

제2절 문체의 변천

당 이래 역대로 가장 발달하고 가장 대표성이 있는 문체이자, 가장 많이 성행하고 보편적으로 인정하는 표현 방식을 말한다면, 당시·송사·원곡·명청소설이다. 소설에다 또한 희곡을 더하는 것이 마땅한데(주로 전기이다), 이것들은 확실히 명대에서 가장 성과를 거둔 것은 양대 문체이다. 그리고 당시·송사·원곡에서 명대의 소설·희곡에 이른 것은, '아에서 속에 이르는' 문체의 변천과 맞물린다. 당시·송사·원곡의 발생은, 본래 대부분 민간의 속요나 이곡俚曲에서 온 것이지만(본장 제1절 참조), 그것은 당·송·원 삼대의 대표 문체가 되어, 이미 문인들의 세련을 거쳐 일찍이 대아大雅의 당堂에 올라 '탈속脫俗'한지 오래되었다. '탈속'한지 오래되면, 자연히 민간에서 멀어져 점차 문인사대부가 감정을 표현하고 의념을 묘사하고 품격을 감상하고 기분을 전환하는 작품이 된다. 명대 소설·희곡의 영향이 비교적 큰 것은, 본래 문인의 작품이나 그렇지 않으면 적어도 문인의 윤색을 거친 것이지만, 책상에서 읽히는 것이든 무대에서 연출되는 것이든, 소설·희곡의 창작은 여전히 '속'의 원칙을 따랐고 '속'의 특징을 벗어나지도 않았기 때문이다.(예를 들면 『삼국연의三國演義』와 같은 작품은 '말은 그다지 속하지 않고言不甚俗', 전편이 문어의 문장 구조로 된 작품도 역시 매우 자각적으로 '글은 그다지 심오하지 않은 것文不甚深'을 추구하고, 가능한 한 주의하여 통속화를 표현하여, 각 계층의 사람들이 누구나 다 감상할 수 있기를 갈망했다. 이미 음률을 매우 강구하고, 형식의 추구를 중요시한 오강학파의 대표 심경沈璟[29]과 같은 사람은 사곡의 창작에 있어서도 '유별나게 본색을 좋아하여僻好本色', 본색으로 희곡문학을 평가하는 기준으로 삼았으니, '본색'이 곧 통속임을 쉽게 알 수 있다[30]) 명대의 소설과 희곡이 당시·송사·원곡과 같이 그렇게 '속'에서 '아'에 이르지 못하고 대체로 '속'의 풍모를 유지한 역사적 원인은 대체로 두 가지가 있다.

---

29) *심경沈璟, (1533~1610) 명나라 소주蘇州 오강吳江 사람. 희곡 작가. 자는 백영伯英·염화聃和, 호는 영암寧庵·사은詞隱이다. 평생 관심을 두고 연구한 분야는 희곡 성률로, 1589년 벼슬을 그만두고 향리에 은거한 뒤부터 30여 년 동안 사와 곡을 짓고 희곡의 성률 연구와 전기의 창작에 전념했다. 시문에 능했고, 행서와 초서를 잘 썼다. 저서에 『남구궁십삼조곡보南九宮十三調曲譜』가 있는데, 희곡을 쓰는 사람에게는 교과서 같은 책이다. 문장을 논하면서 질박한 것을 숭상하고 지나친 조탁에는 반대했다. 탕현조와 동 시대 사람으로, 재주는 부족했지만 이론을 제창한 공은 훨씬 뛰어났다. 산곡집에 『정치침어情痴寱語』와 『사은신사詞隱新詞』 등이 있다. 희곡 작품에는 「의협기義俠記」, 「매검기埋劍記」, 「쌍어기雙魚記」가 있고, 탕현조의 「모란정牧丹亭」을 개작한 「동몽기同夢記」, 「자채기紫釵記」를 개작한 「신채기新釵記」가 있는데, 원작만은 못하다.

30) "희극을 지을 때는 늙은 할머니도 이해할 수 있어야 대중 속으로 들어갈 수 있다. 이것이 곧 본색本色의 설이다. 王驥, 『曲律』, 「雜論」, 湖南人民出版社, 1983.

1. 전통적 지위

소설과 희곡이 세상에 나온 지 천여 년이 지났지만 줄곧 상층귀족과 정통문인에게서 경박하다는 헐뜯음을 받아왔다. 『한서』「예문지」에서 소설은 구류九流의 밖으로 내몰고 "소설가류는 대개 패관에서 나온다. 저자거리나 여염에 떠도는 소문이나 깊이 생각 않고 예사로 듣고 말하는 자들이 만드는 것이다"[31]라고 한 것은, 하찮게 여기는 태도가 말 밖으로 드러난다. 소설이 처음으로 모양을 갖춘 위진 시기에 시정소설은 '설화'의 종류와 같이 오직 권문귀족들이 때맞춰 즐기던 노리개였다. — "고조 때 청주자사 후문화는 ……유달리 천속한 길거리의 말에 소질이 있어 농지거리를 할 지경에 이르렀다."[32] "밤에는 늘 잠자리에 들지 않고 촛불을 밝히고 동이 틀 때까지, 사람들을 불러 놓고 세상의 자질구레한 이야기를 하는데, 희학질도 거리낌 없이 곧잘 했다."[33] 소설이 이미 '자각'을 향해 나아가고 게다가 이미 커다란 성취를 이루는[34] 동시에 저명한 문인들의 참여하고 창작했던(예를 들면 한유韓愈·심기제沈旣濟 등이 그렇다) 당대에서도 문인들은 "늘 소설을 헐뜯고 비하했다." 이러한 논조를 고취한 사람은 송·원·명에서 청에 이르기까지 어느 시대든

31) 『漢書藝文志』第3篇「諸子略」, "小說家者流, 蓋出于稗官, 街談巷語, 道聽塗說者之所造也."

32) 魏收, 『魏書』卷91, 「蔣少游傳」, 中華書局, 1974."高祖時, 靑州刺史侯文和, …… 尤善淺俗委巷之語, 至可玩笑."

33) 李延壽, 『南史』卷65, 中華書局, 1975, "夜常不臥, 執燭達曉, 呼召賓客, 說人間細事, 戲謔無所不爲."

34) 魯迅, 『中國小說史略』, "소설도 시와 같이 당대에 이르러 일변했다. 아직 수기搜奇와 기일記逸에서 분리되지 않았지만, 서술은 완곡하고 문사는 화려하고 탐스러웠다. 육조시기의 거칠고 진부하고 경개梗概한 것과 비교하면 발전의 자취가 분명한데, 더욱 훌륭하게 보이는 것은 이 때에 비로소 소설을 짓는 것에 뜻을 두었다는 것이다.

있었다. 예를 들면 『일지록』에 다음과 같은 기록이 있다.

> 불가와 도가는 여전히 사람을 선으로 권면하는데, 소설은 오로지 사람을 악으로 인도하는 간사하고 사악하고 음란하고 도둑질하는 일이다. 유가·불가·도가의 서적이 남을 물리치는 말을 차마 하지 못하는 것도, 그들은 반드시 아주 생동감이 있게 묘사하여 흥미진진하게 이야기한다. 사람을 죽이는 것을 사내대장부로 여기고, 여색을 탐하는 것을 풍류로 여기며, 이지理智를 상실하여 마치 미치광이 같았고, 아무것도 두려워하지 않고 제멋대로 행동했으며, 자녀들이 빈둥대도 가르치지 않는 사람이 많았다. 이와 같은 책이 그것을 유인하니, 어찌 금수에 가깝다고 여기는 것이 괴이하겠는가?[35]

이는 소설에 관한 가장 엄격하고 가장 각박하고 가장 야만적이고 가장 진부한 폄하라고 할 만하다. 희곡의 사정도 또한 그러하다. 희곡과 소설의 전신은 상고시기에는 권문귀족들의 퇴폐적이고 타락한 향수를 만족시키는 것을 일삼는 "배우나 난쟁이"[36]의 일에 속하는 것으로 보여졌고, 이후에는 줄곧 "기량이 가장 떨어지고 또한 가장 천한 것"[37]이라고 폄하됐다. 명초에 이르러서도 그것은 여전히 차별 대우를 받았고 위치가 매우 보잘 것 없었다. 예를 들면 하량준은 『곡론』에서 이르기를 "명나라가 개국하여 유가의 학술을 존숭하니, 사대부들이 사곡辭曲에 주의를 기울이는 것을 부끄러워했다"[38]고 했다. 또 『대명율』「금지반주잡

35) 顧炎武, 『日知錄』卷13, 甘肅人民出版社, 1997, "釋道猶勸人以善, 小說專導人從惡, 奸邪淫盜之事, 儒釋道書所不忍斥言者彼必盡相窮形, 津津樂道. 以殺人爲好漢, 以漁色爲風流, 喪心病狂, 無所忌憚, 子弟之逸居無教者多矣, 又有此等書以誘之, 曷愧其近于禽獸乎."
36) 『韓非子』, 「難三」, "俳優侏儒, 因人主之所與燕也."
37) 洪達, 『夷堅志』, 「優伶箴戲」, 中華書局, 1981, "伎之最下且賤者."
38) 何良俊, 『曲論』, "祖宗開國, 尊崇儒術, 士大夫恥留心辭曲."

극율령」에서는 "무릇 음악인이 잡극이나 희문을 그대로 답습하거나 창작하면서 역대 제왕이나 왕비, 충신과 정열, 성인과 현인의 모습으로 꾸미는 것을 허락하지 않는다. 이를 어기는 자는 곤장 일백 대에 처한다. 관리나 백성의 집에서 이러한 용모로 분장하는 사람도 같은 벌에 처한다"[39]고 규정했다. 더 심한 것도 있다.

> 단 어느 제왕과 성현을 모독하는 사곡이나 조롱하는 잡극은, 율령에 모두 실려 있는 것이 아니더라도 감히 소장하거나 전송하거나 출판하는 사람이 나타나면, 일시에 법사法司에 압송해서 취조하고 처벌한다. 성지를 받들되 이런 사곡들은 방형과 태형으로 다스린 다음에 돌려보내고, 닷새 안에 모두 깔끔하게 관청으로 가지고 가서 태워버린다. 그래도 감히 소장하는 사람이 있으면 온 가족을 몰살한다.[40]
>
> 국초에 법을 제정하여 배우는 항상 녹색 두건을 쓰고 허리에는 홍색 답전褡膊을 두르며, 발에는 돈피의 신발을 신고 길 가운데를 다니는 것을 용납하지 않았으며, 도로 양옆 가장자리로만 다니도록 했다. 악부樂婦는 포백의 관을 썼고 금은으로 머리를 장식하는 것을 불허했으며, 몸에는 검정 배자를 걸치고 비단으로 수놓은 의복을 불허했다.[41]

봉건 권력이 하층 예인을 박해·모욕하고, 예술의 자유를 억제·압살한 것은 보기에도 섬뜩할 정도다. 이러한 정황 하에서 소설과 희곡은

---

39) 『大明律』, 「禁止搬做雜劇律令」, "凡樂人搬做雜劇戲文, 不許裝扮歷代帝王后妃·忠信貞烈·先聖聖賢象. 違者杖一百. 官民之家容扮者與同罪."

40) 顧起元, 『客座贅語』卷10, "但有褻瀆帝王聖賢之詞曲·駕頭雜劇, 非律所該載者, 敢有收藏傳誦印賣, 一時掌送法司究治. 奉聖旨, 但這等詞曲, 出榜台, 限他五日都要干淨將赴官燒毀了, 敢有收藏的, 全家殺了."

41) 徐復祚, 『三家村老委談』, "國初之制, 伶人常戴綠頭巾, 腰系紅褡膊, 足穿毛猪皮靴, 不容街中走, 止于道旁左右行. 樂婦布帛冠, 不許金銀首飾, 身穿皂背子, 不許錦綉衣服."

자연히 대아의 당에 오르기 어려웠다. 그것들은 기와집 난간이나 찻집 주점에서 발생하고 또한 찻집 주점이나 기와집 난간에서 번성할 수밖에 없었고, 줄곧 기본적으로 '속'의 풍모를 유지하고 있었다. 사회 저층의 무미건조하고 특별하지 않지만 한편 복잡하고 다양한 문화적 분위기와 시정평민의 생활의 환경, 정감의 욕구, 정신적 요구, 가치의 선택 등은 소설과 희곡으로 대표되는 '속'문예의 정취적 관념이나 심미적 특징을 결정하고 배태했다. 시정의 모든 형상이나 평민의 생활은 '풍속'적인 것이어서, 이것에 바짝 다가서서, 이것을 표현한 소설·희곡도 역시 '탈속'적인 것이 될 수 없었다. 그것들은 모두 하나의 '속'문화의 범위에서 서로 소통하고 서로 부대끼고 서로 도우며 버텨왔다. 만약 상층의 권문귀족이 '속'을 받아들여 집안에서 대부분 거리낌 없이 희롱하는 것 같이 '속'을 즐겼다고 한다면, 하층 평민에게 '속'문예는 항상 바로 그들 생명의 체증體證, 정감의 기탁, 이상적 묘사라고 할 수 있다. 역사가 평민계층이 전에 없이 활약하고, 역사의 전면으로 나아가고, 역사의 주역을 담당하는 시대로 진입하자, 심미취미는 바로 그에 알맞게 '아'에서 '속'에 이르는 변화를 하지 않을 수 없었고, 소설과 희곡과 같은 '속'문예는 매우 자연스럽게 점차 이 시대의 심미문화를 대표하게 되었다.

2. 시대적 추구

명 중기에서 명 말에 이르는 시기가 바로 이와 같은 시대이다. 만약 당·송·원 세 왕조 동안 시정생활에서 활약한 '속'문예, 그 무수한 전기傳奇·변문變文·화본話本·속부俗賦·사문詞文·제궁조諸宮調·잡극雜劇 …… 등이 억압받는 문단 저층에서 소설과 희곡의 발달을 돕는 예술자체의 심미기조로 변했다면, 바로 명대에서 소설과 희곡은 맨 처음 당당하게 문단의 일대 풍류를 휩쓸었다. 『일지록』에는 다음과 같이 실려 있다.

> 전씨가 말하기를, 옛날에는 유·석·도 삼교가 있었는데, 명나라 이후에는 또 하나의 교가 늘어났으니 소설이라 부른다. 연의 소설의 책은 사·농·공·상 모두 익히 듣지 않는 사람이 없었고, 어린아이나 부녀자 글자를 모르는 사람들까지도 역시 모두 듣고서 그것을 대하듯이 하니, 그 교가 유·석·도와 비교하면 더 넓은 것이다.[42]

소설의 영향이 유·석·도를 초월했다고 하면서 봉건예교를 옹호하는 것으로부터 출발하여 비교할 여지없이 불만을 토로하는 이런 말들은 도리어 소설이 명대 문단에서 두드러진 지위를 가진 것을 말해주고 있다. 희곡의 상황도 역시 그러했다.

> 근래 음률을 조금 이해하는 속된 선비들이나 지식을 조금 익힌 배우들은 툭하면 한 편의 전기를 창작했다.[43]
>
> 연기자는 모두 선명한 망의와 가죽신을 신고 복두와 사모를 썼으며 금과 구슬, 비취와 꽃으로 온몸을 장식했다. 마치 분장은 장원급제자가 거리를 유세하는 것과 같이 주편珠鞭을 세 조나 착용했는데 값어치가 백금이 넘었다. 또 기녀 3~40명을 더하여 과부정서寡婦征西·소군출새昭君出塞과 같이 분장하면 명색이 화려하기가 더욱 심했다. ……거리의 교량은 모두 천막을 이용하여 음우陰雨를 막았다. 고을 중의 사대부나

42) 顧炎武, 『日知錄』卷13, “錢氏曰, 古有儒釋道三教, 自明以來, 又多一教曰小說, 小說演義之書, 士大夫農工商賈無不習聞之, 以至了童婦女不識字亦皆聞而如見之, 是其教較之儒釋道而更廣也.”

43) 沈德符, 塡詞名手』, 中國書店, 1988, “年來俚儒之稍通音律者, 伶人之稍習文墨者, 動輒編一傳奇.”

> 백성들이 다투어 가솔들을 이끌고 나와 구경했다. 유람선이나 거룻배가 수로를 호위하니 꼭 이른바 온 나라가 마치 미친 듯했다. 모든 나루터마다 4일이나 5일 머물면서 하루에 천금을 허비했다.[44]

『삼국연의』·『수호전』·『서유기』·『금병매』·'삼언이박' ……과 비교하면, 시문의 대각체·다릉시파·전후칠자·당송파와 같은 것은 이미 빛을 잃었을 뿐만 아니라, 공안파와 같이 혁신적 기류가 풍부한 유파라 할지라도 비교해 보면 부족함이 있었다. 전통적 지위는 일순간에 바뀌어 '속'문예가 문단의 중심을 차지하고 '아'문예는 문단의 모퉁이로 밀려났다.

"문학의 변천은 세상사의 추이에 영향을 받고, 정권의 성쇠는 문학의 흐름과 관련이 있다."[45] 명대 문단의 '아에서 속에 이르는' 문체의 변화는, 예술형식의 심미규율을 제외한 복잡한 원인 외에, 시대적 추구와 풍상風尙의 좋아하는 바를 따를 수밖에 없다는 것이 하나의 중요한 원인이다. 그리고 이른바 시대적 추구와 풍상의 좋아하는 바의 현실 사회적 기초는 바로 날로 강성해진 시민집단과 전에 없이 번화해진 시정생활이다. 여기에서 특히 주의할 것은, 명 중기를 지나 소설·희곡 등 '속'문예는 이미 중고봉건사회 일반 시정오락의 기능적인 측면을 초월하기 시작했다는 것이다. 몇몇 작품들 예를 들어 『금병매』·『모란정』·'삼언이박'과 같은 작품 등의 정감 속에는 이미 알게 모르게 근대 색채가 번득이며, 이미 근대시민사회가 도래할 것을 예시하고 있다. 가령 명초 『삼국

---

44) 範濂, 『雲間据目抄』卷2, "演劇者, 皆穿鮮明蟒衣靴革, 而幞頭紗帽, 滿綴金珠翠花. 如扮狀元游街, 用珠鞭三條, 價值百金有餘, 又增妓女三·四十人, 扮爲寡婦征西·昭君出塞, 色名華麗尤甚……街道橋梁, 皆用布幔, 以防陰雨. 郡中士庶, 爭挈家往觀. 游船馬船, 擁河道, 正所謂擧國若狂也. 每鎭, 或四日或五日乃止, 日費千金."

45) "文變染乎世情, 興廢系乎對序." 劉勰, 『文心雕龍·時序』, 人民文學出版社, 1977.

연의』의 "부딪쳐 부서지는 그 물결에 씻겨 갔는지 옛 영웅들의 자취 찾을 길 없는"[46] 것과 같은 슬프고 처량한 강개, 『수호지』의 적막한 세상의 협객들의 운명, 뒤에 생겨난 『서유기』의 하늘을 날고 신선을 쳐부수고 마지막에는 대도로 돌아가는 종교적 의미로 귀결되는 것까지 이것들은, 여전히 짙은 중고시대의 전기의 냄새를 풍기고, 여전히 이러저러하게 봉건사회의 가치체계를 받아들이고 있다고 할 수 있다. 그러나 『금병매』의 전적으로 시정을 소재로 한 묘사, 『모란정』의 죽자 사자 조금도 거리낌 없는 성애, '삼언이박'의 다양한 색채의 인생정태와 가치취향은, 이미 분명하게 중고봉건사회의 관념형식과 행위규범을 넘어서 중고귀족사회에서 근대평민사회로 향하는 전환기의 시대적 풍모를 보여준다고 할 수 있다. 그래서 나는 앞에서 명대의 시대정신을 가장 잘 체현한 문예작품으로 먼저 『금병매』·'삼언이박'과 『목단정』 등을 추천하는 것이 마땅하고, 그 다음은 『삼국연의』·『수호지』와 『서유기』라고 했다. (제5장 참조) 이러한 시대정신과 시대풍모는 바로 이택후가 말한 바와 같다.

> 사회가 봉건적 토대로부터의 해방의식을 배태했기 때문에, 개인의 처지·경우·전도와 운명 등은 점차 독존의 봉건형식을 떨쳐내기 시작하고, 다양해지고 풍부해지기 시작했다. …… 이것은 한편으로는 추구이고 한 편으로는 기회이기도 했다. 봉건질서의 약화와 계급관계의 변천은 현실사회 가운데 개인 역정이 자본주의 다양화의 경향으로 향하는 맹아를 있게 했고, 현실생활의 우연성과 필연성의 관계를 더 풍부하고 복잡하게 했다.[47]

비록 경제 분야의 자본주의 맹아가 명 중기에 출현했는가에 대해 정

46) 『三國演義』, 「序」, "浪花淘盡英雄."
47) 李澤厚, 『美的歷程』, 安徽文藝出版社, 1999, p.202.

론은 없다고 하더라도, 명 중기 이후 시장경제가 전에 없이 발달하고 시민운동이 전에 없이 활발해진 것은, 이미 부인할 수 없는 역사적 사실이다. 전에 없이 발달한 시장경제와 전에 없이 활발해진 시민운동 중에서, 최소한 중고봉건사회에서 근대자본주의 사회로 나아가는 과도기적 전환형식이나 혼합형식의 생산방식·생활방식이 당연히 출현했다. 그리하여 늘 시대를 선도하는 문학예술이 그 민감한 심미촉각으로 역사에 잠재되어 있는 추세를 탐지할 수 있었으며, 동시에 생생한 감성형식으로 이와 같은 추세가 내포하고 있는 인생역정·사회관계·세속정태·가치관념 등을 예시하고 표현해 낼 수 있었다. 이는 심미문화 특유의 앞서가는 시대추구라고 할 수 있으니, 명 중기 이후의 시민문예는 일정 정도에서 이와 같은 앞서가는 시대추구를 표현했다고 할 수 있다. 사방에 번쩍이며 문단에 만연했던 '속', 마침내 '아'를 대신해서 유행하여 문단 '정종' 위치에 들어섰던 '속'은, 확실히 조정의 권문귀족을 무너뜨리고 봉건특권을 제거하는 등 근대 서민사회의 숨결이 터져나온 것이며, 확실히 일종의 심미의 몽롱한 예감으로 새로운 시대추구를 표현한 것이다. 그리고 그와 같은 시대추구를 분명하게 밝힐 수 있었던 것은, 바로 명대 문인의 '속'문예에 대한 자발적인 참여이다.

제3절 문인의 자각

어쨌든 지식인은 결국 사회에서 가장 민감하고 가장 통찰력과 탐구열을 갖춘 계층이다. 정신문화를 오로지 담당하여 계속 발전시킬 책임이 있는 사회계층, 그들은 문화적 가능성이나 추세를 자발상태에서 자각상태로 전환시킨다. 그들의 문화조류에 대한 태도는 항상 이와 같은 문화조류가 문화발전의 정식궤도에 들어갈 수 있을지, '소전통小傳統'에서 '대전통大傳統'[48]으로 바뀔 수 있을지, 즉 특정시대의 동일한 사회문화가 널리 유행할 발전적 요소가 될 수 있을지를 규정한다. 지식인의 이와 같은 문화를 책임지는 역할은 심미문화에서 더욱 분명하게 표현된다. 중국예술사로 말하면, 『시경』으로부터 시작되어 언제나 민간에서 시작되고 유포된 예술양식이 수집·정리·조탁·성숙·정형됨으로써, 폭넓은 사회적 영향을 낳고 아울러 예술사에 남아 후세에 전해졌다. 이는 전적으로 문인의 자발적인 노력에 힘입었는데, 그들의 이와 같은 노력은 항상 공과가 동시에 있다. 주의할 것은 명 이전 문인의 자각은 '속'에서 '아'에 이르는 추세(예를 들면 전술한 당시·송사·원곡의 형성이다)를 따랐으나, 명대 문인의 자각은 도리어 전통에 반하여 매우 명확하게 '아'에서 '속'에 이르는 심미변천을 긍정하고 창도하고 참여했다는 점이다. 이는 먼저 상당히 많은 문인들이 충만한 열정으로 직접 '속'문체, 즉 소설과 희곡을 창작하고 연구하는 것으로 드러나고, 마찬가지로 몇몇 문인들이 '아'문체, 즉 시문의 심미풍격으로서 '속'을 표현하는 것으로 드러났다.

'속'문예에 전력으로 경주한 문인은 당연히 먼저 풍몽룡馮夢龍[49]을 들

---

48) 대전통大傳統, great tradition과 소전통小傳統, little tradition은 인류학자 로버트 레드필드Robert Redfield(1897~1958)가 20세기 50년대에 만든 용어로 상층 지식인의 문화 창조와 하층 일반 평민의 문화 창조를 분리하여 지칭한 용어이다. 근래 서구 사학계가 제기한 고급문화elite culture와 대중문화popular culture와 꽤 유사하다.

49) *풍몽룡馮夢龍(1575~1645) 명나라 말기 소주부蘇州府 오현吳縣 사람. 자는 유룡猶龍·자유子猶, 호는 용자유龍子猶·상보翔甫·고곡산인顧曲散人·호소사노好蘇詞奴·묵감재墨憨齋 등이다. 단도훈도丹徒訓導와 복건福建 수녕지현壽寧知縣을 지냈다. 시문詩文과 경학 등 모든 방면에 다재다능하여 여러 가지 저술과 편찬, 교정 등에 종사했는데, 특히 통속문학 분야의 업적이 많다. 그 중 삼언三言, 곧 『유세명언喩

수 있다. 풍몽룡은 "대중문학의 각 부문에서 모두 큰 기여를 한 작가로,"[50] 소설을 각색하고 희곡을 창작하고 민가를 간행하고, '삼언三言'을 선집하여 화본話本 형식의 소설을 창도하였는데, 눈앞에 있듯이 "인정세태의 갈래를 모사하고 빈틈없이 만남의 기쁨과 헤어짐의 슬픔의 정취를 그려내고,"[51] 아울러 "남녀의 진정을 가탁하여 봉건예교의 거짓을 들추어냈다."[52] 요즘 말로 설명하면, 풍몽룡의 문예활동은 '속'문예의 사실경향을 드러내는 일에 전념하고, 사회생활과 세속정태를 통한 소박하고 진실한 재현을 통하여, 중고문예의 색채와는 판이한 시민사회구조를 온축하고 조동하는 모습을 드러내 보이고자 시도하여, 봉건적 사상통치·가치가 사회질서와 묶여있는 것에 충격을 가하고 침식시키게 됐다. 말할 필요도 없이 전환기·과도기적 역사진전의 진실한 운동은 오래된 과거와 고별하고 반항해야 하니, 곧 오래된 과거를 부정하는 것을 의미한다. 따라서 전환기·과도기의 시대에 역사의 오래된 세력은 결국 진실을 유난히 두려워하고 진실을 원수처럼 여긴다. — 오래된 진실은 결국 무조건 쇠망하는 것이다. 그러나 '속'문예의 심미 — 예술사회학의 가치는 공교롭게도 적나라하고 꾸밈없는 진실에 달려있어서, 특히 역사가 중고시대에서 근대로 나아가고 귀족사회에서 평민사회로 나아가는 때에 '속'문예는 더욱 내용에서 형식에 이르기까지 모든 대표성을 가진 과거를 청산하고 과거와 결별하고 미래를 준비하고 추구하게 되니, 이는

世明言』과 『경세통언警世通言』, 『성세항언醒世恒言』의 편집과 교정이 유명하다. 희곡과 설화, 민요 등의 편집이나 창작도 있고, 『평요전平妖傳』과 『열국지列國志』의 개작 등 여러 분야에 큰 업적을 남겼다. 그 밖의 저서에 『고금담개古今譚概』와 『지낭智囊』, 『괘지아掛枝兒』, 『산가山歌』 및 『묵감재정본전기墨憨齋定本傳奇』 등이 있다.(『중국역대인명사전』, 이회문화사, 2010. 참조)

50) 游國恩 等 主編, 『中國文學史』4, 人民文學出版社, 1964, p.115.

51) 姑蘇抱甕老人 編, 『古今奇觀』, 「叙」.

52) 馮夢龍, 『馮夢龍集』, 「叙山歌」, 河北人民出版社, 1992.

바로 가장 진실하게 역사적 변화를 표현한 것이다. 풍몽룡은 온 힘을 기울여 '속'문예를 창도했는데, 그 공은 바로 여기에 있다.

그는 '삼언三言'을 선집하여 문인들에게 잇달아 화본소설을 따라 쓰는 '집단적인 자각'을 촉진했는데, 그 의의의 중대함은 이미 중고시대 문인이 민간문예에 마음을 기울이고 민간고통에 공감하는 심미정취나 인도정신을 멀리 앞질렀음이 이 점에서 분명해 진다. 중고시대 문인 예를 들면 백거이白居易가 신악부운동新樂府運動을 주창하고 유우석劉禹錫이 「죽지사竹枝詞」를 쓴 것 등이 비록 영원한 인도정신과 심미계발은 풍부하고, '아'를 칭송하고 '속'을 폄하하는 문화 분위기에서 더욱 값진 일[53]이라 하더라도, 여전히 중고시대 문예범주를 벗어나지 못했고(시간으로 그럴 뿐만 아니라 시대로는 더욱 그렇다), 여전히 봉건문인 중에서 양심 있는 예술가는 완전히 성격논리에 맞는 심미추구를 했다. 명 중기 이후 풍몽룡의 성과에 득의하여 어지럽게 화본소설을 따라 쓰는 문인들의 '집단적인 자각'은, 이미 일반적인 인도정신이나 심미취미로 이해할 수 있는 것이 아니다. 그것은 실로 머지않아 도래할 시대의 심음心音과 공명하는 것이며, 그것은 사실 머지않아 형성될 평민사회의 심미경향을

---

53) 중고 시대 문인이 아를 높이고 속을 폄하하는 것은 다음의 한 부분을 들어 전모를 살필 수 있다. 사작詞作으로는 백거이 · 유우석의 영향을 크게 입은 서촉西蜀의 문인 위장韋莊이 「진부음秦婦吟」을 지은 적이 있었다. 왕국유王國維는 『돈황발현당조지통속시급통속소설敦煌發現唐朝之通俗詩及通俗小說』에서 말하기를, "「진부음」의 단어는 매우 비통한 표현을 자세하게 다했고, 그 사는 평이함을 회복했다. 그래서 당시 사람들이 즐겨 읊었는데, 그 시구를 울타리에 드리우기에 이르렀다. 그러나 『북몽쇄언北夢瑣言』에는 물러나 위장이 귀하게 된 후에 이 시를 자기가 지은 것을 숨겼고, 가계家戒를 짓는데 이르러서는, 「진부음」을 울타리에 드리우는 것을 금지했다고 되어 있다"라고 했다. 또 이르기를 "오직 단어는 쉽게 이해함을 취해야 하니, 배우俳優와 같은 류類가 있는 것이다. 그러므로 그 아우가 『완화집浣花集』을 편찬할 때에는 남들이 모은 것으로 하지 않았다"라고 했다.

인정하는 것이다.

작품의 전모를 비교하면 백거이가 신악부운동을 제창하고 아울러 자신의 '풍유시諷喩詩'를 가장 중시했지만, 그의 시작 중에 성취가 가장 높은 것은 도리어 「장한가長恨歌」·「비파행琵琶行」 등의 '감상시感傷詩'를 추천하지 않을 수 없고, 유우석이 전심으로 민가를 모의하여 「죽지사」를 썼지만, 그의 대부분 시작은 '상회傷懷'·'풍자諷刺'·'영물詠物'·'회고懷古'들이 아닌 것이 없다. 그들의 시작이 표현해낸 바의 통속풍격은 '아'를 헤치지 않았고, 시정생활이 요구하는 바의 '속'을 갖추지도 않았고, 시민사회의 강한 배경을 가지고 있지도 않았다. 그들의 시는 그래도 '당시'이기 때문에 작품의 전모를 일반적 성질로 말하면, '아에서 속에 이른 것'은 절대 아니다. 그러나 명대는 많은 문인은 상당히 자각적으로 '의화본' 등 '속'문예의 창작에 몰입했고, 그들의 예술성취는 대부분 여기에 있다. 풍몽룡과 같이 그들의 활동은 시민문예의 번영과 발전을 촉진하고 인도했다. 그들은 또한 '아에서 속에 이르기까지'의 근대시민문화의 자각적 선구라 할 수 있다. 이로써 또한 본서의 이른바 '아에서 속에 이르기까지'가 실재 특정한 예술사회학의 함의를 가지고 있다는 것을 분명하게 이해할 수 있다. 한마디로 그것은 심미취미의 변화에 표현된 바의 시대 변천 — 중고시대에서 근대로 나아가는 변천을 뜻한다.

명대 문인의 심미취미의 '아에서 속에 이르기까지'에 대한 자각적인 추구는 상술한 함의로 이해해야만 비로소 진정한 그 시대적 가치를 간취할 수 있다. 그들은 분명 정도의 차이는 있지만 그 시대적 의무를 이행했다. 의화본은 소설영역에서도 그러했고, 희곡영역에서도 그러했다. 가령 원대 잡극의 시대에 문인이 희곡에 뛰어든 것에 그 자신들이 받은 민족탄압, 과거를 통한 벼슬길이 막히는 등 부득이한 외부요인이 있었다고 한다면, 명대에 이르러 문인이 희곡창작에 몸담은 것은 완전히 자각적으로 뛰어든 것이다. 명대 초기 문화는 없고 풍아風雅에 부용附庸하는 태조 황제가 비록 문자옥文字獄[54]을 크게 일으켜 대대적으로 문인을 농락했다고 해도, 적어도 원대처럼 말 위의 황제가 말 아래의 서생을 멸시하는 야만적인 현상은 일어나지 않았다. 이것이 의미하는 것은, 문인학사가 과거에 급제하고 관복을 걸치고 처자를 거느리는 등 전통적 부귀의 길을 다시 완전하게 선택할 수 있었고, '아' 문예의 격식에 빠져서 희곡을 만지작거리는 이런 '배우나 난쟁이'의 '말기소도末技小道'는 완전하게 달가워하지 않을 수 있었다는 점이다. 실제로 확실히 상당한 문인들이 팔고八股에 힘쓰기 시작했고 '대각臺閣'에 심취했으며,[55] 다시 "사대부가 사곡에 신경을 쓰는 것을 부끄러워하는" 사람이 생겨났다. 그렇지만 그러한 문인들은 시작되던 그 때 명대 문예사조가 흩뿌린 약간의 거품을 거들었을 뿐이며, 희곡의 매력은 시작되자마자 강렬하게 전체 사회의 주목을 끌었다. 하찮은 속된 선비나 시골의 학구, 평범한 문사뿐만 아니라 고관대작이나 황제의 친척과 외척, 태조황제조차도 모두 희곡애호가의 범위에 들어왔다. 아래 조항의 통계를 보자.

---

54) *중국에서는 황제 이름에 들어 있는 글자나 황제가 싫어하는 글자를 문장에 써 지식인이 화를 당하는 일이 많았다. 이를 문자옥이라고 한다. 명나라를 세운 주원장은 황제가 되기 전 거지와 도둑질을 전전하다 절에 몸담았던 적이 있었다. 나중에 누군가 새 황제 주원장에게 아부하느라 "하늘이 성인을 낳으시어 세상을 위해 법칙을 만들었다.天生聖人 爲世作則."라는 글을 바쳤다. 그러나 주원장은 글에 나오는 '생生'이 은연중 '승僧'을 떠올리게 해 자신이 절에 있었던 것을 비웃는 것이라고 해석하고 '작칙作則'의 '칙則'은 '적賊'과 발음이 비슷하니, 자신이 세상을 도둑질했다는 뜻이라고 보았다. 또 다른 문인은 "천하에 도가 있다.天下有道."라는 문장을 썼다가 '도道'가 '도盜'를 암시한다는 이유로 죽임을 당했다.

55) "보통 이록利祿을 추구하는 문인은 진사가 되기 전에는 팔고문에 진력하고 관리가 된 후에는 '대각체'를 모방하여 응수應酬하는데 영합했다. 이러한 문풍은 일백년 전후를 좌지우지하면서 유행했다." 游國恩 等 主編, 『中國文學史』4, 人民文學出版社, 1964, p.56.

만약 원대의 극본 작가가 대부분 '서회書會'[56]의 재인이거나 지위가 낮은 하층 문인이고 고아高雅한 선비는 드물다고 한다면, 명대의 극작가 집단은 확연한 구분이 있다. 예를 들면 잡극 12종을 쓴 영헌왕寧獻王 주권朱權은 명 태조의 17 번째 아들이고, 잡극 30종을 쓴 주헌왕周獻王 주유돈朱有燉은 명 태조의 손자이고, 잡극 「중산랑中山狼」을 쓴 강해姜海는 홍치弘治 연간에 장원급제하여 한림원翰林院 수찬修撰을 지낸 사람이고, 전기 「보검기寶劍記」를 쓴 이개선李開先은 가정嘉靖 연간에 진사가 되고 태상시太常寺 소경少卿을 지낸 사람이고, 「완사기浣紗記」를 쓴 양어진梁魚辰은 태학생이고, 「명봉기鳴鳳記」를 쓴 왕세정王世貞은 가정 연간에 진사가 되고 남경南京 병부상서兵部尚書를 지낸 사람이고(일설에는 「명봉기」는 무명씨가 쓴 것이라 한다), 「모란정」을 쓴 탕현조는 만력萬曆 연간에 진사가 되고 예부禮部 주사主事를 지낸 사람이고, 「교홍기嬌紅記」를 쓴 맹칭순孟稱舜은 숭정崇禎 연간의 제생이었다.[57]

이렇게 많은 상층 문인이 희곡 창작에 종사했다는 것은, 적어도 "사곡에 신경을 쓰는 것을 부끄러워하는" 사대부는 이미 가을 낙엽이나 겨울 곤충처럼 문단에서 어떤 눈길을 끄는 변화도 일으키지 못했다는 것을 말해준다. 그와 반대로 아무리 억제·멸시·모욕이 존재하고 있었지만, 희곡이라는 '속'문체는 아직도 그 특유의 심미가치로 명대 문인의 일반적인 인정과 자각적인 몰입을 획득했다. 그것은 소설과 함께 명대 문단에서 가장 주목받고 가장 대표성이 풍부한 두 가지 방면이라는 기치를 내걸었다.

물론 어떤 예술양식을 대하는 태도와 같이, 명대 문인의 희곡에 대한 자각적인 몰입은 서로 다르고 심지어 상반된 동기나 목적이 있게 마련이다. 명초의 『대명률』「금지반주잡극율령」 중에 통치자는 본래 의식적

56) *'서회書會'는 송대에 생겨난 화본이나 희극각본을 집필하는 문인조직을 일컫는다. 이곳에서 활동하는 사람들을 서회재인書會才人'으로 불렀다고 한다.
57) 維齋文, 『浙江師範大學學報』, 「明傳奇興盛原因初探」, 1989, 第2期 참조.

으로 봉건예교를 널리 선양하는 연극에게는 빠져나갈 길을 열어주었으며,[58] 일부 썩어빠진 선비나 식견이 고루한 학자들 중에는 희곡으로 봉건예교를 선양하는 '앵무새'라고 여기고, "풍속의 교화와 상관이 없다면, 아무리 훌륭해도 소용없다."[59] "시문으로 남곡[60]을 짓는다"[61]는 등의 진부한 설교와 열악한 추세 또한 세상을 떠들썩하게 했다. 그 중에서 구준丘濬의 「오륜전비기五倫全備記」가 가장 전형적이다.

> 삼강오륜은 사람마다 모두 가지고 있고 집집마다 모두 갖추어져 있다. 단지 사람이 세간에서 물욕에 끌려 다니고 사사로운 생각에 가려졌기 때문에 자식이 되어 불효하는 자식이 있고, 신하가 되어 불충하는 신하가 있다. …… 그래서 성현이 나셔서 경서를 펴내시어 사람이 습독習讀하게 하시고, 시서詩書를 지어시어 사람이 가송歌誦하게 하시니, 감화되지 않은 세상 사람이 없었고, 그 하나하나 모두가 오륜의 도리를

58) "귀신·신선·도사로 분장한 것과 의부와 절부로 분장한 것, 효자와 승순으로 분장한 것, 다른 사람에게 선을 권하는 것은 채한이 없다.神仙道扮及義夫節婦·孝子順孫·勸人爲善者不在蔡限. 『大明律』「禁止搬做雜劇律令」"; "어느 때 「비파기」를 올리자 고황제가 웃으면서 말하기를 '『사서』와 『오경』은 베·비단·콩·조이니, 집집마다 다 있다. 고명의 「비파기」는 산해진미와 같아 부귀한 집이라도 없을 수가 있다.'라고 하고, 잠깐 후에 이르기를 '아깝도다. 궁의 비단으로 가죽신을 삼았구나!'라고 하니, 이런 일로 인해 날마다 배우로 하여금 공연하게 했다.時以「琵琶記」進呈者, 高皇笑曰: '五經·四書, 布·帛·菽·粟也, 家家皆有; 高明「琵琶記」, 如山珍海錯, 富貴家不可無.' 旣而曰: '惜哉, 以宮錦而制鞵也!' 由是日令優人進演. 徐渭, 『南詞叙錄』"

59) 高則誠, 『水調歌頭』, 「琵琶記」卷首, 文學古籍刊行社, 1954, "不關風化體, 縱好也枉然."

60) *원말 절강성 항주를 중심으로 발달한 희곡, 명에 이르러 북곡北曲을 누르고 성행했는데 특징은 글자 수가 적고 가락이 느려 독주에 알맞다. 고명高明이 지은 「비파기琵琶記」 등이 대표작이고 북곡의 「서상기西廂記」 등과 비견된다.

61) 徐渭, 『南詞叙錄』, 中國戱劇出版社, 1959, "以時文爲南曲." '시문時文'은 이른바 성현의 입언立言을 대신한 팔고문八股文이다.

익히게 되었다. 그러나 경서는 도리를 논설하는 것이지만, 시가가 성정을 읊는 것과 같이 용이하게 사람의 마음을 감동시키는 것만 못하다. 일찍이 노선생을 뵈었을 때 늘 "고인의 시는 요즘 사람의 가곡과 같다"라고 말씀하셨다. …… 근세 이래 남북이 모두 희문戲文(원나라 때 남쪽에서 일어난 희곡의 한 체)을 지어 사람을 고용하여 재연하는데 비록 옛날의 방식은 아니지만, 사람마다 보고 모두 훤히 알 수 있고 더욱 쉽게 사람의 마음을 감동시켜, 사람들이 기뻐서 덩실덩실 춤추게 해도 스스로 느끼지도 못한다. 그러나 그들이 만든 것은 대부분 음탕한 말과 사랑 노래이고 오로지 애정 표현이나 부녀자의 원한의 말뿐이니, 사람의 마음을 감화시키기에 부족할 뿐만 아니라 도리어 그것은 풍속을 어지럽히기에 이르렀다. …… 근래 재자才子가 이 장르의 희문을 새로 편집하고 「오륜전비」라고 불렀는데, 성정에서 발하고 의리에서 생겨났으니, 대개 사람들이 쉽게 알 수 있는 것으로 감동을 주었다. 그것을 재연하면 세상의 자식이 된 사람이 보면 효도하고 신하가 된 사람이 보면 충성한다. …… 비록 한 장르의 가탁한 말이지만 실로 만세강상의 이치이다.[62]

그러나 이러한 설교는 한 측면에서 '속'문예가 '아'문예를 대신해서 성행하여 문단을 장악하고 이미 움직일 수 없는 '정종'이 되었고, 그리고 봉건세력은 다만 부패한 사상관념으로 '속'문예를 이용할 수밖에 없고,

---

62) 丘濬, 「五倫全備記」, "這三綱五倫, 人人皆有, 家家都備. 只是人在世間, 被那物欲牽引, 私意遮蔽了, 所以爲子有不孝的, 爲臣有不忠的, ……是以聖賢出來, 做出經書, 教人習讀, 做出詩書, 教人歌誦, 無非勸化世人, 使他個個都習五倫的道理. 然經書却是論說道理, 不如詩歌吟詠性情, 容易感動人心. 曾見古時老先生, 每說 '古人之試如今人之歌曲.' ……近世以來做成南北戲文, 用人搬演, 雖非古禮, 然人人觀看, 皆能通曉, 尤易感動人心, 使人手舞足蹈, 亦不自覺. 但他做的多是淫詞艷曲, 專說風情閨怨, 非惟不足以感化人心, 倒反被他敗壞了風俗. ……近日才子新編出這場戲文, 叫做五倫全備, 發乎性情, 生乎義理, 蓋因人所易曉者以感動之. 搬演出來, 使世上爲子的看了便孝, 爲臣的看了便忠, ……雖是一場假托之言, 實萬世綱常之理."

심미형식 가운데 그것을 부정할 방법이 없었다는 것을 밝히고 있다. 당연히 이와 같은 '속'문예를 해치는 상반되는 조류는 '아에서 속에 이르기까지'의 심미변화가 내포하고 있는 특정한 시대의 진보적 의의를 표현할 수 없었다.[63] 본서는 앞에서 말하기를 "만약 '정에서 욕에 이르기까지'가 내재심미심리상에서 명인의 심미취미가 시대전환의 성질을 내포하는 거대변화를 표현했다고 한다면, '아에서 속에 이르기까지'는 외재심미형태상에서 같은 변화를 표현하고 있다"고 했다. '아에서 속에 이르기까지'와 '정에서 욕에 이르기까지' 이 두 가지는 표리관계로서, 평민대중이 이해할 수 있는 심미형식을 가지고 평민대중이 오랜 기간 억압받고 박탈당한 정감욕구를 표현하여, 말기 봉건사회 특유의 다채로운 시정문예를 형성했다. 이러한 시정문예는 실제로 시정의 미의식적 차원에서 봉건체제가 흔들리기 시작하고, 근대사회의 서막이 머지않아 펼쳐지는 사회운동을 예시하고 체현했다. 이것을 알아야만 비로소 확실하고 철저하게 '아에서 속에 이르는' 심미변화의 특정한 시대적 가치를 이해할 수 있다.

우리들이 보기에 바로 명 중기에 이르러 많은 문인들이 상당히 자각적으로 희곡을 창작하거나 희곡을 비평하여, 봉건예법과 봉건도덕을 선양하는 문단의 상반되는 조류를 배척하고, 상술한 진보적인 시대적 요구를 표현했다. 그 중에서 서위와 이지가 가장 두드러지고, 영수라고 할 만하다.

다재다능하고 문무겸비하고 호방불기하여 권세귀족을 멸시한 서위

63) 상대적으로 보수적인 왕세정王世貞조차도 "「형채」는 속에 근접하여 당시 사람의 마음을 움직였고, 「향낭」는 아에 근접하여 사람의 마음을 움직이지 못했으며 「오륜전비」는 문장文莊(丘濬의 자) 원로 대유의 작품이지만 썩어 문드러짐을 면할 수 없었다.「荊釵」近俗而時動人, 「香囊」近雅而不動人, 「五倫全備」, 是文莊元老大儒之作, 不免腐爛. 『藝苑巵言』附錄1"라고 했다.

는, 이지와 함께 '명대이광明代二狂'이라 병칭할 수 있다. 그는 선명한 태도와 신랄한 언어로 명대극단의 복고현상과 역류현상을 격렬하게 청산하는 동시에 스스로 창작실천에 성공함으로써 극단에 새로운 바람을 일으켰다. 예를 들면 그는 "시문時文으로 남곡을 짓는다"는 말을 다음과 같이 비판했다.

> "시문으로 남곡을 짓는다"는 ……그 폐단은 「향낭기香囊記」에서 비롯되었다. 「향낭기」는 바로 의흥宜興의 생원 소문명邵文明이 쓴 것이다. 그는 『시경』을 익히고 오로지 두시를 공부하여, 마침내 이 두 책의 어구를 곡 중에 고루 끼워 넣었는데, 대사 역시 문어이고 또 고사를 호용好用하여 대구를 지었으니, 그것이 가장 해로운 일이다.[64]

그는 그래서 다음과 같이 여겼다.

> 곡의 대본은 사람의 마음을 감동시켜 움직이는 것을 취하고, 노래는 노비·아동·부녀자 모두 즐겁게 하는 것이 비로소 제격이다. 경서와 제자의 말은 그것으로 시를 짓는 것 또한 불가한데, 하물며 이런 것들이랴? ……그 문채나고 난해한 것이 어찌 속되고 비천한 것의 쉽게 이해되는 것과 같겠는가?[65]

이는 이미 심미형식상의 지적만은 아니다. "평범하고 질박한 것俗而鄙"을 강조하고 "문채나고 난해한 것文而晦"을 반대한 것은, 세속평민의

---

64) 徐渭, 『南詞叙錄』, 中國戲劇出版社, 1959, "以時文爲南曲, ……其弊起于『香囊記』. 『香囊』乃宜興老生員邵文明作, 習『詩經』, 專學杜詩, 遂以二書語句匀入曲中, 賓白亦是文語, 又好用故事作對子, 最爲害事."

65) 徐渭, 『南詞叙錄』, 中國戲劇出版社, 1959, "曲本取于感發人心, 歌之使奴·童·婦·女皆喩, 乃爲得體; 經·子之談, 以之爲詩且不可, 況此等耶? ……與其文而晦, 曷若俗而鄙之易曉也?"

생각에서 출발하여 희곡창작을 규정하는 심미표준을 포함하고 있고, "경서와 제자의 말"을 희곡에 끼워 넣는 것을 반대한 것은, 희곡창작이 봉건예법과 봉건도덕을 선양하고 봉건사상의 권위를 받드는 것을 보다 명확하게 배척한 것이다. 서위의 잡극 작품 중에는 분명하게 '속'을 드높이고 '아'를 억누르는 것을 나타내어 봉건관념의 창작적 경향을 배제했다. 그는 「가대소歌代嘯」 앞부분 '범례'에 다음과 같이 말해 두었다.

> 이 곡은 해학을 위주로 묘사하여, 일체 비속한 말이나 외람된 일을 송구하게도 곡조에 삽입할 수 있었기 때문에 아언에서 취함이 없었다.[66]

'설자楔子'[67] 중에 「임강선臨江仙」을 개장하면서도 이렇게 말했다.

> 깔보는 말로 풍속을 바로잡을 때, 옛 성인이나 옛 현인을 끌어들이지 말라. ……속어로 신편을 공연하는 곳을 찾아, 그 사건의 전도에 따라 사심 없이 맡기고 그저 한가하게 즐기며 본다.[68]

곡 중에서 장張·이李 두 승려의 "비속한 말이나 상스런 일鄙談猥事"을 통하여, "경서와 제자의 말經子之談"을 업신여기고 범하고 조롱하고 강탈하고 모독하는 재미가 곡진해서 읽으면 대단히 통쾌하다. 서위의 미학사상은 '속'을 고양하고 '아'를 비하하는 일종의 강렬한 비판정신을 드러내 보인다. 이러한 비판정신은 어느 정도 근대평민의식을 환기하고 중

66) 徐渭, 『徐渭集』4, 中華書局, 1983, p.1232, "此曲以苗寫諧謔爲主, 一切鄙談猥事懼可入調, 故取無乎雅言."

67) *옛 소설에서 흔히 볼 수 있는 이야기의 시작 부분으로 본 이야기 앞에 나와 어떤 사건을 이끌어 내기 위하여 따로 설립하는 절이다.

68) 徐渭, 『徐渭集』4, 中華書局, 1983, p.1233, "謾說矯時勵俗, 休牽往聖前賢. ……探來俗語演新編, 凭他顚倒事, 直付等閑看."

고귀족의식을 타격하여, '아에서 속에 이르기까지'의 문예사조가 가지고 있는 계몽적 가치를 분명하게 드러낸다.

이지는 서위와 비교하면, 더 자각적이고 더 심각하게 '아에서 속에 이르기까지'의 문예사조를 논증하고 추동했다. 그의 공헌은 스스로 심미관념을 깨달았을 뿐만 아니라 철학사상을 인도했다는 점에 있다. 후자는 앞에서 이미 서술한 바 있고, 심미관념과 문예사상으로 보면 그는 '속'문예를 긍정하고 고양하는 데에 있어서 또한 제일 역량이 있었고, 가장 영향이 있었다.

비교적 철저한 '이단' 사상가로 간주되는 이지의 '속'문예에 대한 평가는 먼저 그의 사상적 함의에 착안해야 한다. 그는 통치자가 '속'문예를 재단하는 것에 대하여 매우 자각적으로 동시에 매우 용감하게 배척했다. 예를 들면 「비파기」는 태조 황제에게 칭찬받을 수 있었지만, 유달리 그에게는 칭찬 받을 수 없었다.

> 「배월정」·「서상기」는 하늘의 조화〔化工〕이고, 「비파기」는 기교의 솜씨〔畵工〕이다. ……화공이 비록 뛰어나다고 해도 이미 두 번째로 처지는 것이다. …… 「서상기」·「배월정」에 무슨 기교가 있는가? 기교로 따지면 「비파기」보다 더 기교가 뛰어난 것은 없다. 작자 고생高生은 그의 힘으로 할 수 있는 모든 기교를 다하여, 그의 재능을 다 써버렸다. 작자가 있는 기교와 재능을 모두 다하니, 이 때문에 말을 다하자 뜻도 또한 다하고, 수사가 다하자 감흥 또한 따라서 싹 가셔 버렸다. 내가 「비파기」의 몇 소절을 골라 노래한 적이 있었는데, 한번 노래하니 탄식이 나오고, 두 번 노래하니 원망이 생기고, 세 번 노래하니 그 이전의 원망도 탄식도 더 이상 남아 있는 것이 없었다. 그 까닭은 무엇인가? 아마도 그것이 진실인 듯하면서 진실이 아니어서 사람의 마음속에 깊이 파고들지 않기 때문이 아니겠는가! 아무리 기교가 극치에 달해도 그 힘이 미치는 한도는 단지 피부와 골육 사이에 도달할 수 있을 뿐이다. 그래서 그것이 사람을 감동시키는 것이 겨우 이와 같을 뿐이니, 이상하

> 게 여길 필요가 하나도 없다. 「서상기」·「배월정」은 그렇지 않다. 우주 안에 본래부터 그렇게 좋아할 만한 사람이 있다니, 천지의 자연스런 조화가 만물을 낳은 듯하여, 그 기교에는 불가사의한 점이 있다.69)

이 의론은 심미형식규율에서 착수하여 심미함의에서 귀결했다. "진실인 듯하지만 진실이 아니기 때문에 사람 마음에 받아들여지는 것이 깊지 않다"고 하는 것은, 아마도 「비파기」가 떠벌리는 진부하고 위선적인 봉건예교가 인성의 진솔한 표출에 맞지 않기 때문에, 사람에게 정감의 심층으로부터 공감을 자아내게 할 수 없다는 것을 질책한 것이다. 반대로 줄곧 사람들이 트집잡고 비방하고 헐뜯는 「배월정」과 「서상기」를 이지는 극도로 추앙하여, "우주 안에 본래부터 그렇게 좋아할 만한 사람이 있다"고 한 것은, 당연히 예교의 속박에 반항하고 자연 성정의 진솔한 유로를 추구하는 남녀들을 가리킨다. 자못 평민의식을 갖춘 이지가 '속' 문예를 창도할 때에는, 그 심미가 내포하고 있는 시대의 특성을 분명하게 알아차리고, 신속하고 결단력 있는 기백으로, '속'문예가 전통 관념의 타파와 봉건 계략의 타격을 향해 발전하도록 분명하게 인도하여, 일정 정도 '속'문예의 근대적 계몽정신을 일깨웠다. 바로 이와 같은 자발적 동기를 기반으로 그는 제일 먼저 분명하게 '속'문체를 문단의 '정종'으로 대우하고 그것이 당대의 '아주 빼어난 글至文'이라 여겼다.

---

69) 李贄, 『焚書』卷3, 「雜說」, "「拜月」·「西廂」, 化工也: 「琵琶」, 畵工也. ……畵工雖巧, 已落二義矣. …… 「西廂」·「拜月」, 何工之有! 盖工莫工于「琵琶」矣. 彼高生者, 固已殫其力之所能工, 而極吾才于旣竭. 惟作者窮巧極工, 不遺余力, 是故語盡而意亦盡, 詞竭而味索然亦隨以竭. 吾嘗觀覽「琵琶」而彈之矣, 一彈而嘆, 再彈而怨, 三彈而向之怨嘆無復存者, 此其故何邪? 豈其似眞非眞, 所以入人之心者不深邪! 盖雖工巧之極, 其氣力限量, 只可達于皮膚骨血之間, 則其感人僅僅如是, 何足怪哉! 「拜月」·「西廂」, 乃不如是. 意者宇宙之內, 本自有如此可喜之人, 如化工之于物, 其工巧自不可思議爾."

시는 왜 꼭 고선古選[70]에서 찾아야 하며, 좋은 글은 왜 꼭 선진시대의 것에서 찾아야 하는가? 후대로 내려와 육조시대에 이르러 근체近體로 변화했고, 당대에 이르러 전기傳奇로 변화했고, 송·금에 이르러 원본院本으로 변화했고, 원대에 잡극雜劇으로 변화했고, 『서상기西廂記』로 변화했고, 『수호전水滸傳』으로 변화했고, ……모두 고금의 '아주 빼어난 글至文'이어서, 그것이 나온 시대의 선후로 좋고 나쁨을 따질 수는 없다.[71]

그가 『삼국연의』·『수호전』[72]·『비파기』·『유규幽閨』 등을 평점한 것

---

70) *양梁나라의 소명태자昭明太子 소통蕭統이 진秦·한漢 이후 제齊·양梁대의 대표적인 시문을 모아 엮은 책 『문선文選』을 가리키는 것 같다.

71) 李贄, 『焚書』卷3, 「童心說」, "詩何必古選, 文何必先秦, 降而爲六朝, 變而爲近体, 又變而爲傳奇, 變而爲院本, 爲雜劇, 爲「西廂曲」, 爲『水滸傳』, ……皆古今至文, 不可得而時勢先后論也."

72) 이지가 『수호전』을 평하여 "송공명이란 사람은 유독 몸은 수호의 산채에 두고 마음은 항상 조정에 가 있어 한뜻으로 초안을 바라고 오로지 진충보국만 도모하더니 결국에 가선 엄청난 위험을 무릅쓰고 큰 공을 이루게 되었다. 그러고 나서 독약을 마시고 스스로 목을 매어 죽는 것도 마다하지 않았으니, 이 얼마나 매서운 충성이며 의로움일까!獨宋公明者, 身居水滸之中, 心在朝廷之上, 一意招安, 專圖報國, 卒至於犯大難, 成大功, 服毒自縊, 同死而不辭, 則忠義之烈也! 『焚書』卷3, 「忠義水滸傳序」"라고 했다. 이 말은 아마도 '충군忠君'이 '이단異端'과 섞여있는 듯하다. 그러나 전문을 살펴보면 실제 당시의 정치 상황을 조롱하고 애국하는 마음을 토로했다. 예를 들면 "시내암과 나관중 두 분은 몸은 원나라에 살았지만 마음만은 항상 송나라에 가 있었고, 원에서 태어났으면서도 사실은 송나라의 일에 격분하던 참이었다. 이러한 까닭에 두 황제가 북쪽으로 잡혀간 일을 분하게 여겨 요나라를 대파함으로써 그 원한을 설욕했다.施·羅二公, 身在元, 心在宋. 雖生元日, 實憤宋事也. 是故憤二帝之北狩, 則稱大破遼以泄其憤." "그 형세를 보면 기어코 천하의 장사와 현인들을 내몰아 모조리 수호에 들어가게 하는 판국이었다.其勢必至驅天下大力大賢而盡納之水滸矣." "충성과 의로움이 ……그렇지 못해 조정에 있지 않고 임금 곁에도 없으며 요새를 지키는 군관들 곁에도 있지 않다면, 그것은 어디로 갈까? 바로 수호로 모여들게 된다.忠義 ……否則, 不在朝廷, 不在君側, 不在干城腹心, 烏乎在? 在水滸."와 같다.

은, 더욱 '속'문예 비평연구의 바람을 일으켰고, '아에서 속에 이르는' 심미변화를 유력하게 추동했다.

서위와 이지 같은 문인들의 자각적인 창도로 인하여 '속'문예는 마침내 대세를 이루었고, 아를 장려하고 속을 폄하하는 전통적 심미 관념은 이미 희미해졌으며 오래지 않아 '속'문예만을 연구하는 문인의 논저가 나타났다. 예를 들면 왕기덕의 『곡률』은 희곡에 대하여 중요한 '속'문체 특유의 심미규율을 깊이 있게 탐구했다. 여기서 한두 가지를 제시한다.

> 익살스러운 곡은 동방 골계滑稽의 갈래로 극히 총명한 자질이나 출중한 문장력 또는 주도면밀한 기교를 활용하지 않으면 쉽게 지을 수 없다. 작품은 하나의 최고의 문자로도 지을 수 없고 작품은 한 구절의 장타유張打油의 말로도 지을 수 없다. 반드시 '속을 아로 여겨以俗爲雅' 한마디 말을 뱉어낼 수 있어야만 쉽게 사람들을 포복절도시키니, 그래서 묘하다.[73]

> 세상에 이해하지 못하는 시는 있지만 이해시키지 못하는 곡은 있을 수 없다. 곡은 또한 이해할 수 있는 것은, 방언이 들어간 것이 아니라면 세상에 드문 일을 다루기 때문이다.[74]

"속을 아로 여기는 것"은 중고시대 문체의 변화처럼 결코 '속에서 아에 이르는 것'이 아니다. 그것은 '속'을 긍정하는 전제 하에서 '속'문예의 예술수준을 제고하는 수단을 탐색하는 것인데, 그것은 때마침 '아에서 속에 이르기까지'가 이미 되돌릴 수 없는 심미조류가 되었다는 것을 분

---

73) 王驥德, 『曲律』, 「論俳諧」, "俳諧之曲, 東方滑稽之流也, 非絶穎之姿, 絶俊之筆, 又運以絶圓之機, 不得易作. 著不得一箇太文字, 又著不得一句張打油語. 須以俗爲雅, 而一語之出, 輒令人絶到, 乃妙."

74) 王驥德, 『曲律』, 「雜論」, "世有不可解之詩, 而不可令有不可解之曲, 曲之又可解, 非入方言, 則用僻事之故也."

명하게 보여준다.

명 중기 이후 문인의 '속'문예에 대한 자각적인 참여는, 소설과 희곡 같은 '속'문체로 하여금 근대적 평민의식을 흡수하여 문단의 일대 풍류를 불러일으키게 했다. 이러한 문단의 거대한 변화는 전통의 '아'문예와 시문에 영향을 미칠 수밖에 없었다. '아'를 대대로 물려받은 영역에서 몇몇 선각적 문인들도 역시 조류를 따라 '속'의 기치를 올렸다. 그 중에서 가장 뛰어난 사람은 공안파의 원굉도袁宏道였다. 그는 소박한 '시대 추구'의식에서 출발하여 한편으로는 자신의 작품을 일종의 진솔하고 자연스러우며率眞自然, 평이하고 꾸밈없으며平易樸實, 자못 '속'에 가까운 '공안'의 풍격으로 표현했고, 다른 한편으로는 명확하게 '아에서 속에 이르기까지'의 현실적 합리성을 논증했다.

> 진·한의 문장이 『육경』을 배웠다면 어째 또 진·한의 문장이 있을 수 있겠는가? 성당의 시가 한·위를 배웠다면 성당의 시가 어찌 또 있을 수 있겠는가? 오직 시대에 따라 상승하고 하강하지만 법을 인습하지 않고 각기 그 변화를 다하고 그 취趣를 궁구하는 것이 귀한 까닭이니, 원래 우열을 가지고서 논할 수 없다. 천하의 모든 것이 혼자만 행해진다면 반드시 없어서는 안 된다. 반드시 없어서는 안 되기 때문에 비록 없애려고 해도 그럴 수 없다. 그러나 부화뇌동하면 없어도 된다. 없어도 되기 때문에 비록 존재케 하려 해도 그럴 수 없다. 그러므로 나는 지금의 시문은 전해지지 않을 것이라고 말한다. 그 만에 하나 전해지는 것은 지금 여염집 아낙이나 어린아이들이 부르는 「벽파옥」·「타초간」과 같은 것이다. 마치 들은 것도 없고 아는 것도 없는 진인眞人이 지은 것이기 때문에 진성眞聲이 많다. 한·위를 흉내 내지 않으며, 성당을 따라 배우지도 않고, 본성에 따라 표현하면 오히려 인간의 칠정七情과 통할 수 있으니, 이것이야말로 즐거운 일이다.[75]

---

75) 袁宏道, 『袁中郎全集』卷3, 「叙小修詩」, 世界書局, 1935, "秦漢而學六經, 豈復有

이른바 "지금의 시문은 전해지지 않는다"라는 것은, '아'문체의 종말을 선언하고 시정의 민요로 그것을 대신하여, 그야말로 '아에서 속에 이르기까지'의 시대적 추구를 분명히 자각하고 분명하게 밝힌 것과 다름이 없다. 이렇게 더욱 철저하게 '아에서 속에 이른 것'은 '아'문체에서 '속'문체로의 전환일 뿐만 아니라 '아'문체 자체의 와해와 탈바꿈이다. 민가를 시문 영역의 가장 희망 있는 시대의 '진성'으로 간주하였으니, 또한 무엇이 이보다 더 문인의 '속'문예에 대한 자각적 인식을 표현할 수 있겠는가?

제4절 민가의 지위

민가의 창작이 전에 없이 왕성하고, 그 영향이 전에 없이 광범위하고, 그 위치가 전에 없이 상승한 것은 분명히 명대 문단의 두드러진 현상이다. 민가를 경멸하여 그것은 "음란하고 더러운 정태를 묘사한 것에 지나지 않고 대략 억양만 갖추었을 뿐이다"[76]고 여겼던 심덕부도 민가의 드높은 명성과 위세를 두려워하지 않을 수 없었다.

秦漢之文? 盛唐而學漢魏, 豈復有盛唐之詩? 唯夫代有升降, 而法不相沿, 各極其變, 各究其趣, 所以可貴, 原不可以優劣論也. 且夫天下之物, 孤行則必不可無, 必不可無, 雖欲廢焉而不能; 雷同則可以不有, 可以不有, 則雖欲存焉而不能. 故吾謂今之詩文不傳矣! 其萬一傳者或今閭閻夫人孺子所唱擘破玉打草竿之類. 猶是無聞無識眞人所作, 故多眞聲. 不效顰于漢魏, 不學步于盛唐, 任性而發, 尙能通于人之喜怒哀樂嗜好情欲, 是可喜也."

76) 沈德符, 『萬曆野獲編』, 中華書局, 1959, "不過寫淫媟情態, 略具抑揚而已."

선덕·정통연간에서 성화·홍치연간에 이른 후 중원에는 또한 「쇄남지鎖南枝」·「방장태傍粧台」·「산파양山坡羊」과 같은 것들이 성행했다. ……이 이후부터 또한 「요해아要孩兒」·「주운비駐雲飛」·「취태평醉太平」 등 여러 곡이 있었고, ……가정·융경 연간에 비로소 「요오경鬧五更」·「기생초寄生草」·「나강원羅江怨」·「곡황천哭皇天」·「간하엽干荷葉」·「분홍련粉紅蓮」·「동성가桐城歌」·「은교사銀絞絲」와 같은 것들이 성행했다. ……근년 이래 또 「타조간打棗竿」·「계지아桂枝兒」 두 개의 곡이 생겨났는데, 그 말투가 대략 비슷하면 남북·남녀·노소귀천을 불문하고 사람마다 익히고 사람마다 즐겨 들었다. 간행하여 공포한 것이 질을 이루고 세상에 전송되어 사람의 마음과 육부를 적시기에 이르렀다. 그 악보가 어디에서 왔는지를 모르겠지만 참으로 놀랍고 탄식할 만하다![77]

전술한 원굉도가 민가를 숭앙한 것은 결코 그 혼자만의 견해가 아니었다. 어떤 사람은 민가가 당시·송사·원곡과 병칭되어 어깨를 겨눌 수 있는, 명대 가장 성취를 이루고 가장 대표성을 갖춘 운체 문학이라고 여겼다.

우리 명대의 시는 당에 미치지 못하고, 사는 송에 미치지 못하고, 곡 또한 원에 미치지 못하지만, 대체로 「오가吳歌」·「계지아」·「나강원」·「타조간」·「은교사」 등은 우리 명이 제일이다.[78]

---

77) 沈德符, 『萬曆野獲編』, 中華書局, 1959, "自宣·正至化·治後, 中原又興鎖南枝·傍粧臺·山坡羊之屬. ……自茲以後, 又有要孩兒·駐雲氣·醉太平諸曲, ……嘉·隆間乃興·鬧五更·寄生草·羅江怨·哭皇天·干荷葉·粉紅蓮·桐城歌·銀絞絲之屬, ……比年以來, 又有打棗竿·桂枝兒二曲, 其腔調約略相似, 則不問南北, 不問男女, 不問老幼良賤, 人人習之, 人人喜聽之, 以至刊布成帙, 擧世傳誦, 沁人心腑, 其譜不知從何而來, 眞可駭嘆!"

78) 宏緒, 『寒夜錄』, 탁인월卓人月의 말을 인용한 것임, "我明詩讓唐, 詞讓宋, 曲又讓元, 庶幾吳歌·桂枝兒·羅江怨·打棗竿·銀絞絲之類, 爲我明一絶." 陳

이로부터 명대 민가가 수집되고 간행되어(예를 들면 『사계오경주운비四季五更駐雲飛』·『제서상기영십이월새주운비題西廂記詠十二月賽駐雲飛』·『태평시새새주운비太平時賽賽駐雲飛』·『신편과부열여시곡新編寡婦烈女詩曲』와 같은 것이 있다[79]) 전집이 속출하고 광범위하게 유포되고 규모가 역대에 비할 데가 없는 것 외에도, 그 의의는 역대와 비교하더라도 역시 판이하게 다르다. 민가의 수집은 물론 그 근원이 오래이거니와 상고시대의 '채시설采詩說',[80] 주나라의 『시경詩經』, 한나라의 『악부樂府』 등 모두 민가수집의 저명한 사적이 남아 있다. 그러나 그 수집은 정치적 목적이 도리어 예술적 목적보다 커서 "왕이 풍속을 살피는 까닭은 득실을 알아 스스로를 성찰하고," "풍속을 살피고 인심의 야박함과 후함을 안다"[81]는 것으로, 민가가 통치자의 눈에는 대부분 정치의 득실을 살피는 자료가 됐다.[82] 그러나 일반 문인에 있어서 민가를 수집하고 받아들이는 것은

---

79) 鄭振鐸, 『明代的民歌』, 『中國俗文學史』 수록 참조.

80) 『한서漢書』「식화지食貨志」에 "정월이 되면 한 곳에 모여 살던 사람들이 농사를 지으려고 흩어지면 행인이 목탁을 흔들며 마을의 길을 돌아다니면서 시를 모아서 태사에게 바쳤는데 태사가 그 시의 음률을 맞추어 천자에게 알렸다. 孟夏之月, 行人振本鐸 於路以采詩, 獻之太師, 比其音律, 以聞於天子." 『한서』「예악지禮樂志」에 "비로소 악부가 이루어지고 시를 모아서 밤에 노래했다. 乃立樂府, 采詩夜誦." 후한後漢 하휴何休는 『공양전주公羊傳注』에서 "남자의 나이가 예순이 되고 여자의 나이가 쉰이 되어서도 자식이 없는 자들을 관청에서 옷을 입히고 음식을 먹이면서 그들로 하여금 민간에서 시를 구하게 했는데 시골에서는 이 시들을 고을로 보냈고, 고을에서는 이 시들을 나라로 보냈으며, 나라에서는 이 시들을 천자에게 아뢰었다. 男年六十, 女年五十無子, 官衣 食之, 使之民間求詩. 鄕移于邑, 邑移于國, 國以聞于天子." 『후한서後漢書』「방술이합전方術李郃傳」에 "화제가 즉위하고 사자를 나누어 파견했는데 모두 미복 차림으로 혼자 각 주현에 가서 풍요를 살피고 채집하게 했다. 和帝卽位, 分遣使者, 皆微服單行, 各至州縣, 觀采風謠." 위에서 살펴본 구체적 정황의 진실 여부는 이미 사가들이 수상쩍게 여겼다. 그러나 '채시'는 일종의 정교시책政敎施策이고 역사적 사실임이 분명하다.

81) 『漢書』「藝文志」, "王者所以觀風俗, 知得失, 自考正 ……可以觀風俗, 知薄厚."

물론 시인의 예술 생명을 격발시키는 것이었지만, 일반적 추세는 '속에서 아에 이르고' 최후에는 민가의 본래 풍모를 완전히 제거시켜 버렸다.

명 이전 민가는 오직 사회 저층에서만 겨우 신선한 예술풍모를 유지했고, 근본적으로 상층의 '아'문예와 대항한 '속'문예가 끈질기게 자생하고 번영하였으나, 문예의 '정종'이 되어 당당하게 문단의 찬란한 위치를 차지할 수는 없었다. 그러나 위에서 말했듯이 명대에서 민가는 문예의 '정종'이 되었을 뿐만 아니라 거의 '정통' 시문의 위치를 얻어서 그것을 대신하여, 가장 생기 있고 가장 희망 있는 예술양식으로 여겨졌다. 그래서 명대 민가에 대한 수집과 간행은 이미 권문귀족이 사회를 살핀 것이 아니고 문인이 소재를 축적한 것도 아니었으며, 그것은 최초로 버젓하게 자신의 본래 풍모로 문단 전면에 나아가 문단의 보편적 추숭을 받은 것이었다.

만약 명대 민가의 심미적 함의를 다시 한 번 고찰한다면, 한층 더 그 위치가 전에 없이 찬란하고 중대한 시대의 의의를 갖춘 것을 이해할 수 있다. 특히 주목할 것은 명대 민가의 대부분이 시정의 속곡俗曲이지 시골의 이곡俚曲은 아니라는 점이다. 소재는 비록 전통민가와 같은 것이지만 대부분 남녀 간의 사랑을 표현한 정가情歌이다. 다만 그 애정의 표현이 대담하고 강렬하고 솔직해서 이미 역대 민가를 넘어섰다.

> 사사로운 정에 얽매여 당황하지 말고, 간통한 사내 노비를 붙잡아 몸소 데리고 간다. 관가에 붙들고 가서 두 무릎을 만두처럼 꿇어앉혀 사내노비에게 사실대로 고하게 하고, 내가 사통한 사내를 등잔을 깨물듯이 쇠를 씹듯이 한다.[83]

---

82) 유자들에게 '채시'하여 위로 올리는 것은 바로 예악의 교화를 시행하는 심원한 문화목적이 있다. 이것 자체는 임금이 풍속을 살피는 정치의 표층적인 의미에 파묻힐 수 있는 것은 아니다. 본서의 주지에 관계없기 때문에 논술하지 않는다.

어리석은 준각이, 나의 오빠! 누런 진흙덩이를 배합해서 우리 둘을 빚었다네. 하나는 너를 빚고 하나는 나를 빚었더니, 빚은 것이 마치 살아 있는 것 같았다네. 빚은 것을 같은 평상 위에 잠깐 뉘었네. 흙 인형을 내던져서 부수려고, 물에 젖은 것을 다시 배합했더니, 다시 하나는 너를 빚었고 다시 하나는 나를 빚었으니, 오빠의 몸에 누이동생이 있고 누이동생 몸에 오빠가 있다네.[84]

여기서 이미 중고시대 전원 민가에 늘 있던 바의 그런 완곡하고 곡진한 우울한 생각이나 정감과 탄식은 완전히 탈각했다. "쌍등은 준비되건만 시간은 다되었고, 어찌 하겠나 아마도 둘 다 기름이 없는 것을雙燈具時盡, 奈許兩無油." "남녘 바람이여 내 마음을 안다면, 내 꿈을 실어 서주에 보내다오南風知我意, 嘆夢到西州"와 같이 낮은 곳에 숨지 않는다. 또한 "괴로움을 견디고 멈추지 못해, 침상에서 허리띠를 풀고, 병풍 속에서 스스로 목을 맨다懊惱不堪止, 上床解腰繩, 自經屛風裏"와 같은 고통을 호소하는 절창도 없다. 심지어 "나며 들며 임의 손에 잡히어 잔걸음 걸어, 낭군의 무릎에 앉으리라出入擐郎臂, 蹀坐郎膝邊" "여자가 혼잣말로 좋다하고, 고의로 낭군 품에 안기네女兒自言好, 故入郎君懷"와 같은 대담한 기백도 초월해 버렸다. 여기서 '투정偸情'은 마음이 편안하고 거리낌이 없고, 남녀는 교칠膠漆과 같이 조금도 가림이 없고, 다 까놓고 단도직입적으로 말하는 것이니, 이미 일반적인 의미에서 중고사회의 청년남녀가 봉건 속박에 반항하고 혼인과 연애의 자유를 추구하는 예술 표현을 능가했는데, 그것은 모종의 근대적 성애의식의 발생을 내포하고 있고, 시정생활

83) 『山歌』, 「偸」, "結識私情弗要慌, 提着子奸情奴自去當. 拼得到官雙膝饅頭跪子從實說, 咬鐙嚼鐵我偸郎."

84) 「鎖南枝」, "傻俊角, 我的歌! 和塊黃泥儿捏咱兩箇. 捏一箇儿你, 捏一箇儿我, 捏的來一似活托; 捏的來同在床上歇臥. 將泥人儿摔破, 着水儿重和過, 再捏一箇你, 再捏一箇我, 歌歌身上也有妹妹, 妹妹身上也有歌歌."

중에 정욕 만족의 자유와 권리의 추구를 구체적으로 드러내고 있다. 이와 같은 추구는 그렇게 특정한 시대조건 하에서 당연히 관념의 철저한 갱신이고 전통에 대한 철저한 반란이다.

이런 이유로 또한 본서 제5장에서 말한 '정에서 속에 이르기까지' 즉 중고시대 성애의 완곡한 표현에서 근대 성애의 공개적 선양에 이른 것을 엿볼 수 있다. 모종의 의미에서 말하면, 농촌적인 것에서 시정적인 것에 이른 것은, 바로 중고시대적인 것에서 근대에 이른 것이다. 명대 민가는 시정의 속곡을 위주로 하며, 그 표현한 바는 상당히 근대 색채가 풍부한 성애추구에 이르렀는데, 그것은 이미 민가의 전통적 심미 요소의 자연스런 발전일 뿐만 아니라 그것은 또한 일종의 시대적 추구로부터 오는 격동이다. 민가 위치의 전에 없던 상승은 전체 사회문화가 중고시대에서 근대를 향해 쉬지 않고 나아가는 명려한 상징이다.

소설과 희곡이 '말기소도末技小道'에서 일약 문단의 '정종正宗'이 되었고, 민가의 위치는 저층의 유행에서 일약 '시국詩國'의 풍류를 차지했고, 대다수의 문인은 이러저러하게 '속'문예에 몰입하여 '집단적으로 자각했다.群體自覺.' — 명대 특히 명 중기 이후 이와 같은 '아에서 속에 이르기까지'의 심미변화는 위에서 이미 상세하게 분석했다. 본서에서 이미 거듭 지적했듯이, 본장의 '아에서 속에 이르기까지'와 앞장의 '정에서 속에 이르기까지'는 사실 서로 표리 관계이고, 그것들은 공통적으로 중고 귀족사회에서 근대 평민사회로 향해 쉬지 않고 나아가는 심미문화운동을 내포하고 있다. 이는 역사가 장차 커다란 변화가 일어나려는 총체적인 심미문화의 변환을 예시하고 있고, 그 상응하는 사회적 배경 외에 또 당연히 더욱 심각한 사상적 기반이 있다. 만약 '정에서 속에 이르기까지'가 심미심리를 전환하는 사상적 선도를 제시하였으니, 그것은 바로 심학이단의 '자연인성론'이 그렇게 '아에서 속에 이르기까지'의 심미형태를 전환하는 사상적 선도를 제시했으니, 그것은 바로 심학이단의 '백성들의 일상생활이 참다운 도百姓日用則道'라는 평민의식이다. 왕수인에서 그 단서가 싹텄고, 왕간(태주)을 거쳐 발양했고, 이지에 이르러 비로소 대성한 심학의 해방 사조는 근대 심미문화의 근원으로서, 근대 평민사회를 형성하는 사상적 통로를 열었다. 이점은 위에서 이미 매우 상세하게 분석했다.

제5절 역사의 한계

그렇지만 전환은 물론 실현할 수 없었다. 심미취미의 '아에서 속에 이르는' 것이 평민의식의 감성적 확장을 만들기는 하였으나, 그렇다고 결코 하나의 근대사회를 맞이할 수는 없었다. 그간의 경위는 대부분 앞장 5절에서 말한 바와 같다. — 자연인성론을 사상적 기초로 하는 '정에서 속에 이르는' 것과 평민의식을 사상적 기초로 하는 '아에서 속에 이르는' 것은 본래 서로 표리가 되는 심미변천이고, 그것들은 하나의 심학의 해방사조에서 속하고 공생했기 때문에, 같은 정경체제·문화배경·역사관계…… 앞장에서 말했던 것들의 제약을 받지 않을 수 없었고, 중고봉건 정경체제는 근본적으로 촉동觸動되지 않았고, 만청滿淸의 입관入關 또한 전례가 없이 퇴행성을 심화시키고, 그와 같은 체제를 안착시켰다. 봉건 정통의식의 강한 압력과 역사문화전통에 의한 민족심리의 형성은 모두 완고하게 새로운 의식의 신장을 제어하고 잠식했다. — 이런 여러 원인이 자연인성론을 사상적 기초로 하는 '정에서 욕에 이르는' 심미해방사조를 가로 막았다. 이런 여러 원인은 마찬가지로 평민의식을 사상적 기초로 하는 '아에서 속에 이르는' 심미해방사조를 가로 막았다. '가로 막았다遏止'는 것은 표현관점과 표현형식의 특수성에 불과하고, 여기에서 오히려 구체적으로 토론할 문제는 바로 중국문화의 '대전통'('고급문화')과 '소전통'('대중문화')의 특수 관계가 평면의식의 형성 내지 '아에서 속에 이르기까지'의 변화에 대한 제약이다.

위잉스余英時는 일찍이 서구문화 대·소전통의 비교적 소원한 상태와 비교하면, 중국문화의 대·소 전통은 비교적 원활한 교류가 있었다고 지적했다.[85] 이런 논의는 확실히 충분한 역사적 근거가 있다. 본서에서 언급한 심미취미의 '아'와 '속'의 상호 침투와 상호 전환은 곧 대·소전통의 원활한 교류의 표현이다. 문제는 양방향의 교류가 한편으로는 물론 대전통이 소전통의 영향을 받게 했지만(위잉스는 주로 이 방면을 언급했다), 한편으로는 도리어 소전통이 대전통의 지배를 받게 되는 것으로 드러났다. 원인은 말할 것도 없이 대전통의 상층문화가 줄곧 보다 큰 우세, 더 많은 방식을 가지고 소전통을 동화시키기 때문이다. 그러므로 대·소전통이 정합하여 이루어진 모든 문화형태는 더 많이 대전통 — 상층문화의 '통치사상'(마르크스의 말)을 체현할 수밖에 없다. 바꾸어 말하면, 대·소전통의 원활한 교류는 소전통 — 하층문화로 하여금 더 많은 대전통 — 상층문화의 가치체계를 받아들이게 할 수밖에 없다. 비록 소전통의 창조자가 그들의 사회적 지위와 현실적 상황에서 벗어나 항상 본능적으로 대전통의 주입을 배척하더라도, 기본적인 정신훈련과 계통적인 이성교육이 결여되어, 분명한 자아의식과 충분한 비판능력이 온전하지 못하기 때문에, 도리어 그들도 역시 언제나 무감각하게 대전통의 관념을 인정하게 된다. 리쩌허우는 공자인학구조의 역사적 작용을 언급할 때에 다음과 같이 지적했다.

> 공자는 학생을 깨우치고 시서詩書의 산정刪定을 통하여 이런 유형이 사회에 영향을 미치게 하고, 나날이 많은 사람들의 생활·관계·습관·

85) 余英時, 『漢代循吏與文化傳播』, 『士與中國文化』에 재수록 참조.

> 풍속·행위방식과 사유방식이 스며들게 하고, 전파·훈도와 교육을 통하여 시공時空 중에 널리 퍼지게 앞길을 개척했다. ……그것은 마침내 한민족의 무의식적 집체원형현상集體原型現象이 되어 민족성의 문화—심리구조를 형성했다.[86)]

공자의 학문이 이처럼 거대한 영향을 미친 것은 대전통이 소전통을 동화시킨 가장 철저하고도 가장 성공적인 사례라고 할 수 있다. 곧이곧대로 말하면 소전통의 창조자—민간의 대중은 곧 이와 같은 대전통이 정해주는 문화—심리구조에 복종하는 동시에 심령의 깊은 곳으로부터 그들이 특별히 소유한 보수성에 복종하지 않을 수 없다. 그것은 또한 앞에서 서술한 원인 때문이기도 하다. 이와 같이 '지배에 복종하는 것就範'은 항상 더 철저하고 더 충실하여, '본능'·'습관'에까지 침투했다. 이것이 소전통의 창조자에게 때로 더 큰 보수성과 낙후성을 나타내게 하고 설사 그 자신의 문화요구를 자각적으로 표출하고, 곧 자각적으로 대전통의 문화요구와 대항할 때에도 역시 그와 같도록 만들었다. 이와 같은 한계가 소전통의 심미문화—'속'문예 중에 나타난 것은, 바로 각종 봉건 보수성의 조박糟粕이 서로 다른 정도로 존재하는 것과 평민의식의 철저한 각성에 대한 침해로 드러난다. 이것을 거울삼아, '속'문학을 극도로 추앙한 쩡쩐뚜어조차도, 그것은 "여러 가지의 해로운 점이 있다. 허다한 민간의 습관과 전통의 관념들은 종종 몹시 무리하게 그 가운데 붙어 있어서, 어떻게 해서도 제거할 수 없다. 그런 까닭에 어떤 때에는 정통문학에 비하여 더욱 봉건적이고, 더욱 민중의 보수성을 밝히기를 요구하기도 한다"[87)]라고 지적할 수밖에 없었다.

우리들이 보기에, 명 중기이후 '아에서 속에 이르기까지'의 심미변천

86) 李澤厚, 「孔子再評價」, 『中國古代史上史論』에 재수록, p.32.
87) 鄭振鐸, 『中國俗文學史』上, p.5.

은, 확실히 바로 한 폭의 근대평민의식과 봉건윤리관념이 교차하고 병존하는 복잡한 그림이다. 이것은 또한 근대적 사상문화로 나아가는 행보 자체는 아직 견실하지 못했다는 확실한 증거가 된다. 그것이 의미하고 있는 것은 근대평민사회의 형성에서 여전히 없어서는 안 될 조건이 결핍되어 있는데, 그것은 바로 평민 자아의식의 충분한 각성이다.

이상은 사회를 중고시대의 유형에서 근대의 유형으로 전환시키기 위해서 분투하는 모든 사람들에게 하나의 중요한 계시일 뿐이겠는가!

맺는 말

하나의 주의해야할 현상을 지적하면서 본서를 맺는다. 사람들이 알고 있듯이 순전히 문화사의 각도에서 내세운 이론은, 서방문화는 중고시대에서 근대로 전환은 문예부흥과 종교개혁에서 시작되었다. 진실로 엥겔스Engels가 "15세기중엽에 일어난 전체 문예부흥시기(르네상스)는 본질적으로 도시적이고, 따라서 시민계급의 산물이다"[1]라고 말한 것과 같다. 그러나 본서의 소견에 의하면, 중국문화의 중고 시대에서 근대로 전환은 시민문화와 양명심학에서 시작되었다. 상당히 깊이 새겨볼 만한 것은 문예부흥과 종교개혁은 15세기 전후에 발생했고, 시민문예와 양명심학도 뜻밖에 15세기 전후에 형성되었다는 것이다.[2] 동일한 시기에 중서 양대 문명이 동일한 출발선상에서 근대로 향하는 문화운동을 시작한 것 같다. 이런 시간상의 일치가 순전히 우연에 속하는 것일까? 나는 이로부터 현대 서구학계에서 열렬하게 토론한 논제가 생각이 났는데, 그것은 바로 실존주의 철학자 칼 야스퍼스Kaarl Theodor Jaspers가 던진 '차축시대(axialage는 추축시대로도 번역된다)'의 '초월적인 돌파transcendent breakthrough'이다.[3] 야스퍼스는 기원전 6~4세기 4대 고대문

---

1) 『馬克思恩格斯選集』4卷, 人民出版社, 1972, pp.249~250.

2) 서방의 종교개혁가 마르틴루터와 중국의 유학개혁가 왕수인은 같은 시대의 사람이다. 전자의 생몰년은 1483~1546이고 후자의 생몰년은 1472~1528이다.

3) 막스 베버Max Weber와 탈코드 파슨스Talcott Parsons 등이 상세히 해석한 '철학의

명은 모두 미개에서 각성에 이르기까지의 문화적 돌파 — '초월적 돌파'를 완성하고, 제각기 천재적인 문화대표(예를 들어 중국의 공자, 인도의 석가모니, 이스라엘의 선각자, 그리스의 플라톤 등)를 낳았으며, 천재적인 문화대표들이 창조성과 체계성을 수립하여 4대문명 형태의 기본적인 역사의 방향을 규정지었다고 여겼다. 그래서 야스퍼스가 기원전 6~4세기 이 역사시기를 '차축시대'로 삼은 것은 적합하다. 야스퍼스의 설은 다양한 평가가 있지만, 그 문화사의 변천을 비교하는 독특한 태도는 분명 길을 가르쳐 열어주는 의의가 있다.

본서는 바로 시험 삼아 그의 '태도'를 원용하여 중서문화가 중고시대에서 근대로의 전환을 '평민의 돌파'라고 일컫고, 전환이 발생하는 15~16세기를 '전환시대轉型時代'라고 일컫게 될 것이다. 이와 같은 견해의 제기는 본래 깊은 뜻은 없고 분명하게 토론의 흥미를 자아내려는 것에 불과하다. 본서에서 주의한 것은 중국과 서방이 본래 동일한 출발선상에서 근대로 향하는 운동을 시작했지만, 서방은 훨씬 전에 전력투구했고, 중국은 행보가 곤란하여 무수히 좌절하고 아직도 목표는 아득하고, 줄곧 '전환'이든지 '돌파'를 실현하지 못했는데, 그간의 원인은 어디에 있는가하는 문제이다. 본서에서 탐구한 문제로 보면, 심학의 해방 사조이든 그것이 논리적으로 촉진시켰던 '정에서 욕에 이르기까지'와 '아에서 속에 이르기까지'의 시민문예운동이든, 모두 그 이러저러한 역사적 한계가 있었다. 심학의 해방 사조는 물론 부단하게 사상의 불꽃을 분출하고, 또 속박을 무너뜨리는 영웅적 기개(이단)를 과시했지만, 그 이론 형태는 체계성·완전성·철저성과 과학성이 완전하지 못했기 때문에, 결

돌파philosophic breakthrough'와 이 하나의 명제는 생생하게 가깝다. 이 두 명제에 대하여 현대 위잉스의 매우 정치한 해석이 있다. 余英時, 『士与中國文化』, 「古代知識階層的興起与發展」, 上海人民出版社, 1987 참조.

국 성숙한 근대사상문화를 구축하는 역사적 사명을 감당할 수 없었다. '정에서 욕에 이르기까지'가 인류의 기본 생존 권리를 긍정하고, '아에서 욕에 이르기까지'가 평민사회의 윤리 지위를 고양하는 것은, 당연히 모두 근대를 지향하는 심미문화의 소식이지만, 봉건전통의 깊은 문화심리 가운데 장기간 잠식되었기 때문에, 그것들도 결국 자신이 마무리해야 하는 역사를 벗어날 수 없었다.

여러 가지 한계는 이미 문화전통 자체로부터 오는 구속이고, 또한 외재적인 정경체제로부터 오는 강력한 속박이었다. 정치·경제·문화의 경직된 양식과 부패된 관념이 결합되어 이루어진 전통세력은 진부하고 강대했다. 그것은 정치적 권위와 경제적 특권에 편승하고, 역사의 누적에 편승하여 그것에 주었던 여러 가지 우세에 편승해서 '정리와 사리에 맞고合情合理' '신성神聖'하게 시대정신을 거세하고 시대진보를 옥죄었다. 그리고 사유양식에서 가치취향에 이르기까지, 현실생활에서 이상추구에 이르기까지, 심지어 그것이 혹은 교묘하게 획득했든지 혹은 폭력으로 탈취했든지 간에 기득이익과 자신의 머리 위에 자신이 만든 허위 광배를 영세불멸하게 유지하고 보호했다. 이는 마땅히 기백이 넘치는 문명고국文明古國이 새로운 시대에 진입할 수 없었던 근본적인 화근이다.

우리들은 일찍이 하나의 '전환시대'를 지나왔고, 우리들은 일찍이 하나의 '평민의 돌파'를 지나왔다. 그렇지만 전환은 아직 실현하지 못했고 돌파도 아직 완성하지 못했다. — 그러나 돌아보면 갖가지 시련이 있었으나, 도처에 훌륭한 족적이 있어 깊이 생각하게 한다.

| 참고문헌 |

1. 『馬克思恩格斯文集』, 人民出版社, 2009.
2. 『左傳』, 岳麓書社, 1988.
3. 『札記』, 上海古籍出飯社, 1987.
4. (漢) 司馬遷, 『史記』, 中華書局, 1959.
5. (漢) 班固, 『白虎通義』, 上海古籍出版社, 1992.
6. (漢) 班固, 『漢書』, 中華書局, 1975.
7. (漢) 董仲舒, 『春秋繁露』, 中華書局, 1976.
8. 『南朝梁』劉勰, 『文心雕龍』, 人民文學出版社, 1974.
9. (北齊) 魏收, 『魏書』, 中華書局, 1974.
10. (唐) 韓愈, 『韓昌黎集』, 伊犁人民出凝社, 1990.
11. (唐) 李延壽, 『南史』, 中華書局, 1975.
12. 『張載集』, 中華書局, 1978.
13. 『周子全書』, (台湾) 商務印書館, 1978.
14. 『河南程氏遺書』, 北京圖書館出版社, 2003.
15. 『二程集』, 中華書局, 1981.
16. 『陸九淵集』, 中華書局, 1980.
17. (宋) 朱熹, 『四書章句集注』, 中華書局, 1983.
18. (宋) 黎靖德編, 『朱子語類』, 中華書局, 1986.
19. 『朱子文集』, 商務印書館, 1936.
20. (宋) 楊簡, 『慈湖先生遺書』, 山東友誼書社, 1991.
21. (宋) 王灼, 『碧鷄漫志』, 國家圖書館出版社, 2012.
22. (宋) 朱熹, 『詩集傳』, 上海古籍出版社, 1980.
23. (宋) 釋道原, 『景德傳灯录』, 巴蜀書社, 1993.
24. (宋) 洪邁, 『夷堅志』, 中華書局, 1981.
25. (元) 脫脫, 『宋史』, 中華書局, 1985.

26. (元) 王艮,『王心齋先生遺集』, 東台袁氏, 1912.
27. (元) 鄭玉,『師山文集』, 北京圖書館出版社, 2005.
28. (元) 高則誠,『琵琶記』, 文學古籍刊行社, 1954.
29.『徐渭論著二種 : 南詞叙錄 筆玄要旨』, 中國戲劇出版社, 1959.
30.『徐渭集』, 中華書局, 1983.
31. (明)『王驥德曲律』, 湖南人民出版社, 1983.
32. (明) 顧起元,『客座贅語』, 鳳凰出版社, 2005.
33. (明)『袁中郎全集』, 世界書局, 1935.
34. (明) 陳宏緒,『寒夜彔』, 中華書局, 1985.
35.『王文成公全書』, 商務印書館, 1933.
36. (明) 王陽明,『傳習彔』, 上海古籍出版社, 2000.
37. (明) 謝肇淛,『五雜俎』, 中華書局, 1959.
38. (明) 李贄,『藏書』, 中華書局, 1974.
39. (明) 李贄,『焚書·續焚書』, 中華書局, 1975.
40. (明) 李贄,『李氏文集』, 明刻本.
41. (明) 錢謙益,『牧齋初學集』, 上每古籍出版社, 1985.
42.『湯顯祖集』, 上海人民出版社, 1973.
43. (明) 董其昌,『畵禪室隨筆』, 江蘇敎育出版社, 2005.
44. (明) 顧憲成,『小心齊札記』, 台北 广文書局, 1964.
45. (明) 何心隱,『爨桐集』, 續修四庫全書本.
46.『何心隱集』, 中華書局, 1981.
47. (明) 沈瓚,『近事叢殘』, 北京广業書杜, 1928.
48. (明) 智旭,『周易禪解』, 江蘇广陵古籍刻印社, 1998.
49. (明) 顧炎武,『肇域志』, 上海古籍出版社, 2004.
50. (明) 顧炎武,『日知彔』, 甘肅民族出版社, 1997.
51. (明) 王士性,『广志繹』, 中華書局, 1997.
52. (明) 沈節甫,『紀彔匯編』, 商務印書館, 1938.
53. (明) 張瀚,『松窗夢語』, 上海古籍出版社, 1986.
54. (明) 羅洪先,『念庵羅先生集』, 齊魯書社, 1997.

55. (明) 沈德符,『顧曲雜言』, 中國書店, 1988.
56. (明) 沈德符,『万歷野獲編』, 中華書局, 1959.
57.『郓城縣志』, 山東人民出版社, 1992.
55. (明) 李樂,『見聞雜記』, 上海古籍出康社, 1986.
59. (明) 粟祁修,『湖州府志』, 上海古籍出藤社, 1963.
60. (明) 管志道,『從先維俗議』, 海南出版社, 2001.
61. (明) 蔡羽述,『遼陽海神傳』, 中華書局, 1985.
62.『馮夢龍集』, 河北人民出版社, 1992.
63. (淸) 焦循,『雕菰集』, 商務印書館, 1937.
64. (淸) 黃宗羲,『明儒學案』, 中華書局, 1985.
65. (淸) 黃宗羲,『宋元學案』, 中華書局, 1960.
66. (淸) 蘇輿撰,『春秋繁露義証』, 中華書局, 1992.
67. (淸) 王先謙,『荀子集解』, 中華書局,· 1988.
68. (濟) 孫治讓,『墨子間詁』, 中華書局,· 1997.
69. (淸) 郭慶藩,『庄子集釋』, 中華書局, 1961.
70. (淸)· 范濂,『云間据目抄』, 江蘇广陵古籍刻印社, 1995.
71. (淸) 龔炜,『巢林筆談』, 中華書局, 1981.
72. (淸) 顧公燮,『消夏閑記摘抄』, 沈陽古籍出版社, 1990.
73. (淸) 唐甄,『潛書』, 中華書局, 1984.
74. (淸) 叶夢珠,『閱世編』, 上海古籍出版社, 1981.
75. 章炳麟,『訄書』, 三聯書店, 1998.
76. 魯迅,『中國小說史略』, 人民文學出版社, 1952.
77. 北京大學西語系資料組編,『從文藝夏興到十九世紀資産階級文學家藝術/家有關人道主義人牲論言選輯』, 商務印書館, 1971.
78. 游國恩等主編,『中國文學史』, 人民文學出版社, 1964.
79. 楊伯峻,『論語譯注』, 中華書局, 1980.
80. 楊伯峻,『孟子譯注』, 中華書局, 2000.
81. 馮友蘭,『中國哲學史』, 中華書局, 1961.
82. 勞思光,『中國哲學史』, 台北 三民書局, 1981.

83. 鄭振鐸,『挿圖本中國文學史』, 作家出版社, 1957.
84. 鄭振鐸,『中國俗文學史』, 上海書店, 1984.
85. 朱狄,『当代西方美學』, 人民出版社, 1984.
56. 牟宗三,『從陸象山到劉蕺山』, 台湾 學生書局, 1984.
87. 牟宗三,『心体与性体』, 上海古籍出版社, 1999.
88. 徐復觀,『中國藝術精神』, 春風文藝出版社, 1987.
89. 李澤厚,『美的歷程』, 安徽文藝出版社, 1999.
90. 李澤厚,『中國古代思想史論』, 人民出版社, 1985.
91. 余英時,『士与中國文化』, 上海人民出版社, 1987.
92. 張立文,『宋明理學硏究』, 中國人民大學出版社, 1985.
93. 樓宇烈,『王弼集校釋』, 中華書局, 1980.
94. 蒙培元,『理學的演變』, 福建人民出版社, 1984.
95. 北京大學哲學系外國哲學史教硏室編譯,『十八世紀末-十九世紀初德國哲學』, 商務印書館, 1975.
96. [英] 昆廷·斯金那,『馬基雅維里』, 工人出版社, 1985.
97. [德] 叔本華,『作爲意志和表象的世界』, 商務印書館, 1982.
98. [法] 拉伯雷,『巨人傳』, 人民文學出版社, 1983.
99. [美] 佩特立編,『教父及中世紀証道集』, 基督教輔僑出版社, 1960.
100. [法] 丹納,『藝術哲學』, 人民文學出版社, 1983.
101.『展望二十一世紀-湯因比与池田大作對話录』, 國際文化出版公司, 1985.
102.『鈴木大拙全集』, 東京 岩波書店, 1981.

역자 참고문헌

1. 權五惇 譯解,『禮記』, 홍신문화사, 1979.
2. 고재석 역주,『상산어록 역주』, 세창출판사, 2017.
3. 김승룡 편역주,『樂記集釋』, 청계, 2002.
4. 김혜경 옮김,『분서』, 한길사, 2004.
5. 김혜경 옮김,『속분서』, 한길사, 2007.
6. 김혜경 옮김,『명등도고록』, 한길사, 2016.

7. 南基顯 譯解『춘추번로』, 자유문고, 2005.
8. 박완식 편저,『大學』, 여강, 2010.
9. 박완식 편저,『중용』, 여강, 2005.
10. 成百曉 譯註,『論語集註』, 전통문화연구회, 1990.
11. 成百曉 譯註,『大學·中庸譯註』, 전통문화연구회, 1991.
12. 成百曉 譯註,『詩經集傳』, 전통문화연구회, 1993.
13. 成百曉 譯註,『周易傳義』, 전통문화연구회, 1998.
14. 오수형 역해,『한유산문선』, 서울대학교출판문화원, 2010.
15. 월운,『선문염송·염송설화』, 동국역경원, 2005.
16. 이기동 역해,『논어강설』, 성균관대학교출판부, 1991.
17. 이기동 역해,『맹자강설』, 성균관대학교출판부, 1991.
18. 이기동 역해,『대학·중용강설』, 성균관대학교출판부, 1991.
19. 이기동 역해,『시경강설』, 성균관대학교출판부, 2004.
20. 이기동 역해,『서경강설』, 성균관대학교출판부, 2007.
21. 이기동 역해,『주역강설』, 성균관대학교출판부, 1997.
22. 李世烈 解譯,『漢書藝文志』, 자유문고, 1995.
23. 이운구 옮김,『순자』, 한길사, 2006.
24. 임재우 옮김,『주역 왕필주』, 도서출판 길, 2015.
25. 정인재·한정길 역주,『傳習錄』, 형계, 2001.
26. 주희 지음 곽신환 외 옮김,『태극해의』, 소명출판, 2009.
27. 池載熙·李俊寧 譯解,『주례』, 자유문고, 2002.
28. 최동호 역편,『문심조룡』, 민음사, 1994.
29. 崔榮殷 譯,『古文觀止』下, 명문당, 2009.
30. 퇴옹성철,『돈황본 육조단경』, 장경각, 2015.
31. 허탁·이요성 역주,『朱子語類』, 청계, 1998.
32. 혜문보 지음 이영호 외 공역,『유교의 이단자들』, 성균관대학교출판부, 2015.
33. 홍승직 옮김,『분서』, 홍익출판사, 1998

| 찾아보기 |

| 지은이 소개 |

자오스린趙士林은 1954년 생으로 길림吉林 사람이다. 일본 동경대학교 객원연구원, 미국 하버드대학교 선임방문학자를 역임하고, 현재 중앙민족대학교 철학과 종교학대학 교수 및 박사지도교수, 미국 듀크대학교 중국연구센터 선임연구원, 미국 보스톤 미중문화연구소 연구원을 맡고 있으며 중국민주촉진회 중앙위원, 문화예술위원회 부주임, 중화문화촉진회 상무이사를 겸임하고 있다. 저서로는 『當代中國美學』·『李澤厚美學』·『荀子』·『不識時務—面對傳統與現代的告白』·『交叉的視野』·『中國的智慧』·『國學六法』·『心靈學問』 및 역저로 『中國的思想』 등이 있다. 『中國學術年鑒』·『西方美學史』(4卷)·『美學百科全書』·『基督教在中國』·『黑春秋』·『亞洲報告』 등을 주편했고, 『中國社會科學』·『哲學研究』·『孔子研究』·『讀書』 등에 논문 백여 편을 발표했으며 『新京報』·『中國青年』·『南風窗』·『粵海風』 등에 시평을 발표하고 있다. 2004년 '북경시우수교사'의 영예를 받았다.

| 옮긴이 소개 |

전상모는 서예·전각·서예비평가로 1960년 경북 선산에서 태어났다. 동국대학교 컴퓨터공학과를 졸업하고 성균관대학교에서 「조선조 실학파의 실심주의적 서화미학 연구」로 철학박사를 받았다. 현재 경기대학교 서예·문자예술학과 초빙교수, 성균관대학교 유학대학원 초빙교수, 한국서예학회 부회장, 한국서예가협회 상임이사를 맡고 있다. 제6차 교육과정 중·고등학교 『서예』(공저), 『한국서예사』(공저) 등을 썼으며 「담헌 홍대용의 서화인식에 관한 연구」, 「신흠 서화평론의 '玄' 미학적 지향성에 관한 고찰」 등 서화미학 및 서예비평 분야의 논문을 다수 발표했다.

심학미학心學與美學

초판 인쇄 2017년 12월 20일
초판 발행 2017년 12월 31일

저 자 | 자오스린趙士林
역 자 | 전상모全相模
펴 낸 이 | 하운근
펴 낸 곳 | 學古房

주 소 | 경기도 고양시 덕양구 통일로 140 삼송테크노밸리 A동 B224
전 화 | (02)353-9908 편집부(02)356-9903
팩 스 | (02)6959-8234
홈페이지 | http://hakgobang.co.kr
전자우편 | hakgobang@naver.com, hakgobang@chol.com
등록번호 | 제311-1994-000001호

ISBN 978-89-6071-732-9 93150

값 : 25,000원

이 도서의 국립중앙도서관 출판예정도서목록(CIP)은 서지정보유통지원시스템 홈페이지(http://seoji.nl.go.kr)와 국가자료공동목록시스템(http://www.nl.go.kr/kolisnet)에서 이용하실 수 있습니다. (CIP제어번호 : CIP2018002841)